Moritz Pirol

Nach oben offen. Reflexe

ISBN 978-3-938647-13-4

MORITZ PIROL

NACH OBEN OFFEN. REFLEXE

Vierter Band

Notizen vom 15. Juni 1998 bis zum 9. Juni 1999
aus Hamburg, Spanien, Thailand, Australien, London und Köln

<ORPHEUS UND SÖHNE> VERLAG

Umschlag von Gnagflow Yllam

unter Verwendung

eines Motivs von Michelangelo Buonarotti
aus dem Deckengemälde der Sixtinischen Kapelle in Rom

und dreier Fotografien von Nohng Noh
aus dem südlichen und zentralen Thailand:

der Drachenhöhle *Tamm Naaga* im *Ao Pang Ngah*
mit ihren prähistorischen Wandmalereien und Grabstätten
aus dem 4. oder 5. Jahrtausend vor Christos,

des animistischen Fruchtbarkeitsaltars
im Eingang zur Felsenhöhle *Tamm Pra Naang*
mit den handgeschnitzten Phallosfetischen opfernder Fischer

und wilder Makaken im Bengalischen Feigenbaum
der Tempelruine *Saan Pra Kaan* aus dem 10. Jahrhundert
zu Ehren einer Hindugöttin, die auch ihr eigener Vater und Sohn ist,
in der neolithisch begründeten Stadt Lopp Burih

*"Die Führung des Tagebuches,
das heißt, die Ordnung des Anfalls von Fakten und Gedanken,
zählt zum Kursus, zur Aufgabe, die sich der Autor stellt.
Darin liegt eine einsame Tröstung, deren er bedarf.
In einem Zustand, in dem der Techniker
den Staat verwaltet und nach seinen Ideen umformt,
sind nicht nur die musischen und die metaphysischen Exkurse,
sondern ist auch die reine Lebensfreude
von Konfiskation bedroht. ...
Zum Luxus zählt auch die eigene Art,
die Heraklit den Dämon des Menschen nennt.
Im Kampf um sie, im Willen, sie zu wahren,
liegt eines der großen, der tragischen Themen unserer Zeit."*

Ernst Jünger, 54: *"Strahlungen"*, 1949, Vorwort

*"Hier entsteht nun ...
die Möglichkeit, ein Wahrhaftes wiederherzustellen,
aus den Trümmern von Dasein und Überlieferung
sich eine zweite Gegenwart zu verschaffen."*

Goethe, 73: *"Wiederholte Spiegelungen"*, 1823

*"In der Tiefe von Asien
soll ein Volk von seltner Trefflichkeit verborgen sein;
dahin trieb ihn seine Hoffnung weiter."*

Hölderlin, 27: *"Hyperion oder der Eremit in Griechenland"*, 1797

Ein Glossar nachstehend eingestreuter Thai-Wörter beginnt auf Seite 410.

Fotos hier erwähnter thailändischer Personen oder Orte
finden sich im Zweiten Bande dieses Titels

und im *"Liebesbrief an fremden König"* von Moritz Pirol.

Hamburg, 15. Juni 1998

1.

Leonard Bernstein,

so berichtete Ohrenzeuge Kurt Horres in längst vergangenen Darmstädter Tagen

und fällt mir nun heute plötzlich ein,

habe ihn sonstwo und eines noch sehr viel länger vergangenen Tages

bei Gelegenheit eindringlichst so beschworen:

"Wenn einer Ihrer Mitarbeiter zur Tonart C-dur auch nur andeutungsweise die Stirn zu runzeln beginnt, müssen Sie sich sofort von ihm trennen."

Das mag ein Schlüssel zu Bernstein's Qualitäten und Erfolgen sein.

Auch zu seiner persönlichen Faszination, seiner Liebenswürdigkeit.

Es sollte als Lebensregel für jedermann unabdingbar sein:

zum Ja nicht Nein sagen.

2.

Ein Lichtbildervortrag ausgerechnet über die "birmesische" Diktatur in Myanmar eröffnet im Hamburger Amerika-Hause die ganze Misere unseres demokratischen Systems: seinen Pferdefuß.

Denn dieser Vortrag wird von einer Frau gehalten, die das gar nicht kann. Gleichwohl will sie damit die investierten Unkosten zurück und möglichst noch einiges dazu verdienen. Also ist der Eintritt ungebührlich teuer.

Für ein Produkt, das ihn durchaus nicht wert ist.

Am ärgerlichsten: außer mir scheint das niemand im vielköpfigen Auditorium zu bemerken. Grund: sie alle sind derlei gewöhnt. Denn überall etabliert sich inzwischen der Dilettantismus. Er fällt schon gar nicht mehr auf.

Das hat auch sein Sympathisches. Nichts ist irgendwem vorbehalten. Jeder kann tun, wonach ihn gelüstet.

Fazit: wer nicht reden kann, hält Vorträge; wer nicht singen kann, singt; wer nicht regieren kann, regiert.

Et cetera et cetera ad infinitum.

Ein Zeitalter der Amateure.

Dabei sinkt unweigerlich das allgemeine Niveau.

Folglich sinkt die Lebensqualität.

Nichts entspricht mehr seinem Preis. Inflation der Werte.

Je besser eine Demokratie funktioniert, desto schlechter tut sie es also.

Das ist unumgänglich.

Es sei denn, der Demokratie-Begriff würde reformiert.

Die allgemeine Gleichberechtigung für jedermann müßte Differenzierungen erfahren. Sie dürfte Spezialistentum und Eliten nicht länger ausschließen.

Das setzt freilich Instanzen voraus, die über Spezialistentum und Eliten zu entscheiden die Kapazität besitzen.

Das regelt sich derzeit über Majoritäten, Medien und "Freien" Markt. Sie alle sind damit überfordert und garantieren nicht Eliten, sondern allgemeinen Verfall.

Derzeit ist das ein *circulus vitiosus* ohne Chance.

Wenn er keinen Ausweg findet, ist der Untergang unausweichlich programmiert.

Der Ausweg kann freilich in keinerlei Zurück zu alten Gesellschaftsmodellen liegen, sondern nur in einem Vorwärts zu völlig neuen Konzepten.

Die müßten revolutionär sein.

Woher sie nehmen?

Und: wie sie durchsetzen?

Denn mehrheitsfähig dürften sie gerade nicht sein.

Auch nicht marktorientiert.

Auch nicht medientauglich.

Bleibt nur, auf das Gorbatschow-, das Clinton-Syndrom zu warten: auf ein Wunder.

Bisweilen ereignen sich welche.

Also abwarten und beten oder Tee trinken.

Hamburg, 16. Juni 1998

3.

In Dänemark wurde dieser Tage eine Autobrücke festlich eröffnet, die über den *Großen Belt* hinweg die Inseln Seeland und Fünen miteinander verbindet.

Diese Brücke ist achtzehn Kilometer lang und 65 Meter hoch. Zehn Jahre lang wurde an ihr gebaut. Jetzt ist sie die größte Brücke Europas. Wahrscheinlich ist sie auch die schönste. Vermutlich auch die teuerste – denn wider allen Zeitgeist werden diesmal die Baukosten strikt verschwiegen. Sie müssen gigantisch sein: für dieses, zugegeben, technische und ästhetische Spitzenprodukt.

Doch alles das um Hekuba.

Denn der Zeitgewinn, den ein Reisender durch den Austausch der traditionellen Fähre gegen diese Brücke verbuchen kann, beträgt, wird zugegeben, nicht mehr als eine einzige Stunde.

Wie oft verplempert derselbe Reisende eine Stunde vor dem Fernseher, am Biertisch, in müßigem Ehestreit, in diversen Wartezimmern oder Behördenfluren!

Oder im Autobahnstau, von nun an auch bei der Zufahrt zu ebendieser Wunderbrücke.

Und nicht einmal der Fährenpreis wird ihm erspart. Nur heißt er jetzt Brückenmaut und ist hoch.

Ergo: "was ist ihm Hekuba?"

Hamburg, 22. Juni 1998

4.

Heute vor 57 Jahren fielen die Deutschen über die Sowjetunion her.

5.

Vielleicht ist ja das Eisenbahnunglück von Eschede mit seinen hundert Toten ein Beleg für Thornton Wilder's Theorie in seiner *"Brücke von San Luis
Rey"*. Denn da das Sterben dieser hundert ahnungslosen Opfer nur drei Sekunden gedauert haben soll, ist man in der Tat geneigt, sie für auserwählte
Lieblinge des Schicksals zu halten.

Die fast ebenso vielen Verletzten mögen das freilich in ihren Krankenhaus-
betten anders sehen. Aber wahrscheinlich kommen sie sich ihrerseits als
Überlebende einer solchen Katastrophe ebenfalls als auserwählte Lieblinge
des Schicksals vor, trotz allem.

Hamburg, 26. Juni 1998

6.

Man kennt die psychischen Hürden, die es zu überwinden gilt, wenn man
zum Beispiel in einen Hamburger Stadtteil jenseits der Elbe gelangen will
(oder gar muß). Solche Flüsse trennen elementarer, als Brücken- und Tun-
neltechnik uns das noch zugestehen.

Was aber ist nun das: ich stehe am *Eppendorfer Baum* vor meiner Bäckerei
und muß noch zur Post; blindlings oder intuitiv entscheide ich mich für das
Postamt am *Klosterstern*, obwohl es deutlich etwas weiter entfernt liegt als
die Filiale in der *Eppendorfer Landstraße*. Dorthin zu gehen, würde weniger Zeit, aber mehr Überwindung kosten. Warum?

Ich finde heraus: weil ich da zwei große Straßenüberquerungen zu bewältigen hätte; auf dem längeren Wege zum Klosterstern aber keine vergleichbare.

Das entscheidet offenbar.

Stephan bestätigt diese Beobachtung mit seinem Berliner Verzicht auf Marktbesuche: nur weil er da die Schneise der Bismarckstraße überwinden müßte.

Derlei scheut man also. Das Unterbewußte verspürt da Grenzen, die es lieber meidet: auch wenn das Bewußtsein ihm erklärt, daß es gar keine sind.

Atavistische Relikte. Sie zu entdecken, wärmt überraschend.

7.

Beim Anhören der Tonbandkonservierung einer eigenen Bühnen-Inszenierung von 1960:

Nicht nur erfüllen einen die Stimmen der längst verstorbenen Schauspieler mit Trauer und Respekt, gar bei sonderlich gelungen, sonderlich begabt gesprochenen Textstellen.

Sehr viel überraschender ist die Wiederbegegnung mit dem eigenen Selbst, wie es offenbar seit 38 Jahren in geheimen Siloräumen gehortet worden ist. Denn ich höre diese Aufzeichnung sehr viel weniger mit meinen heutigen als vielmehr unvermindert mit meinen damaligen Ohren: auch meinen damaligen Nerven, Sensorien und künstlerischen Erwartungen oder Wünschen.

Ich könnte 38 Jahre später sofort nach dem Anhören dieser Kassette die Schauspieler zu einer branchenüblich sogenannten *Kritik* versammeln, die genau nach den damaligen Kriterien verliefe. Ich habe nicht im Gedächtnis, aber im Nervenkostüm noch jede geprobte Betonung, jede Zäsur oder Pause, jede Auslegung, jeden Akzent und Rhythmus von damals genau parat. Ich spüre jede Abweichung vom seinerzeit Erstrebten wie die Verletzung eines fixierten Programms.

Unschwer bleibt hochzurechnen, daß dieser wiedergehörte *"Zerbrochne Krug"* kein Einzelfall ist. Auch all die andern *circa* siebzig Inszenierungen dürften *in statu nascendi* irgendwo in mir schlummern wie eine Aussaat; dann aber nicht nur sie, sondern auch alle andern Produkte, Projekte, Fakten, Konzepte, Ideen des ganzen Lebens.

Wahrscheinlich ist man ein wandelndes Archiv.

Was geschieht mit dessen Beständen, wenn man stirbt? Denn wofür werden sie konserviert? Die meisten werden hienieden nicht mehr benötigt.

Vermutung: Entsorgung oder Vernichtung liegt nicht im Konzept der Natur. Was einmal da ist, bleibt. Jedwede Frage nach einem Zweck zielt daneben. Denn Schöpfung folgt keinen Zwecken.

Was daraus alles folgt!

8.

Bei hochsommerlichen Temperaturen heute jählings prächtige Libellen vor meinem Küchenfenster mitten in der Großstadt:

Abgesandte, Herolde?

Schuldeintreiber, Memoratoren?

Lockvögel, Lotsen?

Hamburg, 27. Juni 1998

9.

Jener emsig pflichtbewußte preußische Buddhist, dessen buchstabengläubigem Diensteifer eine ganze Fernsehsendung gewidmet ist, bleibt nur mit einer einzigen subalternen Vokabel seines geistlichen Pensums in Erinnerung: *"Güte-Übung"*.

Güte-Übung?

Güte-Übung.

Aber dann tritt ein srilankischer Guru ins Bild und leuchtet mit ganzem Körper und jedem Wort. Nach den Unterschieden zwischen europäischem und asiatischem Lebensstil befragt, sagt er, leuchtend, vor allem dies:

der typisch westliche Perfektionismus sei der Versuch einer Flucht vor den jeweils eigenen Schwächen; keinem asiatischen Buddhisten werde jemals einfallen, seine adamitischen Unzulänglichkeiten so leugnen und kaschieren zu wollen.

Ganz toll zu sein: ein abendländisches Täuschungsmanöver.

10.

Endlich also die längst schon fällige Überwindung, mich Ernst Jüngers *"Stahlgewittern"* zu stellen: auf all den vielgeschmähten Militarismus und Chauvinismus gefaßt.

Doch das Gegenteil offenbart sich.

Das Geschehen des *Ersten Weltkrieges* wird hier minutiös, aber in einem Maße *sine ira et studio* beschrieben, daß auch keinen Atemzug lang eine Verherrlichung des Krieges stattfindet.

Aber eine Verteufelung eben genau so wenig.

Die aber wird von seinen rabiaten Gegnern vermutlich verlangt.

Sie übersehen dabei, daß Jüngers vordergründige Verweigerung einer Parteinahme nur scheinbar erfolgt.

Seine leidenschaftslos akribische Beschreibung kriegerischer Grausamkeit gereicht natürlich zu nur umso plastischerem Realismus. Eine so unbeschönigt neutrale Bestandsaufnahme martialischer Brutalitäten dürfte es schwerlich je zuvor gegeben haben. Auch die gewohnte Dimension patriotischer Begründung, gar Verklärung des Krieges wird hier keinen Satz lang bedient.

Das Resultat ist extrem veristisch. Eine rigorosere Demaskierung und Kritik des Krieges ist gar nicht vorstellbar.

Wer so gnadenlos bloßstellt, kann es sich leisten, auf Polemik zu verzichten. Er läßt sie weit hinter sich.

Freilich muß der Leser hierfür Augen haben zu lesen ...

11.

Keine Bohne, keine Linse, keine Erbse, kein Obstkern erfährt in meiner Küche solche Verschonung, solchen Respekt, solche Ehrfurcht wie das Reiskorn. Jedes einzelne, das etwa zu Boden springt, wird sorgsam gesucht und aufgelesen, kein einziges bleibt geringgeschätzt in der Tüte zurück oder irgendwo liegen. Gar solange es ungekocht ist, erfährt es die Verehrung eines Heiligtums.

Warum aber das?

Das mag aus archaïschen Tiefen rühren. Das Reiskorn ist Inbegriff gespeicherten Lebens, gehorteter Nahrung, komprimierter Zukunft.

Aber Bohne und Apfelkern doch nicht minder. Nur daß sie nicht so zur Basis gehören wie der Reis. Sie sind schon eher Luxus. Aber der Reis ist Urbedingnis, wie Brot und Kartoffel, nur globaler und viele Jahrtausende älter.

Wer ein Reiskorn vergeudet, mißhandelt, verachtet: der vergeht sich am Leben, an Natur und Kosmos, an der Schöpfung; er versündigt sich an göttlicher Gnade, am Geiste.

Das weiß unser Unbewußtes in seinen allertiefsten Tiefen genau.

Hamburg, 28. Juni 1998

12.

Bei fortgesetzter Lektüre in Jüngers *"Stahlgewittern"* fällt auch noch auf, daß *en détail* alle kriegerischen Vorgänge und Verrichtungen zwar akribisch geschildert, nie und kein einziges Mal jedoch die Motive aller dieser Aktionen und Befehle erörtert werden. Sie werden nicht einmal erwähnt. Ihr Ziel und Zweck erst recht nicht. Auch Ziel und Zweck jenes ganzen Krieges nicht. Sein Sinn noch weniger.

So steht das ganze blutige Geschehen bald als absurde Sinnlosigkeit da: als Unsinn, als Wahnsinn. Erwachsene Menschen schlagen sich grundlos tot. Es sind Verrückte.

Lukas Cranachs des Älteren Gemälde im Weimarer Schloß kommt in Erinnerung: *"Kämpfende nackte Männer und ihre klagenden Frauen"* von 1527 (Vergleiche *"Reflex"* am 9. August 1997!). Hier wie dort könnte es sich plausibel um Geisteskranke handeln.

Eine unnachsichtigere Kritik des Krieges läßt sich nicht einmal denken. Er wird überführt.

Wieso lesen all die Pamphletisten und Kritikaster dieses Autors das nicht als eine so unbarmherzige Abrechnung? Es gibt nur eine Antwort: weil sie es nicht wollen.

13.
Noch zum Reiskorn:

In seiner *"Legende von den beiden Bäumen"* (Seite 92ff.) würdigt Friedrich (*recte* Efraim Fischl Jehoschua) Weinreb, Professor für mathematische Statistik in Djakarta und Kalkutta, aber auch chassidischer Mystiker aus Lemberg, jedweden Samen als *"vorgeplantes"* Leben. Die Entfaltung sei dann "nur" die Ausdehnung des Samens in der Zeit. Aber im Korn sei das ganze Leben schon vorhanden: als solches unsichtbar; in völlig anderer Gestalt; auch symbolisch.

Das Samenkorn sei Realität und Symbol einer andern Realität in einem.

Wie etwa auch der Mensch?

Wie überhaupt alles?

Alles demnach Realität und Symbol einer andern Realität in einem?

Der Mensch also auch ein Reiskorn?

Seine Entfaltung erst *post mortem*?

Denn auch das Reiskorn hört auf, als solches zu existieren, wenn es zu sprießen beginnt. Erst sein Tod ist sein Leben. Die Grenze hebt sich auf, es gibt sie nicht.

Anders bestätigt das auch jener chinesische Lotos-Same, der nach rund 1300-jährigem Warten noch zu sprießen vermochte. (Vergleiche *"Reflex"* am 18. November 1995!) Mancher andere Same, von dem die Medien schweigen, mag gar noch länger warten, bis er stirbt und lebt.

Der Same als solcher ist der Zeit entrückt. Erst seine Entfaltung findet in der Zeit statt. Leben ist Zeit.

Same nicht.

Vielleicht respektiere ich in meiner Küche auch solche Unsterblichkeit jedes Reiskorns.

Oder mein Respekt ist Schuldbewußtsein: weil ich solche Unsterblichkeit durch respektloses Kochen töte.

Mord des Unsterblichen – was wiegt dagegen die Untat eines Kain?

14.
Jeder Mensch klagt über irgend etwas, immer.

Subjektiv ist sein Klagen in vielen Fällen begründet. Fast immer ist irgendwas so, wie es ihm nicht behagt, wie es seine Zufriedenheit, gar sein Glück behindert.

Theorie: ebendies ist sein Antriebsmotor, Verbesserungen herbeizuführen oder zumindest herbeizusehnen. Eben dadurch bewegt er sich überhaupt von der Stelle.

Wäre er meist zufrieden, bliebe er stehen und erhoffte, erträumte, erdächte, erfände, entwickelte nichts mehr.

Ohne Unzufriedenheiten wäre er noch Primat.

Oder schon lange ausgestorben.

Hamburg, 30. Juni 1998

15.
Nochmals zu Jüngers *"Stahlgewittern"*:

Ich fürchtete ein beschämend reaktionäres Skandalon und finde einen brillanten Langweiler.

Denn das ist das Überraschendste: alle diese akribisch beschriebenen Bestialitäten des *Ersten Weltkrieges* interessieren überhaupt nicht mehr.

Gefühlskälte? Mangel an Mitleid, an Samaritertum?

Eher die Gewißheit, es hier mit Petrefakten einer defintiv überwundenen Ära der deutschen Geschichte zu tun zu haben. Solcher Schwachsinn ist nicht mehr unser Thema. Auch als Menetekel nicht mehr. Also erlahmt das Interesse bald.

(Liegt da kein Irrtum vor? Sind atavistische Brutalitäten wirklich schon ausgestorben?)

Selbst wenn sie wieder aufbrechen sollten: geistig sind sie kein Thema, kein Problem mehr – wie 1919 noch durchaus, als dieses Buch erschien.

Der Wahnsinn dieses Jahrhunderts hat zumindest unserer Aufklärung Vorschub geleistet.

(Wirklich? Stimmt das?)

16.
Reiskochen also als Mord des Unsterblichen.

Täglich millionenfach in aller Welt als Bedingnis des Überlebens.

Denn mißlungene Reisernten lösen millionenfach Hungertod aus.

Nur wer Unsterblichkeit zu töten Gelegenheit hat, überlebt.

Überleben der Gattung, Überleben des Lebens ein Synonym für Ermordung des Ewigen?

Oder: das Paradoxon als göttliches Konzept?

Vielleicht nicht jedes. Aber Göttliches mutet uns paradox an.

Man mag es vielleicht überhaupt nur an seiner Paradoxie erkennen.

17.
Musik als soziale Explosion hat es in solchen Quanten noch nie gegeben wie nunmehr schon seit mehreren Jahrzehnten. Zumal die Jugend lebt seit einigen Generationen mit, in und durch Musik.

Qualität spielt dabei eine geringe Rolle: bei diesem globalen Massenexzeß an musischer Vitalität. Sie mag ein Ventil, ein Komplement, ein Gegengewicht für Ängste, Unbehagen, Freudlosigkeit und Glücksdefizite sein. Eine Flucht in den Rausch als Ersatz für psychische Harmonien. Beleg: viele Musiker sind überdies drogensüchtig.

Dieselbe oder ähnliche Funktion mag seit nunmehr etwa zehn Jahren auch das manische Lachbedürfnis haben. Der Begriff *"comedy"* ist zum Fetisch geworden.

Ablesbar ist das am deutlichsten an der plötzlichen Schwemme komischer Talente. Sie haben nicht nur Konjunktur, sie sind auch unverhofft vorhanden. Die Serie verblüffender Begabungen, die jetzt aus dem Boden schiessen, ist eindrucksvoll. Mathias Richling, Olli Dittrich, Gaby Köster, Hape Kerkeling, Ingo Appelt, Tom Gerhard, "Hella von Sinnen", Rüdiger Hoffmann, Stephan Wald, Dirk Bach, Michael Mittermeier, "Marlene Jaschke", Harald Schmidt, Helge Schneider, Marco Rima, Wigald Boning, Esther Schweins, "Hans-Hermann Thielke", Anke Engelke, aber auch Mike Krüger, Bastian Pastewka, Ingolf Lück und Gerd Dudenhöffer sind da nur die leuchtende Spitze eines riesigen Eisberges. Sie wird gekrönt von den genialen Sondertalenten Mirco Nontschew und Piet Klocke.

Was vor Jahrzehnten vom einsamen "Loriot" begonnen und vom einsamen Otto Waalkes variiert wurde, setzt jetzt eine unübersehbar werdende Enkelgemeinschaft fort. Die Nation liebt sie alle ganz unverzichtbar.

Ihre jähe Gleichzeitigkeit könnte dazu verführen, ihre Geburtsjahre zu vergleichen. Vermutlich mag es da Koïnzidenzen geben wie zum Beispiel in jenem Jahre 1813, das nicht nur Verdi und Richard Wagner, sondern auch noch Hebbel und Büchner zu Chronisten eines hochdramatisch empfundenen Jahrhunderts bestellte und besorgte;

ein halbes Jahrhundert zuvor bescherte ein einziges Jahrzehnt drei geistige Kulminationspunkte der ganzen Kultur- oder Humangeschichte überhaupt: mit Goethe, Mozart und Schiller gleichsam auf einen Schlag (1749, 1756, 1759);

ein anderes mehr als halbes Jahrhundert vorher erschienen im selben Jahre 1685 Bach und Händel als eigentliche Begründer und erste Blüten künstlerischer Musik;

weitere Beispiele dürften leichtlich aufzuspüren sein.

Jetzt mag Gelächter als Therapeutikum oder Ausflucht dringend benötigt werden. Schon sind jählings seine Auslöser generös zur Stelle.

Wer schüttet da jeweils das heilsam dienliche Füllhorn aus?

Hamburg, 1. Juli 1998

18.

Schon 1532 und 1534 predigt Martin Luther über die Verse 36 und 37 im
15. Kapitel des *Ersten Korintherbriefes*, wo bereits Paulus pointiert: *"Was
du säst, wird nicht lebendig, es sterbe denn"*.

Solche Dialektik oder auch Identifikation von Tod und Leben erörtert Luther nun ausführlich am Beispiel von Getreidekorn und Erbse. Reis ist ihm
wohl noch fremd.

Aber das natürliche Konzept des Samens gereicht ihm zum Gleichnis für
das, was Luther *"Auferstehung der Toten"* nennt. Sein Sämann ist Gott, dessen Saat der sterbliche, der gestorbene Mensch. *"Gesät"* ist ihm ein Synonym für *"gestorben"*. Leben kann nur, was durch den Tod (des Samens, des
Menschen) hindurchgeht: aber erst dann, *après*.

Umgekehrt sind ihm alle Toten *"Körper, die wachsen sollen"*.

"Du mußt aber zuerst glauben", predigt Luther 1532, *"daß Gott ein solcher
Ackermann sei und wir das Korn"*.

"Denn er macht uns alle zu Körnern und zu solchen, die nicht sterben."

"So viele Zeugen der Auferstehung gibt es, wie es Körner gibt."

"Da kommt Leben aus dem Tode."

"Das Saatkorn lebt nicht, wenn es nicht stirbt."

Fazit: *"Versuche nicht zu verstehen, wie es zugeht, sondern laß nur unsern
Herr Gott machen, es wird wieder Korn draus werden."*

So erläutert Luther den Paulus, so das deutsche 16. jenes syrisch-jüdisch erste nachchristliche Jahrhundert:

*"Die göttlichen Gedanken sind nicht: begraben werden, verwesen, sondern:
säen."*

Sie also schwingen in meiner Küche mit, wenn ich auf Knien der Demut ein
einzeln entsprungenes Basmatikorn suche.

19.

Wie schnell auch ein so freundlich gedachtes und berechnend schmeichlerisches Naturell wie dieser Anlageberater R. aus dem Ruder läuft und geradezu aggressiv wird: das offenbart die Unsicherheit und mangelnde Souveränität aller Leute, die ihre Sache nur auf die Vermehrung von Geld gestellt haben. Zuïnnerst sind sie vollkommen unhöflich und chronisch gereizt. Ängstliche Nervosität ist ihr Normalzustand.

Einzig wenn konkrete Erträge sichtbar und vielleicht erreichbar werden, schieben sie die Folie einer scheinbaren Liebenswürdigkeit vor.

Hamburg, 2. Juli 1998

20.

Bei den Kobi-Indianern, die im columbianischen Dschungel zu Füßen der Cordilleren ein außerzivilisatorisch intaktes Leben führen, hat jede Familie zwei Häuser: eins für Frau und Kinder, ein anderes für Mann und "Liebe".

21.

Was dem zwanzigjährigen Ernst Jünger angesichts seiner Dokumentation jener *"Stahlgewitter"* im *Ersten Weltkriege* allenfalls angelastet werden könnte, ist sein unausgesprochen vorhandenes und unreflektiert blindes Vertrauen zu den Häuptlingen dieser Völkerschlacht. Es ist das ungebrochene Vertrauen eines anderen Zeitalters zur Obrigkeit überhaupt, die noch für kompetent und kapabel gehalten wird.

Der heute Fassungslose möge sich aber zurückrufen, daß Obrigkeit seinerzeit *"von Gottes Gnaden"* war und das Numinose repräsentierte.

Das Vertrauen zum göttlichen Ganzen war noch intakt.

Der *Erste Weltkrieg* sorgte für eine erste schwere Erschütterung dieses Vertrauens. Die konnte aber ein gutgläubiger Abiturient inmitten schwerlich schon als solche durchschauen.

22.

Jene Kobi-Indianer sind derzeit tief irritiert: denn ihre jahrhundertelang intakten Kommunikationen mit der Natur sind rätselhaft gestört. Ihre "Große Mutter" verweigert unerfindlich die gewohnten Antworten, Auskünfte, Re-aktionen und verändert das Klima.

Die Kobi spüren einen Umbruch der Gäa und begreifen ihn nicht, sind zuïn-nerst verunsichert. Nichts stimmt mehr: auch bei ihnen nicht.

23.

Diese Kobi glauben auch zu wissen, daß es im Inneren der Erde neun Plane-ten gibt, die gleichfalls von Menschen bewohnt werden. Ihrer fünf seien vom Territorium der Kobi aus erreichbar.

Insofern sind diese Indios genuïne wissenschaftliche Talente: vorurteilslos fantasievoll. Ihre unvoreingenommene Betrachtungsweise ist possibilitari-stisch und ergo szientifischer als manche sogenannt naturwissenschaftliche.

Hamburg, 3. Juli 1998

24.

Jene Komiker der erwähnten derzeitigen Schwemme haben in all ihrer Viel-falt und opulenten Diskrepanz ein gemeinsames Stigma: Antibürgerlichkeit.

Die reicht vom aristokratischen Extrem des "Loriot" über die nonkonformi-stische Freakigkeit einer "Hella von Sinnen", eines Ingo Appelt, über die musikantisch versnobte Bohème des Götz Alsmann und die intellektuellen Zynismen Harald Schmidts bis zu den scheinbar proletarischen Attacken von Tom Gerhardt, Gaby Köster, Gerd Dudenhöffer und vollends zu den anarchischen Absurditäten Wigald Bonings, Mirco Nontschews, Helge Schneiders, Piet Klockes.

Aber damit ist endlich das Kennwort für sie alle gefallen: Anarchismus.

Ihre samt und sonders anarchischen Überfälle auf die verblödende Bour-geoisie unter Helmut Kohl lassen sie zu Luftlöchern für Erstickende wer-den.

Ihre Auditorien lachen sich tot über sie, weil sie ihnen Atemluft verschaf-fen: Befreiung.

25.

Bill Clinton's Besuch in China, wo die Pagoden neun Stockwerke und die Drachen neun Köpfe haben, dauert neun Tage und ist besonders mit zwei Szenen unvergeßlich.

Die eine ist Ausschnitt einer Diskussion mit Studenten jener Elite-Universität *Beida* in Peking. Hier nahmen vor neun Jahren jene weltbewegenden Studentenunruhen ihren Ausgang. Sei es, daß die jungen Leute nun im Auftrage ihrer Partei agieren, sei es, daß der hohe Gast aus dem Westen mit seiner Bemerkung, er spüre *"auch hier schon den aufziehenden Wind der Freiheit"*, ihre politisch gefesselten Zungen zu lösen weiß: sie greifen ihn jedenfalls an, auch Land und System, die er repräsentiert; zwar asiatisch moderat im Ton, aber überraschend hart in ihren Sujets. Ein Beispiel für viele: daß einer wie er hier mangelnde Menschenrechte beanstande, die doch in seinem eigenen Lande gleichfalls mißhandelt würden.

Auf derlei reagiert nun dieser Clinton nicht nach Politikerart, nicht mit Ausflüchten, Notlügen, Abwehr, Beschönigung, Verteidigung oder Gegenangriff. Nein, er bleibt offen, gibt zu, erklärt, akzeptiert, sieht ein, gibt Recht. Das muß im Leben dieser Studenten einen Erdrutsch bedeuten: eine erste Begegnung mit Ehrlichkeit, Offenheit, Sachlichkeit, Fairness und gleichberechtigter Partnerschaft mitten in so extremer Hierarchie. Solche Erfahrung von *égalité*, von *liberté*, auch *fraternité* muß unweigerlich tiefe Spuren nicht nur in jedem Anwesenden, sondern auch in all den Millionen Chinesen hinterlassen, die diese Diskussion im Fernsehen zu verfolgen die märchenhafte Gelegenheit erhalten. Da werden plötzlich höflich und aufrichtig Fragen beantwortet, für die sie bislang nur Gefängnisstrafen kannten.

Die andere unvergeßliche Szene spielt sich auf höchster politischer Ebene bei einem Staats- und Parteibankett ab. Eine Gruppe chinesischer Spitzenfunktionäre stellt sich mit Clinton den Fernsehkameras der Welt und will ihn bei dieser Gelegenheit vor jedermanns Augen spüren lassen, wer hier das Sagen hat. Jeder dieser Häuptlinge hält ein Champagnerglas in der Hand und schaut reglos erstarrten Gesichtes frontal in die Kameras oder zum Publikum im Saal. Clinton mit seinem Champagnerglas steht plötzlich unverhofft hinter ihnen allen und wird keines Blickes, geschweige eines Lächelns oder gar Wortes gewürdigt. Der angeblich mächtigste Mann der Welt wird so in Peking demonstrativ abgehängt.

Und was tut dieser Clinton nun in solcher Situation? Dagegenhalten? Den Krieg erklären? Sich dazwischendrängen? Um die Macht des Augenblickes kämpfen?

Nein, er unterwandert sie, indem er heiter, lächelnd, locker und souverän die zugeteilte Rolle eines braven Buben und verachteten Bittstellers annimmt und im Rücken der eisernen Apparatschiks von einem zum andern geht und jeden von ihnen freundlich und mit allem Charme der Freiheit auffordert, mit ihm anzustoßen. Hilflos tun sie das dann auch.

Amerikanische, exilchinesische und sonstige Wortführer des *Kalten Krieges* kreiden ihm das gnadenlos als Unterwerfung an. Aber es ist das Gegenteil. Er demonstriert Kultur. Er lehrt die Entmenschten Humanität. Er überführt ihre unfruchtbare Halsstarrigkeit, er entkrampft: indem er den kindischen Machtkampf nicht mitspielt, sondern auf Besseres verweist.

So verpufft die wohlberechnete Demütigung, indem sich dieser Clinton freiwillig für die Rolle des Demütigen entscheidet. Er lehrt alle Welt an ihren Fernsehschirmen die Kraft und Größe von Demut.

Es kann kein Zweifel bestehen, daß er in diesem eingefrorenen Lande mit so messianischem Wirken neun Tage lang als Guru mehr ausgelöst und erreicht hat als durch jegliches Muskelspiel, wie Gegner und Medien es von ihm erwarteten. In Schanghai gar fachsimpelt er mit den Computerfreaks eines Internet-Cafés und kauft dann persönlich an einem Straßenstande für sich und seine Tochter ein Eis, das die beiden vor den globalen, zumal aber vor den chinesischen Kameras zu schlecken beginnen.

Eine lächelnde, freundliche Lektion in Menschlichkeit.

Als käme sie aus dem Fernen Osten: so buddhistisch.

26.
Wieder zum Samenkorn.

In einem Briefe an Freund Zelter kommt der 81jährige Goethe am 9. November 1830 unverhofft und anlaßlos auf Schiller zu sprechen, der da seit einem Vierteljahrhundert schon tot ist: *"Ich will nicht zu sagen unterlassen, was mir gerade einfällt"* – vielleicht weil Schiller morgen seinen 71. Geburtstag hätte?

"Er berührte nichts Gemeines, ohne es zu veredeln."

Schon diese Auskunft erleuchtet wie ein Sonnenaufgang. Aber damit nicht genug. Von diesem Veredeln des Gemeinen sagt Goethe noch, es sei *"gerade wie im Evangelium: Es ging ein Sämann aus zu säen"*.

Was soll das heißen? Welches Evangelium meint er da? Denn der zitierte Satz kommt beim Matthäus ebenso vor wie bei Markus und Lukas. Einzig bei Markus (4, 14) heißt es auch noch: *"Der Säemann sät das Wort"*.

Aber das Schillersche Veredeln des Gemeinen kann schwerlich mit einer Aussaat von Worten verglichen werden – das tun allzu viele – ; eher mit dem, was Lukas (8, 8) noch griffiger formuliert als seine beiden Kollegen: *"Und etliches fiel auf ein gutes Land; und es ging auf und trug hundertfältige Frucht"*.

Demnach wäre Schiller solch ein gutes Land, das gemeinen Samen zu hundertfältiger Frucht veredelt.

Alle drei Evangelisten fügen gleichermaßen hinzu, was Christus zu alledem empfiehlt: *"Wer Ohren hat zu hören, der höre"*.

Und Goethe resümiert in zitiertem Briefe auf ganz ungoethisch rare Weise:

"Schillern war eben diese echte Christus-Tendenz eingeboren."

Das Ganze geht über alle Vernunft. Aber drunter ertönen *trumpets in C-dur*, das spürt man deutlich.

Hamburg, 6. Juli 1998

27.

Helmut Kohl, den der Volksmund gern "Birne" nennt, wurde gestern im Fernsehen gefragt, was er von den derzeitigen Tendenzen halte, das Amt

des Bundeskanzlers zeitlich zu begrenzen: nach Art etwa unseres Bundespräsidenten, des französischen, auch des amerikanischen Präsidenten?

"Birne" Kohl, prompt: *"Sie können nicht Äpfel mit Birnen vergleichen."*

28.
Beim Sex mit einer Frau ist der Mann das einsamste Geschöpf der Welt.
(Die Frau vielleicht auch.)

Beim Sex mit einem Mann ist er das nicht: da sind sie zu zweit.

29.
Auch nach abgeschlossener Lektüre von Jüngers *"Stahlgewittern"* muß fest-
gehalten werden, daß alle gängigen Einwände gegen dieses Buch unberech-
tigt sind. Sie sind Verleumdungen.

Nicht zuletzt mag das schon gleich eingangs an seiner Widmung abzulesen
sein. Es ist *"Den Gefallenen"* zugedacht, will also als Ganzes an die Opfer
des geschilderten Geschehens erinnern, ihnen seine Reverenz erweisen.
Schon das widerspricht jeder unterstellten Verherrlichung des Krieges; die
würde Helden feiern und die Toten verschweigen.

Vollends im Kapitel *"Die Große Schlacht"*, das die Hölle der nordfranzösi-
schen Kämpfe im Frühjahr 1918 dokumentiert, verbalisiert Ernst Jünger seine Philosophie zu all dem beschriebenen Horror in einem Satz, der als Mot-
to dieses Buches dienen könnte, indem er die Haltung seines Autors zusam-
menfaßt:

*"Der Staat, der uns die Verantwortung abnimmt, kann uns nicht von der
Trauer befreien; wir müssen sie austragen. Sie reicht tief in die Träume hinab."*

Diesen ebenso vordemokratischen wie tiefdemokratischen Satz formuliert
er, nachdem er sich just *"zwang"*, einem *"blutjungen"* Engländer, *"dem das
Geschoß quer durch den Schädel gefahren war [...], ins Auge zu sehen.
[...] Oft habe ich später an ihn zurückgedacht, und mit den Jahren häufiger"*.

So spricht kein Chauvinist, kein Nationalist, kein Militarist.

Alle diese Etiketten können nun getrost gestrichen werden.

30.
Heute vor 41 Jahren war ich in Köln als Studentlein staunender Augen- und
Ohrenzeuge eines Gesamtgastspiels der *Mailänder Scala* mit Bellinis *"Son-
nambula"*. Die *Amina* sang Maria Callas. Ihretwegen tat ich mir den verachteten Bellini an.

Erst letztes Jahr auf Formentera erfuhr ich "durch Zufall", daß musikalische
Einstudierung und Leitung dieser Produktion (wenn auch nicht dieses Kölner Abstecherdirigat) erstmalig für die Scala in den Händen eines amerikanischen Kapellmeisters gelegen hatten: des jungen Leonard Bernstein, damals 37 (etwa also wie auf Don Hunstein's "selig verausgabtem" Foto mit
Glenn Gould: im ersten *Reflex* vom 31. Oktober 1997).

Noch mit Freund Fuffi fuhr ich damals nach dieser Milaneser Vorstellung
quer durch Köln und auffahrdicht dem Wagen der Callas hinterher: sah sie
so in unserm Scheinwerferlicht und ihrem Fond mit Elsa Maxwell plaudern.

Was wir Zufall zu nennen pflegen, schiebt mir nun auf den Jahrestag genau
einen Plattenmitschnitt just jenes Kölner Gastspiels als wohlfeiles Angebot
in den *CD-player*. Aus rein nostalgischen Motiven höre ich mir diese Reminiszenz sofort an und werde doppelt überrascht.

Die Callas singt das wirklich so gut wie auf keiner ihrer Platten irgendwas
sonst: ohne Gebrüll und schrille Spitzen, auch ohne detonierende Entglei-
sungen. Sie ist absolut auf ihrem eigenen Gipfel, den sie da auch zu einem
ihrer Branche macht, und wird überdies als brillante Schauspielerin, die sie
war, durch Rolle und Situationen in menschlichen Maßen gehalten: ihr Singen verselbständigt sich hier nicht zu sinnlos und ungut ehrgeiziger Rekord-
sucht.

Aber die größere Überraschung ist dieser verachtete Bellini: was für ein
schwelgendes Fest des Belcanto, nicht selten, etwa im Finale des ersten Ak-
tes, durchaus von Verdis Gnaden, bisweilen gar mit Mozart-Klängen. Keine
einfallslose Konvention und Routine, wie vorschnell unterstellt, sondern
ehrlich, fantasievoll, reich an Gefühlen, handwerklich integer und musika-

lisch blühend. Freilich mag solche offenbarende Freilegung durchaus auch Bernstein's Verdienst sein, dessen Mitwirkung diese Schallplatte kaltschnäuzig oder schlampig unterschlägt.

Ein wahrer Ohrenschmaus; mehr: eine Entdeckung.

Abbitte.

Aber konnte ich damals, selbst knapp majorenn, denn wissen, daß dieser wunderbare Bellini nur 34 Jahre alt wurde?

31.

In erwähntem Fernseh-Interview sagt Kohl auch, er halte es strikt mit Thomas Mann und dessen Forderung, wir sollten deutsche Europäer und europäische Deutsche sein.

Sein Gesprächspartner Johannes Gross, der sich so gern mit seiner Bildung brüstet, nimmt das protestlos hin.

In Wahrheit sagt Thomas Mann 1953 in seiner Rede vor Hamburger Studenten, *"Sache der deutschen Jugend"* sei es nun, *"klar und eindeutig ihren Willen"* kundzugeben – *"nicht zu einem deutschen Europa, sondern zu einem europäischen Deutschland"*.

Wer Ohren hat zu hören, der höre die klaffende Differenz.

32.

Mathias Richling dürfte im selben Interview reiche Ernte für seine unersättlich begierige Kohl-Kollektion gehalten haben.

Denn Kohl sagt da auch: *"Der Wähler entscheidet am 27. September um 18 Uhr und keine Sekunde früher!"*

Demnach müßte jene Wahl für ungültig erklärt werden.

Hamburg, 7. Juli 1998

33.

Noch mit einer dritten Szene, merke ich, bleibt Clinton's Chinareise im Gedächtnis. Aber zumindest in der Dramaturgie der deutschen Fernsehberichte ist diese Szene sogar ein Zwilling.

Ihr erster Teil spielt sich auf jenem unseligen *Tianmen-Platz des Himmlischen Friedens* ab, wo Clinton zum besonderen Ärger vieler Kritiker neben dem chinesischen Partei- und Staatschef Jiang Zemin eine Parade jener Truppen abnimmt, die eben hier vor just neun Pagoden- und Drachen-Jahren unter aufbegehrenden Studenten und anderen demokratischen Demonstranten ein Blutbad anrichteten.

Die Art und Weise nun, wie Clinton hier repräsentiert, widerlegt bereits alle Befürchtungen, er füge sich allzu hündisch den Wünschen seiner hiesigen Gastgeber und heimischer Wirtschaftsmafiosi, er verrate das Martyrium jener jungen Freiheitskämpfer. Nur wenige Zentimeter nämlich neben dem schuldigen Jiang Zemin, der jenen Schießbefehl zumindest verteidigt, wird Clinton unübersehbar, wie er da steht, zum leuchtenden Mahnmal, das jene Opfer ehrt und vor dem Vergessenwerden bewahrt. Denn die natürliche Vergeßlichkeit aller Weiterlebenden wird durch nichts effektiver bekämpft als durch schmerzhaftes Aufreißen scheinbar vernarbter Wunden. Und das eben tut dieser Charismatiker da. Nur indem er auf diesem blutgetränkten Platze vor und neben den Mördern von damals auftritt, gedenkt plötzlich alle Welt wieder jenes fast schon verdrängten Massakers. Er verrät seine Opfer nicht, er beschwört sie wieder herauf.

Das wird vom unmittelbar drangeschnittenen zweiten Teile besagter Doppelszene komplettiert und verbalisiert. Auf gemeinsamer Pressekonferenz sagt Clinton wieder dicht neben Jiang Zemin und in die Fernsehkameras sogar auch Chinas hinein auf seine unnachahmlich freundliche, höfliche, gänzlich unaggressive, gänzlich unüberhebliche, aber klare und unmißverständlich feste Weise jene allenthalben wiedergegebenen und allenthalben hörbaren Sätze:

"Vor neun Jahren erhoben Chinesen aller Altersgruppen ihre Stimme für Demokratie ... Ich und die amerikanische Bevölkerung glauben, daß der Gebrauch von Gewalt und der tragische Verlust von Menschenleben ein Fehler waren"

– im Original noch sehr viel deutlicher: *"It was wrong."*

Siebzig Minuten lang hört sich vor laufenden Kameras der kritisierte Jiang
Zemin gelassen an, was DER SPIEGEL nun, vermutlich treffend, *"Nachhil-
feunterricht für den Chefkommunisten"* nennt. *"Das ist eben Demokratie"*,
soll er seinen staunenden Untertanen erläutert haben.

Eine andere Kulturrevolution.

Aber diesmal auch mit den Mitteln der Kultur.

34.
Beethovens so sonderlich originär und unverwechselbar erachtete Florestan-
Arie war im selben Wien schon 22 Jahre zuvor und seither immer wieder
und wieder angeklungen und vorgegeben: mit Belmontes Part im Rezitativ
"Welch Geschick! o Qual der Seele!" zum Duett *"Meinetwegen sollst du
sterben"* im dritten Akt der *"Entführung aus dem Serail"*.

Die Ähnlichkeit verblüfft jedenfalls eminent.

35.
Clinton's Name wird von den Chinesen phonetisch verfremdet.

Dabei fällt eine Parallele zum Thai, also auch zum Ewritt auf: zwischen den
ersten beiden Konsonanten des Namens wird ein Vokal gewittert, der nicht
geschrieben, umso mehr aber gesprochen wird. Die Thais hätten da ein kur-
zes A interpoliert, den Chinesen scheint ein E angemessener.

Das Ergebnis ist *Kelindun*.

Hamburg, 8. Juli 1998

36.
Im Fernsehen läuft ein alter deutscher Kinofilm von 1954: *"Der schweigen-
de Engel"*. Nie gesehen und nie gehört.

Leider verpasse ich den Vorspann und werde daher über mehr als die Hälfte
des Streifens von seinem männlichen Hauptdarsteller auf die Folter ge-
spannt. Zwar steht fest, daß ich ihn noch nie gesehen habe, auch von keinem Foto her kenne: vollkommen unbekannt. Trotzdem ist er mir zuïnnerst

vertraut. Mancher Blick, manches Lächeln, vieles sonst in seinem fremden Gesicht trifft und erinnert mich zutiefst: nur an wen? Ich weiß es nicht.

Also sehe ich mir diese belanglose Schnulze so lange an, bis die Quälerei dann abrupt ein sehr überraschendes Ende findet. Denn jählings durchzuckt es mich: das ist Walter Breuer oder Siegfried Breuer *junior*, Sohn von Siegfried Breuer, mit dem er freilich höchstens die grade Nase, sonst gar nichts gemein hat. Aber er ist auch der Vater von Pascal, der in *"Mutschmanns Reise"* meinen Stefan spielte. Dieser damals 14jährige also spukt nun so bewegend im agierenden Gesicht und unübersehbar auch in jedwedem Abglanz der Seele dieses fremden Mannes umher.

Den habe ich übrigens, weiß ich nun, doch auch schon einmal selbst gesehen, aber nicht im Film, sondern am offenen Grabe seines Vaters. Damals in Göttingen.

Vor 44 Jahren.

Surprisen des Alterns.

Speicherspiele.

37.
Derzeit läßt der Wahlkampf die Fernseh-Auftritte seiner Protagonisten inflationieren. Sie selbst also müssen da für Abwechslungen sorgen.

Kohl zum Beispiel kann das nicht mit Inhalten. Also variiert er die Tonart und ist im Unterschied zur launig jovialen Bonhommie von gestern plötzlich unverhofft aggressiv. Stark angeschlagen, markiert er nun umso mehr den starken Mann. Er ist pampig und versucht, seine flatternde Nervosität hinter unaufhaltsam niederknüppelndem Redefluß nach Art eines Rammbocks zu verheimlichen.

Dabei entgleist sein Gesicht und offenbart jene tief erschreckende Primitivität, auch lauernde Kälte und brutale Bosheit, die es sonst hinter leutselig kumpeliger Burschikosität und sentimentaler Treuherzigkeit zu verbergen gelernt hat.

Mit diesem Mann, verkündet nun dieser Offenbarungseid, ist nicht gut Kirschen essen. Mit dem ist nicht zu spaßen. Der hat keinerlei Hemmungen oder Skrupel. Der geht über Leichen.

Der geht über Leichen.

Wer aber außer mir mag das so sehen?

Sogar sein so eingeschworener Kritiker Stephan erkennt zwar auch in diesem Auftritt das *continuo* seiner Lügen, aber rühmt gleichwohl seine imposante Kraft.

Das enthüllt auch: dieser Rambo beeindruckt immerhin durch radikale Vitalität.

Das verrät nicht zuletzt: er bedient das Bedürfnis der Masse nach dem starken Mann.

"Führer, befiehl: wir folgen dir!"

Hamburg, 13. Juli 1998

38.
Nationalhymnen pflegen Peinlichkeit auszulösen: emotionale, politische, situationelle, meist auch musikalische. Vollends die deutsche sorgt mit arger historischer Belastung für übelste Beklemmungen und wird daher meist, wie freilich so manche andre auch, nur halbherzig, halb auch schuldbewußt eher geraunt und gemurmelt als lauthals ausgesungen. Unsicherheit der jeweils zum Singen Verdonnerten gar bezüglich der meist antiquierten, ärgerlich zopfigen und daher wenig geläufigen Texte macht dann nur allzuoft das Maß des Komischen voll. Das *"Deutschlandlied"* am Tage der nationalen Wiedervereinigung vor dem Schöneberger Rathaus und von den Lippen der Vorsänger Kohl, Genscher, Brandt und Momper war da ein unvergeßlich amüsanter Höhepunkt. Auch unvergeßlich lächerlich und peinlich.

Nichts von alledem gestern beim Hymnenritual vor dem Endspiel der Fußball-Weltmeisterschaft. Denn nach der brasilianischen Nationalzeremonie, die auf übliche Weise angedeutet blieb, war plötzlich alles anders, als eine überwältigende Mehrheit von vielen zehntausend gierigst gloire-Bedürftigen aus offenkundig übervollem Herzen jenen Gesang anstimmte, der

"Marseillaise" heißt. *Attacca* sang da die *Französische Revolution* mit.
Weltweit. Und nicht nur sie. Alle Freiheitskämpfer dieses vielgeknebelten
Planeten schienen gleichfalls mitzusingen. Die ganze Geschichte der Demo-
kratie sang mit, ihr unermüdliches Ringen gegen Unterdrückungen aller Art.
Auch alle Märtyrer dieser Idee schienen mitzusingen: es war gewaltig.

Unmöglich, sich davon nicht berühren zu lassen. Zwei Milliarden Zuschauer rund um den Globus mögen davon berührt worden sein. Oder gar mitge-
sungen haben: der Text ist weithin geläufig, ein *Vademecum* allerorten, eine
andre, eine viel verführerischere Internationale.

(Sie bewirkte denn prompt auch Wunder für ihre Erfinder, und *le jour de
gloire est arrivé!*)

Hamburg, 14. Juli 1998

39.

Noch nie, scheint's, haben die Wettkämpfe um die Weltmeisterschaft im
Fußballspielen eine solche Popularität gewonnen wie heuer. Selbst Intellek-
tuelle und Künstler sind anscheinend sämtlich vom Virus dieser Begeisterung infiziert und fiebern einem Siege der eigenen Nation aufs allerchauvi-
nistischste entgegen. Alle andern tun das ohnehin. Wer es nicht tut, wird
zum Paria. Deren gibt es aber nur noch vereinzelte.

Warum grassiert diese Seuche diesmal epidemischer denn je zuvor?

Offenbar wird inzwischen mehr denn je zuvor eine Bestätigung nationaler
Identitäten benötigt. Denn um nichts anderes geht es hier. Nicht die Spiele
dieses Sports faszinieren, sondern einzig seine Chance, die Rivalen in andern Ländern auszustechen. Tatsächlich werden hierbei die Menschen sämtlicher anderer Länder zu Rivalen.

Das mag in Zeiten fortschreitender Globalisierung auf fast allen Gebieten
ein atavistisches Bedürfnis sein: bei all den Geschäftspartnern, die man
weltweit permanent bei Laune halten muß, doch auch noch irgendwo Feinde zu haben, die man bekämpfen, besiegen und verachten kann.

Abermals: der Sport ersetzt hier die verlorengegangenen Kriege. Kein Wunder, daß er in vielen Fällen schon während der Spiele oder gleich danach zu

Handgreiflichkeiten, brutalsten Schlägereien und Straßenschlachten Anlaß bietet, die eigentlich als Völkerschlachten empfunden und gemeint sind.

Das alles ist neurotisch, wenn nicht gar psychotisch.

Denn es ist antikulturell: eine Gegenbewegung zum Fortschritt, zur gesellschaftlichen Evolution – ein triebhafter Versuch, Überwundenes dennoch nicht aufzugeben und wider alle Vernunft, wider allen Zeitgeist gewaltsam beizubehalten.

Der verlorengehende Begriff der Nation mag Jahrtausende lang als Hafen empfunden worden sein, wo die Seele sich vor Gefährdungen und Vereinsamung behütet fühlte. Folgerichtig wurde er mit Heimat verwechselt. Definiert wurde alles das weitgehend über Kriege und militärische Erfolge, in einer Übergangsphase dann auch über ein Wirtschaftsleben, das konsequent als National-Ökonomie bezeichnet wurde.

Atombombe, Verkehrs-, auch Computertechnik und Weltwirtschaft haben mittlerweile nationalen Kriegen wie nationaler Ökonomie den Garaus angekündigt oder schon vollends bereitet. Damit droht auch die Heimat in diesen Häfen verlorenzugehen. Der äonenlang gewohnte Schutz fällt weg.

Natürlich entstehen neue Schutzmechanismen, zumindest deren Illusion. Aber die werden noch nicht begriffen, noch nicht als solche empfunden. Also versucht man manisch, den alten Hafen zu retten.

Das ist natürlich aussichtslos.

Umso hektischer greift man nach Scheingarantien für altvertraute Heimathäfen. Die verführerischste ist der Sport, weil man ihn als passiver Zuschauer beanspruchen kann. Ohne eigenes Zutun glaubt man sich da geborgen und behütet wie seit *Olims Zeiten* und in *Abrahams Schoß*.

Anarchische Pointe: fast sämtliche Mannschaften, die da heutzutage für ihre Nation und gegen alle andern Völker unsres Planeten diesen Ersatzkrieg exerzieren, sind ihrerseits längst nicht mehr völkisch integer, sondern in exotischsten Mischungen mit gekauften Aktivisten aus all den andern Feindesländern durchsetzt. Insofern sabotieren sie selbst ihr antiquiertes Konzept. Nicht selten bekämpfen sich da auch Landsleute, Freunde, frühere Gefährten, vielleicht auch Verwandte oder Brüder.

Das Ganze ist inzwischen durch und durch pseudo. Ein potjomkinsches (Welt-) Dorf: eine Schimäre.

Wie mag sie sich offenbaren und kollabieren?

Und wann endlich?

Hamburg, 15. Juli 1998

40.

Das Pariser *plein-air*-Konzert der drei Supertenöre wurde am 10. Juli weltweit *live* übertragen.

Mein Fernsehgerät stand direkt neben der Balkontür, so daß ich dabei den aktuellen Pariser Himmel mit dem hiesigen unmittelbar vergleichen konnte. Ohne den Kopf oder auch nur die Augen bewegen zu müssen, sah ich im selben Augenblick unser hiesig norddeutsches, fast schon skandinavisches Firmament und runde 1800 Kilometer südwestlich entfernt jenen vielbesungenen *ciel de Paris* als hautnahe Nachbarn, eigentlich als Einheit.

Denn als das Konzert um 21 Uhr zu Füßen des Eiffelturmes auf dem dortigen *Marsfeld* begann, hatte der Hamburger Himmel die ununterscheidbar selbe Farbe und dasselbe Licht in gleicher Helligkeit wie sein Nachbar da neben ihm in Paris: *uni.*

Als das Konzert dort um 23 Uhr 45 endete, war es über beiden Städten gleichermaßen und ununterscheidbar nächtlich dunkel.

Aber zwischendurch gab es eine Phase, da war es in Hamburg noch hell, und nebenan in Paris herrschte Dämmerung (prompt sangen die Tenöre ein emanzipiertes, ein gallisch autarkes *"Sous le ciel de Paris"*); bald danach schon dämmerte es auch in Hamburg, aber über Paris lag da finsterste Nacht.

Spätestens daran war abzulesen, daß Hamburg beträchtlich nördlicher liegt als Paris.

Oder daß die althergebrachten Behauptungen der Kartografen tatsächlich richtig sind. Das war man bislang immer blindlings nur zu glauben verdonnert. Jetzt hat man es wirklich erleben, mit staunenden Kinderaugen selbst betrachten können.

Den Tenören sei Dank ...

Noch zum Fußball.

Man sollte, sei es probehalber, Fußballspiele einführen, die als beendet gelten, sowie nach vereinbarter Mindestzeit ein Gleichstand an Toren erreicht ist: nach sechzig Minuten zum Beispiel ein O : O oder 1 : 1 oder 2 : 2, derlei. Solange eine der beiden Mannschaften noch im Vorteil ist, muß weitergespielt werden.

Diese Regelung würde vermutlich sofort den schlüssigen Beweis liefern, daß es all den Millionen vermeintlicher Sportsfreunde jeweils ums Zuschauen gar nicht beim Spielen geht, sondern beim Siegen, genauer: beim Besiegen. Bliebe das nun aus, blieben sie sicher alle weg.

Oder man bliebe in Dreiteufelsnamen bei der bisherigen Regelung, aber befreite sie zumindest von jeder nationalen, auch kommunalen Bindung. Auch dann würde sich das bisherige Masseninteresse vermutlich bis zur Unsichtbarkeit reduzieren.

Das sportliche *match* wäre als das enttarnt, was es ist: ein Vorwand für archaïsch militante Chauvinismen.

42.
Zum 90. Geburtstag von Peter Anders spricht im Norddeutschen Hörfunk ein Musikexperte *"von der Sonne, vom Sonnenglanz"* in der Stimme dieses frühverstorbenen Tenors:

"Es lag oft so etwas wie ein sonniges Lächeln über seinem Gesang, etwas Freundliches, Sympathisches und Lichterfülltes."

Eigene Erinnerungen an seinen Cavardossi, seinen Florestan, zumal an seinen überwältigenden Othello, auch an einen Liederabend und zahllose Rundfunkaufnahmen bestätigen das nur allzugern und schlugen sich nach seinem Unfalltode auch in einem schwärmerischen Nachruf des damals Zwanzigjährigen nieder.

Aber der heutige Radioexperte ordnet diese sobeschaffene Stimme, deren Karriere in den dreißiger und vierziger Jahren erblühte, durchaus auch historisch ein und weist auf jenes Wunder hin, daß

"in den Zeiten der Finsternis, in der dunkelsten Periode, die Deutschland vielleicht je erlebt hat, daß es damals so viele helle und klare Stimmen gab".

Neben diesem Peter Anders benennt er da Erna Berger, Karl Schmitt-Walter

"und wie alle diese musikalischen Lichtbringer sonst noch hießen".

Sie hießen auch Jussi Björling, Walther Ludwig, Helge Rosvænge, Julius Patzak, Jan Kiepura, Josef Metternich, Maria Cebotari, Erna Sack, Marcel Wittrisch, Willi Domgraf-Faßbaender, Josef Schmidt:

"Stimmen von einer auffallenden Leichtigkeit der Tongebung, von einer Süßigkeit des Klangs, vor allem Tenorstimmen von solch sonnenheller Strahlkraft, wie man sie in späteren Zeiten kaum mehr kennengelernt hat."

Zum orientierenden Vergleich wird hier als einsame Ausnahme einer anderen Generation Fritz Wunderlich einbezogen.

"Möglicherweise läßt sich diese Konzentration von vokalem Schönklang damit erklären, daß sich gleichsam von selbst so etwas wie ein notwendiges Regulativ heranbildete, eine harmonische Gegenwelt zu den vielen Mißtönen des Zeitalters, nicht zuletzt auch zu den häßlichen, kreischenden und brüllenden Stimmen der Politiker."

An dieser so bemerkenswerten wie einleuchtenden Beobachtung bleibt lediglich in Frage zu stellen, ob sich dieses Regulativ, diese Gegenwelt tatsächlich "von selbst" ergab. Das klingt allzu simpel.

Aber die Parallele zur heutigen Schwemme anarchischer Komiker ist unübersehbar. Auch sie sind deutlich solch ein notwendiges Regulativ, solch eine Gegenwelt zu diesem Zeitalter der neunziger Jahre, deren gegelte Selbstgefälligkeit Stephan kürzlich überzeugend mit dem argen Spießermief der Fünfziger verglich. Die folgenschwere Ungeistigkeit der damaligen Zeit kann gewißlich mit der heutigen konkurrieren.

Aber ob auch jetzt wieder eine Ablösung durch so etwas wie die "Achtundsechziger" möglich wird?

Noch sieht es nicht so aus.

Aber vielleicht sind die komischen Anarchen da ein erstes verheißungsvolles Wetterleuchten.

Hamburg, 20. Juli 1998

43.

Im *Babylonischen Talmud*, lese ich, wird das Prinzip des Guten so beschrieben:

"Das Meine ist dein und das Deine für dich."

Denn der Bescheidene halte Abgrenzungen nicht für wichtig. Sie seien ein Herrschaftsinstrument des Machtbegierigen.

Hamburg, 21. Juli 1998

44.

Was in Osnabrück die Störche Holger und EDgar waren, sind im "Biblischen Zoo" von Jerusalem die beiden Gänsegeier Daschik und Jehuda: schwul. Den einen wurde mit Erfolg ein Pinguin-Ei, den andern, nachdem sie gemeinsam ein Nest zu bauen begonnen, ein schlupfbereites Geier-Ei untergeschoben, das sie inzwischen ausgebrütet haben und dessen Produkt sie seither umhegen und aufziehn.

Die Zoologen haben dieses Küken Diva getauft: nach dem Schlager jenes transsexuellen *Grand-Prix*-Siegers Dana International.

Aber vollends brisant sind diese schwulen Geier als Bewohner ebenjenes "Biblischen Zoos", der das Konzept der *Arche Noah* aufgreift. Ausgerechnet dort, an so prototypischem Biotop also, lassen Daschik und Jehuda die beiden programmierten Geierdamen unbeachtet und verzichten just auf das archenspezifisch paarweise Überleben ihrer Gattung. Das stellt geistlich wie evolutionistisch vieles in Frage oder zumindest auf den Kopf.

Im Safaripark *Beekse Bergen* des niederländischen Hilvarensbeek wird an speziellen Tagen auch die Schwulität von Affen und Flamingos den Besuchern *ad oculos* demonstriert.

Hamburg, 22. Juli 1998

45.

Kadir auf dem türkischen Konsulat in Hamburg, als er da zwecks Erlangung der deutschen Staatsangehörigkeit zu einem rein formalen Militärdienst von nur einem Monat an den Bosporus geschickt werden soll:

"Muß man da ein Gewehr anfassen?"

Hamburg, 28. Juli 1998

46.

Was hat Kaiser Wilhelm II. mit Henri Bergson gemein?

Jedenfalls daß auch er von 1859 bis 1941, also in jedem seiner beiden Jahrhunderte jeweils 41 Jahre lang lebte.

Auch er starb überdies an einem 4., aber nicht wie Bergson im Januar am 4. 1. (= eine andere 41), sondern am 4. 6. im Juni.

Ende der Gemeinsamkeiten? Man frage die Kabbalisten, denen vier und eins und 4 + 1 Geheimnisse offenbaren oder Mysterien bezeichnen.

47.

Warum Ernst Jünger in all seiner außergewöhnlichen Belesenheit und Frankophilie den Namen seines Kollegen Stendhal so ausspricht wie die Stadt in der Altmark, also deutsch, wird mir erst begreiflich, als ich dieser Tage feststelle, jener Marie-Henri Beyle habe sich sein Pseudonym nach ebendem altmärkischen Geburtsort seines Idols Johann Joachim Winckelmann auserkoren.

Das rehabilitiert nicht nur Jüngers Bildung, sondern verrät wohl auch Verschlüsseltes über den Eros des Monsieur Beyle (und dessen Liebe zu einem russischen Offizier in Thomas Manns *"Entstehung des Doktor Faustus"*).

48.

Plötzlich und unverhofft offenbart sich, erst jetzt, dieser Rossini als eine Nummer drei unter den Komponisten, die nicht hoffen, sondern Gewißheit haben (siehe *Reflex* am 10. April 1998!).

Aber wie bravourös er das zu kaschieren weiß: ganz unprätentiös, hinter profaner Virtuosität, die freilich keinerlei Schmachten, kein Sehnen, kein Träumen benötigt oder kennt.

Dadurch hat er den Freiraum für unvergleichliche Entfaltung seiner allerpersönlichsten Fantasie, die vom Makel konventioneller Sentimentalitäten total verschont bleibt. Also vermag er, wo er nicht spottet und spielt, auch Gefühle zu komponieren, ohne die Klischees des 19. Jahrhunderts bemühen zu müssen. Eben das wird ihm gern verübelt und als Gefühlskälte ausgelegt.

Tatsächlich, lese ich nun, war Mozart, dieser zweite Gewisse nach Bach, sein großes Vorbild.

Wieso aber entdecke ich diesen Mann als solchen erst jetzt? Wieso fehlte er in meinen diversen Spielplänen? Wieso auch sah ich noch niemals eine seiner fast vierzig Opern auf der Bühne?

Ich fürchte, alles dieses nicht nur aus Zufall und Pragmatik, sondern auch aus unkritisch angenommenem Vorurteil: weil er all den Kritikastern und Meinungsbildnern mit ihren Kriterien immer noch aus dem 19. Jahrhundert als oberflächlich, als banal, als leerer Formalist gilt.

Eine umso größere und liebere Entdeckung nun. Sie wird bestätigt durch das *"Stabat Mater"* und überhaupt die Religiosität seiner zweiten Lebenshälfte.

Die erste Lebenshälfte besteht aus 38 (= 2 x 19) Jahren,

in deren zweiten 19 Jahren er 38 Opern schrieb,

die zweite Lebenshälfte aus wiederum 38 Jahren, in denen er keine einzige mehr schrieb.

Den Einschnitt zwischen diesen beiden ebenso gleichen wie ungleichen Hälften markiert das Jahr 1829.

Dessen Ziffer 29 ist auch Rossinis Geburtstag: im Februar des Schaltjahres 1792, das spielerisch auch jene Primzahl 29 spiegelt, wie sie den Kabbalisten als unser aller Urgrund gilt.

49.
Stendhal, unterschlagen all meine Lexika und eröffnet mir nun Stephan, hat über diesen Rossini eine Monografie geschrieben.

Die erschien schon fünf Jahre vor besagt halbierendem Lebenseinschnitt: als der Geschilderte erst 32 Jahre alt war, aber schon einen Weltruhm gehabt habe wie außer ihm damals nur noch Napoleon.

50.
Geboren wurde dieser Rossini in ebenjenem adriatischen Pesaro, wo später auch die Tebaldi zur Welt kam, Pavarotti heute seinen Sommersitz hat und wo ich vor nunmehr anderen 38 Jahren einen Einschnitt erlebte, der meinen eigenen Umweg von 19 Jahren empfindlich eröffnete.

Hamburg, 29. Juli 1998

51.
Man muß nur hartnäckig und detektivisch genug in Thomas Manns Tagebüchern weiterlesen, um ihm schließlich auf die Schliche zu kommen:

jeder Mann, der dort als *"jung"* oder *"mit Freund"* erwähnt wird, soll insofern als schwul eingemeindet oder verdächtigt oder erhofft oder auch nur betrachtet werden, jedenfalls unter solchem Gesichtspunkt in Frage kommen und solche Röntgenblicke des Diaristen auf sich nehmen. Auf so interlineare Weise wird fleischesbrüderliche Sympathie bekundet und dem Eingeweihten oder Hellhörigen eingestanden.

Allen andern bleibt's verschlossen.

Als die befreundete Psychoanalytikerin Caroline Newton ihm nach zwölfjähriger Verbundenheit und unterwürfigster Verehrung in *Santa Monica* schließlich gesteht, ihr Buch *in progress* über Thomas Mann werde keine

Biografie, *"weil eine solche langweilig oder skandalierend würde"*, notiert der Betroffene am 24. Juli 1941 im Tagebuch:

"Das ist nicht so dumm wie sie"

und spielt wohl damit auf ebendas an, was er selbst durch *"jung"* oder auch *"mit Freund"* stigmatisiert und ihr vermutlich vorenthält.

Folgerichtig ist ihr Buch auf der Strecke geblieben.

Hamburg, 30. Juli 1998

52.

Heute nacht in Hitlers letztem Refugium. Aber weder Bunker der Reichskanzlei noch Wolfsschanze. Eher eine luxuriöse Riesenvilla, schloßartig, mit Garten oder Park.

Der Untergang stand unmittelbar bevor. Dennoch war nicht er das Problem, sondern der Versuch, Hitlers Berserkerwut zu entgehen. Sie war entsetzlich und absolut angsteinflößend. Er tobte und war gefährlich wie ein Amokläufer.

Der ganze Traum bestand aus Versuchen, mich so zu verstecken, daß der Tollwütige mich nicht finden konnte. Das gelang mir schließlich. Dort harrte ich lange aus. Als außerhalb alles sich beruhigte, stellte ich fest, daß schon seit vielen Tagen der Krieg beendet und Hitler weg war.

(Ausgelöst eventuell von Manfred Rommels Fernseh-Berichten über die Konfrontationen des tobenden Hitler mit seinem Vater und über dessen Ende: gestern am späten Abend.

Es wäre der erste erinnerte Traum im inhaltlichen Anschluß an rezentes Televisionsprogramm.)

53.

Mein Gedächtnis pflegt mir in einem Maße zur Verfügung zu stehen, daß ich mich für seine Zuverlässigkeit nur bedanken kann. Anderen fällt es als elefantenhaft auf. Tatsächlich vergesse ich wenig.

Das ganze Gegenteil läßt sich von meinen Träumen sagen. Ganz abgesehen von den allmorgendlich nicht mehr erinnerten: selbst die wenigen unvergessenen und sogar sorgsam notierten sind mir bei späterem Wiederlesen so fremd, als kennte ich sie überhaupt nicht.

Als seien sie nicht von mir.

Das Gedächtnis widmet sich dieser Dimension des Erlebten überhaupt nicht im geringsten: scheint für sie gar nicht zuständig zu sein.

Offenbar ist sie für das bewußte Leben gar nicht verfügenswert: unwichtig.

Oder wird anderweitig gespeichert, in anderen Tiefen, mit anderen Mitteln.

Das bestätigt meine Theorie, daß uns unsre Träume normaliter unzugänglich bleiben sollen.

Hamburg, 31. Juli 1998

54.

Mit den Samenkörnern will es nicht aufhören. Es wird zum Leitmotiv im Netzwerk.

Jetzt fällt mir ein vermutlich mittelalterlicher Stich in die Hände, den mir Gisela Gilbert vor Jahr und Tag dedizierte, weil er eine Echse darstellt.

Der Kopf dieser Echse ist die Sonne, ein Schriftband weist sie als *"Baal Bal"* aus: jenen syro-phönikischen Fruchtbarkeitsgott, von dem eine weitere Unterschrift verkündet: *"Mich betet die ganze Welt an"*.

Aber der ungemein, nämlich fruchtbarkeitsgöttlich vitale, korpulente und lange Schweif dieser global adorierten, solaren Vegetations-Echse peitscht durch die Luft, schlägt eine Volte, zielt als Pfeil zur Erde und erinnert somit an all die Sirius-Mythen, insofern auch an die Morde, die dieser Pfeil an Osiris und Baldur, diesem nahezu gegenfüßlerisch germanischen Baal, verübte.

An der Spitze dieses vielsagenden Pfeiles nun also ein weiterer Text:

*"Granum Fundi
Centrum Mundi"*

– also *"Das Korn im Feld
ist der Mittelpunkt der Welt"*.

Das erinnert an eine Assoziation der westafrikanischen Dogon in Mali, die
jenen *Sirius B*, wie er als unsichtbar *Weißer Zwerg* den offiziellen Sirius
umkreist, mit dem Samen einer hirseartigen Getreide- oder Grasart identifizieren, das diese Dogon *fonio*, europäische Botaniker *digitaria exilis* nennen
und das unser Volksmund als *Hungerreis* bezeichnet. Tatsächlich stellt dieser ominöse *Sirius B* als Getreidekorn oder Pfeil auch für die heutigen Dogon noch das mythisch-mystisch-symbolische Zentrum der Welt dar.

Da es für uns jedoch *d e n* Mittelpunkt dieser Welt geometrisch gar nicht
gibt, sollten wir hier das lateinische *centrum* brauchbarer als *einen* Mittelpunkt übersetzen.

Daraus folgt: jedes Saatkorn ist Mittelpunkt einer Welt; so viele Saatkörner,
so viele Mittelpunkte der Welt.

Also auch: so viele Samen, so viele Welten.

(Gäbe das auch allen Egozentrikern recht?)

Hamburg, 2. August 1998

55.
Heute nacht: geträumte Philosophie.

Keine Personen, keine Ereignisse, keine Orte. Auch keine Bilder.

Sondern nur Abstraktionen, Begriffe in endloser Reihung und Verfilzung.

Aber Haarspaltereien, Sophismen, Scheinprobleme. Pseudo-Philosopheme,
als solche auch im Traum durchschaut.

Eher quälend.

(Zugleich im Traum schon um die Verbalisierung des Geträumten für dieses
Notat bemüht: wie beschreibt oder formuliert man das?)

Hamburg, 4. August 1998

56.

Dieser Stendhal hatte schon 1823 begriffen, daß Mozart *"wie alle großen Künstler nur sich selbst und seinesgleichen zu gefallen suchte".*

(Seinesgleichen?)

Bravo, Monsieur Beyle, *on vous aime pour ça.*

Prompt liefert er nach: der ganz junge Rossini *"wagte es noch nicht, einzig sich selbst zu gefallen. Zwei Dinge machen einen großen Künstler aus; eine anspruchsvolle, zarte, leidenschaftliche und stolze Seele und ein Talent, das seine ganze Kraft darauf verwendet, dieser Seele zu gefallen und sie zu erfreuen, indem es neue Schönheiten schafft".*

Einzig die können dann auch andern gefallen.

Oder denen helfen.

Oder sonstwas.

57.

Von Rossinis, Tebaldis, Pavarottis, Fuffis und meinem Pesaro, das er zur *pars pro toto mediterraneo* macht, behauptet dieser wahnsinnige Stendhal:

"Hier entdeckten die Menschen vor viertausend Jahren zum ersten Mal, daß es Spaß macht, nicht mehr wie ein Wilder zu leben [...]; sie erkannten, daß lieben besser ist als töten."

Alles das in diesem Pesaro.

Hamburg, 6. August 1998

58.

Lisa Della Casa und so manche andere Primadonna hat das Jahre oder Jahrzehnte lang mit vorbehaltloser Inbrunst gesungen und gierig schlürfenden Zuhörerinnen als makellos einwandfreie Schönheit präsentiert:

*"Du sollst mein Gebieter sein
Und ich dir untertan."*

Weder sie alle noch die Autoren Hofmannsthal und Richard Strauss haben sich damals vorstellen können, wie ganz und gar unmöglich dieses Ansinnen der Arabella noch im selben Jahrhundert werden würde.

Wahrscheinlich wird heute so manche Sängerin sich weigern, solche Worte in den Mund zu nehmen; Regisseure können derlei allenfalls noch als pathogenen Masochismus interpretieren; viele Zuhörerinnen würden da heute buhen oder auslachen, so mancher Intendant die ganze Oper wegen dieses zentralen Textes nicht in seinen Spielplan aufnehmen.

Was ist da in Wahrheit geschehen? Eine Kulturrevolution? Eine Geistesverwirrung? Aufklärung? Machtkampf?

Die kleine grammatische Unsauberkeit des heiklen Satzes ist weder früher noch heute jemandem aufgefallen. Dem Sprachmeister Hofmannsthal selbst schon gar nicht.

59.
Als Rossini geboren wurde, war Mozart noch keine drei Monate tot.

60.
Als Mozart starb und Rossini geboren wurde, lag die *Französische Revolution* erst runde zwei Jahre zurück.

61.
Aber Mozart war erst dieselben 32 Jahre tot, die Rossini bisher gelebt hatte, als der erstaunliche Stendhal nicht nur mit der Schilderung der immensen Schwierigkeiten belustigte, die Mozart den italienischen Orchestermusikern bereitete, sondern auch so verblüffende Sätze schrieb wie diesen:

"Man wird stets mit Erstaunen feststellen, daß Mozart bereits alle Wege zu Ende gegangen ist."

Oder diesen:

"Rossini ist immer amüsant, Mozart nie; seine Musik ist wie eine ernste und oft traurige Geliebte, die man gerade wegen ihrer Traurigkeit um so mehr

liebt; solche Frauen wirken entweder überhaupt nicht auf Männer und gelten als prüde, oder sie machen einen tiefen Eindruck und bemächtigen sich für immer der ganzen Seele ... ".

Schließlich:

"Mozart ist, glaube ich, nur zweimal in seinem Leben fröhlich gewesen; im 'Don Giovanni', als Leoprello die Statue zum Essen auffordert, und in 'Così fan tutte'."

Heute finden wir auch noch gerade diese beiden vermeintlichen Fröhlichkeiten alles andere als lustig oder gut gelaunt.

Hamburg, 8. August 1998

62.

Stendhals Mozartempfindungen mögen extrem sein.

Dennoch verraten sie mehr Verständnis als etwa Thomas Manns Bemerkung über *"ein reizendes Clavierkonzert von Mozart"*: das klingt banausenhaft.

Hamburg, 9. August 1998

63.

Wie von den großen deutschen Dirigenten dieses Jahrhunderts die Nazikollaborateure auch heute noch nicht nur populärer, sondern effektiv bekannter sind als ihre emigrierten Kollegen: also Furtwängler, Karl Böhm, Knappertsbusch, Karajan, Clemens Krauß im Vergleich etwa zu Bruno Walter, Otto Klemperer, Erich Kleiber, Fritz Busch, Fritz Reiner, Leo Blech, Josef Krips, Hermann Scherchen.

Zwar kehren die meisten dieser Vertriebenen nach Hitlers Ende zurück, so mancher sogar in die verlassene oder eine vergleichbare Position, aber kein einziger unbeschadet in die verlorene Bedeutung. Sie alle sind stigmatisiert. Sie tragen jetzt den exotischen Makel ungerufener, also aufdringlicher Rückkehrer. Was wollen die denn hier: jetzt plötzlich?

Das Kapitel der mißlungenen Heimkehr fast ausnahmslos sämtlicher Emigranten muß wohl noch geschrieben werden: sie störten den Adenauer-Staat.

Das trifft sogar noch auf Gestalten wie Thomas Mann und Marlene Dietrich zu. Deren Kampf gegen Hitler von außen dankt ihnen niemand – im Gegenteil: am militärischen Debakel werden sie für mitschuldig erachtet. Vaterlandsverräter.

Von den Dirigenten wird einzig Toscanini sein wohl radikalster Antifaschismus mühelos nachgesehen. Wohl weil er Italiener ist, dem deutscher Chauvinismus nicht abzuverlangen ist: *soll er doch, dieser Feuerkopf vom Mittelmeer!*

Noch die postfaschistische Exilierung des Ausländers Celibidache zum Vorteil von NS-Karajan gehört in diese triste Serie.

Hamburg, 10. August 1998

64.
Knappe 35 Jahre nach der *Französischen Revolution* verblüfft Stendhal mit der Bemerkung: *"Vor 1789 spielte der König überhaupt keine Rolle."*

Warum wurde er dann geköpft?

Aber Stendhal mag auf nichtpolitische Dimensionen anspielen und verdeutlicht insofern, wie unterschiedliche Realitätsebenen es gibt.

65.
Ein weiterer Beleg für präskribente Schwangerschaften oder magisch okkultes Reifen von Meisterwerken (wie schon im *Reflex* am 11. Januar 1997 zu *"Figaro"* und *"Traviata"* notiert):

für die Niederschrift des *"Barbier von Sevilla"* benötigte Rossini ganze dreizehn Tage.

Also war auch dieses geniale Stück schon fertig, bevor sein Komponist auch nur die erste Note zu Papier brachte.

Oder jemand diktierte.

Wer?

66.

Wie die *USA* diese Schmuddelcampagne gegen ihren charismatischen, ihren vielleicht messianischen Präsidenten schamlos auf die Spitze zu treiben und ihn seines Amtes zu entheben suchen.

Tatsächlich repräsentiert er ja dieses Volk mitnichten.

Mit unnervöser Souveränität hat er nun selbst für die nächste Woche einen Termin anberaumt, an dem er Rede und Antwort stehen will.

Was man sich davon wünscht: keine Verteidigung, keine Rechtfertigung, keine Ausflüchte oder Verharmlosungen, sondern Angriffe gegen die abgrundtiefe Verlogenheit und scheinheilige Prüderie seiner Feinde. Ein *"J'accuse"* ist fällig, ein *"Écrasez l'infâme!"*, eine Standpauke, die diesen kriminalisierten Spießern den Marsch bläst.

Im Volk könnte er da auf fruchtbaren Boden stoßen.

Es wäre fällig, weltweit.

Aber dafür mag er zu vornehm sein; oder zu buddhistisch unaggressiv.

67.

Wie Helmut Schmidt jetzt im 80. Lebensjahr die *elder statesmen* der ganzen Welt zum sechzigminütigen Meinungsaustausch vor deutsche Fernsehkameras einlädt.

Nicht nur hat er da noch einmal seinen wohlverdienten, aber vorenthaltenen großen Auftritt, wenn er mit Jimmy Carter, mit Gorbatschow, mit Kissinger und Schimon Peres über die Lage der Welt diskutiert. Er macht auch beschämend deutlich, was für eine Kapazität dieses Volk in die Wüste schickte, um sich inzwischen schon doppelt so lange mit diesem Kohl zu begnügen. Sogar der notorische Kritiker Schmidts erschrickt jetzt, wie sehr er sich an die Unzulänglichkeiten dieses Nachfolgers aus Oggersheim gewöhnt und sie inzwischen zur Norm gemacht hat.

Was einen damals zurecht an Schmidt störte, wirkt heute wie die Offenbarung einer großen politischen Potenz. Auch sein Faktenwissen, sein Weitblick, seine Kombinationsgabe und sein Formulierungsvolumen entlarven den derzeitigen Amtsinhaber als provinziellen Gartenzwerg.

Unter der Hand demonstriert dieser Helmut Schmidt bei alledem, was Fernsehen immer noch, auch heute noch sein kann. Die Verantwortlichen verstecken das wohlweislich in ihren mitternächtlich okkulten *Dritten Programmen.*

68.
Was über Thomas Mann und Therese Giehse (im *Reflex* vom 31. Mai *huius*) notiert wurde, läßt sich aus dem kalifornischen *Pacific Palisades* über Fritzi Massary wiederholen. Die beiden laden sich dort unentwegt wechselseitig ein und besuchen einander bisweilen täglich oder treffen sich bei Dritten.

Alle diese Begegnungen werden in Thomas Manns Diarien fein säuberlich fixiert, gehen dort aber auch im Falle dieser theaterhistorischen Protagonistin aus dem Berlin der zwanziger Jahre über eine statistische Anwesenheitsliste nicht hinaus. Keine einzige Bemerkung über ihren amerikanischen Alltag ohne Beruf, über ihren Lebensabend ohne Scheinwerferlicht ist sie ihrem guten Freunde und Nachbarn wert. Selbst seine Wertschätzung ihrer Person und Präsenz muß man erraten und unterstellen. Kein einziges freundliches Adjektiv hat er in seinem großen Wortschatz für sie übrig.

Ihre Existenz bleibt bei ihm numerisch, quantitativ, qualitätslos: ein Etikett.

Auf so wahllose Weise ist aber auch ein schmeichelhaftes Quantenregister in Wahrheit sinnlos.

Hamburg, 12. August 1998

69.
Giovanni Segantini, über den ich nur wegen psychoanalytisch behaupteter Parallelen zur unterbewußten Todesbereitschaft Schillers nachlese, steht plötzlich mitten in meiner augenblicklichen Arbeit über Robert Gilbert in noch ganz anderem Netzwerk meiner Themen.

Segantini starb (mit seinen tatsächlich durchaus möglichen Schiller-Analogien) am 28. September 1899.

Nur einen Tag später wurde Robert Gilbert geboren: am 29. September 1899.

So steht man plötzlich selbst als Schnittpunkt oder Knoten da, den die heterogensten Linien benötigen, um sich je zu begegnen oder zu überschneiden.

70.

In der buddhistischen Mythologie, behauptet Segantini auch noch, ein Bild für die Sühne allzu leichtlebiger Frauen zu finden: nach dem Tode seien sie dazu verdammt, unstet über öden Schneefeldern dahinzuschweben.

In seinen nachgerade verblüffend surrealistischen Gemälden *"Hölle der Wollüstigen"* und *"Die bösen Mütter"* setzt Segantini ebendiese Mythen in seine beachtlichsten Kreationen um.

Das Buddhistische hieran bleibt freilich anzuzweifeln. Katholisch danteske Inferno-Konzeptionen scheinen da eher Pate gestanden zu haben.

71.

Segantinis freudianischer Exeget Karl Abraham erwähnt per Fußnote, daß *"Alpinismus häufig der Betätigung sublimierter Triebe"* diene.

Ob Herr Messner, *now everybody's darling,* das weiß und zugibt?

72.

Segantinis so irrationaler wie jäher und allzubald tödlicher Aufbruch auf den Schafberg bei Pontresina im Engadin hat auch noch gewisse Ähnlichkeiten mit meinem eigenen abrupten Entschluß zur Immobilienaktion *bonn kuan* (siehe auch den siebenten und achten *Reflex* vom 2. März 1998!).

73.

Im Fernsehen jagen sich derzeit die Affenfilme. An Bildern von einzelnen Affen aller Art herrscht insofern kein Mangel.

Trotzdem bleibt es einem einzelnen Tier (oder Bilde) vorbehalten, eine sehr, sehr alte und sehr, sehr tiefe, also sehr, sehr vage Erinnerung in mir wachzurufen.

Irgendwann vor Äonen war mal irgendwas Ähnliches, aber am rechten Aussenrande des betreffenden Bildes oder Geschehens, der betreffenden Szene oder Situation. Dort an diesem rechten Außenrande war eine Art Gerüst oder Rohr, aber senkrecht, und auf dessen linker (Innen-) Seite hing ein dunkler Affe: *déjà vu*, gar kein Zweifel.

Es könnte pränatal sein oder aus allerfrühesten Säuglingstagen stammen, aber da gab es mit Sicherheit keine Affen.

Es muß auch länger, schon Äonen her sein.

Oder aus ganz andern Räumen stammen.

Es kann auch durchaus in einem früheren Leben gewesen sein.

Oder in einem Traum.

Damit steht plötzlich fest: der Traum ist, wie solch ein früheres Leben ja auch, ein anderes Leben. Das eine fand vor dem jetzigen statt, das andere gleichzeitig oder als eingeschobene Einlage innerhalb des derzeitigen.

Demnach lebt der Träumende in zwei (oder mehreren) Welten gleichzeitig.

Oder in mehreren Universen?

Oder in mehreren Zeiten?

Dieser Gedanke taucht also beim Anblick eines bestimmten Fernsehaffen auf, ist ungemein stark und von kaum widerlegbarer Plausibilität.

Der Schlaf als Pforte also zu andern Dimensionen, andern Existenzen.

Plötzlich steht das fest.

Hamburg, 15. August 1998

74.

Was Rossini auch besonders originär von andern Komponisten oder sonstigen Künstlern unterscheidet, ist sein deutlich wahrnehmbares Bewußtsein von der omnipotenten Freiheit der Fantasie.

Man erkennt das allenthalben am Übermut, an der Verspieltheit und Grenzenlosigkeit seiner Erfindungen, die es unüberhörbar genießen, keine Schranken zu haben und alles zu dürfen, auch alles zu können. So auch entsteht sein couragierter Mutwille.

Seine Musik ist was Befreites, was Freigelassenes, was Entfesseltes in einem Universum, das nach allen Seiten hin offen ist. Das spürt sie, das erkennt sie; das beseligt sie, das läßt sie tanzen.

Ihr Autor: ein vergnügter Freigeist.

Eben das sind all die andern Komponisten des 19. Jahrhunderts gerade nicht: die Weber, Schumann, Bruckner, Dvořák, Reger, Brahms, Hugo Wolf, Richard Wagner – keine vergnügten Freigeister!

75.

Was diesen Rossini überdies auch im konkreten Alltag mit Mozart verbindet, sind seine Fähigkeit und Lust, inmitten von geselligem Lärmen zu komponieren. Von Mozart weiß man, wie ihn zum Beispiel Kindertrubel beim Arbeiten weniger störte als absolute Stille.

Über Rossini nun berichtet der wohlinformierte Stendhal, er habe mühelos und gern komponiert, *"während sich seine Freunde, die ihn den ganzen Tag keinen Augenblick verlassen, um ihn herum unterhalten"*. Das will er auch so und genießt es.

Es verkündet große Souveränität des Geistes.

Freilich: das Werk war ja jeweils im Kopf schon fertig, es ging ums Notieren: "nur". Oder nur um Diktatschreiben.

Aber nicht einmal dafür brauchte er Konzentration im Sinne einer Bemühung.

Hamburg, 21. August 1998

76.

Der zwanzig- bis dreißigjährige Robert Schumann war als Leipziger Musikstudent der Erfinder, Begründer und Kopf eines *"Davidsbundes"*, jener *"Davidsbündler"*, die auch polemisch publizierten.

Einige Mitglieder waren seine Kommilitonen, seine Freunde, vornehmlich
sein Intimus Ludwig Schunke, der 24jährig verstarb, vielleicht auch Goethes Enkel Walther, der Schumann jedenfalls so nahe stand, daß der ihm
seine *"Davidsbündlertänze"* widmete.

Aber die prominentesten, auch aktivsten *Davidsbündler* hießen Florestan
und Eusebius. Sie waren Abspaltungen oder je ein pseudonymes *alter ego*
Schumanns selbst. Sie konfigurierten sein eigenes inneres Drama.

Warum dieses halbwegs fiktive Jünglingskränzchen sich nach dem biblischen David benannte, bleibt undeutlich. Dessen Kampf gegen die Philister
mag ihren Streit gegen konventionelles Musizieren und spießbürgerlich er-
starrtes Musikverständnis symbolisieren.

Doch als Kontrahent jenes Florestan tritt episodisch auch ein Jonathan auf,
der aber wohl ein weiteres *alter ego* Robert Schumanns war.

Wer aber wäre dann in diesem Davidsbunde der David zu jenem Jonathan
gewesen?

Auch das bleibt unklar.

Vielleicht blieb da auch solche Paarung Fiktion.

Oder Utopie, also Sehnsucht.

Vielleicht auch nicht.

Die Eheschließung mit Clara Wieck beendete jedenfalls jedwede Aktion
dieser Davidsbündler.

Hamburg, 1. September 1998

77.

Der ägyptische *Horus* ist, lese ich bei Otto Rank, mit all seinen Taten, Erlebnissen und Jesusparallelen niemand anders als der griechische *Heros*:

Horus ist *Heros* (nur die altägyptisch ungeschriebenen Vokale werden ätherisch different entschlüsselt).

Als Heros ist Horus ein Archetyp der abendländischen Kulturgeschichte.

Auch als Sohn seiner Geschwister (Isis und Osiris)?

78.

Ein Lesender, der beim Lesen feststellt, daß sein Autor sich selbst bewundert, verliert sofort die eigene Bewunderung für den Autor: sei sie auch vorher noch so groß gewesen.

Er ist tief verstimmt und bricht die Lektüre ab.

Hamburg, 5. September 1998

79.

Die hierorts oftmals erörterten Probleme der Demokratie finden sich in Thomas Manns *"Gesetz"*, seiner Moses-Novelle, anläßlich der Korruption von Richtern so formuliert:

"Die da Geschenke nehmen, das sind gewöhnliche Leut', aber das Volk besteht auch aus gewöhnlichen Leuten, darum hat es Sinn fürs Gewöhnliche und wird ihm das Gewöhnliche gemütlich sein in der Gemeinde."

Eben das haben all die Vorkämpfer und Märtyrer der Demokratie übersehen.

Die Frage bleibt: wie bewahrt man Volksherrschaft davor, Pöbelherrschaft zu sein und alle Kultur zu zerstören?

Zweifellos sind Auswege möglich. Aber noch niemand sieht sie.

80.

Was Rossini in der europäischen Musik als vergnügter Freigeist, auch Spötter begründet, wird erst runde hundert romantische Jahre später fortgesetzt: von Igor Strawinskij und Kurt Weill. Erst sie sind gleichfalls ohne jede Sentimentalität und separieren sich vom herrschenden Lager der schmachtend

Hoffenden. Erst sie befreien von all den Wagners und Mahlers und gehören insofern ins Gefild nicht nur Erbvater Rossinis, sondern *ergo* auch Mozarts, gar Bachs.

Ob sie da selbst auch als "Gewisse" bezeichnet werden können, müßte untersucht oder jedem einzelnen Hörer überlassen werden. Es ist aber wahrscheinlicher als ihre Zugehörigkeit zu all den aussichtslos Sehnenden.

Vielleicht sind sie auch nur einfach mutigeren Geistes: ohne die leidensseligen Masochismen des 19. Jahrhunderts.

Hamburg, 6. September 1998

81.
Am 4. Mai 1943 notierte sich Thomas Mann im kalifornischen *Pacific Palisades*:

"Mittags mit dem kleinen Fridolin auf der Promenade. Wenn es vorüber ist, sagt er ' 'habt'. Dies für den kleinen Nepomuk Schneidewein."

Tatsächlich sagte ebendieser dann im *"Doktor Faustus"* gleichfalls *"habt"*, wenn auch in leicht modifiziertem Sinne: *"sein Ausdruck für Gesättigtsein, Zur-Genüge-Haben, Nicht-mehr-Mögen"*.

Auch diese Version des weltliterarischen Knaben Echo, mehr freilich noch die im Tagebuch festgehaltene Angewohnheit seines Modells, des Enkels Frido, stellt einen verblüffenden Bezug zur Sprachstruktur der Thais her.

Jenes *"'habt", "wenn es vorüber ist"*, aber auch noch das faustische Suffix der Genüge entsprechen dem *läo* der Thais. Wie Frido-Echos *"'habt"* kann *läo* jedwedem Satze angehängt werden und versetzt ihn so aus dem Präsens ins Präteritum: *"wenn es vorüber ist"*. Die wörtliche Bedeutung von *läo* ist *"schon"*. Einer Aussage solch ein Schon anzufügen, bedeutet, das jeweils Gesagte war schon, ist schon vorüber.

Verblüffend ist also die Ähnlichkeit in der Methode jener Südostasiaten und des deutsch-brasilianisch-jüdisch-schweizerisch gesprenkelten Dreijährigen in Kalifornien. Ethnie wie Kleinkind verändern den Sinn einer Mitteilung einzig durch ein simples Suffix.

Da der kleine Frido das von keinem Erwachsenen abgelauscht haben kann und nicht gerade in Thailand aufwächst, läßt diese Duplizität auf atavistische Keimzellen aller Sprachgebung schließen.

Instinktiv fasziniert, bemächtigte sich der große Literat unverzüglich dieses Phänomens und instrumentalisierte es in seinem bedeutendsten Werk. Er mag gespürt haben, daß er da an einen Urquell seines Mediums geraten war. *"Ich finde das ausgezeichnet"*, schrieb er am 6. Mai 1943 an Bruno Walter:

"Wenn ich sterbe, werde ich auch 'habt' sagen."

Hamburg, 7. September 1998

82.

Als ich meinen Brief an Mary Yeates im australischen Cairns adressiere, verwende ich den Absender ihres letzten Briefes und habe ein schlechtes Gewissen, ihn nicht im Adreßbuch eigens zu verifizieren.

Ich weiß, wie meine Übervorsicht, mein Einkalkulieren von Eventualitäten, meine extreme Gründlichkeit nicht nur Karin auf die Nerven fallen, und bemühe mich, diesen Charakterzug zu bekämpfen, indem ich, zum Beispiel, nun die Adresse dieser Mary Yeates nicht pedantisch nachkontrolliere.

Prompt kommt vier Wochen später mein Brief als unzustellbar aus dem australischen Cairns zurück.

Nun endlich bin ich gezwungen, einen Blick in mein Adreßbuch zu werfen. Und richtig: Mary Yeates hat mir noch nach jenem letzten Brief eine Änderung ihrer Adresse zukommen lassen: sie wohnt jetzt im australischen Kuranda, gar nicht weit von Cairns.

Was nun aufliegt, ist die Warnung, der Hinweis meiner *Inneren Stimme*. Sie hatte sich zu Wort gemeldet und war nicht angehört worden. Ich sollte besser auf sie als auf uniforme Kritiker hören. Angeborene Sensitivitäten wollen respektiert und gepflegt, nicht bekämpft werden.

Beschämend verspätet geht nun heute meine Brief nach Kuranda ab.

83.

Edita Gruberová ist ein Koloratursopran, der in Färbung und Volumen um einiges höher situiert ist als etwa die Battle, die Berger. Seine Spitzentöne erinnern in Mühelosigkeit und Wohlklang eher an Erna Sack oder Yma Sumac und sind insofern genuïn diskant und umso femininer.

Mit so beschaffener, so gelagerter und so trainierter Stimme auf einer CD mit acht Konzertarien von Mozart ganze drei Männergesänge mit akrobatischen Koloraturen in höchsten Höhen zu singen, ist historisch leicht erklärlich, aber psychologisch kaum noch nachvollziehbar. Mit Sicherheit hat das damals nicht so komisch gewirkt, wie es das heute täte. Daran ist ablesbar, wie sehr vor Mozart jenes vielbelächelte Prinzip Toscaninis galt: *"Primo la musica, dopo la scena"*. Szenisches Geschehen, theatralische Handlung samt ihren Figuren und deren Geschlecht waren kaum von Interesse. In unvorstellbarer Priorität haben Klänge und Töne dominiert. Da die Kastraten das am besten bedienten, sangen sie mit ihren künstlich femininen Stimmen beliebig Frauen- oder auch Männerpartien.

Der Gruberová nun glaubt man heute natürlich nicht eine Sekunde lang den Arbace, den Timante, den Gandarte. Das geht auch nur allenfalls auf einer CD, wird da fälschlich als Konzertarie verbrämt und wäre auf der Bühne ausschließlich lachhaft. Von Tönen ließe sich da niemand mehr becircen und ums Geschlecht betrügen.

Was ist da passiert: nur Naturalismus? Nur Stanislawskij?

Hamburg, 10. September 1998

84.

Trotzdem löst diese Gruberová das Problem auch weitestgehend durch eine radikale Instrumentalisierung ihres Gesanges. Ihre gesamte Persönlichkeit und Psyche wird zurückgenommen und hinter Musik neutralisierend versteckt. Das erstreckt sich bis ins Geschlechtliche.

Würde plötzlich bekannt, sie sei ein Kastrat, wäre das glaubhaft. Denn einzig die Lage ihrer Stimme ist ein Relikt ihrer Weiblichkeit. Sonst blüht da ein Belcanto, der völlig apersonal und asexuell ist. Sogar den Bereich des Emotionalen absorbiert er perfekt.

Dieser Klang ist wundervoll.

85.

Zur wider besseres Wissen falschen Adresse meines Briefes an Mary Yeates in Queensland ist nachzutragen: er enthielt, als er nach Cairns unterwegs war, eine Information, die mir die *Innere Stimme* schon vor dem Expedieren widerriet. Auch hierin hörte ich nicht auf sie.

Also mußte der Brief auch deshalb zu mir zurück, damit ich ihn ohne diese Information dann nach Kuranda schicken konnte.

Nachträglich weiß man, daß man alles schon vorher wußte.

Warum bloß achtet man nicht zur rechten Zeit darauf?

86.

Jeff Bird schickt mir sein sehr ausführliches Film-Exposé zum Thema vorgeburtlichen Lebens. Dieses Exposé enthält den wirklich sensationellen Erkenntnisstand der derzeitigen Wissenschaft. Würde er hinlänglich publiziert, wäre jede Abtreibungsdiskussion erstickt, und die Menschheit würde der Übervölkerung des Planeten ungehemmt entgegenschwellen.

Für mich ist die aufregendste der vielen aufregenden Informationen dieses Papiers die Tatsache, daß menschliche Embryonen nicht nur denken, fühlen, hören und reagieren, sondern schon mit 23 Wochen auch träumen können wie Erwachsene.

Bloß: wovon?

"They are dreaming about their experiences to date, and to do this, they must have a memory."

Ich verstehe dieses *"memory"* weniger als Gedächtnis denn als Erinnerung.

An was erinnern sich Embryonen?

Beginnt sich hier der Erweis eines ewigen Lebens zu enthüllen? Träumt ein Fötus von seinen Erlebnissen vor der Empfängnis, der Existenz vor seiner Zeugung?

Tod, wo bliebe dein Stachel?

Hamburg, 11. September 1998

87.
Erkenntnisse und Erinnerungen, Bestätigungen und Abstraktionen beim
Lektorieren von Stephans gnadenlosen *"Rebläusen"*, ebenso gnadenlos:

Jeder geschriebene Satz ist Architektur; unweigerlich.

Das meint erst in zweiter Linie seine Ästhetik.

*Denn Ästhetik kann ein Bauwerk erst entfalten, wenn es stehen bleibt und
nicht einstürzt.*

Insofern steht an erster Stelle seine Statik.

Die folgt erbarmungslosen Gesetzen.

*Um denen gerecht zu werden, muß Stein für Stein oder Wort für Wort an die
angemessen tragfähige, also einzig richtige Stelle befördert werden.*

Es gibt jeweils nur eine.

*Die muß mühselig seismografisch und wünschelrutengängerisch herausge-
funden werden.*

Es gelingt nur, indem man

entweder *höchst bewußt, höchst planvoll, zielstrebig, kenntnisreich und
handwerklich solide kalkuliert und konstruiert: jeden einzelnen Satz;*

oder aber, *falls Fantasie und Ekstasen oder sonstige Irrationalismen das
durch ihre überlegene Geschwindigkeit verhindern, indem man das so launig Sprudelnde akribisch, mißtrauisch belauert und aufmerksamst kontrol-
liert, aber nach Beckmesser-Art.*

*Beide Wege mögen sich auch abwechseln, überkreuzen, vermischen, ergän-
zen.*

*Wo aber beide unterlassen werden, kommt es unweigerlich zum Einsturz:
zuerst eines Satzes, dann des nächsten und übernächsten, nach Domino-Art,
und allzubald des gesamten Textes.*

Am schwersten zu reparieren und zu retten sind Architekturen, die manchmal der einen, dann wieder der andern und streckenweise gar keiner Methode folgen. Wenn sie Glück haben, bleiben sie zwar erst mal eine Weile stehen, aber schon mit Rissen in den Wänden, einem lecken Dach und rieselndem Gemäuer auf schiefem Fundament.

Da stellt sich dann auch die ersehnte Ästhetik mitnichten ein: das Ganze bleibt häßlicher Murks.

Aber wenn die Stabilität gewährleistet ist, gar für Jahrhunderte wie bei romanischen Basiliken, und jedes Bauteil seine Funktion hat, kein einziges überflüssig oder falsch placiert ist:

dann ist da unverhofft eine ästhetische Überraschung zu bewundern, die über alles Kalkül geht. Sie stellt sich von selbst ein, unberechenbar und überwältigend.

Um so beglückendes Resultat zu erzielen, empfiehlt es sich, a priori *eine generelle Entscheidung zu treffen: für die eine oder andere der beiden aufgeführten Methoden: für die bewußt konstruierende oder die gnadenlos kontrollierende.*

Man mag dann der gewählten Methode bisweilen untreu werden und den Bau vorübergehend gefährden; dennoch wird jede der beiden einem reuig heimkehrenden Anhänger vergeben, ihn liebevoll schützen und mit standfestem, schönem Gebäude belohnen.

Dieses sine qua non *zu erfüllen, bedarf es eines Meisterbriefes für technische Fertigkeiten.*

Lehrlingen und Gesellen oder Azubis muß es so früh wie möglich zur Orientierung an die Hand gegeben und ja nicht erlassen werden.

Es ist die Wasserwaage für alles.

Was, nochmal, ist die Wasserwaage für alles?

Dies: jeder geschriebene Satz ist Architektur.

Das meint: entweder steht er oder nicht.

Ein bißchen stehen ist wie ein bißchen schwanger oder ein bißchen Friede: unbrauchbar.

Hamburg, 13. September 1998

88.

Wer unverhofft und sei es im Fernsehn in eine Runde diskutierender Wirtschaftsjournalisten gerät, wird sich zuerst imponieren und einschüchtern, dann eine Weile zumindest noch beeindrucken und langweilen lassen, bis er schließlich feststellt, daß hier genau so geschwafelt, geschwommen, schwadroniert und kenntnislos hochgestapelt wird wie von kollegialen Feuilletonisten.

Also liegt es nicht an der Materie, wie oft vermutet.

Denn auch hier weiß keiner was Genaues. Jeder streut blindlings modische Begriffe oder klassische Klischees ins Weltall, um sich nur selbst sekundenlang als beleuchtet zu empfinden.

Geklärt wird dabei gar nichts.

Mitgeteilt erst recht nicht.

Keiner weiß mehr Bescheid.

Treibgut. Luftmatratzen. Plastikteile.

Es Cap de Berbería auf Formentera, 18. September 1998

89.

Da Ponte berichtet in seinen Memoiren, wie wenig es Mozart in der Zeit noch vor ihrer beider drei Opern gelungen war,

"sein göttliches Genie in Wien zur Geltung zu bringen. Er blieb im Dunkeln gleich einem kostbaren Edelstein, der seinen Glanz im Schoß der Erde verbirgt".

Zu diesem Zeitpunkt waren von Mozarts insgesamt 35 Lebensjahren fast dreißig bereits verstrichen.

90.

Gleich die erste Zusammenarbeit Da Pontes mit Mozart zeitigt bekanntlich den *"Figaro"*:

"Wir arbeiteten Hand in Hand ... , und in sechs Wochen war alles fertig."

"Alles" sind Libretto und Partitur: in sechs Wochen.

91.

Um 1780 beschreibt Da Ponte das bewohnte Venedig als eine Stadt,

"wo das Tragen von Masken üblich ist, so daß es mir dort leichter wurde, unerkannt zu bleiben als anderswo".

92.

Als Professor in Treviso, von wo ich heute mein ökologisch recycletes Schmierpapier beziehe, erregt der junge Lorenzo Da Ponte skandalierendes Ärgernis, indem er seine Studenten einen eigenen Text "vortragen" läßt, dessen Thema lautet:

"Erlangt der Mensch ein größeres Glück in der Gesellschaft oder im einfachen Zustand der Natur?"

Schon diese Themenstellung löst einen Eklat aus, der im venezianischen Senat behandelt und dahingehend beurteilt wird, daß die akademische Karriere des jungen Autors endgültig zu Ende ist.

Denkbare Alternativen wären aber Gefängnis- oder auch Todesstrafe gewesen.

Dieses alles im "freien" Venedig.

Sollte es doch sozialen Fortschritt geben?

Gar geistigen?

Oder nur eine gütige Voraussicht: denn ohne diesen Eclat hätten wir vermutlich weder *"Figaros Hochzeit"* noch *"Don Giovanni"* und *"Così fan tutte"*.

93.

Daß Mythen in der souveränen Betrachtungsweise solch eines Mythologen wie dieses brillanten Karl Kerényi aufhören, urzeitliche Mythen zu sein und zu aktuellen Realitäten werden.

Unter der Hand werden da aber gar nicht Mythen zu Realitäten, sondern der Geist. Geist, im Mythos noch poetisch inkarniert, ist da jählings nicht irrealer als Flugpreise, Wahlergebnisse und Präsidentenamouren, sondern sehr viel realer sogar.

Auf solche Weise ernst genommen, erweist sich Geist als überall enthalten. Er eint auch alles scheinbar Unzusammenhängende und verbindet Zukunft mit Vergangenheit, hebt insofern also die Zeit ganz auf.

So sieht man unverhofft der Wahrheit ins Antlitz, indem man, nur zum Beispiel, Kerényis Text zum *"Mythologem vom männlichen Lebensursprung"* liest. Es heißt im Haupttitel *"Hermes, der Seelenführer"* und verkündet auch beiläufig:

"Der Zufall bleibt in jedem Kosmos urweltlich, ein Überbleibsel des chaotischen Urzustandes."

94.

Provokant liest sich plötzlich Kerényis Satz

"Reisen ist die gegebene Situation zum Lieben",

denn es liefere

"Abgründe auch in dem Sinne, daß es da kein Stehen gibt auf festem Boden, sondern nur Weiterschweben zwischen Leben und Tod".

Erst dann wird er deutlicher, auch verführerischer:

"Der Reisende ist unterwegs heimisch, heimisch auf dem Wege selbst, dieser nicht als Verbindung zwischen zwei bestimmten Punkten der Erde verstanden, sondern als eine besondere Welt. Es ist die uralte Welt der Pfade [...] , vor allem aber der echten Wege der Erde, die nicht wie die römi-

schen Heerstraßen gradlinig und unbarmherzig die Landschaft durch-schneiden, sondern schlangengleich, unvernünftige Wellenlinien bildend, sich zugleich anschmiegen und schweben und trotzdem ü b e r a l l hinfüh-ren. Das Offensein überall hin liegt ja in ihrem Wesen. Nichtsdestoweniger bilden sie eine Welt, ein Reich für sich zwischen den übrigen Weltbereichen, ein Zwischenreich, wo man in seinem verflüchtigten Zustand Zugang zu al-lem hat. Wer in dieser Wege-Welt sich heimisch bewegt, der hat zu seinem Gott Hermes."

Hier wird deutlich, wessen der Geist bedarf, um sich im Mythos zu inkar-nieren: der Poesie. Poetisch transportierter und transponierter Geist wird re-ligiös. Denn so poetisch verflüchtigter Reisender steht also plötzlich in der Gefolgschaft des Hermes und wird von dem beschützt.

Das alles offenbart Kerényi als Wirklichkeit.

Man spürt, daß er recht hat, und fühlt sich in solcher Wahrheit heimisch-hermetisch behütet.

95.
Humoristisch wird Hermes oder Kerényi, wenn seine Rede auf Unterneh-mer kommt:

"Gehen zwei Leute auf gemeinsame Unternehmungen aus, so rufen sie ein-ander 'Koinos Hermes' zu, das eher 'Gemeinsamen Raub' als 'Gemeinsamen Fund', am ehesten noch 'Gemeinsamen Fund und Raub' bedeutet. Im Grun-de genommen, ist das das Losungswort jeder geschäftlichen Unterneh-mung."

Sowas liest sich als Komik pur.

Aber es erinnert verblüffend auch an jenen Steward der *Deutschen Lufthan-sa*, der an einem Montagmorgen lauter Hamburger Geschäftsleute nach Frankfurt begleitet hatte und ihnen nach der dortigen Landung über Bord-lautsprecher *"Gute Beute!"* wünschte. Hätte er stattdessen *"Koinos Hermes"* gesagt, wäre ihm die fristlose Kündigung wohl erspart geblieben.

Es Cap de Berbería auf Formentera, 21. September 1998

64

96.

Eine verlorene Wendung des Deutschen findet sich im *"Wilhelm Meister"* wieder: *"Man bedeutete sie."*

Es bedeutet: man erklärte ihr, nein: man erklärte es ihr; nein, noch mehr.

"Man bedeutete sie", schreibt Goethe, *"und sie ließ ab."*

Man klärte sie also auf.

Das sollte man jedermann wieder zu bedeuten lehren.

97.

"Mit einer antiken Gottheit",

faßt Kerényi viel zusammen,

"hat man eine andere Welterfahrung als ohne sie. Mythologisch gesprochen: ein jeder Gott ist der Ursprung einer Welt, die ohne ihn unsichtbar bleibt, mit ihm aber sich in ihrer Sichtbarkeit über das naturwissenschaftliche Weltbild hinausgehend offenbart." (Karl Kerényi, Hermes der Seelenführer. Das Mythologem vom männlichen Lebensursprung. Zürich 1944)

Was für ein poetisches, was für ein intellektuelles Niveau sich insofern hinter solchen Mythen verbirgt. Oder in ihnen offenbart. Vor Jahrtausenden. Seit Jahrtausenden.

Auch durch die Jahrtausende.

Die Frage erhebt sich: ob unser Jahrtausend gleichfalls an Mythen webt? Das ist kaum vorstellbar.

Der einzige Trost: auch während die antiken Mythen sich kristallisierten, dürfte sich das kein einziger ihrer Zeitgenossen vorgestellt haben können.

98.

Kann man eine erotische Abfuhr diskreter formulieren:

"Philinens Reize konnten die Unruhe unsers Freundes nicht ableiten."

Zwei Jahrhunderte lang haben auch Verehrer des *"Wilhelm Meister"* über so klare Sätze hinweggelesen, ohne sie zu begreifen.

Es Cap de Berbería auf Formentera, 24. September 1998

99.
multum –
molto –
muyto –
mucho –
much / many –
mange –
Menge –
mycket –
mega –
mnogo –
maak !

100.
Als Lorenzo Da Ponte das Libretto für *"Don Giovanni"* schreibt, arbeitet er gleichzeitig noch an den Textbüchern für zwei andere Opern, Salieris *"Tarar"* und Martinis *"L'arbore di Diana"*:

"Ich überlegte, ob ich nicht die drei Tonsetzer zu gleicher Zeit zufriedenstellen und drei Operntextbücher auf einmal schreiben könnte."

Sein Kaiser widerrät ihm: *"Sie werden das nicht fertigbringen."*

"Aber ich werde es versuchen. Nachts werde ich für Mozart schreiben, morgens für Martini und abends für Salieri."

Immerhin eins der drei wurde gleichwohl ein Welterfolg und ein Klassiker.

101.
"Bei der Arbeit am 'Don Giovanni' werde ich an die Hölle Dantes denken",

nimmt Da Ponte sich vor und greift also kühn und bewußt nach den Sternen. Was so entstand, ist dann selbst ein Fixstern.

Der Untertitel *"dramma giocoso"* verharmlost also und lenkt vom Gemeinten ab: dem Inferno.

Erst Peter Sellars scheint das zu bemerken und so zu inszenieren.

Aber Bruno Walter hat es schon ein halbes Jahrhundert vorher so dirigiert.

Hamburg, 27. September 1998

102.

29 Jahre nach seinem Tode nun plötzlich in diesem fremden Hamburg, wo er nur zu Füßen des Bismarck-Denkmals in Sankt Pauli jenen blinden Filmbettler spielte, *long long ago:*

hier nun plötzlich unter dem Titel *"Feussners 5-Tage-Rennen"* inmitten einer Versatzstück- und Projektoren-Installation zu stehen, zu gehen, zu sitzen, die sich im Untertitel *"Kino-Scooter"* nennt und ein knappes Jahr vor seinem Freitod zum ersten Mal, nun fast drei Jahrzehnte danach beim heurigen Filmfest zum zweiten Male stattfindet – das ist schon anrührend genug;

wenn dabei noch Handzettel mit Freund Fuffis Zeichnungen und handschriftlichen Notizen verteilt werden, die einzig ich noch als solche zu erkennen vermag;

wenn ich das alles vollends in Leonardos Gesellschaft erlebe, der inmitten dieser zehn Filmprojektoren mit Schädel-, Nasen- und Schulterform allenthalben Schatten wirft, die exakt die Schatten des seit dreißig Jahren Toten sind,

und ich das alles als eine leibhaftige Realisation dessen empfinde, was die *"Hahnenschreie"* mit ihrer Identifikation von Severin und Raffaele nur verbal vollziehen:

dann löst sich sogenannte Wirklichkeit ebenso auf wie inmitten all der gesprenkelten Projektionen auf den mobilen oder carnalen *screens* dieser Tiefgarage und wie die Zeit von damals oder jetzt.

Plötzlich ist dann noch ein blonder kleiner Junge und rechter *"petit prince"* nicht nur der eigentliche Protagonist und Motor dieser Scooter-Landschaft, sondern auch ein unverhofft rätselhafter Verehrer, der mich zuerst aus Fuffis "Brautstuhl" anstrahlt, dann sich und mich in kopulierten Einzelzellen zusammenschließt und als vereintes Duo gegen außen abschirmt, mit mir gemeinsam strahlend durch Fuffis Licht- und Filmräume gleitet.

Er löst in mir zwei Assozationen aus:

Erstens einen Satz von Fuffi, den die Werbung für diese magische Veranstaltung zitiert: *"Zweisames Erleben kann stattfinden"*;

zweitens die Angst, inmitten all der technischen Apparaturen dieser Tiefgarage werde einem solchen Kinde plötzlich die rechte Hand so weggesprengt wie dem gleichaltrig spielenden kleinen Fuffi weiland in den Kölner Bombentrümmern.

Als ich mit Leonardo dann in einem von Fuffis Doppelstühlen sitze und durch dessen imaginäre Landschaft rolle, assoziiere ich auch noch jenes Pedalo, mit dem Fuffi und ich *anno* 1959 in Rossinis und Leonardos Pesaro weit, problematisch und folgenschwer aufs Meer hinausstrampelten ...

103.
Mitten zwischen Bundestagswahl, Fuffis Wiedergängern und Scootern, Stephans *"Reblaus"*-Lektorat, Jeff's Embryonen-Exposé, Karins Rechtsstreit mit dem Sozialamt Wilmersdorf, Kerényis Aktualisierung der Hermes-Mythen, Da Pontes Windmühlenkrieg gegen Wiener Intrigen und meinen Vertragsquerelen mit dem *Westdeutschen Rundfunk*:

da inmitten vergißt sich nur allzu leicht und schnell jener zugelaufene, aussergewöhnlich zutrauliche, hochintelligente und charakterlich ungemein liebenswerte, recht eigentlich kultivierte Hund, der im formenterensischen *Cap de Berbería* mit starken Eindrücken den letzten Tag bestimmte und prägte.

Aber:

umgekehrt hatte dieses Tier dort auch alle Wilmersdorfer WDR- wie Bundestagsembryonen und hermetischen Reblaus-Intrigen mühelos zu totaler

Bedeutungslosigkeit aufgelöst. Es inkarnierte und demonstrierte den absoluten Primat des animalisch lebendigen Hier und Jetzt über all das andere – und auf herzerwärmendste Weise: wie ein guter Geist von oben oder sonstwoher.

Ein paar Stunden und eine Nacht lang: dann dematerialisierte er sich ebenso unverhofft.

Hamburg, 3. Oktober 1998

104.
Nachtrag zum *Reflex* vom 9. November 1997:

Dieser 3. Oktober mag nicht nur als NS-Anschluß der Sudetendeutschen unter Konrad Henlein zu einem Deutschen Nationalfeiertag erkoren worden sein, als der er sich nun aber nach acht Jahren immer noch schwer tut.

Er ist, das offenbaren jetzt viele Dezenarfestlichkeiten, auch der Todestag des Franz Josef Strauß und mag uns von dessen "Männerfreund" Kohl, damit die damals verschlafene SPD das ja nicht bemerkt, unter Wiedervereinigungsvorwand aufs Auge gedrückt und heilig gesprochen worden sein.

Da die staatliche Einheit sowieso kaum jemand feiert: wird insgeheim da nur jener zwielichtige Bajuware zelebriert?

Großhansdorf, 7. Oktober 1998

105.
Noch zu mirakulösen Gleichzeitigkeiten (wie schon im hiesigen *Reflex* vom 30. Juni *huius*):

Die beiden einzig überragenden Figuren der chinesisch antiken Kulturgeschichte seien in etwa Zeitgenossen: Lao tse und Kong futsi.

Aber mit dieser vielleicht tollkühnen Behauptung nicht genug, seien sie Zeitgenossen auch noch der archaïsch vorsokratischen griechischen Philosophen (Parmenídes, Heraklit, Pythagóras). Im relativ Großen und Ganzen stimmt das sogar.

Aber: *"Ist da das Beobachten eines gleichzeitigen Reifens"*, fragt Kerényi, *"nicht viel lehrreicher als die unbewiesene Hypothese von Strömungen?"*

Vermutlich ja.

Aber was lehrt es uns?

Daß solche Gleichzeitigkeit des Reifens *generally supervised* und gefördert wird?

Oder was sonst: *"lehrreich"*?

106.
Für Jeff:

Die archaïsche griechische Naturforschung stellt Embryologie und Ursprünge menschlichen Lebens bereits an den Anfang und ins Zentrum ihres Interesses: seit Pythagóras, durch dessen Gefolgsmann, den Arzt Alkmaíon aus dem calabrischen Kroton, im späten 6. und frühen 5. Jahrhundert vor Christos.

107.
Nicht nur bedeutet das griechische *psyche* sowohl *Seele* als *Schmetterling*, sondern auch *Leben*.

Leben ist da ein Synonym für Seele, für Beseeltheit.

Nur was beseelt ist, lebt.

Oder: was lebt, ist auf jeden Fall auch beseelt.

108.
Das pythagoreïsche Menschenbild ist dualistisch: es gebe Menschen, und es gebe *"solche wie Pythagóras"*, *"die Art von Pythagóras"* (Aristotéles).

Es ist das Menschenbild Goethes (und seiner *"großen Entelechie"* bei Eckermann, 1. September 1829).

Dieses Menschenbild ist aristokratisch.

Genauer: auf demokratische Weise aristokratisch.

Ist es das, was uns fehlt?

Und was uns helfen, aus den Abgründen der jetzigen Ochlokratie erretten
könnte?

109.
Aber solche Aristokratie, erläutert Kerényi den Pythagoreer Empedoklēs,
"ist kein Verdienst, sondern die Folge göttlicher Herkunft".

110.
"Nur spätantike und moderne Gedankenlosigkeit", sagt Kerényi über diese
"aristokratische Daimonie" des Empedoklēs, *"konnte dies auf alle Menschen beziehen."*

Demokratie und jedenfalls Ochlokratie also als Dummheit!

111.
Solcher Aristokratismus ist apollinisch, ein Apollinismus. Er fiel dem 6.
Jahrhundert vor Christos in Sizilien schon ebenso auf wie heute allenthal-
ben: zwar einzelnen nur, aber denen unleugbar, unwiderlegbar.

Aber damals hatten diese Einzelnen durchaus Verehrer, Adepten, Nachfolger, Schulen zum Weiterreichen; heute außer Feinden nur Verächter.

Damals waren sie über die Jahrhunderte prominent, heute bleiben sie ano-
nym.

Freilich: auch jenes Gedicht, das der Empedoklēs dem Apollon widmete,
wurde nach seinem Tode von Schwester oder Tochter, einer *femme dure*
mithin, vernichtet.

Es ist weg: entsorgt, entrümpelt.

112.

Seiner eigenen Erinnerung nach war Empedoklēs schon so Strauch wie Vogel und Delphin, aber auch schon so Knabe wie Mädchen.

113.

Das gehört zur pythagoreïschen Idee:

über dem Leben und jenseits des Todes stehen zwar Götter,

aber auch die Zahlen.

Zahlen also sind ähnlich göttlich wie Götter.

Das menschlich Weiseste ist für den Pythagoreer die Zahl.

114.

Für jenen Mediziner Alkmaíon im Gefolge des Pythagóras war Sperma ein Tropfen Gehirn,

und die Bildung eines Embryos begann mit dessen Kopf.

115.

Im hiesigen Schlaflabor kommt man sich vor wie auf einer Butterfahrt:

also sind auch Schlafprobleme kein Privileg der Überfeinerten, der Pythagoreer mehr. Krethi und Plethi kann genau so schlecht poofen.

Ob auch präcolumbianisch lautlose Indianer jemals schnarchten?

Hamburg, 10. Oktober 1998

116.

Die letzte U-Bahn-Station vor jenem Großhansdorf heißt *Kiekut*.

Das löst Reminiszenzen aus:

nicht nur an jenes elyseïsche *Luginsland* im schlesischen Riesengebirge vor mehr als einem halben Jahrhundert, nicht nur an all die mediterranen *Belle Viste*, iberischen *Belas* oder *Boas Vistas* meines Lebens, den formenterensischen *Mirador* am Hang der Mola und so manche andere catalanische *Sa Mirada*,

nicht nur an das römische *Belvedere* am Aufstieg zum Pincio oberhalb der *Piazza del Popolo*, *ergo* auch nicht nur an dessen Namensvetter, das Lustschloß der Weimarer Herzöge samt sonderlich stigmatisierter *Belvederer Allee* daselbst, wie zuletzt auch keineswegs nur an die unike Männerschönheit jenes Apoll im vatikanischen *cortile* dieses Namens

und am allerwenigsten an die hanseatische *Schöne Aussicht* auf die Hamburger Außenalster,

sondern am meisten, weil exotischsten beseligende Reminiszenzen zumal an jenes schicksalhafte *Viewpoint* über *Go Pih Pih* und Andamanensee,

gar Hoffnungen auf das benachbart harrende Grundstück *bonn kuan suhng* mit seinem *Garten des hohen Überblicks*.

Ewig treibende Sehnsucht des Menschen: *kiek ut.*

Kiekut.

Hamburg, 20. Oktober 1998

117.
Nordamerikanische Indianer haben dieser Tage postum über den Columbus zu Gericht gesessen und ihn *in absentia* oder *effigie* wegen Völkermordes zum Tode verurteilt:

dies als ihr symbolischer Beitrag zur 506. Wiederkehr der alljährlich dummdreist gefeierten "Entdeckung Amerikas".

118.
Goethes kürzlich hier erwähnter Aristokratismus nach *"Art von Pythagóras"* sei nun noch einmal wörtlich zitiert, damit er leichter zur Hand ist:

"Ich zweifle nicht an unserer Fortdauer, denn die Natur kann die Entelechie nicht entbehren; aber wir sind nicht auf gleiche Weise unsterblich, und um

sich künftig als große Entelechie zu manifestieren, muß man auch eine sein." (Zitiert nach Eckermann, 1. September 1829)

Hierbei ist interessant, daß der Begriff der Entelechie als dessen, *"was das Ziel in sich hat"*, ebenso aristotelisch ist wie jene nicht minder aristokratische Definition einer *"Art von Pythagóras"*.

Letztlich mögen das Synonyme sein, die beide nichts anderes meinen als den recht eigentlich fortgeschrittenen, einen irgend höher entwickelten Menschen.

Hamburg, 22. Oktober 1998

119.

Erst die aufmerksame Hella läßt mich erfahren, daß auch Hitlers *darling* und Oberästhet, jener unselige Arno Breker, just aus Wuppertal stammte: um das Maß dieses argen Pflasters noch voller zu machen.

Eben auf dortigem Tatort und Sumpfe bekommt er jetzt auch seine erste postfaschistische Ausstellung *in memory* seines 99. Geburtstags. Gezeigt werden dreißig Exponate aus den stolzen Tresoren des renommierten städtischen *Von-der-Heydt-Museums*, dessen Direktorin das als *"kritische Auseinandersetzung"* bezeichnet. *"Bevor jemand anders das Thema anschlägt"*, sagt sie in seismografischer Kenntnis der Großwetterlage gleichfalls, *"müssen wir es machen"*. Aber ausgestellt werde nur das Frühwerk, das sie für künstlerisch diskutabel hält.

Brekers spätere Arbeiten für Hitler werden dann sicher zum baldigen 100. Geburtstag aus den stolzen und gesinnungstreuen Wuppertaler Tresoren ans Licht des neuen Jahrtausends gehievt – bevor andere das tun.

Landsmann Friedrich Engels dürfte da in seinem Grabe rotieren.

Landsmännin Else Lasker-Schüler nur umso mehr.

Hamburg, 23. Oktober 1998

120.

Wie alle Natur- und alle echten Kulturvölker ihre spezifische Religiosität entwickelt, sei es variiert und dauerhaft bewahrt haben.

Da inmitten ist die Geschichte des Atheïsmus, der unsere Gesellschaft so pseudo-axiomatisch dominiert, verschwindend winzig.

Wie kam es überhaupt zu derlei? Was löste solchen Abfall, solchen Protest bloß aus: nur Enttäuschung?

Fazit: lohnt es, das zu recherchieren und eine Geschichte des Atheïsmus zu schreiben? Als quasi Negativ zum numinosen Abbild allerorten?

Oder gibt es die bereits?

Mein Gefühl verneint das. Denn es dürfte sich schwerlich lohnen.

121.

Wie man sich schon unüberwindlich scheut, mit ausgefalleneren Lektüre-wünschen eine heutige Buchhandlung zu betreten.

Die grassierend abgrundtiefe Unbildung der sogenannten Buchhändler, die speziell *in litteris* nur noch beliebige Verkäufer sind, verprellt einen effektiv. Man drückt sich vor dem unumgänglich drohenden Buchstabieren von Namen und Titeln der Weltliteratur, vor der Problembeschreibung diskrepanter Übersetzungen.

Heutige Buchhändler wären in Tankstellen, an Kino- und Supermarktkassen nicht eben unangemessener am Platze.

Oder auch ruhig in Apotheken. Denn dort ist derselbe Verzicht auf Fach-kunde evident und womöglich noch skandalöser.

Das alles aber als Resultat einer absolut aufgeblähten Ausbildungshysterie. Alle diese ungebildeten Fachversager wurden Jahre lang gedrillt.

Bloß: in was eigentlich? Nur im Kassieren?

Hamburg, 26. Oktober 1998

122.

Wie man seiner tuntig emphatischen und überaus eloquenten Trauerrede für den allseits so überschätzten Bernhard Minetti wie einem Elektrokardiogramm ablesen kann, daß dieser progressive Theaterdirektor Claus Peymann zwar ein überraschend weiches, gar sentimentales Herz, aber gar kein rechtes Auge für Schauspieler hat. Es röntgt nicht.

So ist auch er Minettis punktuellen Lautmalereien und Chargengrimassen zu einzelnen Wörtern auf den Leim gegangen, ohne die tiefe Charakterisierungsunfähigkeit dieses Knattermimen zu erkennen. Dessen unübersehbare Besonderheiten in Physiognomie und Aura haben nicht nur Peymann erfolgreich auch über eklatante Armut der Ausdrucksmittel und technische Defizite hinweggetäuscht.

Wie das zu erklären ist: bei einem Leben, das 93 Jahre währte und sich davon mehr als siebzig auf der Bühne exponierte?

Einer, der ihn seit 1950 im Theater, überdies in einigen noch früheren Filmen genau und häufig zu beobachten, auch mit ihm zu arbeiten Gelegenheit hatte, deutet sich das so:

Minetti war ein Paradefall von virtuoser Arschkriecherei und seismografischem Opportunismus. Die erklären seine wahllose Unterwerfung unter die jeweils Mächtigen in Medien und Gesellschaft; jene nun wiederum fühlten sich, jedenfalls in den letzten Jahrzehnten, durch die wohlspekulierten Huldigungen dieser historisch gewordenen Legende, die alle Besseren und Begabteren anpassungsfähig überlebt und insofern ausgestochen hatte, so geschmeichelt wie etwa auch Faßbinder in seinen letzten Filmen durch wahllos zusammengerottete Ufa-Stars von *anno* dunnemals. Noch an Minettis Sarge brüstet sich Peymann mit dem gerührt zitierten Begeisterungswillkomm des 90jährigen im "Berliner Ensemble": *"Endlich bist du mein Intendant!"* Er übersieht dabei, daß Minetti das hemmungslos jedwedem neuen Theaterdirektor ebenso zugerufen hätte (oder hat).

So rankt sich von solchen Leuten einer am andern hoch. Das Fazit nennt sich dann Theater- und Filmgeschichte.

123.

Liebeneiners *"Bismarck"*-Film von 1940 wird heute als Beispiel nationalso-
zialistischer Geschichtsklitterung und politisch propagandistischer Manipulation gezeigt, aber auch als exemplarischer Fall von gewissenloser Liebe-
dienerei damaliger Filmemacher oder Künstler überhaupt.

Aber beim Wiedersehen zu Bismarcks heuer 100. Todestage erweist sich
ebendieser Film als doch ein wenig komplizierter und differenzierter.

Zwar trifft alles Gesagte und Vorgeworfene auf ihn zu. Aber Autor Rolf
Lauckner und Mitautor Liebeneiner auch als Regisseur haben da entweder
tollkühn oder unterbewußt zugleich Kontrapunkte des Widerstandes so geschickt hineingebaut, daß selbst Goebbels das nicht bemerkt hat. Heute aber
ist es unübersehbar und beglückend.

Schon Virchows Landtagsrede im ersten Drittel skizziert ein anderes, das
kultivierte und humanistische, das humane Deutschland, das von diesem so-
gezeichneten Bismarck radikal beseitigt wird. Sie ist durch die Besetzung
dieses Virchow mit dem sensiblen Sympathieträger Karl Haubenreißer, der
im April 1945 bei den Berliner Straßenkämpfen ums Leben kam, zusätzlich
und *a priori* aufgewertet.

Daneben wie auch neben dem auffallend integer gezeichneten Parlaments-
präsidenten (des liebenswerten Walter Werner) hebt sich Paul Hartmanns
konsequent denunzierter Bismarck als Ausbund an unbarmherziger Brutalität ab. Heute unübersehbar, hat er seiner Rolle eine Eiseskälte, gnadenlose
Herz- und Charmelosigkeit, eine erschreckende Unmenschlichkeit gegeben,
die er weniger beim historischen Bismarck als eben bei Hitler selbst studiert
haben dürfte, den der Film ja interlinear auch unverkennbar meinte und
durch solchen historischen Vorgänger aufzuwerten die Aufgabe hatte.

Sogar Hitlers Diktion und Melodie schleichen sich in meisterlich unbeweis-
barer Dosierung in Hartmanns Rollengestaltung ein. Sein genuïn fränki-
sches Deutsch, das anfangs für einen altmärkisch-preußischen Junker so de-
placiert scheint, erinnert im Laufe dieser beeindruckend uneitlen, vollkommen unsympathischen und *au fond* bereits kritischen Zeichnung mehr und
mehr an das wohlvertraute Idiom aus Braunau am Inn.

Das mag Goebbels bei der Abnahme nicht aufgefallen oder sogar willkommen gewesen sein. Heute wird es zum Pluspunkt für die Tyrannenlakaien von damals.

Vollends in Friedrich Kayßlers sicherlich unhistorischer Aufwertung steht hier auch Preußenkönig Wilhelm I. als überraschend gewissenhaftes und integres Gegengewicht zu seinem brachial überlegenen Regierungschef und als Repräsentant einer indirekten Opposition aus politischem und charakterlichem Anstande da.

Denn dieser Bismarck besticht allenfalls (oder aber verschreckt letztendlich) durch seine skrupellose Effizienz.

Alle Sympathien liegen bei seinen Gegnern.

In summa ist das in einer Diktatur bereits perfekter Widerstand.

Hamburg, 29. Oktober 1998

124.
Diese Roswitha Quadflieg, dem Christian ähnlicher als dem Will, stellt Bücher schon in der selbst erträumten Gegenrichtung zum Bestseller her: als Preziose, Rarität, als Wertobjekt, als Schönheit.

Ihr Fehler: sie übertreibt. Wohl auch aus Snobismus.

Und sie vergreift sich literarisch.

Extremstes Beispiel: Ionescos *"Fußgänger der Luft"* erscheint in adäquat absurdem Gehäuse und *outfit*, in gläsernem Schuber und mit allerhand Heckmeck, aber nur in begrenzter Auflage von hundert Stück zu je 3.200 Mark. Alle sind bereits im Vorhinein verkauft, das Ganze also vergriffen, noch ehe es da ist.

Daran ist manches anfechtbar.

Aber die Richtung ist gut: weg vom Inflationären, vom Massenartikel, und hin zur Aufwertung eines Buches.

Das Buch als Kostbarkeit.

Nur sollte diese Kostbarkeit im Literarischen liegen statt in der Aufmachung.

Ihr Buchbinder scheint bemerkenswert, heißt Thomas Zwang und residiert in Hamburg.

Hamburg, 31. Oktober 1998

125.
Heute nacht bestritt oder leugnete jemand Celibidaches Qualitäten als Dirigent.

Da diese sich nicht beweisen lassen, brachte ich den Kritikaster durch meinen Hinweis auf die ungewöhnlichen Hörfähigkeiten dieses Maestro zum Verstummen.

Die sind zwar nicht viel leichter zu beweisen, wurden aber nicht angefochten. Der Banause war aus dem Felde geschlagen.

126.
Aufgabe für Musikwissenschaftler: die kompositorischen Ähnlichkeiten bei Richard Wagner und Andrew Lloyd Webber nachzuweisen. Ja, *indeed.*

Jeweils vermag ein Minimum an musikalischer Fantasie einen bestimmten Zuhörertypus zu narkotisieren und, auf diskrepantem Niveau, so zu berauschen wie süchtig zu machen.

Eine kritische Kontrolle, die nicht eben allzu bewußt sein darf, vermögen sie beide einzuschläfern, also auszuschalten.

Mit welchen (chromatischen?) Mitteln geschieht und gelingt das?

Bedienen sich beide *maestri* derselben oder zumindest ähnlicher Mittel?

Der Laie vermutet das.

Auch seine Empfindung von ärgerlicher Schmuddeligkeit ist in beiden Fällen dieselbe: da schmiert was.

Aber was, genau?

Hamburg, 3. November 1998

127.

In der Hamburger Schlüterstraße, eigentlichem Zentrum des hiesigen *Quartier Latin* inmitten von *Rothenbaum*, geht unbeachtet ein buddhistischer Mönch mit künstlicher Glatze und in orangefarbenem Seidengewande seines Weges.

Es ist der erste, den ich auf Hamburgs Straßen treffe. Gleichwohl wird er von andern Passanten als Selbstverständlichkeit hingenommen. Sie wissen offenbar, was es mit solchem Exoten auf sich hat.

Daran ist Fortschritt abzulesen.

Noch vor fünf Jahren, schätze ich, wäre solche Epiphanie auch in diesem hanseatischen *"Tor zu Welt"* noch undenkbar und gegebenenfalls eine Sensation gewesen.

Hamburg, 4. November 1998

128.

Meine rätselhaften Affinitäten zur Mentalität der Thais wie auch zur Kompetenz Ernst Jüngers fließen in einem aufschlußreichen Satz aus dessen Buch *"Der Arbeiter"* zusammen:

"Im Wesentlichen gibt es den Unterschied zwischen Tiefe und Oberfläche nicht."

Thais wie Jünger selbst (aber nicht zuletzt auch Goethe schon) praktizieren und verifizieren diese Erkenntnis; ich strebe ihr nach.

Sie ist antidualistisch, antimoralisch, antibürgerlich.

Sie ist unifikatorisch, synthetisch, harmonisierend, buddhistisch, totalitaristisch und insofern sogar global.

129.

Wichtige Ergänzung zu jener früher notierten Beobachtung, daß viele Frauen auf der Straße, gar in Begleitung ihrer Kinder, niemandem auch nur einen Millimeter ausweichen:

ist man eine solche Passantin zu überholen genötigt, so versucht sie intuitiv, das zu verhindern, indem sie in letzter Sekunde grundlos genau ebendorthin ausweicht, wo sie überholt werden soll. Ist der Überholer hartnäckig und versucht es nun auf der andern Seite, ist sie es erst recht und behindert ihn durch scheinbares Schwanken oder Torkeln.

Doch ist das kein böser Wille. Es liegt viel tiefer.

Dahinter mag der unbewußte Wille des Muttertieres stehen, sich (und die Brut) nicht übervorteilen oder irgend sonst gefährden zu lassen.

Da diese Beobachtung keineswegs auf Einzelfälle beschränkt bleibt, sollte sie ernst genommen werden.

Sie trägt dazu bei, das Ammenmärchen von einer Jahrhunderte langen Unterdrückung der Frauen zu relativieren und es durch eine Jahrtausende alte Entschlossenheit der Frauen zu ersetzen: sich und den Nachwuchs auf gar keinen Fall überholen, übervorteilen, abdrängen, unterkriegen zu lassen.

Dem entspricht dann auch, wie hemmungslos Frauen einem auf der Straße vor die Füße laufen und noch millimeternah den Weg abschneiden: Muttertiere als Arterhalter haben auch hier und heute noch den Vortritt – wie in der Serengeti die Elefanten.

So sind auf unserm großstädtischen Pflaster die Atavismen der Überlebenskunst zu registrieren.

Aber: Kultur, wo bleibst du?

130.
Das Ergebnis der gestrigen Kongreß- und Gouverneurswahlen in den *USA* ist durch explosive Wahlbeteiligung und eindrucksvolle Absage an die Restauration nicht nur ein Bekenntnis der Bevölkerung zu ihrem brachial verleumdeten Präsidenten.

Mehr noch ist es ein weiterer Pluspunkt auf mehrfach erwähnter Liste mit Beweisen, daß die Völker zunehmend klüger sind als ihre Strippenzieher.

Schon unsre rezente Bundestagswahl erinnerte daran, unmißverständlich.

Das nun auch noch in den *USA* bestätigt zu finden, überrascht und beglückt sogar.

131.
Vorstehendes fügt sich organisch in den Strömungswechsel des Weltgeschehens, wie er durch die Namen Clinton, Blair, Jospin, Klima, Schröder, Gonzales und D'Alema signalisiert wird.

Das arge Zeitalter der Reagan, Thatcher, Kohl, Andreotti, Juppé ist wohl wirklich ausgestanden: abgeschüttelt, plebiszitär.

Hamburg, 6. November 1998

132.
Jedesmal wenn ein relativ Autarker, der Hilfsbereitschaft und Hilfsbedürfnis seiner engsten Freunde ringsum normaliter in den Wind zu schlagen, zu enttäuschen und zu verprellen genötigt ist, nach Ablauf mehrerer autonom verbrachter Jahre wieder einmal an einen jener seltenen Punkte seines Lebens gerät, wo er in der Tat zumindest Ohr und Stimme, wenn nicht gar Rat und dienliche Tatkraft von außen benötigt,

jedesmal dann ist keiner seiner immer so hilfsbereiten Freunde zur Stelle: alle sind sie just dann unerreichbar, verreist, unauffindbar, nicht ansprechbar.

Jedes Mal.

Als sollte dem Autarken seine Autarkie *ad absurdum* geführt, seine übliche Unabhängigkeit als scheinbar verspottet, als Anmaßung überführt werden.

Er lernt so aber auch:

für Autarke gibt es keine Hilfe von außen. Hilf dir selbst!

133.
Ähnliches gilt für den Ubiquitären:

wer viel reist und sich überall wohl fühlt, allenthalben gut zurecht kommt und sich an Fremdes anzupassen vermag,

ebender wird sich an keinem seiner vielen Reiseziele ganz heimisch fühlen und immer an andere Orte wollen: weiter; oder auch zurück.

Schon bevor er losfährt, weiß er genau, was er dort vom Hiesigen vermissen, was ihn zurücklocken oder vorantreiben wird.

Bisweilen verhindert das vollends seinen Aufbruch, der dann aber nur umso ununterdrückbarer herbeigesehnt, auch herbeigeführt wird.

Wem es überall recht ist, ist es nirgends recht.

Ahasver.

Hamburg, 13. November 1998

134.
Nabokows Korrespondenz mit dem amerikanischen Publizisten und Literaturkritiker Edmund Wilson erstreckt sich von August 1940 bis März 1971 und enthält auch 66 Briefe, die er während des Zweiten Weltkrieges schrieb.

In diesen 66 Kriegsbriefen werden ebendieser Krieg und dessen Protagonisten, werden Hitler und seine Naziherrschaft, Stalin und seine Sowjetherrschaft wie auch Zerstörungen, Verluste und Leiden der diversen Bevölkerungen, aber auch Gastgeber Roosevelt und der Einbezug der *USA* in diesen Krieg keines einzigen Wortes, keines Gedankens und keines Gefühls gewürdigt.

Unirritierbar und exklusiv befaßt sich dieser Briefwechsel mit literarischem Alltag, Kritiken, Sekundärliteratur, Verträgen, Verlagen, Vorschüssen und Honoraren, mit Handwerklichem und Technischem. Eine Welt außerhalb dessen gibt es nicht.

Elfenbeinturm.

Wie sich da plötzlich der Vergleich mit Thomas Manns vielbelachten Tagebüchern derselben Epoche aufdrängt: deren eitle Banalität wird plötzlich zum hochbrisanten Zeitdokument neben diesen privaten Nichtigkeiten des russischen Immigranten.

Aber vielleicht liegt irgendwo hier der Schlüssel, warum Nabokow mit all seinem raren Genius letzten Endes doch nicht die Bedeutung, den Ruhm, die Publizität zum Beispiel eben seines lübischen Kollegen errungen hat, nicht zu jener allererstens Garde gezählt wird, zu der ihn sein großes Talent doch durchaus bestimmt zu haben schien.

Vielleicht fehlten ihm Antennen für Zeitgeschehen, Epoche, Umfeld, Realität und Dimensionen der Einbettung.

Andernfalls wäre diese strikte Ignoration einer sechsjährigen *via crucis* der ganzen Welt nur als bornierter Zynismus zu registrieren.

Hamburg, 14. November 1998

135.
Nabokows jüngerer Bruder, der musische und musikalische Sergej, wurde 1943 in Berlin als Homosexueller verhaftet.

Durch Beziehungen ihrer beider Cousine Sophia, einer geborenen Nabokowa, zu den Nazis kam er nach fünf Monaten wieder frei. Aber im Büro seiner Arbeitsstelle äußerte er sich kurz danach wieder unverhohlen verächtlich über Hitler und skeptisch zum deutschen Endsieg, wurde von Kollegen denunziert und wegen *"angelsächsischer Sympathien"* abermals inhaftiert. Im Hamburger Konzentrationslager Neuengamme starb er noch am 10. Januar 1945 und offiziell an einer "Lebensmittelvergiftung", die unbehandelt blieb: dieser *"harmlose, indolente, rührende Mensch, der sein Leben damit verbrachte, zwischen dem Quartier Latin und einem Schloß in Österreich, in dem er mit einem Freunde wohnte, vage hin und her zu pendeln"*.

So sah ihn Bruder Wladimir, dem in seinem eigenen Eskapismus neun Monate später *"diese Nachricht einen furchtbaren Schlag versetzte, weil Sergej der letzte war, bei dem ich mir eine Verhaftung vorstellen konnte"*.

Er war da nicht der Einzige.

Umso fraterner berührt dieses Schicksal den Glückspilz einer ungefährdeteren Generation.

136.
Wir Morgenmuffel:

wie Menschen allerunterschiedlichster Artung, Herkunft und Alterung am frühen Morgen samt und sonders zu einer homogenen Spezies verbunden werden: nur durch ihre Unlust, in die Hemisphäre des Bewußten und Sozialen zurückzukehren.

Das unbegreiflich Wunderbare ihrer nächtlichen Absenz und morgendlichen Wiederkunft wird überdeckt von einem allgemeinen Widerwillen.

Sie alle scheinen inzwischen an angenehmeren Orten gewesen zu sein, wo sie lieber geblieben wären. Das Allzuvertraute ist ihnen über Nacht (über jede Nacht) ganz fremd geworden.

Und wenig attraktiv.

137.
Wie mein Vergessen von Reiselektüre und Schreibutensilien für den Verlauf der Flüge abermals ein Phänomen wie die indische Palmblattbibliothek in Bangalore zu bestätigen scheint:

mein Unterbewußtes war richtig informiert, daß ich unterwegs diesmal weder schreiben noch lesen (können) würde.

Das muß schon festgestanden haben.

Was alles sonst noch?

138.
Das Wiedersehen mit dem mönchisch attraktiv geschorenen Revenant Joht (mit seinem offenen O und unaspirierten T) ist ebenso prickelnd, wie die synchrone Begrüßung durch Ridd mich mit ihrer tieferfreuten Güte und Liebenswürdigkeit im Innersten berührt.

Heimkehrgefühle existentieller, also allererwärmendster Art.

139.

Wie nun auch die Thais, so berührungslustig wie umarmungsscheu, über die Jahre ein Bedürfnis zu entwickeln scheinen, ihre Wiedersehensfreude körperlich umzusetzen und zu fingern, zu ärmeln, zu halsen, zu grapschen.

Was beim Schlitzohr Mang gestern auf dem morgendlichen Pier von Puhgett noch das westlich adaptierte Klischee des abgesandten Botschafters gewesen sein mochte, wiederholt sich dann ungleich unroutinierter und authentisch entwickelter zuerst bei Mahd, dann bei diesem Ridd.

Was für Kostbarkeiten nach all den Jahren europäischer Judasküsse.

140.

Wenn Männer in der Öffentlichkeit mit ihren Frauen sprechen, sprechen diese Toren, Naivlinge, Tölpel (in den meisten Fällen) mit ihren Frauen.

Wenn Frauen ebenso mit ihren Männern sprechen, buhlen sie zugleich um Aufmerksamkeit und Sympathie des ganzen Umkreises.

Ebendarum sprechen sie oft auch viel zu laut: *"Attenti, attenti!"*

141.

Wie an allerjüngsten Katzen unverkennbar beobachtet werden kann, was als genetisches Kapital schon mitgebracht und was erst erlernt, erfahren, erprobt werden muß.

Das mischt sich in einem Proporz, der ideal sein dürfte.

142.

Hierorts erzielte Resonanzen beruhen im Wesentlichen auf der Offerte von Freundlichkeit.

Die ist gewißlich auch bei unszulande willkommen. Nur sind da die gebotenen Antennen verloren gegangen oder zerstört worden. Freundlichkeit wird da ersehnt, aber als solche gar nicht mehr erkannt. Sie verpufft.

Hier noch nicht.

143.
Wie sich der Begriff von einer *"Leichtigkeit des Daseins"* als durchaus prä-
kunderisch offenbart: als nämlich goethisch (*"Wilhelm Meisters Lehrjahre"*,
Viertes Buch, Zweites Kapitel).

144.
Selbigen Ortes auch:

*"Es ist mit den Talenten wie mit der Tugend: man muß sie um ihrer selbst
willlen lieben, oder sie ganz aufgeben."*

145.
Wie das Wort *hai* im Thai nicht nur *für* bedeutet, nicht nur *geben, schenken,*
zum und *zur* und *zu,* sondern *summa summarum* recht eigentlich überhaupt
die Idee allen Dativs inkorporiert: eine Richtung; von sich weg.

Manchmal dient es auch unübersetzbar nur der Unterscheidung eines Dativs
von umliegenden Nominativen und Akkusativen.

Das fehlt uns nicht nur grammatikalisch: auch als Lebensgefühl. Hier mag
es buddhistisch begründet sein: jedes *Dem* und *Der,* also alle andern sind
Synonyme für *Schenken.*

Die Bergpredigt hätte das freilich nicht minder begünstigen müssen.

Hat sie aber mitnichten.

(*Post scriptum*: unser spätes 18. Jahrhundert mag Ähnliches empfunden haben, wenn es den Dativ noch seinen *Gebefall* nannte. Wem mag das damals
als wörtliche Übersetzung des lateinischen *dativus* bewußt gewesen sein?
Vielleicht gar nicht allzu wenigen. Aber daß die alten Römer scherzhaft
auch einen *Geldgeber* als *dativus* bezeichneten?

So hangelt sich das also durch Kulturen, Kontinente, Lebensgefühle und
Sprachen ... : *hai*).

146.

Der Inbegriff aller westlich falsch verstandenen Buddhismen: jene *"Güte-Übung"*.

Hat den christlichen Hautgoût von Boyscouts und Rotary-Freunden: denkt kommerziell im Sinne günstigen Einkaufs und bringt also nichts.

147.

Die verblüffenden Dezimalintervalle meiner Platznummern beim Herflug:

Hamburg – London: Platz **30** A (spiegelbildlich potenziert durch Ausgang A 30),
London – Bangkok: Platz **40** A,
Bangkok – Puhgett: Platz **50** K.

Sie werden später beim Weiterflug noch ergänzt und gesteigert:
Bangkok – Melbourne: Platz **60** C

148.

Mahds Vertrauen und Gleichgültigkeit bei den Raten seiner Darlehenstilgung imponieren. Über nichts führt er Buch.

Im Kopf erst recht nicht.

Setzt meinen Anstand voraus.

Go Pih Pih, 20. November 1998

149.

Wie in Puhgett die Rezeption des feinen Wolkenkratzer-Hotels *"Phukett Island Pavillion"* durch fremdsprachliches Mißverstehen der Meinung war, ich wolle den jungen Taxifahrer bei mir übernachten lassen: kein Sekundenbruchteil einer Befremdung. Es wäre anstandslos möglich gewesen.

Vielleicht sogar seinerseits: so zutraulich behauptete er, gottlob nicht verheiratet zu sein!

Sie alle ahnen nicht, was *jet lag* ist.

150.
Immer wieder: wertfrei erzählen lernen kann man nirgends so gut wie in der
Prosa Goethes.

Er enthält sogar meistens vor, wie er selbst das Erzählte bewertet. Das
schafft nicht einmal Thomas Mann, der seine Sym- und Antipathien immer
durchschimmern läßt.

Goethe unterläßt sogar jede Größenordnung und Quantifizierung, reiht Bagatellen ohne stilistische Unterscheidung an Sensationen, biedermeierliche
Spießigkeiten völlig indikationslos an geistige Revolutionen – die einem
manchmal nicht einmal beim Lesen, erst lange im Nachhinein als solche begreiflich werden.

Sein Rezept für solche Meisterschaft ist simpel: Mögliches einfach nebeneinander stellen und beschreiben. Basta.

Wie Mozart. Wie der Buddhismus.

Und wie das Leben.

151.
Durch eben solchen Verzicht auf erklärende Bewertung schleichen sich bei
Goethe indirekt irrationale Imponderabilien, Unbegreifliches, Rätselhaftes,
Geheimnisvolles ein: nur indem es ausgespart, weggelassen wird. Schon ist
es magisch da und schwingt mit.

Wieder: wie im Leben. All das Unsagbare, Unausgesprochene, unsichtbar
Präsente ringsum und allerorten.

Creator mundi wie *operis* erreichen das durch ihren Verzicht auf Erklärung.
Erklärten sie, wäre alles in ihren Schöpfungen platt.

152.
Hierzu vollends das Ungereimte in Goethes Konfigurationen (namentlich
Philines): es befremdet ebenso wie jeder reale Mensch.

153.

Was für ein Lebensgeschenk: zehntausend Kilometer von der eigenen
Fremde entfernt gleich am ersten und zweiten Abend auf solche Freunde
wie Ridd und Joht zu stoßen, Gelebtes mit ihnen reanimieren, Neues projek-
tieren und stark Empfundenes allerseits wechselseitig bekunden zu können.
So viel selbstverständliche Herzlichkeit und Verbundenheit über Galaxien
hinweg!

Ridd: *"Very magic!"*

154.

Joht, frisch aus dem Kloster zurück, berichtet von proteïschen Fähigkeiten
mönchischer Lehrer: sie können überall und jeder andre sein. Geistliche Mi-
mikry.

"Very magic!"

155.

Neue Erfahrung eines "jungen" Autoren: mit den Urbildern seiner Figuren
après noch zusammen zu sein, ohne daß denen selbst je bewußt ist, was da
mit ihnen inzwischen geschah; daß zehntausend Kilometer entfernt wildfremde Europäer an ihren Geschicken lebhaften Anteil nehmen, sie "kennen", sie lieben.

Was indiskret Unstatthaftes scheint da im Spiele zu sein. Unautorisierte Ma-
terialisationen. Diebstahlgefühle.

Aber eines Kleptomanen.

156.

Joht berichtet, mit sechzehn Jahren einem Ruf als Lehrer für *Parasailing*
nach *Go Pih Pih* gefolgt zu sein und am hiesigen Doppelstrande die form-
getreue Insel eines frühen Traumes realisiert gefunden zu haben. Versuche,
sich wieder zu entfernen, seien nun zwölf Jahre lang gescheitert.

"Sollten nicht", lese ich prompt im *"Wilhelm Meister"*, *"uns in der Jugend
wie im Schlafe die Bilder zukünftiger Schicksale umschweben und unserm
unbefangenen Auge ahnungsvoll sichtbar werden? Sollten die Keime dessen, was uns begegnen wird, nicht schon von der Hand des Schicksals aus-
gestreut, sollte nicht ein Vorgenuß der Früchte, die wir einst zu brechen
hoffen, möglich sein?"*

Schon schämt man sich, Goethe und Joht in derlei nicht das Wasser reichen
zu können.

157.

Wie die hingestreckte Katzenmutter mit zuckendem und klopfendem
Schweife Mäuse vortäuscht, die ihre Jungen so fangen lernen sollen.

Tatsächlich sieht man sie am mütterlichen Schwanze alle jene unverwech-
selbaren Bewegungen, Griffe, Sprünge und Attacken exerzieren, die man
sie später mit aufgespürten Mäusen vollführen sehen wird.

158.

Goethe lehrt auch: einen wie großen erzählerischen Reiz das Geheimnis hat.

Den größten wohl das unaufgeklärt bleibende: denk dir selbst was!

159.

Ist Johts Fall tragisch?

Mittel- und chancenlos eingeboren, findet er keinerlei Platz in dieser Gesellschaft. Keine Perspektive. Keinen Bedarf.

Nur daß er einen Eros hat, dem dicke Inderinnen, ältliche Japanerinnen und
andere Frauen nicht eben seines eigenen sinnlichen Geschmacks so heillos
verfallen, daß sie diesen Habenichts völlig zu finanzieren bereit sind. Sie
können das auch. Immer wieder solche.

Ist das anzunehmen schon Prostitution?

Er ziert sich, aber nicht allzu vehement. Ist dann der Sache wenig froh.

Ist er jetzt ein Stricher?

Soll er den Helden spielen und verhungern?

Gilt es nicht, die vom Himmel geschenkten Gaben zu nutzen?

Das könnte ein Stoff sein.

Auch manche der Frauen durchschaut das Geschehen und leidet, aber kann nicht anders.

160.
Im *"Crazy House"* tritt ein bürgerlich gekleideter junger Amerikaner an die Bar und fragt, ob hier auch Dosenbier geführt werde: *"Dann hätte ich gern eine Dose Bier mit zwei Gläsern."*

Barkeeper Ridd zaubert den allerverführerischsten Thaicharme in seiner eigenen, persönlichen Steigerung hervor und sagt strahlend. *"Vielen Dank. Vielen, vielen Dank. Vielen Dank."* Und läßt es sich nicht nehmen, diese kümmerliche Bestellung persönlich am Tisch zu servieren: um zu beschämen.

Nicht lange danach aber erscheint derselbe Amerikaner wieder an der Bar und ordert barsch: *"Zigaretten. Egal, welche. Aber nur eine. Eine Zigarette."*

Leuchtend bietet Ridd ihm eine von seinen eindeutig privaten an. Ohne jeden Skrupel wird sie ergriffen.

Der brave Amerikaner aber war wahrscheinlich ein Deutscher.

Go Pih Pih, 21. November 1998
161.
Nächtliche Horrorvisionen vom globalen Kapitalismus als unentrinnbarer Teufelsmacht. Der Teufel als Realität. Seit einem halben Jahr hat er auch diese Himmelsinsel gepackt.

Besinnung auf archaische Rezepte, ihm zu entrinnen:

durch üblich beflissene Anpassung nämlich gewißlich nicht.

Probat schien früher Austreibung, aber just vom Christentum empfohlen, das allzubald selbst in satanischen Diensten wirkte.

Bliebe die strikte Verweigerung. Dagegenhalten: hat man als Einzelner dafür Kraft genug?

Heute nacht schien es endgültig aussichtslos. Allzu betrüblich ist die Kapitulation dieser Insel.

Ich brauche die Hilfe Sawaangs.

Ridd gibt dieser Welt noch fünfzig Jahre.

Freilich: was für welche?!

162.
Ridd hat seine Bodenkammer, die nur über eine angelegte Leiter zu erreichen ist, einem jüngeren Kollegen abgetreten: aus Nachgiebigkeit und Schwäche?

Wohl auch um sich selbst zu beweisen, daß er vogelfrei leben kann, unabhängig ist. Sein Mohammedanertum ist stark buddhifiziert. Er ist ein musterhafter Buddhist.

Also spannt er sich nachts um drei nach Dienstschluß in der Bar seiner Arbeitsstelle eine Hängematte.

Aber schon nach wenigen Stunden Schlafes kommt früh um sechs seine Frau, die separat an ihrer anderweitigen Arbeitsstelle ein Obdach hat, und legt ihm vor eigenem Arbeitsbeginn die gemeinsame Tochter in die Hängematte. *Diese Aai sei zwei Jahre alt und habe die hierzulande sehr ungewöhnliche Neigung, viel zu schreien.*

Ja, warum wohl?

Ridd hat nie einen freien Tag.

Pro Tag oder Nacht verdient er als *leading barman* ganze zweihundert Baht, das sind 13,30 Deutsche Mark.

163.

Piu bestätigt mir, daß diese Insel weitgehend in der Hand von Spekulanten aus Bangkok und Puhgett ist:

helf' Er ihr!

164.

Die Katzenmutter leckt feinsäuberlich die Pinkelpfützen ihrer Kinder auf: um Spuren zu beseitigen?

Ridd meint: eher aus Hunger.

165.

Tausendsassa Joht, dieser arme Schlucker, nach der schlimmsten Zeit seines schweren Lebens befragt, weiß darauf nicht zu antworten. Gibt es da keine Superlative?

Nach der besten befragt, überlegt er ebenso lange, aber mit dem Ergebnis: das sei jene Freundschaft mit mir gewesen, vor fünf Jahren.

Ich wische das weg: als allzu plumpe Schmeichelei.

Später schwant mir, daß das vielleicht nur teils oder gar nicht geschmeichelt war. Es kann Späße, Ansprüche, Anerkennung, Niveau, eben anderes in sein trostlos kämpfendes Alltagsleben gebracht haben: eine andere Dimension.

Das prompt geschenkte und nahezu hundertjährige buddhistische Medaillon des allenthalben hochverehrten Promm Luang in Tschumponn aus Johts eingewickeltem Preziosenschrein seiner Hosentasche könnte samt Silberkette vom eigenen Halse weg hierfür Bestätigung sein: als so kostbar bestätigt mir das jeder Buddhist.

166.

Wie das deutsche Idiom in hiesiger Verfremdung schon als Klang durch seine Spießigkeit, seine Selbstzufriedenheit, seine borniert Provinzialität auffällt: als absolut unweltmännisch, hinterwäldlerisch, gar nicht weltgewandt, eben absolut ahnungslos, eigentlich naiv, aber darauf eingebildet.

So wehen diese aufgebläht tumben Klänge als inhaltslose Nationalpsychogramme eines nicht ungefährlichen Geldadels von Stränden, Nebentischen, Nachbarterrassen herüber und erschrecken.

Aber wehe, wenn sie sich zu Mehrheiten zusammenrotten!

Denn beim Näherkommen hört man sie dann die Thais verachten: sie unterstellen ihnen allenthalben Betrug und listen genüßlich überführte Unsauberkeiten auf.

Das Weltgericht tagt.

Go Pih Pih, 22. November 1998

167.
Johts Bericht über sein Leben in den letzten fünf Jahren:

über alle seine tollkühnen Unternehmungen und deren Scheitern durch Untreue und Betrug seitens Verwandter und falscher Freunde

bis hin zu seinem Selbstmord hierselbst, der um Haaresbreite gelungen wäre;

hieraus resultierend dreieinhalb Klostermonate, die ihn die Vergänglichkeit alles Materiellen gelehrt haben.

Die Einladung zum Essen gerät zu deliziösester Freßorgie mit der Sumpfblüte Dschirassak, die plötzlich aus dem Boden des Ihßähn auftaucht und leuchtet, leuchtet, leuchtet, lacht und leuchtet. Lachanfälle gemeinsam. Fortsetzungen im *"Crazy House"* mit Ridd und allerheiterstem Gelage: ganz wie in Thailand und ganz wie in allerschönsten Zeiten dort. Schwerelosigkeiten, Lachanfälle, Flirts, Berührungen, Heiterkeit, Pläne.

Ridd umarmt zum Abschied, Dschirassak leuchtet mir allerliebst und rätselhaftest heim, beschenkt dann mit dem höchsten aller *wai*s. Er selbst schläft in einem Boot seiner Firma: es ist hier sein einziges Zuhause.

168.

Umso schockhafter mitten in alledem die barsche Forderung einer drüber-
brüllenden Touristin nach *"toilet paper!"*. Ridds verspielte Vermischung
von Service und Verweigerung so überflüssigen Artikels.

Go Pih Pih, 23. November 1998

169.

Während Stephan an seinem ersten hiesigen Abend vom hilfreichen Joht im
hochatmosphärisch virilen *Snookerpool* zum unverdienten Gewinner einer
Billardpartie gegen hohen Engel in wehend blauen Gewändern und Macho-
püppchen im Lederdreß lanciert wird,

geleite diesmal ich Dschirassak zu seinem Schlafboot. Denn sein Leuchten
ist heute kläglich im Alkohol erloschen. Durch nachtschwarzes Gäßchen
zwischen abgestellten Schiebekarren hindurch und über einen sehr langen
Bootssteg, der mit nächtlicher Schwärze, regnichter Glätte und unsichtbar
unregelmäßigen Lücken im Lattenboden zu gefahrvoller Falle wird. Noch
warnt mich der eingeübte Dschirassak, da fange schon ich seinen eigenen
Absturz auf. Mein einsamer Rückweg ist ein Drahtseilakt bei Regen.

Ins elektrische Licht der Geschäftswelt zurückgekehrt, heißen mich zwei
hübsche, aber unbekannte Thai-Mädchen bei meinem Namen willkommen,
als sei ich ein glückhafter Revenant aus dem Orkus.

Go Pih Pih, 24. November 1998

170.

Wie Joht im abendlichen Dorf die Handzettel einer Disko-Werbung eben
empfängt und schon weiterverteilt, als gehöre er zu den angeheuerten Di-
stributoren.

Schnelligkeit und Witz so konstruktiver Entsorgung muten hier geradezu
mozartisch an: Belästigung und Befreiung, Beschwerung und Entlastung in
fließendstem Legato. Oder in goethischer *"Leichtigkeit des Daseins"*.

Überdies mit Gelächter von Täter und Publikum.

Sabaai und *passé*.

171.

Indem Goethe sein Erzähltes nicht selbst bewertet, überläßt er das den Lesern.

Von denen bewertet jeder anders.

Weil jeder anders liest.

Also ist das Erzählte ewig anders, ewig neu.

Der Trick dabei ist also moralische Indifferenz des Autors, insofern auch Zeitlosigkeit, eben Klassik.

Go Pih Pih, 25. November 1998

172.

Die Liebesgeschichte zwischen Wilhelm und Mariane, wie sie den langweilig hausbackenen, biederen und langatmig konventionellen Anfang des *"Meister"*-Romans bestimmt und heutzutage die Lektüre bis zur Unerträglichkeit erschwert, mag wohl doch weniger als am 13. März *huius* in diesen *Reflexen* noch vermutet, mit obligaten Eingangsschwierigkeiten also auch bei Goethe zusammenhängen.

Die hartnäckig fortgesetzte Lektüre, die zu spiralenförmiger Entfernung nach außen und oben verführt und nötigt, entlarvt jenen spießigen Beginn des Wunderwerkes vielmehr als kluge Spekulation. Er ist ein Zugeständnis an Mode, Zeitgeist und Publikumsgeschmack. Er täuscht Trivialität nur vor, ist eine hinterlistige *captatio benevolentiae*, um die so geköderten Leser auf dem Umwege über entgegenkommende Anspruchslosigkeit einzufangen und dann beim behutsamen Spiralengang nach Möglichkeit nicht mehr loszulassen:

ein Trick also, eine präkommerzielle Zielgruppenerweiterung, eine Instrumentalisierung des Klischees.

173.

Wie dieser Tohng (mit offenem O), so chancen- wie glücklos, aber strahlend am unteren Rande des Existenzmimimums dahinvegetierend, mir einen
alten indischen Armreif für runde neun Mark verkauft und noch einen
Freundschaftsrabatt von neunzig Pfennigen einräumen will: das wären immerhin zehn Prozent!

174.

Goethes frühe, aber schon ins Zentrum treffende Kapitalismuskritik in der
Figur des Werner: Aberwitz des Utilitarismus! (*"Lehrjahre"*, Fünftes Buch,
Zweites und Drittes Kapitel).

Go Pih Pih, 26. November 1998

175.

Heute nacht zwang mich ein frühmorgendlicher Horrortraum, als einsprin-
gender Notgast an einem deutschen Stadttheater (in Bonn? *Bonn kuan?*)
Molières *"Geizigen"* zu inszenieren, weil ich den ja "drauf" habe.

Also steigt hier meine erste Regie am Berufstheater von 1959, zugleich meine albtraumhafteste, das Berliner *remake* mit Sternheim und Minetti von
circa 1970, bedrohlich und feindlich aus den Verliesen der Verdrängung
empor. Denn als ich zur ersten Probe komme, habe ich mein Regiebuch vergessen und muß es holen fahren; Taxi- und Fahrstuhlkatastrophen verhindern das. Überdies machen mir Fragen des prominenten Hauptdarstellers
bewußt, daß Jahrzehnte ins Land gegangen sind und eine Wiederholung der
frühen Konzepte ausschließen. Aber für neue ist die Probenzeit definitiv
viel zu kurz. Engpaß, Dilemma, Panik, Horror, Flucht ins Aufwachen:
schwere Existenzbelastung.

Den Seltenheits-"Wert" meiner Theaterträume beachten: sind diese 25 Jahre
im übrigen vergessen, verdrängt, überholt, verarbeitet? Warum tauchen just
hier jetzt Anfang und Tiefpunkt auf? (Wobei Tiefpunkt zugleich auch erster
Höhepunkt war: das Schillertheater, das Schiller geweihte Theater, das Theater Schillers!)

Hängt das mit Ridd zusammen, seiner gestrigen Wiederkehr aus Nyaklohng und der überraschenden Verführung, ihm in *Klohng Dschilaht*, also nächster Nähe ausgerechnet von Sawaangs Saithai eine Existenz begründen zu helfen? Wäre sein Konzept hierzu der definitive Abschied von all meinem früheren Leben, wie jener *"Geizige"* es verkörpern mag?

Oder bin ich schlichtweg ein *Harpagon*, der Ridd zu helfen noch zögert statt unverzüglichen Zuschlag zu gewähren?

176.

Ridd die gebotene Hilfe angedeihen zu lassen, hätte für mich seinen hiesigen Verlust zur Folge: so wie ich mir schon im *Paak Klohng* gerade durch meine Hilfsaktion den Boden unter den Füßen wegzog.

Ist Hilfe also Eigenschädigung?

Ist sie nur als Eigenschädigung Hilfe: weil selbstlos?

177.

Aber wäre Ridds Ortswechsel nur ein Verlust? Bände ich ihn nicht zugleich nur umso dauerhafter, wo auch immer?

So wie mich jene selbstverschuldeten Veränderungen des *Paak Klohng* zu neuen Ideen und Konzepten, zu Steigerungen motivierten.

Panta rei.

178.

Ist das alles hier die Suche meiner Seele nach einem Sterbebett? Weil ich in Europa keins habe und finden werde? Sawaang und Ridd in all ihrer Güte als potentielle Sterbehelfer?

179.

Oder ein Bedürfnis, mangelnde Sozialverantwortung im bisher gelebten Elfenbeinturm zu kompensieren und nachzuholen? Unterlassungen und Verschuldungen wiedergutzumachen? Die Gesamtbilanz auszugleichen?

Auch deshalb vielleicht die permanente Verzögerung von *cosa nuova*, meinem neuen Buche: als neuerliches Übergewicht der andern Seite?

180.
Wie zum Schreiben mehr vonnöten ist als Formuliertalent.

Seriös betrachtet, ist eine allgemeine Rundumbegabung ebenso unerläßlich.

Dasselbe trifft wohl auf jede Kreativität zu. Die Beherrschung des Handwerks ist zwar Bedingung, aber nur als Vehikel für ein Spektrum, das möglichst total sein muß: was Goethe als *"panoramic ability"* zitiert.

181.
Wie mir im Traum *heute nacht* auch noch die Helferin einer ärztlichen Praxis die gebotene Injektion just in einer vollbesetzten Kantine oder Mensa verabreichen will.

Ich lehne das ab: sie zürnt.

Ich bleibe ohne die Spritze.

Absage an die Publikation des Intimen? Das wäre ein gravierender Hinweis.

Jedenfalls wirft er die Frage auf, weswegen bloß man Individuelles veröffentlichen will oder sollte. Weshalb eigentlich?

(Freilich auch: *why not*?)

182.
Worin jedoch offenbart sich jene panoramische Talentierung?

Vielleicht auch nicht zuletzt durch weitestgestreute Betroffenheit allenthalben. Alles, was der so Begabte sieht und erlebt, berührt ihn mit einem *tua res agitur*. In allem erkennt er sich wieder, und ein *touché* jagt das andere.

Das ist das erste, die Basis.

Das Zweite: er muß sich gedrängt fühlen weiterzugeben, zu informieren, teilnehmen zu lassen, das Erhaltene auszuteilen – freilich: verwandelt, angereichert oder koloriert oder angeordnet oder fokussiert, kondensiert, verwertet.

Wenn er gut war und Glück hat, sagt nun auch sein vorher unbetroffener Konsument *touché*.

Katalysation ist alles (oder vieles).

183.
Wohin treibt einen unausgesetzte Sensibilisierung letztendlich?

Wird man verrückt?

Oder sterbereif?

Ein nicht mehr lebensfähiger Hysteriker und Hypochonder?

Oder ein Engel: transexistent?

Gibt es eine Grenze, die erreicht werden kann?

Die überschritten werden muß?

Die man meiden sollte, weil sie zerstört?

184.
Wie auch die liebenswerten, aufgeschlossenen, klugen und sensiblen Dänen des Nebenzimmers mich durch ihre interessanten Gespräche nur zurückwerfen, aufhalten, stören.

Sie lenken mich ab.

Wovon?

Von dem, weshalb ich hier bin: was immer das ist.

Repetitionen des alten Lebens und alter Erkenntnisse belasten nur Psyche und Nerven, ziehen runter und bremsen, blockieren das Vorwärts, verstimmen. Ich bin nicht hier, um wiederzukäuen.

Sondern?

Go Pih Pih, 27. November 1998

185.
Wie bürgerliche Konventionen sich abermals als Substitut für geistige Souveränität entlarven. Nur der Unautonome klammert sich an sie. Wer mündig ist oder wird, befreit sich erleichtert und erfindet hinfort autark.

Dito:

bedeutend will nur der Unbedeutende sein,

interessant der Uninteressante,

zentral der Periphere,

ungewöhnlich der Gewöhnliche,

und gefallsüchtig ist nur der Reizlose.

Man sucht das Komplement; man braucht es wahrscheinlich.

Das könnte sogar als Schlüssel zum immer so schwierigen Prozeß der Selbsterkenntnis und -findung dienen: wer sich nur wohl fühlt, falls er auffällt, kann hieraus auf seine geistige Unauffälligkeit rückschließen.

Und *vice versa*.

Der Starke braucht keine Macht, der Gewisse keine Sicherheiten.

186.
Ich befrage den so liebwerten wie vollkommen mittellosen Tohng, 21, was er täte, falls der Himmel oder sonstwer ihm jählings Geld in Hülle und Fülle schenkte.

"Meiner Familie helfen."

"Und wenn du dann immer noch Geld hast?"

"Meinen Freunden."

"Und wenn dann immer noch viel übrig ist?"

"Meiner Mutter, meinen Geschwistern – "

"Das ist deine Familie, die hatten wir schon. Und immer noch hast du sehr viel Geld: ?"

Pause.

Eine Pause der Ratlosigkeit.

Der Bedürfnislosigkeit.

Dann:

"Dann würde ich rumreisen."

"Wo: in Thailand?"

"Nein, überall. Um die Welt."

Auf Anhäufung von Besitztum verfällt dieser Habenichts gar nicht.

187.
Tief in der Nacht lädt Ridd mich zu chinesischer Nudelsuppe ein. Ihm ist dabei wichtig, als Gastgeber zu fungieren.

Aber beim Bezahlen fehlen ihm 30 Baht, das ist 1,30 Deutsche Mark.

Ich ergänze sie und will ihm auch ein ohnehin fälliges Trinkgeld geben, damit er morgen was zu essen habe. Er lehnt es ab: weil er in einer andern Hose noch 1,90 Deutsche Mark habe, das genüge.

Und nimmt meinen Obolus um nichts in der Welt.

Aber als ich ihm dieselbe Frage nach der Verwendung unverhofften Goldregens stelle, hat er einen Plan zur Versorgung aller Arbeitslosen parat.

188.
Stephan registriert erstaunt, was mir im Gespräch mit fremden Thais für Fragen und Themen einfallen.

Ich denke, das liegt daran, daß Kopf und Seele offen und frei sind: nicht von mir selbst okkupiert; vakant und *waang*. Es ist Platz darin für andere und anderes.

Sie suchen auch außen nach Nahrung: Beschäftigung; Eindrücken; Stoffen.
Anregung, Schubkräften.

189.
Goethe scheut sich nicht, einen ganzen Probenprozeß zum *"Hamlet"* mit
allen professionellen Details des Theaterhandwerks in seinen Roman zu
integrieren.

Auch damit öffnet er Türen für dieses grenzenlose Genre: alles ist da möglich.

190.
Stephan mag die hiesigen Probleme vieler Europäer auf den Punkt bringen,
wenn er gesteht, sich in Gesellschaft von Thais verkrustet oder gar amputiert zu fühlen.

Solche Offenbarungseide oder Insolvenzen sind manchem freilich nicht
eben willkommen.

191.
Die in ebensolchen Kreisen epidemisch grassierende Interessenlosigkeit
wirft dialektisch die Frage auf: was eigentlich ist ein Interesse?

Nicht allein Offenheit.

Was Aktives tritt noch hinzu: was Energetisches, Dynamisches. Was Suchendes.

Was wird da gesucht? Alles, was noch fehlt. Also alles Komplementäre.
Also fast alles.

Vielleicht ist Interesse das psychische Vehikel für Ausbau und Anreicherung, für Komplettierung der Persönlichkeit.

Und was wäre Komplettierung anderes als die angestrebte Annäherung an
Gott?

Das Interesse also als Gottessuche?

Demnach wäre jene Interessenlosigkeit der vielen ein Verzicht auf Gott? Die Flucht vor Gott? Das Suhlen in Gottlosigkeit?

Es sieht sehr danach aus.

192.
Oder es ist pure Fantasielosigkeit.

Aber wiederum: was ist eigentlich Fantasie?

Ein anderer Versuch der Annäherung an Gott: nur spielerischer, spekulativer; experimentell jonglierend, möglichkeitsfreudiger. Aber ebenfalls Gottessuche, nur mit andern Mitteln.

Demnach also wäre auch jene Fantasielosigkeit der vielen pure Gottlosigkeit.

193.
Ridd erzählt mir bei anderer nächtlich chinesischer Nudelsuppe von tradierten Fähigkeiten der Thais, etwa unliebsame Gegner nur mit geistigen Mitteln und unbeweisbar zu ermorden.

Der gestrige Todesfall eines jungen Mannes in hiesiger Hängematte zum Beispiel sei nicht anders zu verstehen.

Südostasiatisches *Wodú*? Oder Schwarze Magie, Schamanismus. Derlei.

Zum Beispiel werde ein bestimmtes Gericht auf bestimmte Weise zubereitet; sowie das angepeilte Opfer es irgendwo und irgendwann ahnungslos zu sich nehme, sterbe es rettungslos.

Das stamme noch aus Zeiten, in denen es keine Waffen gab, und werde nur noch von Alten, kaum noch von Jungen beherrscht.

Tohng immerhin, der mit dem rätselhaft Gestorbenen gut befreundet war, verzichtete gestern auf sein dringend benötigtes *Incasso* und leistete sich einen freien Abend: weil er auf einen Freund warte. War aber noch heiterer und besser gelaunt als sonst schon immer: sang und trank und trommelte und tanzte die ganze Nacht und suchte beiläufig unauffällig meine Nähe, zutraulich, offen und weich wie ein verwaister Welpe. Suche nach Schutz?

Oder späte Form von Totenkult? Von gemeinsamer Totenwache?

Jedenfalls ohne die auch nur allergeringste Spur von Sentimentalität.

Aber in blühender denn je freigesetzter Schönheit.

194.
Wie vermeintliche Ferienreisen zu Seelenwaagen und Lebensexamina werden können. Ganz unverhofft.

Manche registrieren es betroffen.

Manche nicht einmal das. Fallen einfach durch: als zu leichtgewichtig befunden.

195.
Mozarts Klarinettenkonzert an einem hinterindisch ertrinkenden Monsuntage ohne Farben und Konturen:

als sei es, nanu, ebenhier und ebenhierfür komponiert. Es entspricht und ergänzt, es greift auf und entwickelt, es kennt und versteht und hilft. Bezieht ein.

Und trauert und freut sich, verweist und verheißt.

Gar keine völlig andre Welt.

Diese.

196.
Es wird *glua* ausgesprochen und bedeutet *Angst*. Es bedeutet aber auch *ängstlich* und *Angst haben* oder *ängstlich sein*.

So lebensklug ist das Thai: es hebt die lateinisch-europäische Kasernierung in semantisch-grammatikalischen Kategorien auf, überspringt deren Grenzen und erübrigt sie so. Substantiv, Verb und Adjektiv beruhen hier sämtlich auf ein und demselben Gefühl. Dieses wird bezeichnet. Den Rest besorgen Umfeld und Kontext. Keine formale Belastung, kein Ballast aus Endungen und Suffixen.

Dieses *glua* ist aber durchaus kein Einzelfall, eher die Regel. Es signalisiert ein anarchisches, aber potentes System.

Vielleicht ist Anarchie sowieso das Potentere.

Go Pih Pih, 28. November 1998

197.
Wie sich die letzten europäischen Bodenhaftungen als Luftwurzeln entlarven. Sie scheinen weg zu müssen: so brachial und definitiv offenbaren sie hier ihre Unbrauchbarkeit.

198.
Wie sich Zivilisationsdefekte und entsprechende Seelenverkümmerungen als unheilbare Leiden manifestieren und lebensbedrohlich sind. Sie gehören zu Krebs und AIDS in die Reihe der nicht therapierbaren, der letalen Prominenz.

Denn Denaturierung kann in diesem Universum nicht überleben.

Entsprechend akut ist die Dringlichkeit, diesen Defekten selbst nach Möglichkeit zu entrinnen oder zumindest nicht völlig zu verfallen.

Rette sich, wer noch kann, und sei es partiell!

199.
Was Wilhelm Meister über den rätselhaften Souffleur sagt, gilt von jeder überraschenden, jeder unerklärlichen Begegnung:

"Wir wollen den wunderbaren Freund nicht durch unsern Unglauben verscheuchen."

Also auch nicht durch unsere Skepsis. Oder unsere Vorurteile. Unsere Fantasielosigkeit. Auch nicht durch unsern Hochmut.

200.
Wie Ridd zum dritten menschlichen Funde hierselbst erblüht und heranreift.

Seine allnächtlich überschwemmende Freundschaft, nunmehr um ein gemeinsames Projekt angereichert, stellt ihn schon neben Mahd und in die Hemisphäre Sawaangs.

Was für ein Geschenk solch ein Trio im letzten Lebensabschnitt ist. Große Gnade.

Daneben bestehen zu sollen, mag Probleme auslösen, die ich vielleicht unterschätze.

201.

Diese plötzlichen Libellenschwärme: hochvermögende Ariels ringsum, leibhaftige Verführer ins Ätherische. (Siehe schon hiesigen *Reflex* Numer 8!)

202.

Das manische Beanstanden hiesiger Unsauberkeit durch europäische Schulmeister: endlich die Chance einer Überlegenheit über sonst in allem Bessere, Vitalere, Hübschere, Erotischere, Geschicktere.

Die Sauberkeit können wir besser. Also wird sie zum Hauptfach.

203.

Der vormals blanke Bücherleser Witt taucht wieder auf. Die Bedürftigkeit hat ihn seines Lacks beraubt. Die Droge erst recht.

Er liest auch nicht mehr. (Vergleiche den siebenten *Reflex* vom 10. April 1996, die dortige Nummer 1082!)

204.

Der Narzißmus dürfte so alt sein wie zumindest die abendländische Kultur.

Aber noch Ovid referiert ihn als weltberühmten Einzelfall: den eben jenes namengebenden Narziß.

Heute grassiert er: in einer Massengesellschaft von sechs Milliarden Menschen.

Statt sich in solche Menge angemessen einzufügen, stilisieren und lieben sich die Menschen als Einzelfälle: was ist da passiert? Ein zerebraler Defekt?

Auch er dürfte zu jenen unheilbaren Seuchen gehören.

Go Pih Pih, 29. November 1998

205.
Wie Goethe gern Katastrophen und Abgründe mit unverändert beiläufiger, leicht altfränkischer Grazie schildert – wie alles andere auch: Raubüberfall und tätliche Attacke, Feuersbrunst und Ausbruch von Wahnsinn. Er phänomenalisiert sie alle, bagatellisiert sie fast, indem er jeweils Ursachen und Hintergründe ausspart, im Dunkeln beläßt: *it just happens. Such is life.*

Eben so auch entstehen jene panoramische Breite und Fülle: der Kunst wie des Lebens.

206.
Wie Goethe trotz genauer Details bei der Lokalisierung seiner Geschichte so indifferent bleibt, daß eigentlich eher Welt und Leben der Ort des Geschehens sind als irgend spezifiziertes Hier oder Wo.

207.
Die Lektüre des *"Wilhelm Meister"* zu unterbrechen, um den leisen Besuch einer wilden Affenfamilie zu fotografieren: das ist nicht nur Thailand, es ist gleichermaßen goethisch-panoramisch.

208.
Wie Goethe seine Mariane späterhin nicht nur auf der Bühne, sondern auch privatim in Offiziersuniform agieren läßt: eben just als umgekehrt Mignon sich heftig weigert, Frauenkleider anzulegen.

Die Liebenden, die Geliebten als Transvestiten: wir alle als Transvestiten?

209.

Das Bemerkenswerte an diesen wilden Affen: sie springen nicht, sie spielen nicht, sie grimassieren nicht, sie toben nicht, sie lärmen nicht; sie bieten weder Artistik noch Clownerien, sind keine Komiker. Sie kommen auffallend unauffällig, ruhig, possen- und geräuschlos: gleiten fast heimlich, mit *understatement* durchs tropische Buschwerk an den Ufern unsres *klohng*, sind Teile dieses Biotops.

Ein jeder ist Herdenmitglied und Einzelgänger zugleich, jeder respektiert den Freiraum des andern.

Einer von ihnen stiehlt in unserm *Paak Klohng* eine Mangofrucht. Zwar tut er es heimlich und unerwischt, aber türmt dann mit der Beute hastig und durchaus schuldbewußt: Eigentumsbegriffe? Moralansätze? Wissen um Verbotenes? Erinnerung an alte Enkel im Garten Eden?

In Sicherheit, bleibt er mit seiner Trophäe seitens der Familie unbehelligt: als erfolgreicher Dieb und neuer Eigentümer respektiert.

Menschen sind für diese Affen weder erschreckend noch interessant. Sie übersehen sie, sind mit sich selbst beschäftigt, aber angstlos, unnervös, ohne Hektik und Theatralik. Verlieren sich beiläufig in der Landschaft und stigmatisieren diese ohne Aufhebens so als echten Dschungel.

So gut wie keiner von all den Touristen ringsum bemerkt diese Affen überhaupt. Sie leben in ihrem eigenen Biotop: einem Ghetto ohne natürliche Brüder.

210.

Wieso klopfen Menschen aller Nationen zumindest Europas sich mehrmals mit einer Hand auf den Oberschenkel, wenn sie einen Hund anlocken wollen?

Daß die Hunde das oft verstehen, ist leicht erklärlich: sie durchschauen die entgegengebrachte Sympathie, ganz unabhängig von dieser Geste.

Wie aber, nochmals, kommt die zustande? Unerlernt, wie sie ist?

211.

Wie gerade die banale, leicht flittchenhafte Philine immer wieder auch Geheimnisse ins Spiel des *"Wilhelm Meister"* bringt, das Rätselhafte verkörpert und Irrationales verwaltet: die Ansiedlung des Dämonischen gerade im Trivialen. Das Abgründige des Flachen: *poschlostj.*

Das macht diesem Goethe keiner so leicht nach. (Außer Gogol natürlich.)

Dabei ist es so überzeugend.

Go Pih Pih, 30. November 1998

212.

Darf man Dummheit verübeln?

Nein.

Also tu es auch nicht!

Kann man sie aber gutheißen?

Auch nicht.

Nicht gutheißen ist aber nicht dasselbe wie mißbilligen. Denn wer Dummheit mißbilligt, beißt sich schon fest und vergällt sich selbst seinen Tag.

Wie also umgehen mit der Dummheit?

Wohl sie gewähren lassen und selbst seiner Wege gehn.

213.

Einzig interessant ist, wie man die Dummheit so lange übersehen, wie man sie umdeuten, ignorieren kann, wenn es die eigene Seele so braucht.

Wieder: wie mühelos man sich selbst belügt – im Dienste jedweder eigenen Sache.

Das erschreckt.

Oder sollte es einen mit Bewunderung erfüllen, wie sich die bedrängte Psyche zu helfen weiß?

Faktizität ist ihr dabei wurscht.

214.

Mit Ridd kommt wirklich eine polare Existenzart auf mich zu, was völlig Unähnliches: eine echte Alternative?

Gestern weigert er sich dezidiert, sich mit Wissen vollzustopfen. *"Just be"* ist sein Gegenrezept, bewußt.

Ist es das, was ich jetzt brauche, was mir noch helfen kann?

Fällt er mir darum auf meinen Weg?

215.

Die auffallende Bereitschaft, hiesige Bekanntschaften als schicksalhaft zu begreifen. Deute ich sie so, weil ich danach lechze?

Oder sind sie es wirklich?

216.

Aus zu lautem Sprechen schon auf Gefallsucht, also Eitelkeit zu schließen: ist das so falsch?

Go Pih Pih, 1. Dezember 1998

217.

Daß der Ältere zu einem Jüngeren hier nicht *"Ich danke dir"* sagt wie alle Welt sonst, sondern richtiger *"Ich danke von Herzen"* (*"kohp dschai"*).

Aber ein Jüngerer darf sich beim Älteren nicht so von Herzen bedanken.

Weil er noch keins hat?

Oder den Älteren damit belästigen würde?

Das wissen die Thais auch selbst nicht so genau.

218.

Die gewohnte "dämonische" Behinderung meiner hiesigen Beglückungen dominiert diesmal wieder besonders vital:

in Gestalt von Mahds scheinbar endloser Absenz,

von abermaliger Resonanzverweigerung Sawaangs wie eh und je;

die Dinge stagnieren;

provozieren Geduld; oder andere Aktivitäten?

Welche?

Schon drängen sich die Projekte Ridds in einen Vordergrund, der ihnen vielleicht nicht zukommen sollte?

Die Prioritäten sind nicht mehr deutlich. Sie entziehen sich den eigenen Entscheidungen.

219.

Ridds (naheliegende) Vision eines Erstickens von Welt und Menschheit unter Bergen von Plastik.

220.

Wie dem ahedonistisch Lebensfeindlichen des christlichen Kreuzes zutiefst Masochistisches, gar Suïzidales zugrunde liegt, ist nicht nur pervers, sondern primär blasphemisch im vollen Sinne von schöpfungs- und gotteslästerlich.

Ist das Christentum bereits eine Teufelsaktion?

Seine Geschichte läßt sich fast nicht anders auslegen: bis hin zur urbösen Paarung mit dem Kapitalismus.

221.

Ridd belehrt überzeugend, daß die auffällige Reduktion der hiesigen Strandkrabben nicht auf kulinarischen Abusus zurückzuführen ist, wie seinerzeit behauptet, sondern auf die Anwesenheit so vieler Menschen.

Strandkrabben können sich effektiv ihr Terrain nicht mit Menschen teilen. Touristenhorden zertrampeln ihre mühsam ausgehobenen Fallgruben, berauben sie so ihrer Nahrung, treiben sie in den Hungertod.

Strandkrabben können mit Menschen nicht zusammenleben.

Viele andere Tiere und Pflanzen können das auch nicht.

Wer kann es eigentlich?

Die Menschen selbst am allerwenigsten.

222.

Kommt es zum *opus magnum* nur auf dem Umwege über Depressionen ohne anderes Ventil?

Ist es ein letzter Notausgang vor dem Suïzid?

223.

Ein Moslem, bestätigt Ridd, darf keine Hunde halten.

Weist das seine Religion nicht bereits als Gotteskritik aus: als hybride Moral und *contra naturam*?

Go Pih Pih, 2. Dezember 1998

224.

Wie das alles hier auch als Therapie

oder als Ausgleich einer heimisch immer schwerer erträglichen Überfeinerung, Überbildung und entsprechenden Isolation

eine Heimkehr in den Schoß der Artgenossen darstellen mag –

von denen manche hier noch liebenswert und soziabel sind.

Der Kontrapunkt zur Supersensibilisierung, die vereinsamt, kann nur der heimatliche Urzustand sein: die Natur, authentische Menschen, genuïne Gesellschaft, also die heutigen Reste dessen, was man "Naturvolk" nennt.

Anders sind meine allnächtlichen Spielereien im Kreise der Inseljugend gar
nicht erklärbar. Denn sie beglücken durchaus in all ihrer Harmlosigkeit: so
das unbeholfene Mitternachtstänzchen mit dem blühenden, leuchtenden,
überfließend hochgestimmten Ridd in lachender Runde und unter schwel-
lendem Monde, von etwa halbmeterlanger Echse belauert.

Die Alternative zu stundenlangem Monitor- oder Fernsehglotzen in luftlos
überheizter Stube und Einzelhaft.

Go Pih Pih, 5. Dezember 1998

225.

Schon etwa zehn Minuten nach Verlassen des Hafens von Tonsai drosselt
das Fährschiff jählings seine Maschinen, dümpelt gemächlich, aber zaghaft
wieder dem Hafen zu, ohne ihn freilich ernsthaft anzustreben. Erst als dort
ein anderes Fährschiff seine Reise zum entgegengesetzten Puhgett antritt,
aber selbige unterbricht, um sie Steuerbord an Backbord unseres Fahrzeuges
vollends zu stoppen, klärt sich das ganze Manöver auf:

ein tumber Tourist war auf das falsche Schiff geraten. Aber das mußte er
hier nicht mit allen Konsequenzen büßen, sondern der Kapitän verhalf ihm
mit Funkspruch und Umkehr zu einem Umsteigen auf See.

Alle andern nehmen die entsprechend verspätete Ankunft in Krabih pro-
blem- und protestlos in Kauf.

226.

Wie sich die obligate Recherche nach Sawaang in seinem Saithai sowohl
verkompliziert als auch verharmlost, weil das Dorf mich nun schon kennt.
Eine Waldfrau taucht aus dem Dschungel auf und verkündet, mich schon
oft bei Sawaang gesehen zu haben; gegenüber unserm *Liegenden Buddha*
und Kloster behauptet ein Mann, Sawaang wohne dort, wo ich schon mal
geduscht habe. Das erweist sich zwar als falsch, aber die Suche ist eher komisch als entmutigend.

227.

Natürlich ist Sawaang nicht zu Hause: zur Jagd in den Wald gegangen.

Zuerst geht Ehefrau Oi ihn rufen, dann deren Bruder, beide ergebnislos. Aber just als wir losfahren, um erst anderen Tages wiederzukehren, kommt er plötzlich von glückloser Eichhörnchenpirsch durch eine Dschungel-schneise direkt auf mich zu: mit riesiger, prähistorisch anmutender Flinte, die er sich selbst gebastelt hat, und in ungemein verdrecktem weinrotem *T-Shirt*, das er nur allzubald auszieht, um dann mit seinen fast dreißig Jahren in ewiger Jugend und Reinheit goldhäutig blank und strahlend wie ein kind-haft knäbischer Erzengel vor mir zu stehen und zu leuchten.

Objektiv geht es ihm miserabel. Er lebt auf denkbar niedrigster Stufe, von einem Minimum.

Aber vollkommen ungetrübt.

Wie eh und je verschlägt mir das noch nach mehr als zehn Jahren fast die Sprache, werden die Knie weich.

228.

Andern Morgens empfängt er den Wiederkehrenden mit erinnertem Kaffee, einem hier eher exotischen Luxusgetränk.

Seine telefonischen Kontaktversuche seien auf Anhieb wieder mal geschei-tert, später daher nicht mehr erneuert worden. Denn im stromlosen Kätner-häuschen inmitten einer Kautschukplantage im Dschungel *off village* führt er ohne jedes Vehikel das extrem isolierte Leben eines realen Waldgängers.

Er fordert mich auf, bei ihm zu wohnen, zu ihm zu ziehen, bei ihm zu blei-ben. *Was mich denn nach Australien ziehe – statt bei ihm zu bleiben?*

Sofort also trifft er wieder ins Schwarze.

Seine Sensorien sind immer noch sonderlich rege: *Mahd habe Baos Haus mit meinem Gelde finanziert; für das Projekt* bonn kuan *sehe er schwarz;* dem unbekannt wartenden Ridd auf seinem Motorrad sieht er sofort die be-trächtliche sexuelle Erfahrung an (*"How many ladies this man?"*).

Er ist heiterer, verspielter, auch unphilosophischer, unproblematischer, freilich perspektivloser und sozial erniedrigter denn je. *Nicht immer wisse er, was seine Familie essen könne.*

Aber gegen meine momentane Magenverstimmung holt er von Nachbars Baum die deliziösest gereiften Papajahs herunter.

Mein Angebot für die Immobilie *bonn kuan* ist noch unentschieden, weil nicht akut, aber aktuell im Bewußtsein.

Sein Ton mit Oi gefällt mir gut: er basiert auf gemeinsamem Lachen und Flachsen.

Seine wiederholte Einladung ist ebenso beglückend und verführerisch wie belastend: mit Bereicherungen, aber auch Verzichten verbunden wie jeder echte "Waldgang" im Sinne Ernst Jüngers. Ist das nun auch mein Weg?

Er sieht konsequent aus.

229.

Ich warne den generösen Gastgeber Sawaang vor meiner inzwischen wissenschaftlich erwiesenen Apnoë, die er ja sicher von unserer Rundreise und meinem letzten Besuche her kenne.

Er, prompt: *"Wenn da jemand schnarchte, war immer ich es."*

Dabei kennen wir uns auch hierin: ich sein vollkommen lautloses Schlafen, er mein Röcheln.

Also Höflichkeit. Hilfsbereitschaft. Problembeseitigung.

Buddhismus. Leichtigkeit des Daseins.

230.

Der andere Höhepunkt dieser beiden Reisetage mit Ridd ist der spätnachmittägliche Besuch in *Lang Dah*, seinem zweiten, aber nicht minder provisorischen Zuhause auf dem Lande außerhalb von Nyaklohng. Hier wohnt seine kranke, vielleicht gar epileptische Schwester mit Mann und dessen Eltern in südostasiatisch traumhafter Idylle fern von jeglicher Zivilisation in einsamem, intaktem Pfahlbau wie vor tausend Jahren. Nichts ist modernisiert oder entfremdet. Leuchtende Großeltern in methusalemischem Alter, als lebten sie schon seit Jahrhunderten hier, Repräsentanten des Unveränderbaren.

Ridds leidende Schwester eine *beauté* mit klarem Antlitz und von hierzulande zumal bei Frauen ganz außergewöhnlicher Sensibilität, auch Kultur. Irgendwo auf dieser Erde, fällt mir ein, hielt man die Fallsüchtigen für Weise und Propheten: das muß hier gewesen sein. Sie ist auch in diesem außerzivilisatorischen Ambiente völlig unländlich, gar keine Bauersfrau. Sie könnte Malerin sein. Oder Lyrikerin. Sie sucht Arbeit in dieser barbarischen Gesellschaft und findet keine.

Ein paar Nachmittagsstunden von außergewöhnlicher Ruhe und Friedlichkeit, auch Zeitlosigkeit. Es wird kaum und nur leise gesprochen.

Eine exterrestrisch anmutende Oase des gebrechlich Intakten.

231.

Im *"Thai Hotel"*, einer nobel gemeinten, aber halbwegs vergammelten Stadtherberge für Geschäftsleute im Zentrum der Provinzmetropole Krabih, klopfen zwei Nutten an meine Tür und begehren Einlaß, haben uns offenbar kommen sehen, denn fragen auch nach Ridd. Klopfen dann aber nicht auch nebenan bei ihm. Sind wohl nur auf Devisenbesitzer scharf.

Beide sympathisch und warmherzig, aber weder jung noch schlank. Warum auch? Stattdessen humorig verständnisvoll für Absagen.

232.

Die zunehmende Empfänglichkeit für freundliche Worte, Töne, Blicke, Gesten, Handlungen, Berührungen, schon für freundliches Lächeln:

sie resultiert aus der erschreckenden Biografie eines Menschen zwischen Theater- und Fernsehleuten und zwischen Deutschen. Nach einigen Jahrzehnten daselbst ist er ausgehungert nach Wärme. Wer war da schon all die Zeit freundlich ohne Kalkül?

Die Bilanz ist erschreckend.

Go Pih Pih, 6. Dezember 1998

233.

Tag des *Heiligen Nikolaus*: was nicht alles.

Nicht zuletzt nun auch Tag des definitiven Arbeitsanfangs für das Buch *cosa nuova*. Materialerfassung und -ordnung. Aber auch schon ein erster Satz: zum Bruderthema.

234.

Jedes Volk hat ein Anrecht darauf, die Produkte seiner Talente kennenzulernen.

Die von je her ungute Verquickung von Publikation und Vermarktung ist inzwischen total korrumpiert, pervertiert, inflationiert. Ohne Profitgarantie wird mittlerweile Publikation gar nicht mehr als Auftrag, geschweige Verpflichtung verstanden. Von niemandem.

Niemand fühlt sich dafür zuständig, heutige Zeitgenossen über heutigen Hölderlin, Kafka, Kleist, James Joyce oder Goethe auch nur andeutungsweise zu informieren, wenn kein Geschäft dabei herausspringt.

Sie alle blieben heute unentdeckt.

Wer bleibt von den Heutigen unentdeckt?

Dringlichst sollte die Information vom Geschäft separiert werden. Aber wer übernimmt sie? Der Staat? Besser ein Mäzen: ein Körber, ein Toepfer?

Aber wer selektiert?

Go Pih Pih, 7. Dezember 1998

235.

Heute nacht der Traum von einem unerträglich eitlen und tyrannischen Stardirigenten der Weltklasse (aber oneirisch fingierten Namens), den die ganze Werbung dafür rühmt, einen kompletten *"Don Giovanni"* in 120 Minuten zu dirigieren.

Tatsächlich tut er das und sonnt sich in diesem argen Rekord.

Einzig ich unterstehe mich, ihm die Barbarei dieses Unterfangens ins gott-
väterliche Antlitz zu sagen.

Der Kosmos droht einzustürzen.

236.

Sein Kind aufzuziehen und zu bemerken, daß es von Anfang an und zunehmend ebenjene Charaktereigenschaften des Partners entwickelt, derentwe-
gen man sich inzwischen zwingend von dem getrennt hat. Was er zurück-
läßt, ist ein also lebendes, leibhaftiges Konzentrat gerade des Verabscheu-
ten.

Zwangsläufig wächst dieses Kind unter Zuwendungen auf, deren Qualität
reduziert ist. Das kann nur schaden und alles Ungeliebte nur noch steigern.
Welche Hypotheken für sein Leben!

Wie viele Menschen mögen so aufwachsen und leben müssen! Was Wunder, wenn dann ...!

237.

Wie dieser Vollmond zum Beispiel im wohlvertraut erachteten Krabih vor
der Hafeneinfahrt ganze nie gesehene Ländereien aus dem sinkenden Meere
auftauchen läßt und in riesigem Ausmaß die ganze Gegend für wenige Eb-
bestunden in ihrem landschaftlichen Charakter völlig verändert. Man
glaubt, sich verirrt zu haben.

Für Schiffe und Boote bleiben da nur ungeahnte Umwege in verbliebenen
Wasserrinnen ringsum.

Aber auch das Entladen und Beladen dieser Schiffe mit Passagieren und
Frachten ist an gewohntem Mündungspier nicht möglich. Erst beträchtliche
Wanderung meerwärts führt zu einem fernen Punkte, wo das Fahrzeug noch
nicht auf Grund läuft, aber auch nicht anlegen kann. Ein Zubringerdienst
kleiner Boote nach *shuttle*-Art tauscht Angekommene gegen Fortwollende
aus und verzögert die Abfahrt erheblich, macht allen Fahrplan zum Spielball also der fernen, gar nicht sichtbaren Selene.

Einige Tage lang ist jedwede Technik unserer Ära von kosmischem Atemrhythmus aus den Angeln gehoben. Die Unerbittlichkeit, Unausweichlichkeit, die gnadenlose Auslieferung an solche Überordnung bewegen auch tröstlich. Da offenbart sich was Unaufhaltsames, Unmanipulierbares, labil Stabiles.

Wie zuverlässig, wie besänftigend.

Wie gut.

238.

Jener in Weimar notierte Frauenmief im Lesesaal der *Anna-Amalia-Bibliothek* potenziert sich plötzlich im klimatisierten Fernsehraum des Fährschiffes von Krabih nach *Go Pih Pih* und wird aggressiv. Er mag um weiblichen Schweiß, um ungehinderte Menstruation, vielleicht auch um mangelnde Hygiene und Ammendünste angereichert sein.

Für eine europäische Männernase bleiben mögliche heimatlich mütterliche Reminiszenzen aber ganz aus. Eher ekelt dieses Odeur.

Weil es so fremd ist. So wesensfremd. Es ist durchaus *Das ganz Andere.*

239.

Ein plötzlicher Tih, auch Bopp macht jählings aus seiner Sequenz von Passierscherzen Ernst und besteht am vollen Mittag *ad hoc* auf Quittierung vieler unverbindlich erachteter Flirts, aber auch auf barer Honorierung. Erst sie macht seine konvulsivisch flockende Freude vollends voll und sei ihm gegönnt.

Freilich gräbt er sie so auch ab.

So ein marones und abstrabatztes Arbeiterkörperchen von angeblich 28 Jahren, gar nicht mehr jung, ohne jeden Glamour, aber fett- und faltenlos, nur von Leben und Fron drangsaliert und gezeichnet. Auch von Freudlosigkeit. Von Härte. Von Harm.

Gleichwohl das eigene Füllhorn zu spendablem Verströmen wie in minorennerem Lebensalter stimulierend.

Post festum verlangt dieser Bopp zuerst einen Kamm, dann *Deo-Spray*, dann Geld. Er bekommt nur Letzteres, folglich hiermit zugleich auch seinen Laufpaß.

240.

Wie Toh, mit offenem O und 24, aus offenkundig indischstämmiger Familie, zuerst ein buddhistisches Amulett seines mütterlichen Großvaters, dann ein Kellnerhemd seines arbeitgebenden Restaurants verschenkt und darauf besteht, daß ich als Gast in ebendiesem Hemde zum Abendessen erscheine;

dann schießt er verlegen beiläufig seinen Herzenswunsch fast seitlich in die Luft: *in Deutschland arbeiten zu können.*

Helf' Er ihm!

241.

Der andere To(nih), mit ebenso offenem O, reicht dem fremden Passanten seines schleichwegs pausierenden Gepäckkarrens eine Flasche Bier zu erstem Freundschaftsschluck. Es folgt die Einladung, in diesem Karren erst Platz zu nehmen, dann, nach kurzer Konversation, sich ins angestrebte Dorf transportieren zu lassen.

Hierbei nun die stereotype Frage nach seinem Alter, dadurch Heikelstes riskierend. Er bezeichnet sich als achtzehn und übersetzt das mit *sixteen.*

Jetzt ist die obligate Gegenfrage fällig. Nein, dieser Toh mit seinem offenen O ist witziger: *"Also genau so alt wie du."*

Großes Gelächter.

Seither sind wir ebenbürtig nicht nur als solche Jahrgangsgenossen, sondern auch als Freunde.

242.

Zwei ungemein friedvolle Tageszeiten markieren den heutigen Abschied von einer hartnäckigen Regenzeit:

schon frühmorgens mit dem übernächtigten Ridd auf meiner einsamen Terrasse bei Sonnenaufgangslicht, Fernsicht und Vogelrufen, wortlos, *sabaai* und friedvoll;

nachmittags mit Fischer Sann in mildem Licht und auf sanftestem Meere zum Fischen, resultatlos und *sabaai*, so harmonisch und friedvoll, wortlos, blaues Licht, die Grundstimmung freundschaftlich.

Beides eine Widerlegung neuer nächtlicher Horrorvisionen von diesem überreizten, überfüllten *Pih Pih*. Denn beide Dämmerstunden und ihre Partner sind mir nur hier so beschieden und unschätzbar wertvoll.

Go Pih Pih, 8. Dezember 1998

243.
Erst abends im *"Andaman Seafood"* begründet Ridd die Trauer in seinen Augen mit einem unguten Seitensprung, der schon gestern früh seinen ungewöhnlichen Morgenbesuch verursacht hatte: einen erstickten Hilferuf. Abends löst er nun bislang unbeanspruchte Definitionen von Freundschaft aus: auch im Sinne von Teilnahme und Beratung.

Kann ein Europäer einen Asiaten beraten?

Gibt es interkulturell klassische Kriterien?

Heikle Gratwanderung.

244.
Zeitliche Parallele seines verwünschten Abenteuers mit meinem maronen Flocken-Bopp, der sich festkrallt und mehr will.

Mehr wovon?

Das Abwimmeln wird zur Aktion.

245.
In Fernwest will nun plötzlich nach Vito von Eichborn auch der eichbornlo-

se Eichborn-Verlag in den *"Hahnenschreien"* lesen: runde drei Jahre nach seiner prinzipiellen Verweigerung.

Als hätten wir alle Lebenszeit zu vergeuden.

246.

Ridd referiert seine kindlich-schulische Fassungs- und Ratlosigkeit angesichts des englischen *of* und bezeichnet damit zielgenau die generelle Hürde und Barrikade der Präpositionen. Weitgehend grade sie blockieren das Beherrschen fremder Sprachen. Sie sind unlernbar, unlehrbar, unerklärlich, irrational.

Das Thai hat schon (wie das Türkische?) weitgehend auf sie verzichtet, ohne Informationen einzubüßen, und die wenigen verbliebenen wie *kohng* (mit offenem O) werden landesweit unterschlagen, so daß der kleine Schüler Ridd jenes *of* damals auch unmöglich als dessen Übersetzung wiedererkennen und einordnen konnte.

Wirklich lösen Präpositionen nicht nur bei kleinen Schulkindern im südlichen Thailand Fassungs- und Ratlosigkeit aus. Warum fahre ich *nach* Ungarn, aber *in* die Türkei? Warum gehe ich *zum* Bahnhof, aber *in* den Laden und *nach* Hause? Weshalb bin ich *auf* dem Schiff, aber *im* Boot und lerne *vom* Vater, aber *aus* dem Buch? Warum komme ich *vom* Festland, aber *aus* Deutschland?

Bei wie *in* alledem handelt es sich auch durchaus nicht um Finessen und unübersetzbare Differenzierungen. Es ist purer Unsinn. Ballast. Alter Zopf und Sprachmüll.

Doch wie bei allem Müll: wie entsorgt man ihn?

Durch zentrale Direktiven am allerwenigsten. Durch angeheiratete Ausländer und deren vereinfachende Abschleifungen etwa, *poco a poco*? Kadir mit seinem stabilen Deutsch sagt dennoch unerschütterlich *"Ich gehe Bahnhof und fahre Türkei"*. Wäre es das? Die Information bleibt ungeschmälert, und keiner verheddert sich mehr.

Im Thai funktioniert es bereits offiziell fast schon so.

247.

Wie Ridd in seinem Hotelzimmer, bevor wir abreisen, schnell noch das Bett
macht.

248.

Eine Art Zwischenprüfung.

Vier wildfremde Thais aus Bangkok bitten mich auf der nächtlichen Terrasse des *Paak Klohng* unverhofft zum Bier und beehren mich anderthalb
Stunden lang mit einem Gespräch fast ausschließlich in Thai: zwei Militärs,
ein Bankbeamter und ein stud.-ing. Das Gespräch läuft unterbrechungs- und
pausenlos.

Ich denke, die Prüfung (vor mir selbst) bestanden zu haben – jedenfalls besser als unmittelbar vorher die Konversation mit einem Schotten von den
Shetlands.

249.

Die Katzen, die sich im Restaurant plötzlich unbemerkt zwischen meinen
Füßen niederlassen oder beiläufig die Sitzfläche meines Stuhls mit mir teilen.

Was mag sie hierzu bewegen? Denn sie tun das keineswegs bei allen Gästen.

250.

Das überraschend formvollendete und warmherzige Wiedersehen mit jenem
liebwerten Ui von vor fünf Jahren. Aus dem Jungen von damals ist ein bul-
liger Mann geworden, die zärtliche Höflichkeit seines Umgangs aber geblieben.

Geschenke, Geschenke!

Go Pih Pih, 9. Dezember 1998

251.

Die erörterten Ausdünstungen von Frauen mögen darauf rückschließen lassen, daß Düfte zu ihren originären Mitteln im Konkurrenzkampf um Begatter und Nachwuchs gehören. Denn noch ihr manisches Parfümieren sei es mit dem ärgsten *Deo-Spray* zeichnet sich durch eine Brachialität aus, die es in so archaïsche Zusammenhänge verweist.

Männliche Äquivalente speziell für Frauennasen sind ebensowenig auszuschließen wie die exklusiv maskuline Rezeptanz der genuïnen Weiberdüfte. Denn ohne Antenne ist jeder Sender sinnlos.

Wenn aber aus Verlockung Ekel wird, mag das in Gottes Namen an der Antenne liegen.

252.

Ein unverhoffter Nachmittag mit dem verblüffenden Joht, der auf sehr eigene Weise zur Persönlichkeit ausreift: mutig, klar, offen. Seine Einladung zuerst ins Strandcafé des Nobelhotels, dann zu seiner selbstgebastelten Bretterbude im Dschungel; seine Blanco-Offerte, *in spe* ebendort umsonst zu wohnen; schließlich seine japanische Mäzenatin.

Wie freundschaftlich alles. Pferdefuß oder Berechnung werden nirgends sichtbar.

Go Pih Pih, 10. Dezember 1998

253.

Ridd verweigert die Auskunft über sein Geburtsdatum mit der schönen Begründung, er werde an jedem einzelnen Tage erneut geboren; jeder Tag sei sein Geburtstag.

Das erinnert stark an Sawaangs Behauptung, seinen Geburtstag nicht zu wissen.

Sind das alles vielleicht nur Geheimhaltungen im Dienste eines Schutzes vor Dämonen, ihrer aller Namensvexieren vergleichbar?

Atavistisch-animistischer Datenschutz?

254.

Wenn Heinrich Schlusnus im *"Rigoletto"*-Duett so weit vorgedrungen ist, daß seine Gilda einsetzt, und sie tut das mit der Stimme Erna Bergers, schießen manch einem auch noch am nächtlichen Strande der Andamanensee unergründlich die Tränen in die Augen.

Anderntags genügt bereits diese Niederschrift, um die gestrige Rührung prompt wiederholt zu finden.

Was ist das bloß?

Wilhelm Meister weiß auch das: *"Uns rührt das Anschauen jedes harmonischen Gegenstandes; wir fühlen dabei, daß wir nicht ganz in der Fremde sind, wir wähnen einer Heimat näher zu sein, nach der unser Bestes, Innerstes ungeduldig hinstrebt."*

Nun rührt auch noch dieser Text.

255.

Sawaang ruft an und erreicht mich diesmal.

Als ich meinen erfragten Besuch für Weihnachten in Aussicht stelle, bestätigt der buddhistische Kulturhistoriker mühelos den 25. Dezember.

Dann fragt der zeitlose Kobold am heutigen 10. Dezember: *"So you come today?"*

Es ist auch die Anfrage des entfesselten Gastgebers.

256.

Ridds unvergeßliches Lachen, als ich ihn in einem Gespräch über Rivalitäten frage, ob auch er jemals Gelüste verspüre, irgendwo die Nummer Eins zu sein: als hätte ich ihm die dümmste und komischste Frage der Welt gestellt. Aber mit liebevoller Nachsicht gelacht.

Und das Nein im Brustton allertiefster Überzeugung.

Das macht den Buddhismus auch noch im Herzen eines braven Moslems so attraktiv.

257.
Ein anderer Goethe-Trick:

an neuem Schauplatz und unter neuen Figuren unverhofft und unerfindlich auch alte Bekannte vorzufinden: *such is life.*

Je mehr er ihre neue Präsenz da im Rätselhaften beläßt, umso faszinierender und vertrauter. Man erkennt etwas wieder, was einen nicht ganz so verloren sein läßt: offenkundig hängt doch vieles irgendwie tröstlich miteinander zusammen. Wie könnte sonst Jarno bei Lothario auftauchen?

"Alles wird gut."

Go Pih Pih, 11. Dezember 1998

258.
Als Ridd mir einen Sarong, hier *patung* genannt, in sonderlich dekorativem Blüten-Design schenkt, frage ich ihn als Moslem, ob ein Mann hier bei solchem Kleidungsstück nicht strikt zu Karos verpflichtet sei.

Er belehrt mich auf wiederum pur buddhistische Weise, daß es einzig an mir liege, ob ich mich solchen Konventionen füge oder sie ignoriere und breche. Er seinerseits bricht sie sogar als Moslem und trägt einen *patung* mit dekorativem und unkariertem Bambus-Design.

Aber um mit so weibisch verrufenen Mustern gleichwohl die Virilität seines Trägers zu akzentuieren, muß der *patung* so gewickelt werden, daß sein unterer Saum just zwischen den Füßen einen kleinen Spitzwinkel bildet: dann sei alles klar und in prophetischer Ordnung. Ein ebenmäßig gerader und bodenparallel horizontaler Saum hingegen sei unwiderleglich feminin.

Na gut.

259.
Pöbel mag ein unumgängliches Phasenphänomen zumindest der sozialen,

wahrscheinlich sogar der biologischen (zerebralen) Evolution sein. Insofern sollte er als solches nicht verachtet, geschweige irgend unterdrückt werden.

Wo er sich selbst so begreift, sich selbst umso mehr zu überwinden, über sich selbst hinauszuwachsen bestrebt ist, sollte, wer kann, das aktiv zu fördern behilflich sein.

Wo Pöbel aber selbstzufrieden, gar trotzig stagniert, sich selbst zelebriert und verabsolutiert, zum Maßstab aller Dinge macht: da gilt es, um der Evolution, eben um selbst des Pöbels willen dagegenzuhalten. Sonst dominiert und blockiert, sonst terrorisiert er alles in so tödlichen Ausmaßen wie derzeit allenthalben.

Widerstand wird da zum moralischen *obligo*, auch zum Samariterdienst, zur Überlebenshilfe der Spezies, zum Ethos *sine quo non*. *Égalité* darf einzig auf die Chancen bezogen werden, nicht auf die Privilegien, nicht auf die Macht. Sonst kippt die ganze Chose.

Eigentlich kippt sie schon.

Eigentlich ist sie schon gekippt.

Heißt das das Ende der zumindest sozialen Evolution?

Es sieht so aus.

Trost: Evolution, so es sie einmal gibt, kann weder kippen noch stagnieren. Sie kann den Pöbel kippen: falls er sie behindert.

Das tut er bereits exzessiv.

Also wird es spannend.

260.
Mahds, des Heimgekehrten, fürsorgliche Wiedergutmachungsaktionen im Bereich meiner kulinarischen Bedürfnisse und Gewohnheiten beruhigen im Hinblick auch auf Projekte, auf künftige Gemeinsamkeiten und befürchtete Verluste. Und sind nun insofern Seelenlabsal.

Schnelle Wiedereinschleusung auch in den Zirkel der dezenten Inselprominenz (Suratohn, mit offenem O).

261.

Mein Khaki-Body wird gestern abend mit einigen Singhas zum Auslöser für Ridds ganz überbordende Umsetzung seiner emotionalen Überfülle in mutwillig bedrängende Suche und Provokation von körperlicher Nähe, auch in Sequenzen von exotischen Umarmungen *publicissime* und sonstige waghalsig kecke Tabuüberschreitungen.

So rare Verbindung von Eros mit Herzenswärme und Freude animiert auch die alternde Leiblichkeit zu rebellierenden Bereitschaften.

Die Szene ist ein perfektes Vorspiel *coram publico*.

Und ohne Nachspiel, also schöner Selbstzweck.

Oder Altes Herz Wird Wieder Jung.

262.

Wie englisches *face* und *fate* für einen Thai zwei kaum unterscheidbar benachbarte Wörter sind – vergleichbar allenfalls unsern Schwierigkeiten mit ihrer eigenen Differenzierung von Tönen.

263.

Die sonderlich liebenswerte Gestalt dieses nahezu zahnlosen, aber skrupellos redseligen, aussichtslos unverständlichen, aber so warmherzig freundschaftlichen und immer bestgelaunten armen alten Ussehn mit seinen zahlreichen Aufforderungen zu nie realisierten Bootsfahrten selbander.

Welche Preziose. Welcher Welttrost.

264.

Aller Umwelt jede Altersangabe vorzuenthalten, hat sich längst bewährt und leuchtet als Abwehr sinnlos gewordener Klischees plausibel ein.

Heute wünsche ich erstmals, wie Kadirs Vater und mancher alte Thai hier das eigene Alter selbst nicht zu wissen. Ich bemerke allzu große Bereitschaft, Zahl und Alter ungenötigt selbst zu akzeptieren, nur weil das Bewußtsein sie parat hält. Ihm folgt unsereiner leider sehr viel williger als seiner eigenen faktischen Vitalität, seinem *élan vital*, seiner Lebensfreude, seiner Effizienz. Wüßte ich die Zahl nicht, verfiele ich nie auf solche Vergreisungsbereitschaft und Resignation.

Wissen also durchaus nicht als Macht, sondern Lakai und Liebediener der Entmachtung.

Zirkelschluß: Ridd entzieht sich schon jetzt den Obligationen des Wissens.

Primat der Natur.

Eigentlich bin ich genau ebendeshalb hier.

Aber diese Notizen und ihre Erkenntnisbemühungen?

Schizo?

265.
Wilhelm Meister trifft auf eine weitere Frau. Sie heißt Lydie und ist eine hysterische Heulsuse, die wenig begreift. Der kluge Jarno entfernt sie mit einer ziemlich brachialen Männerlist und ersetzt sie in Meisters Panorama durch Therese, *"eine wahre Amazone"*: *"wenn andere nur als artige Hermaphroditen in dieser zweideutigen Kleidung herum gehen"*.

Solche verheißungsvoll rätselhaften Sätze braucht ein Buch, um interessant zu bleiben.

Überdies baut sich hier bereits überraschend die klassische Polarität zu unerträglichen Heten auf.

266.
Diese Tage, wenn die Gezeiten nicht von der Stelle kommen: weil sie selbst die gebotene Richtung nicht mehr zu wissen scheinen.

Mit ihnen scheint der ganze Kosmos den Atem anzuhalten.

Gönnt sich das Universum da eine Siesta?

Alles wartet geduldig ab.

Das muß Halbmond sein: *fifty-fifty*, Äquivalenz, ein Kräfteparallelogramm, das sich mit Anziehung und Abstoßung wechselseitig aufhebt.

267.

Wie an fast jede neue Romanfigur immer Hoffnung geknüpft ist: sie könnte was verheißen – was Ersehntes, was Überraschendes, was Benötigtes, was Schönes, was Neues, die Rettung überhaupt.

Im Augenblick ihres Auftauchens ist alles das und sowas möglich.

Bis sie dann näher kommt, sich offenbart und festlegt: bis sie enttäuscht, empört oder langweilt. Dann muß die nächste her.

Alles wie im Leben.

Go Pih Pih, 12. Dezember 1998

268.

Wie der gewitzte, der kapable Mahd sich zeigen läßt, in welcher Himmelsrichtung von hier aus die diversen Herkunftsländer seiner Hotelgäste liegen: das ist ihm absolut fremd und neu.

Dafür weiß er umso genauer, aus welcher Windrichtung welches Wetter kommt: vom Nordosten schlechtes, aus Südwesten gutes.

269.

Nun also dieser Karimm, 24, Bruder von Deng und Mang aus *Go Jao* und Onkel meines abhandenen Goredd: hübsch und begabt wie diese alle. Von neun weiteren Geschwistern, berichtet er, leben noch sieben. Ich möchte die Eltern solcher Kinder kennenlernen.

Welcher Bodensatz auf diesem vorsintflutlich archaïschen Eiland!

270.

Die Bilanz der importierten Ideen und Materialien für das Buch *cosa nuova* überrascht. Der Tresor ist opulenter als vermutet, eher überfüllt. Form und

Thematik deuten schon an, sich zu fügen. Zwar vage, zeichnet sich schon ein Ganzes ab. Die *Innere Stimme* beruhigt, verheißt also Kapazität und Chance. Jemand weiß bereits und souffliert, daß es geht.

Nur: wie?

Der Weg ist sehr weit, aber das Ziel gesteckt und der Baustoff präsent.

Surprise, surprise.

Prämisse: den Markt vergessen. Denn ein anderes *opus maximum* beginnt da zu wachsen. Frei nach Wilhelm Meister: *"Man muß es um seiner selbst willen lieben oder ganz aufgeben."* Wie könnte man sich da gegen die Liebe entscheiden?

Ergo cominciamo, bai römm. Jetzt brauche ich das Refugium *bonn kuan*, Sawaang und das Internet, also Jeff in Melbourne.

271.
Ridds verblüffende Bereitschaft zum Prinzip der Möglichkeiten, die immer sämtlich ausprobiert werden sollten. Ein illiterater Musil, ein fast analphabetisches Inkarnat aller abendländischen Philosophie *ex ovo asiatico*.

"Amazing Thailand" (touristischer Werbeslogan), *"Amazing Go Pih Pih"* (hiesige Pizzareklame).

272.
Der Markt für das Buch *cosa nuova* muß auch vergessen werden, weil eben an deren Thematik sich niemand bereichern darf – wie weiland jener erste Musikverleger auf dem gegenüberliegenden Trottoir eines Leipziger Strassenmusikanten. Gerade dieses Buch darf kaufmännisch nie und nimmer korrumpiert werden.

Es höbe sich so selbst auf.

273.
Die touristische Invasion von Proletariat aus Bangkok wertet das ländliche

Proletariat aus sei es *Go Jao*, sei es Saithai oder *Go Sibojah* ganz beträchtlich auf.

Dieses ist präzivilisatorisch, genuïn und vital, jenes postzivilisatorisch, defizitär, zerstört. Das eine ein Auftakt, das andere ein schaler Rest, ein Abschaum. Das eine Hoffnungsträger, im Aufwind; das andere aussichtslos, trostlos und preisgegeben, chancenlos: geistiger, seelischer *slum*, ein Abgrund.

Beide gemeinsam transportieren ein höchstes Votum über solche Deformation des Sozialen durch technische Zivilisation und Marktwirtschaft.

Man schaudert und flüchtet.

274.
Eine jähe Bedeutung gewinnt in der Frauenpalette des *"Wilhelm Meister"* die alte Barbara, Marianes Dienerin: ein böser Drache mit niedrigen Impulsen.

275.
Kolibris, die sich als große Schmetterlinge entlarven, die kleine Vögel sind, die große Schmetterlinge sind.

Go Pih Pih, 13. Dezember 1998

276.
Rheinisch abgebrühte *cleverness* in Taucherkreisen ringsum *is sisch am Kapottlaache* über die Gerissenheit, mit der sie die Thais übers Ohr zu hauen meinen.

Der Sündenfall ist unter uns.

Freilich mag sich oft genug dieselbe Szene seitenverkehrt unter Thais abspielen. Deren Hebel ist nur, vermute ich, der längere.

Und ihr Gelächter weniger hämisch.

277.

Daß einem Mann wie diesem Mahd so Gesabbel wie Stimme gewisser Thai-Frauen so auf die Nerven geht, daß er deren Plätze meidet.

Auch Liebhaber Ridd teilt all die heißbegehrten Passantinnen danach ein, ob er sie zwei Nächte oder nur eine Nacht oder aber nur eine Stunde lang ertragen könnte.

Meinen Bericht von Naturvölkern, bei denen Männer und Frauen strikt getrennt leben und sich nur punktuell zur Fortpflanzung treffen, kommentiert dieser schwer geprüfte junge Vater so:

"Auch das sollten sie lieber lassen."

278.

Wie mir erst gestern, im Dezember 1998, beim ungestörten, unabgelenkten Verzehr meines Abendessens in neuerprobtem Lokal mit fremdem Personal bewußt wird, daß ich vermutlich seit 53 Jahren an einer Hungerneurose leide und panisch zu viel bestelle oder einkaufe, *ergo* auch zu viel esse, weil mir der Nahrungsmittelmangel der Notjahre 1945/46 noch so unverarbeitet die Seele ängstigt. Manische Vorsorge also: Hamsterpsychose.

Ob diese gestrige Erkenntnis das nun angemessen zu reduzieren vermag?

Ein Strohhalm.

279.

Ridd imitiert und entlarvt kommentarlos das aufgesetzte Gelächter der Europäer. Es erinnert an notengebundenes Lachen von Opernsängern und ist insofern gar keins. Es führt gefallsüchtig etwas vor, was es gar nicht ist: *"Ha!ha!ha!ha!"*

Kein Thai, die sämtlich Meister des Lachens sind, würde je auf solche Töne, solche *show* verfallen. Sie lachen einfach drauf los. Die Europäer täuschen ein Lachen vor. Steckt da außer Effekthascherei auch bereits ein Unvermögen im Kern: Humorlosigkeit? Sie finden nichts komisch.

Worauf ließe das schließen? Auf Mangel an Abstand. Befangenheit. Verstrickung. Problematisierung total. Sich wichtig nehmen. Sich also ernst nehmen. Eitelkeit.

Eitelkeit lacht nicht.

Weil sie so dumm ist. Faustregel:

Dummheit ist ernst; Ernste sind dumm.

280.

Die zur Blockade gerinnende Schwierigkeit, sich für ein Personal im Buche *cosa nuova* zu entscheiden. Hypothese: weil es eigentlich beliebig ist, also austauschbar, also unbestimmbar.

Was da erzählt und beschrieben werden soll, kann nur erzählt und beschrieben werden, wenn es nicht personengebunden ist. Jeder Bezug auf bestimmte Personen wäre ungute Individualisierung, *ergo* Relativierung.

Die Figuren müssen also untypisch sein: *"ohne Eigenschaften"*; Jedermann.

Trotzdem unabstrahiert: Realia, keine Allegorien.

Vorsatz:

Skrupellosigkeit beim Einsatz jedweder just benötigten Eigenart, Tätigkeit, Fähigkeit. Einfach losmachen. Nichts kann unbrauchbar sein. Was auch immer.

Das Pensum hängt nicht vom Personal ab.

(Kann freilich durch adäquate oder gut nachvollziehbare Figuren aufgewertet werden: Schiller, "Detlev Kremer".)

281.

Wie ich am Ende meiner Gespräche mit Thais jetzt nicht mehr sagen könnte, ob ich Englisch oder Thai gesprochen oder welche der beiden Sprachen ich bevorzugt habe. Sie vermischen sich unentwirrbar und unreflektiert.

Dabei helfen meine beiden Lehrer. Mahd gewöhnt mich daran, reines Thai zu hören, ihm zu lauschen, ihm zu folgen. Ridd hingegen beantwortet geduldig jede Frage, erklärt, buchstabiert, erweitert den Wortschatz, hilft Sätze bauen, also unterrichtet eher das Sprechen.

Unbezahlbar wertvolle Lektionen zweier so liebenswürdiger Dozenten.

282.
Heute ergänzt Ridd seine unbegrenzte Versuchslust durch die adäquate Devise *"Alles kann geschehen!"*.

Radikaler Möglichkeitssinn also pur bei einem fast vollkommen bildungslosen Fischer- und Bootsbauernbuben von der weltberühmten Insel Sibojah.

Es ist ein Ros' entsprungen:

Advent '98.

Go Pih Pih, 14. Dezember 1998

283.
Heute vor 38 Jahren starb Hermine Körner.

Mit ihr ein anderes Äon. *Perduto.*

284.
Vorvergangene Nacht erwache ich durch ein raschelndes Geräusch im Zimmer. Kein Zweifel: ein Tier. Ich mache Licht. Kein Tier ist zu sehen, das Geräusch verstummt. Nichts ist irgend ungewöhnlich – außer vielleicht einem kreisrunden Stück Papier auf dem Fußboden neben meinem Bett. Es stammt von einer Backware meines Frühstücks, die oblatenartig auf Papier haftet. In der Mitte ist jetzt ein kleines Loch: mag beim Ablösen hineingerissen sein, obwohl ich beim morgendlichen Verzehr keinen noch so kleinen Papierrest im Munde hatte. Auch pflege ich derlei nicht so auf dem Boden liegen zu lassen. Na, egal: Licht aus.

Kleine Pause. Schon raschelt es wieder tierisch. Licht an. Kein Tier und Stille. Aber dem Oblatenpapier fehlt nun auch noch ein Stückchen am Rande. Ich tippe auf eine der knackigen nachtaktiven Kakerlaken, hebe das Oblatenpapier auf und werfe es in den Papierkorb. Licht aus.

Etwas längere Pause. Wieder das tierische Rascheln. Licht an. Kein Tier, sondern Ruhe. Aber das Oblatenpapier liegt nicht mehr im Papierkorb, sondern wieder an derselben Stelle wie vorher, nun aber nicht mehr flach am Boden, sondern zusammengeknautscht, wie von einer Faust. Ich warte regungslos. Und schon erscheint aus einer astlochartigen Öffnung im Holzteil der Wand auf Fußbodenhöhe eine dunkelbraune Maus und zieht blitzschnell im Rückwärtsgang das Oblatenpapier in ebendiese Öffnung, wo es aber sperrig stecken bleibt. Alles klar, Licht aus.

Andern Morgens ist das Oblatenpapier dann ganz verschwunden.

Mahd stellt eine antike Mausefalle bereit, die nicht tötet, sondern in einem klassischen Gitterkäfig kascht.

Aber dem ist eine Maus von 1998 intellektuell überlegen.

285.

Noch vor neun Monaten war hier die weltberühmte Krise der Asiatischen Wirtschaft nicht zu bemerken. Die Armen waren arm wie eh und je. Ihnen brachen keinerlei Unternehmen oder Banken zusammen.

Jetzt ist alles anders. Das mag nicht zuletzt an einer Kopfsteuer liegen, mit der sich jeder Thai in Höhe von 100.000 Baht (= *circa* 5.000 DM) an den Zinsen für den "hilfreichen" *Internationalen Währungsfond* beteiligen muß. Denn eine Verschuldung *à la longue* sei nicht im Sinne des Volkes und würde gegebenenfalls die Regierung stürzen. Die Kopfsteuer wird durch allgemeine Preisaufschläge erhoben (die unvermeidbar auch von Ausländern mitgetragen werden).

Die armen Thais treffen diese erhöhten Preise in ihrer Existenz.

Aber ihre Mentalität widersetzt sich der *ergo* programmierten Verelendung. Ein ungeheurer Aktionsschub hat eingesetzt. Zigtausend neue kleine Märkte werden aus dem Boden gestampft. Jedermann erfindet neue, noch so minimale Einnahmequellen hinzu. Beiläufig ist das *kompitischínn* ausgesprochene Fremdwort *competition* zur positiv besetzten Modevokabel geworden.

Noch kollidiert sie freilich mit dem klassischen *gann* der hiesigen Mentalität: der harmonischen Gemeinsamkeit. So sind hier derzeit Konkurrenten noch gute Freunde und helfen sich blindlings. Aber das bröckelt schon allerkapitalistischst.

Die hiesige Welt ist verändert, vermutlich irreversibel.

Wie umgehn mit solcher Austreibung aus dem Paradiese?

So: was nicht mehr ist, das ist nicht mehr. Basta.

Buddha lebe!

286.
Folgerichtig lungert hier der erste bekennende Stricher auf der Meile herum und versucht sich im Anbaggern: eine Novität.

287.
Aber mitten zwischen den aufgedunsenen Biertrinkern, Fickern und Hamburger-Fressern aus aller Weißen Welt schneidet Ridd gestern abend in einer *shake*-Pause schnell und unverhofft auf medizinisch-philosophische Weise das Thema von Tod und Sterben an. Er stellt es sich wie Ersticken vor und ist sehr beunruhigt: niemand sterbe ohne Qual.

Mich bestechen Ridds unthaihafter Ernst und die Absurdität der Situation.

Er selbst flieht dann plötzlich vor diesem Thema an den Tisch einer angehimmelten, aber europäisch verheirateten Thai-*beauté* und fragt sie ungeniert nach ihrem Alter. Denn er hatte zuvor auf 28 getippt, ich auf 31. *"But she is fourty."*

"Mai benn rai" (= *"Macht nichts"*).

288.
Moslem Ridd gesteht, zur Zeit nicht eben vorschriftsmäßig oft zu beten. Der Grund: sein Lebensstil sei derzeit nicht makellos genug dafür.

Luther würde da explodieren: ein Gott, der nur die Makellosen anhört! Geistliche Aristokratie. Religiöse Klassenarroganz. Puristische Exkommu-

nikation der Mühseligen und Beladenen, der Schwachen und Hilfsbedürfti-
gen. Statt Gnade nur Hierarchie und Erpressung.

Und wer überhaupt ist makellos: der Formalist? Gott wolle nur Formali-
sten?

Welche Niedrigschätzung Gottes: rechte Blasphemie.

289.

Gegenstück zu den vielen kleinen Männern, die Kinn und Nase hochzwin-
gen, um nur ja etwas größer zu erscheinen, ist hier ein junger rheinischer
Riese, der immer mit gesenktem Kopf herumgeht, um sich nur ja ins Mittelmaß einzufügen.

Die Angst vor den Extremen.

Oder Angst vor der eigenen Besonderheit, mit der man sich einsam fühlt:
isoliert. Denn keiner hilft sie tragen.

290.

Heute ist der erste ungetrübte Sommertag dieses Winters.

Nach allzu langer Regenzeit, die das offizielle *Loi kratong* heuer schon um
sechs Wochen überdauert.

Nun sinkt man dahin und löst sich auf.

291.

Ein angemessener Dank beginnt hier mit dem *wai* der zusammengelegten
Handflächen.

Erst hiernach wird das Bedankte empfangen, angenommen, ausgehändigt.

Es folgt die verbale Dankesformel, deren Wortlaut hierarchisch differenziert.

Aber ohne *wai* vorab geht gar nichts.

292.

Ich fürchte, selbst dazu beizutragen, daß Ridd nicht mehr hier ist, wenn ich aus Australien zurückkehre.

"Ich werde hier sein", sagt er mit einer einzigen Thai-Silbe: *"juh"*.

Dann fügt er möglichkeitsphilosophisch hinzu: *"Falls aber nicht, dann eben nicht."*

Und hat mich abermals Buddhismus gelehrt: bewußt; Moslem hin oder her.

293.

Der marone Flocken-Bopp ist hart im Nehmen, verübelt keinerlei Absage und hält Kontakt. Seinen Tarif hat er auf Null gesenkt; versucht, mich mit tollkühn schnellen Entblößungen mitten im Gewimmel kirre zu machen, und hält sich nun für persönlich verschmäht.

294.

Buddhistische Amulette sollen, will es ein Brauch, vor dem Scheißen abgelegt werden, um rein zu bleiben. Natürlich hängt das damit zusammen, daß diese Kultur ohne Klopapier, auch ohne stellvertrende Druckschläuche groß geworden ist.

Trotzdem stört mich die Kleinbürgerlichkeit dieser Fäkalmoral. Das öffentliche Klo am Altar des Tempels *Pra Taht Bang Puan* bei *Nohng Kaai* hat mir mit seiner Botschaft "Alles ist ebenbürtig" besser gefallen.

295.

Die süße Anhänglichkeit von Mahds kleinen Söhnen Nuht, 10, und Damm, 8, bis ins abendliche Meer hinein.

Vorher ihre Komik, als der Vater gefrittete Bananen gegen ihren kaprizierten *wai* verteilte.

296.

Gegen Ende der *"Lehrjahre"* taucht dann endlich die buchlang wetterleuchtende und ersehnte Nathalie auf: *"die"* Amazone, nur von jungen Mädchen umgeben und die knäbische Mignon zur jungen Frau erweckend.

Erst sie, vermutlich lesbisch, scheint unbeanstandbar und kostbar zu sein, all den Heten-Frauen des Buches zweifellos überlegen: auch an erotischer Unschuld.

Go Pih Pih, 15. Dezember 1998

297.

Am gestrigen Abendessen mit Mahd und Bruder Ähn im *"Andaman Sea-food"* nimmt zufällig auch der Bürgermeister teil: ein gestandener, aber durchaus erotischer Mann. Sein offizieller Titel ist *puh jai*, das bedeutet *Die große Person.*

Es dürfte der erste und bleibend einzige Bürgermeister der Welt sein, der schon zur Begrüßung das Wissen mitbringt, wie ich heiße. Das erinnert an eine parallele Elberfelder Szene mit Genscher. Aber was dort die angesetzten Sbirren der F.D.P. besorgt haben mögen, dürfte hier der Inselklatsch übernommen haben.

Jedenfalls wird man hier wenn nicht gerade beobachtet, so doch immerhin wahrgenommen.

Aber Kellner Doh flirtet und tätschelt mit mir auch unter den Augen seiner *Großen Person* ganz unbeeindruckt, bedient auch sie ganz unnervös wie jeden andern. Eine Hierarchie ohne Hierarchie.

Die große Person muß, amtlich gestreßt, nach dem Essen mehrere Tabletten einnehmen und zeigt sie vorher unter hämischen Kommentaren herum.

298.

"Crazy House":

der arme Schlucker Joht spendiert mir hochstaplerisch generös einen Whisky und philosophiert über Freundschaft und Menschenkenntnis.

Moslem Ridd hält einen Meisterkurs über Unterschiede und Trennung von Eros und Sexus, indem er seinen eigenen Eros blühen läßt. Verführerisch.

Die Voltzahl unserer Sympathie erhöht sich dabei beträchtlich, gefährlich und glühend, bereitet beidseitig Glücksgefühle. Aber der Höhepunkt ist wieder die späte chinesische Nudelsuppe, *ginn gann*.

299.

Flocken-Bopp unternimmt schon am frühen Morgen einen nächsten Versuch und reagiert sich, abgeschmettert, wenigstens in meinem Badezimmer seine Gier ab.

Helf' Er ihm!

300.

Heute mit Dieter Negletzkis Torsobrief an den Bundespräsidenten das erste Kapitel zum Buche *cosa nuova* notiert: präzise fünf Jahre nach *finis operis* *"Hahnenschreie"*.

Präzise einen einzigen Monat nach meinem letzten Tage in Hamburg überrascht mich das selbst sehr: weil es so fix ist.

Überstürzt?

301.

Von einer Passantin erlausche ich belustigt:

Hanseatisch *"Das kann ich nicht haben"* heißt auf Englisch *"I cannot have it"*!

302.

Der Schmetterling, griechisch *psyche*, heißt bei den Thais, akustisch verwandt, *pih syya = Geist im Hemd*.

303.

Wie Goethe bei aller Höhe seines Kunstverstandes, aller artifiziellen Kühn-

heit und Souveränität in diesem *"Wilhelm Meister"* streng darauf achtet, daß
ebender seine Prise Kitschroman nicht verliert.

Das Elitäre mag nur mit einer Entsprechung und Verwurzelung im Trivialen
funktionieren.

Das wird besonders im Achten Buch der *"Lehrjahre"* deutlich, wo die Triole Wilhelms mit Therese und Lothario ebenso kompliziert und hochkarätig
wie auch abgeschmackt ist. Wie an seinem platten Anfang bedient selbst
hier noch der inzwischen subtil gewordene Roman auch durchaus noch im
Sinne zitierter "Profan-Skribenten" den vulgären Publikums*gusto*: eine Frau
platterdings zwischen zwei Männern!

Das muß sich offensichtlich überhaupt nicht wechselseitig ausschließen.

Eher bedingen.

Go Pih Pih, 16. Dezember 1998

304.
Vielleicht, suggerieren mir beim morgendlichen Strandspaziergang suchen-
de weibliche Augen, ist Eitelkeit oder Gefallsucht, wie ich sie bei Frauen zu
beobachten meine, die das Gespräch mit ihrem Ehemanne jeweils für den
ganzen Umkreis verstärken, doch auch als biologisches Grundgesetz zu begreifen.

Für den Fall, daß der erkorene Begatter sich als impotent, unfruchtbar oder
unwillig erweisen sollte, den gebotenen Nachwuchs zu besorgen, müssen
beizeiten Alternativen angebahnt werden. Frauen mögen sich als dafür zuständig erachten, daß die ganze Chose in Gottes Namen weitergeht. Insofern
mögen alle ihre Manöver, um jeden Preis aufzufallen, so progressiver wie
konservativer Balztanz sein.

Die Männer hätten die Gattung vermutlich längst eingehen lassen. Erst die
Frauen sind für das Kontinuum des ganzen Debakels verantwortlich.

Weil sie es keinerlei Kritik unterziehen. Vital und blindlings weitermachen
wie seit Jahrmillionen. Sie mögen auch das reform-, vielleicht sogar muta-
tionsfeindliche Element garantieren. Die Männer wären ohne sie vielleicht
schon sonstwas und sonstwo.

Oder weg.

An Frauen und Männern der (südlich ländlichen?) Thais ist solche Rollen-
verteilung besonders deutlich abzulesen. Schon sind sie eigentlich um Äonen auseinander. Wie lange mögen sie da füreinander überhaupt noch be-
gehrenswert sein? Und was danach?

Ein *homme aux femmes* wie Ridd verspürt das alles zwar, aber zieht erst
halbwegs seine Konsequenzen: pfeift jedem Thai-Rock noch hinterher, aber
zielt schon nur noch unter den Rock – und das humorig auf verächtliche
Machoweise, halb schon im Aufbruch: aber wohin?

305.
Der Zyklus der Gezeiten scheint sich nach 28 Tagen zu schließen.

Damit wäre das Meer so ein Mond wie die Frauen.

306.
Aber nun hat mich in dieser Andamanensee endlich auch mal ein Tinten-
fisch mit seinem namengebenden Sekret vollgespritzt. Es war sein letzter
Versuch, dem Tode zu entrinnen.

Von der Haut meines Unterarmes, meines Oberschenkels, meines Fußes
ließ sich sein Tarnungsliquid so mühelos abwaschen oder wegwischen wie
auch aus Aais ganz schwarzscheckig vollejakuliertem Gesichtchen in all
seiner verschreckten Zweijährigkeit. Aber aus der Kleidung, weiß Fach-
mann Ridd, geht das nie wieder raus: *weil es eben sowas wie Blut sei.*

Die Tintenwolken stehen und treiben noch eine Weile im Wasser des *Indischen Ozeans*, halten Exequien für ihre Produzenten, die unserer Heimtücke
zum Opfer zu fallen die Unschuld hatten.

Acht solcher Tintenfische erbeutet der versierte Fischer Ridd, dann noch
drei Fische von betörendem Design, von denen er den ersten durch kundige
Anweisung zu meiner Laientrophäe zu machen die Höflichkeit hat. Der dritte zeichnet auf seinem Leibe hellblau die Bewegung des Meeres nach.

Noch selbigen Abends läßt Ridd im Restaurant, dessen Hemd ich trage, den ganzen Fang zu Gerichten verarbeiten, die wir mit dem generösen Bootsbesitzer Plemm, seinem Freunde, genüßlichst verzehren. Die Schönheit der Fische ist noch in gebratenem Zustande wiederzuerkennen.

Wo bin ich?

Go Pih Pih, 17. Dezember 1998

307.

Ridds (und vieler anderer) Passion fürs Fischen mutet verwandt an: mit sich, der Natur und einer Tätigkeit allein zu sein, die als kreativ empfunden werden mag; denn sie zeitigt Resultate.

Der Freigang aus der sozialen Einbindung mag eine gleich große Rolle spielen. Denn Fischen bedeutet hier, mit einem Boot allein aufs Meer hinaus zu fahren.

Es gibt auch die Variante mit einem Freunde; auch sie ist sehr beliebt: als emotionale Anreicherung. Das Jagen ist da bislang nur ein Anlaß, gar ein Vorwand, eine Rechtfertigung des unüblich Asozialen.

308.

Ein erster hellblond gefärbter Japaner.

309.

Wie Goethe gerade Hauptfiguren so unauffällig, in relativ unbeachteten Augenblicken der Handlung einzuschleusen versteht, daß man sie für Komparsen des Geschehens zu halten versucht ist. Plötzlich, aber viel später begreift man dann, daß zum Beispiel dieser Abbé der eigentliche Kopf der *Gesellschaft vom Turm* ist.

So mögen wir auch in der Bank, auf dem Markt, im Schwimmbad, in der U-Bahn auf Menschen treffen, die wir unterschätzen oder übersehen wollen und die doch unser Schicksal werden.

Leute mit großem Auftritt hingegen verflüchtigen sich oft schon bald wie
ein Windhauch.

Lebensregel?

310.
Für den Dämonentest:

mein gestriger Anruf bei Sawaang ging bei strikter Einhaltung der verein-
barten Spielregeln gleich im ersten Anlauf schief, sein Rückruf bei mir des-
gleichen. *Gestern sei,* erklärt er später, *durch eine Abreise seines kranken
Vaters der einzige unregelmäßig unzuverlässige Tag unter allen gewesen,
daher!*

Nur daher?

Go Pih Pih, 18. Dezember 1998

311.
Daß auch heute nacht wieder, wie schon gestern, zu spätester Stunde plötzlich dieser betörend sanfte Doh auf meinem Heimwege auftaucht: gestern
im Büro des *Paak Klohng* als einsamer Reparateur des Kühlschrankes; aber
der eifersüchtige Bao läßt unser harmlos schüchternes *tête-à-tête* schnell
mißlingen und auffliegen.

Heute nun bei seinem ebenso einsamen preiswerten Nachtmahl mitten im
Dorf: er will mich zum Mitessen, sei es zum Wassertrinken einladen. Seine
schwimmende leise Schönheit verwirrt mich. Er ist sanft. Er ist zutraulich,
sanft und sehr sanft. Und leuchtet mich an. Wer mit ihm sprechen will, muß
das Thai beherrschen. Dann kann er erfahren, daß dieser Doh mit fünftausend Baht im Monat auskommt: das sind 250 DM, genügen ihm aber. Er ist
einer der Wenigen, die nicht über Geldnot klagen, obwohl sie ihm sicher
zusetzt. Sein Zentrum bleibt sanft verrätselt. Vom Sphinxen unterscheidet
ihn nur, daß sein Lächeln so viel Güte ausstrahlt.

Seine Haut ist alabastermarmorn. Ihm selbst ist sie zu dunkel, um schön zu
sein.

Auch seine Geliebte hält er nicht für schön. Zudem spreche sie zu viel.

Er selbst ist eher ein seelengut freundlich lächelnder Verschweiger. Flach oder abgrundtief: auch das verschweigt er, verheißungsvoll lächelnd und sanft.

312.
Über Ridd und mir versuchen die Dämonen ihr Unglück. Wir versuchen das auszustehen, indem wir es ignorieren und weitermachen. Seit gestern abend Mißverständnisse, Verdächte, Verfehlungen, Zeitverluste, Irrtümer.

Trotzdem unser zweiter Fischzug. Fang: neun Fische und vier Tintenfische.

Auf der Rückfahrt in die Dunkelheit hinein lassen die Dämonen auch noch irgendwas im Außenbordmotor brechen oder reißen. Ridd repariert es in nächtlichem Stockdunkel.

Tochter Aai, zweieinhalb, gibt mir erstmals zu fühlen, wie beglückend das volle Vertrauen solch eines Kindes sein kann.

313.
Im *Paak Klohng* gerät die zwölfjährig hochgewachsene Mah völlig außer sich über meine Scherze, mein Thai, mein Fotografieren, mein alles. Noch am späten Abend dringt sie, ohne anzuklopfen, in mein Zimmer, *"um mein Bett zu sehen"*; könne nicht schlafen: Lolita von der prähistorischen Insel Jao. Platzt vor Begierde.

Was soll das?

314.
Johts Freundschaft nimmt erstaunliche Qualitäten an.

Eine Kette, die ich ihm zur Hebung seines winzigen Umsatzes abkaufen will, läßt er sich nicht bezahlen. Er ist erstaunlich sensibel und niveauvoll: dieser vermeintliche Strizzi. Spürt das Unausgesprochene und weiß, daß es nicht bezahlt werden kann.

Wie berührend das ist.

Patohng auf Puhgett, 19. Dezember 1998

315.

Um elf holen uns Mahds Freunde Sutschaht und Kepp im Fährhafen ab. Das Fußballspiel, das ich unbedingt sehen soll, beginnt um zwei. In der dreistündigen Zwischenzeit werden mehrere Wohnungen in erschreckend pseudo-europäischen Siedlungen (*Puhgett Villah* und anderen), zwei Supermärkte und ein Restaurant besucht; auch wird schnell ein Auto gekauft. Niemand scheint an das bevorstehende Fußballspiel zu denken, an dem sie aber alle exponiert beteiligt sind.

316.

Ausgerechnet der herzenskalte Karrierist Sutschaht beanstandet die mangelnde Herzlichkeit und Höflichkeit der meisten thailändischen Dienstleistungsbetriebe. Selbst bringt er kein einziges Lächeln mehr über die smarten Lippen.

Sein dicker Freund und leibwächterartiger Schatten mit der schrecklichen Akne ist vor lauter Verkrampfung seiner eigenen Sprache nicht mehr mächtig.

Der Tormann polkt etwa eine Stunde lang im Auto neben mir an seinem Ohr, ohne zu grüßen oder mich auch nur eines Blickes, geschweige eines Wortes oder Lächelns zu würdigen.

Aber ein Maximum an menschlichen Defiziten hat sich in Kepps japanischer Ehefrau aufgestaut, die keinerlei menschliche Regung mehr von sich zu geben imstande ist.

Auch das alles ist hier in diesem touristisch schwergeschädigten Puhgett sicher nicht untypisch.

Die grobe Verachtung der Restaurantbedienung macht das Maß dann voll.

317.

Noch während des ersten Fußballspiels meines Lebens, ausgerechnet auf diesem Puhgett und ausgerechnet in dessen Patohng, kommt mir der Verdacht, daß meine Ersparnisse für die Immobilie *bonn kuan* in das *sponsoring* dieses Fußballvereins geflossen sind, der *Pee Pee Seaside Resort* heißt, also das *Paak Klohng Seaside Resort* repräsentiert und anpreist.

Das wäre der Gipfel des Dämonenzynismus.

Trotzdem schieße ich 36 passable Fotos von diesem langweiligen Fußballspiel und spendiere Film und Abzüge im Sinne einer eigenen Reinigung: bloß weg damit!

318.
Dann verhilft mir aber Leonardo DiCaprio vermutlich zur Baugenehmigung *bonn kuan*. Einzig sein Film *"The Beach"* mit vielen Drehtagen in der hiesigen *Maya Bay* hat den generellen Baustopp im ganzen Nationalpark *Go Pih Pih* gesprengt.

Mit dieser Nachricht überrascht mich Jah, als ich gerade, von japanischer Ungastlichkeit verstoßen, meinen ohnehin reichlich sinnlosen Aufenthalt in diesem Westentaschenbangkok überstürzt zu beënden beschließe. Die eher etwas befürchtete Wiederbegegnung mit diesem erstaunlichen Tausendsassa erweist sich dann aber als der entscheidende menschliche Lichtblick dieser Exkursion. Denn Freund Mahd ist durch den heutigen Anbruch des "Romadonn" allzu reduziert, und von seinen hiesigen Freunden ist der attraktive Kepp vermutlich ein Schwächling, der alerte Sutschaht, 24, vom Gelde bereits zerstört.

Der gereifte Jah wiegt das alles plötzlich auf.

Patohng auf Puhgett, 20. Dezember 1998

319.
Wie ich in diesem Lande nicht mehr ich bin:

gestern sehe ich nach Jahrzehnten gnadenlos qualvoller Schlaflosigkeit durchaus keinen Grund, mich auf einem vollbesetzten und ruhelosen Fährschiff nach Puhgett nicht mitten zwischen wandernden, rufenden, platzlos gedrängten Touristen und mit der allersenkrechtsten Lehne dieser Welt einem kleinen Nickerchen hinzugeben, morgens gegen zehn.

320.

Wie stark dieses ganze Puhgett sich als unguter Ort, als *locus non amoenus* ausweist. Eine Gegend ohne Güte, ohne Charme, ohne Hilfsbereitschaft seiner Einwohner: ohne jedes *grehng dschai*.

Ein Mekka der Ellenbogen.

321.

Wie Jahs Bericht von seiner Absicht, mich aus Bangkok in Hamburg anzurufen, überraschend deutlich macht, welche Bedeutung die Bekanntschaft mit unsereinem auch für diesen oder jenen Thai haben kann. Jah erinnert sich auch aktuell vieler einzelner Details aus längst zurückliegenden Begegnungen, die nur einer akribisch okzidentalen Sternen-Jungfrau erinnerlich erschienen waren.

So hinterläßt man bisweilen Spuren, ohne es selbst für möglich zu halten.

Das ist sehr neu.

322.

Wilhelm Meister zu seinem Sohn Felix:

"Komm, mein Bruder! laß uns in der Welt zwecklos hinspielen, so gut wir können!"

Ein perfekter Thai.

323.

Die abendlichen Affronts von gestern wiederholen sich heute vormittag. Der versprochene Anruf im Hotel verspätet sich charmelos um zwei Stunden, die geplante Exkursion nach *Pang Ngah* wird dann wegen ebendieser Verspätung durch eine kleinere und langweiligere zum hiesigen Wasserfall

Tonn Sai ersetzt, der eher durch seine rabiate Dschungellandschaft und eine Gibbon-Klinik interessiert.

Die beiden jungen Geschäftsleute kompensieren den Frust ihrer Lebensführung und Philosophie durch überproportioniertes Essen.

Mahd offenbart nach einigem Drucksen seine vermutete Liebschaft: ein graues Mäuslein, das ihn schwerlich, wie befürchtet, meine Vorkasse kosten dürfte. Er selbst fühlt sich wenig wohl in dieser ganzen obskuren Geselligkeit – jedenfalls bei gleichzeitiger Hungerkur, gleicht aber die Unhöflichkeiten seiner Freunde durch ungewöhnlich viele körperliche Zuwendungen aus: bis hin zu einer echten Umarmung unter vier Augen.

Er ist das einzige Herz in diesem argen Kreise von Puhgett.

Fährschiff Puhgett – Go Pih Pih, 21. Dezember 1998

324.
Warum nur Lesben meist mit so grimmiger Unfreundlichkeit über diesen Planeten zu wandeln pflegen? *Gay* sind sie wahrhaftig nie. Ihre Lebensentscheidung scheint sie nicht gerade zu befriedigen.

325.
Über das Lachen.

Wenn ein Thai lacht, wird er noch schöner als zuvor oder sowieso schon.

Eine lachende Weißhaut wird allermeist noch häßlicher.

Nicht zufällig gibt es im Thai die Redewendung vom Erblühen eines Lächelns. Das Lächeln der Okzidentalen blüht nicht, sondern verzerrt seine Züge zu einer Grimasse, die feixt oder grinst, oft hämisch.

Jeweils mag sich da Okkultes offenbaren. Es zu bezeichnen, ist kaum möglich.

Jedenfalls hat sich da in den Psychen irgendwas konträr auseinander entwickelt.

326.

Die Ähnlichkeit im Gehen Gerhard Schröders und Johannes Raus: zu große, zu raumverlangende, geduldlos vorwärtsdrängende Schritte, die ein Territorium erobern, auf das restlicher Körper und Geist noch gar nicht folgen können. Ihr Ausdruck ist mangelnde Sensibilität, mangelnder Proportions-, also Realitätssinn. Die Füße beeilen sich, ein Terrain zu markieren, das dann keiner mehr wegnehmen kann: vermeinen sie und wollen zu früh allzu viel.

Die so entstehende Fortbewegung hat etwas großkotzig Klumpfüßiges und Nußknackerartiges, grotesk Puppentheaterhaftes, also Komisches, auch leicht Lächerliches: weil sie sich so markig und bedeutend vorkommt. Sie bezeichnet einen Machtanspruch, der nicht unbedingt den Gegebenheiten entspricht.

Kohl ging übrigens auch oft so, zumal auf Podien oder Bühnen hinauf oder wenn er sich sonst extrem als ganzer Körper beobachtet wußte: dann wirkte er immer besonders dumm.

Brandt hatte das nie. Der mußte beim Gehen keine Signale geben, nichts vortäuschen.

327.

Wer bei der *Siam Commercial Bank* Geld wechselt, wird mit einer Postkarte beschenkt, die Hanuman, einen Krieger Ramas, darstellt: *"glowing white"*.

Wem wird da der Krieg erklärt? Wen bekämpft diese Bank da so weißglühend?

Vielleicht, denke ich, beschenkt sie nur mich damit: als Warnung eines durchschauten Feindes.

Oder schon als Kriegserklärung?

328.

Zu welcher Bedeutung unverhofft dieser Jah erblüht: nicht nur ist er der Vertraute Mahds und okkult designierte Nachfolger Baos im *Paak Klohng*. Überdies ist der Betreiber des *Viewpoint*, also Nachbar *bonn kuan in spe*, sein Onkel, Bruder seines Vaters und eine Art Vizevater, bei dem er auf *Go*

Pih Pih seine Kindheit verbrachte und aufwuchs. Auch der knackige Bürgermeister daselbst ist sein Onkel.

Diesen Jah nun als Fürsprecher, Mittelsmann und Helfer für den Bauplan *bonn kuan* zu gewinnen, ist also plötzlich der organisch entstehende Weg, die authentische Zufahrt.

Sie fällt vom Himmel.

Wohl um das zu erfahren, das in die Wege zu leiten und zu fördern, bedurfte es dieser ansonsten abstrusen Exkursion nach Puhgett.

Go Pih Pih, (noch) 21. Dezember 1998

329.
Erst im Horror von Puhgett lernt man auch das jetzig überreizte *Go Pih Pih* wieder als das Juwel erkennen und schätzen, das es trotz allem noch immer ist.

330.
Wie im ganzen Puhgett nur die Arbeiter-Garküche, in der ich heute früh um sieben einzig schon Kaffee bekam, noch an Thailand erinnerte. Ja, an Thailand.

Hier waren noch herzliche Menschen jenseits (oder diesseits?) des Mammon. Hier wurde noch gelächelt, zur Kenntnis genommen, geholfen, hier war alles unverstellt und genuïn wie vor hundert Jahren und immer, hier war gut sein, die Welt war in Ordnung, alles stimmte leichthin.

331.
Das Reisegepäck für Puhgett stellte ich ratlos ganz unter dem Diktat der *Inneren Stimme* und gegen die Argumente der Vernunft zusammen. Gerade was diese widerriet, nahm ich mit und benötigte es dann tatsächlich dringend (Reiseschecks, zweite Hose, *"Wilhelm Meister"*, Rasierzeug).

Das Bangalore-Syndrom sehr augenfällig: alles steht fest.

332.

Die Huren aus dem Stadthotel in Krabih neulich arbeiten (jetzt oder schon immer?) hier auf *Pih Pih* in einem der zahllos aus dem Boden geschossenen Massage-Etablissements. Irgendwie, weiß der Teufel, durch wen, haben sie meinen Namen erfahren und rufen ihn mir nun immer und anscheinend besonders gern schon von Weitem entgegen oder hinterher. Sie strahlen mich auch an wie einen alten Freund oder besonders guten Freier: einzig nach jener schnöden Absage dort.

333.

Heute fiel mir nun, wie seit zehn Jahren befürchtet, eine Kokosnuß fast auf den Kopf. Ein guter Meter nur fehlte.

Jetzt ist die Jahreszeit, in der sie geërntet werden oder eben fallen. Man muß sich da vorsehen: aber wie?

Sawaang behauptet, in den rund dreißig Jahren seines Lebens nur von einem einzigen Fall gehört zu haben, daß eine solche Nuß einen Menschen getroffen habe.

"Und war der tot?"

"Nein. Aber geistesgestört."

334.

Ridd, der sich neulich noch unschlüssig war, hält nun also doch den islamischen Fastenmonat gleichfalls ein.

Was ihn dazu bewogen habe?

Er habe es bitter nötig.

Wieso?

Das Gute daran sei, daß man da bei jedem Hungergefühl an all die Armen denke, die nicht nur einen Monat daran leiden, sondern zwölf.

Ob er denn jetzt eben an diese Armen denke?

Nein: denn er tue das ohnehin immer. Aber für die vielen Reichen, die das nie tun, sei es ein guter Anlaß.

In Allahs Ohr damit!

Aber ich habe meinen Ridd auch im Verdacht, auf diese Weise abspecken zu wollen.

Ich sollte mitspielen.

335.

Wie Barmann Ridd meinen Bescheid, keinen Alkohol mehr trinken zu wollen, so schnell und einspruchslos akzeptiert, als habe er ihn erwartet, kommen sehen oder erhofft.

Oder als sei er ihm willkommen.

Freilich empfiehlt er *"supplies"*.

336.

Dieses Puhgett, merke ich, hat für Saithai den rechten Boden geschaffen. Dort erhoffe ich mir, wo kein *paradiso*, so doch ein *purgatorio*, das nur wohl tun kann.

Die weihnachtliche Vorfreude wächst. O du fröhliche.

Sonderlich ist es die Vorfreude auf die Friedlichkeit Sawaangs.

Go Pih Pih, 22. Dezember 1998

337.

Dieser Thai-Begriff *nang lenn*: *sitzen spielen, spielerisch rumsitzen*, also *nichts tun*.

338.

Dem entspricht auch hiesiges *Spazierengehen* = *döhn lenn*: *zu Fuß gehen spielen*.

Mit Vorliebe ist hier immer das Spielen im Spiele.

339.

Der vermeintliche Doh in all seiner Sanftheit heiße, berichtigt mich Toh,
gar nicht Doh, sondern Dohng.

Trotzdem schön und sanft.

340.

Wie beim Gehen das Gehirn mit Hilfe der Augen millimetergenau voraus-
berechnet, ob der Fuß beim nächsten Aufsetzen sicher geht oder die Weite
seines Schrittes lieber verändern sollte.

Auch bei sehr schnellem Gehen weiß das Gehirn im Voraus genau, auf welche nahenden Flächen die Füße treten werden und was sie dort erwartet. Ein
Glasscherben, Hundehaufen oder sonstwas nur knapp daneben wird als stö-
rungslos durchschaut und ignoriert.

Das beanspruchte Areal wird computerschnell angepeilt und kalkuliert.

Das ist nur ein Beispiel von vielen, noch wesentlich meisterhafteren.

341.

Deutschsprachiger Touristendialog, *en passant*:

"Hier gibt es zweimal täglich Ebbe. Kann das sein?"

"Offensichtlich. Bei uns ist das jedenfalls nicht so."

342.

Wenn hier Ebbe ist: ist dann gegenüber im östlichen Indien Flut?

Oder in Ostafrika?

Oder wo?

Oder ist Ebbe überall Ebbe, also Flut auch überall Flut? Aber wo bleiben
bei Ebbe dann die Wassermassen?

Kurz: ist es ein Hin und Her oder ein Pulsieren mit Zusammenziehung und
Ausdehnung? Also sowas wie der Atem oder wie das Herz?

Sicher längst bekannt, aber niemand weiß es.

343.

Das Aquarellistische des *"Wilhelm Meister"*, das Unkonturierte, Aufgelöste,
fast Pointillistische, dessen Zusammenhänge und Strukturen nur angedeutet
und dem Scharfsinn, der Fantasie oder sonstigen Individualität des Lesenden überlassen werden.

Aber daß es irgendwo versteckte Zusammenhänge und Strukturen gibt,
steht jeden Augenblick fest. Nur wo und welche?

Up to you.

Ein auch insofern zuïnnerst buddhistisches Buch.

344.

Manche Restaurants versuchen hier jetzt, Kundschaft anzulocken, indem sie
einen kitschig stilisierten Weihnachtsbaum aus Plastik, Watte und sonstwas
etablieren.

Aber manchen Kunden verprellt gerade der.

345.

Wie die Offerte von Zimmerbesuchen mehr und mehr als Belästigung empfunden wird: Übersättigung, Illusionslosigkeit oder Alter?

Wohl ein *cock tail*.

346.

Wie auf Puhgett der unprätentiös bescheidene, der völlig unhysterische
Mahd in einem Restaurant am Strande von Surin sofort auf meinen Vorschlag eingeht, den Platz mit ihm zu tauschen – nur weil ein Hund sich,
auch noch im *"Romadonn"*, neben ihm niedergelassen hatte: dieses prophe-

tisch verteufelte Tier. Ich hatte bemerkt, wie Mahd sich leicht degoutiert abgewendet hatte.

Was mag der Prophet nur für arge Erfahrungen mit diesem sonderlich liebenswürdigen Tier gemacht haben: Bisse? Flöhe? Phobie? Allergie?

Die hiesig herrenlosen Strandhunde in ihrer paradiesischen Verspieltheit zu beobachten oder sich beiläufig unaufdringlich kilometerweit von ihnen begleiten zu lassen, überführt jeden Hundegegner, Prophet oder nicht, eines sträflichen Irrtums.

Aber bisweilen schießen sie sogar auf solche Kameraden.

Kreaturen zu verteufeln, ist als solches hybride Schöpfungskritik und insofern bereits selbst des Teufels.

347.
Warum hat man sich eigentlich Jahrzehnte lang für geistige Freiheit eingesetzt, wenn man jetzt die geistige Unfreiheit befreundeter Moslems allzu generös toleriert?

Dabei billigt man tolerant ihre geistige Bevormundung und Enge, ihre dogmatische Orthodoxie.

Billigt man sie aber nicht und separiert sich von ihnen, frönt man schon selbst ihrer Intoleranz und missioniert.

Ein unlösbarer, ein tragischer Konflikt?

Er erinnert an den Faschismus der strikten Antifaschisten. Kann man Unduldsamkeit dulden?

348.
Wie im Thai auch zur Substantivierung noch der Infinitiv verwendet wird.

Schwimmer, Autofahrer, Raucher, Trinker sein: einzig das Hilfsverb *benn* oder *sein* substantiviert den Infinitiv formal und inhaltlich, also *schwimmen sein, autofahren sein, rauchen* oder *trinken sein*.

Ohne dieses Hilfsverb erfährt man, daß jemand etwas tut, aber mit dem Hilfsverb, daß er es kann.

Was für einfache Lösungen, die absolut ihre Dienste tun.

Das Lateinische steht hier manchmal dumm da.

349.
Die Sonne wird von den Thais personifiziert: sie ist ein *pra*, ein Mönch, ein Geistlicher. Sie ist ein Mann.

Dasselbe trifft hier auf den Mond zu.

Eine männliche Welt.

350.
Zum aktuellen Thema "*Romadonn*" wende ich ein, daß Erfüllung von Formalitäten und alkoholische Abstinenz bedeutungslos seien, wenn das Herz nichts tauge. Einzig auf ein gutes Herz komme es an, die Uhrzeit der Mahlzeiten oder der Genuß von Alkohol sei wurscht.

"Tschya mai dai", erwidert mir Ridd: *"Ich darf das nicht glauben."*

Und läßt mich dabei sein Wissen spüren, daß ich recht habe.

"Es gibt Moslems", setze ich drauf, *"die alle Vorschriften erfüllen, aber ein böses Herz haben."*

"Es gibt alles", entfleucht er kundig.

351.
Die jungen Männer dieses Landes sind zurecht für ihre Schönheit weltberühmt.

Wer sich solchen Gefährdungen entziehen will, ist ein Glückspilz, wenn seine drei besonders hartnäckigen Verehrer die einzigen drei Häßlichen zumindest dieser Insel sind. Wie gnädig.

Auch wie komisch.

352.
Nun schüttet es wieder: in der letzten Dekade des Dezember. *La niña*, kein Zweifel.

Go Pih Pih, 23. Dezember 1998

353.
Schon beherrscht mich das Buch *cosa nuova*.

Bevor man das erste Wort notiert, hält man sich noch für entscheidungsfrei, ist es wohl auch, weil man abbrechen oder unterlassen kann.

Füllen sich die ersten Seiten, ist man wieder überraschter Sklave und folgt Gesetzen, die man nicht kennt, die es aber irgendwo schon gibt.

Was soll ich da noch in Bangalore?

(Aber Exposés bestätigen sich so als Killer: sie treiben Föten ab.)

354.
Lektion: wie Ridd meine (taktischen) Rückzugsmanöver sofort akzeptiert.

Weil er mich akzeptiert. Weil er die Entschlüsse eines Akzeptierten akzeptiert. Oder eines jeden. Sie keinen Augenblick kritisiert, gar in Frage stellt. Also es nicht besser zu wissen vorgibt als der Beschließende. Also unternimmt er weder Widerspruch noch Bekehrungs- oder Verführungsversuch. Was für ein Höchstmaß an Respekt und Toleranz.

Lektion: Provokationen gehen bei solchem Verhältnis nötig ins Leere. Kein Raum für kokette Eitelkeiten: laß sie also!

Wie vornehm, wie niveauvoll; wie erwachsen, wie höflich. Und gar nicht hurenhaft.

Wie beschämend.

355.

Homer setzt den Krieg noch mit Witterung gleich: als unabänderlich, Gottesbeschluß (*"Ilias"*, X, 5-9).

Da sind wir doch weiter.

Sind wir da weiter?

Halten wir ihn für wirklich vermeidbar?

Im Tiefsten des allerinnersten Inneren?

Oder haben wir längst resigniert und warten nur ab und füllen die Zeit so lange mit Pazifismen?

Die zentrale Frage lautet: sind wir friedlich?

Jeder einzeln: friedlich?

Na?

356.

Wie der neuere Katzenwurf offenbart, daß auch hier alles individuell ist.

Nicht nur der Charakter dieses jüngeren Trios ist moderater und weniger lebhaft, auch die Geschwisterlichkeit als solche unterscheidet sich, ist jetzt weniger verspielt, weniger fantasievoll, weniger aggressiv und niedriger temperiert. Die drei Neuen, wenngleich vermutlich vom selben Vater gezeugt, experimentieren weniger, scheinen unbegabter, auch unvitaler. Eins mag da das andere bedingen.

Gleich bleibt nur die Orientierung aneinander. Jedes geht seiner Wege und behält die beiden andern ständig im Auge. Eine verschworene Gemeinschaft.

Aber blaue Augen sind auch bei kleinen Katzen so unwiderstehlich wie nichts anderes. Himmelsfenster.

357.

Meine Oblatenmaus von 1998 war dem antiken Gitterkäfig mit seinem Kokosköder doch nur eine Woche lang intellektuell überlegen.

Heute nun war die Gier ihrem Intellekt überlegen. Aber mich begriff sie weder als ihren Fallensteller noch auch dann als ihren Befreier. So angst- wie ahnungslos wollte sie nur raus. Der Hechtsprung in den nächtlichen *Paak Klohng* war schließlich fast ein Flug.

Die Frage ist, ob sie dabei was gelernt hat.

Saithai, 25. Dezember 1998

358.
Gestern also als Heiliges Ganztagsprogramm die Einkehr in einen Stall von Bethlehem.

Heimkehr ins Allervertrauteste: in abrahamitischen Bruderschoß; weihnächtliche Feuerstelle und Waschung mit Sawaang am abrahamitischen Ziehbrunnen zwischen leuchtend umtanzenden Johanniskäfern unter Sternen und halbem Monde in urwäldlicher Kautschukplantage am Dschungelrande von Saithai.

Festmahl: für den *Verlorenen Sohn*?

Der *Jüngere Bruder* erinnert noch alle alten Gewohnheiten, Vorlieben, Schwächen und bedient sie aufs Allerliebenswerteste.

Gleichwohl sozialpolitisches Basisgespräch, kontrovers zwischen Resignation und Agitation. Doch auch diese Positionen werden ausgetauscht wie Bruderliebe.

359.
Diese Vertrautheit mit Sawaang ist zweifellos älter als unsre zehn Jahre, auch älter, als ich es jetzt bin. Da schwingen wieder deutlich ganz andere Dimensionen mit.

Apersonale Urerinnerungen. Urpartnerschaft, Urgemeinschaft, Ureinheit.

Immer erneut diese mystischen Reminiszenzen.

Wieso aber mystisch? Vielleicht auch blanke Realität?

360.

Allmorgendlich durch eine unermüdliche Sequenz von Hahnenschreien neben meinem Ohr geweckt zu werden.

Es ist der Haushahn, der lautstark und nachdrücklich, unabdingbar und ausweglos einbezieht in diese archaïsche Lebens- und Urgemeinschaft. Also stört er den Schlaf nicht, sondern fördert ihn durch das Wohlgefühl auch seiner krähenden Brüderlichkeit.

361.

Nach Fernzielen oder Lebenswünschen befragt, referiert Sawaang, sich statt alledessen dafür entschieden zu haben, das, was anfällt oder auf ihn zukommt, so gut wie irgend möglich auszuführen.

Bekenntnis zum Prinzip der Qualität also in dieser konträren Zeit?

"I don't know."

"But you know quality?"

"Yes, I know."

362.

Warum weiß dieser ausbildungslose Sohn eines südostasiatisch dörflichen Kautschukkätners, wofür ein Goethe sich seinen *"Wilhelm Meister"* einfallen lassen muß, um den klugen Montan da sagen lassen zu können:

"Der Beste, wenn er eins tut, tut er alles, oder, um weniger paradox zu sein, in dem einen, was er recht tut, sieht er das Gleichnis von allem, was recht getan wird."

Woher weiß Sawaang eben das in einem Maße, daß er heiterster Laune und bescheidensten Aufwandes sein ganzes Leben daran orientiert?

363.
So bescheidene Güte in Physiognomie und Verhalten ist eine Rarität, so
beispiellos wie beispielgebend.

Und berührend.

Anrührend.

Rührend.

Auch zu Tränen rührend.

Zumindest bei jedem Lächeln oder Lachen.

Er lacht, und ich weine.

364.
Auf dem islamischen Dorfmarkt in *Nohng Taleh* gestern kostet eine Ananas
runde dreißig Pfennige.

Ein Apfel ist ebenso teuer.

365.
Auf beliebige oder lebenslängliche Zeit in ein solches Haus, einen so beth-
lehemitischen Stall eingeladen zu werden, ist kein alltägliches Ereignis. Es
gibt dem Obdachlosen aus europäischem Großstadtdschungel eine Bleibe,
eine Schlaf-, gar Sterbestätte, ein Zuhause, familiäre Umarmung.

366.
In den Telefonzellen von Krabih: das körperlich unumgänglich allerengste
Beieinander und ein wimpernschlagloses Ineinander offenster, vorbehaltloser Blicke, die sich ohne Peinlichkeit aushalten und mögen. Eine Art sehr
bewußter Hingabe aneinander. Austausch der Geister und Seelen im Zentimeterabstand und offenkundiges Wahrnehmen dieser Situation: sich zu ihr
bekennen.

Vertrauen.

Vertrauen eines Menschen, der dafür weder geboren noch erzogen wurde:
eher zum Geheimhalten neigt.

Das muß wertgeschätzt werden. Auch die diversen Gelegenheiten, wenn er
sich überwindet, über seinen Schatten springt und sich für die ungewohnte,
auch unschmeichelhafte Wahrheit entscheidet.

Da ist viel in Bewegung geraten.

Aber das Rätselhafteste bleibt sein müheloses Niveau in diesem Dschungel-
dorf. Ohne die geringste Verstellung.

367.
Im weiteren Umfeld des Hauses, gute hundert Meter entfernt, habe er jüngst
eine Kobra gesehen, durchaus nicht erstmals.

Aber die halte es eher bei den Fröschen am Flußufer fest, *mai kih klaht*: keine Angst!

368.
Dieses sehr beflügelte, sehr mühelose und schnelle Gemisch aus Englisch,
Thai, Telepathie und unserm Eingespieltsein: eine irrationale, schwerlich
von Dritten nachvollziehbare Melange, die bestens funktioniert.

369.
Die größte, jetzt fast unausweichliche Gefahr: das bethlehemitische Wunder
unserer Begegnung zum Alltag, zur Normalität verschleißen zu sehen.

Schon bald vermutlich unvermeidbar.

Dann mag der Vergleich mit früheren oder eintauschbaren Alltagen dienlich
sein und eine Palme reservieren.

370.
Die individuelle, einzelgängerische, auch relativ freie Lebensform solcher
Kautschukgewinner.

Waldgänger.

Zwar in Lohn und Fron, dennoch ungegängelte Herren ihrer Zeiteinteilung und Entscheidungen: *"nobody control."*

Insofern "die letzten Freien"?

371.
Daß Gummi nichts Chemisches und kein Plastik, sondern was Pflanzlich-Organisches ist, wird einem hier in Erinnerung gerufen, wenn Sawaang und Oi die nächtlich gezapfte und frühmorgendlich geërntete Kautschukmilch mit einer Säure und Wasser verdünnen, in dosierende Blechbehälter füllen und aus diesen Mixturen mit ihren Füßen dann erste rohe Gummimatten formen, indem sie überschüssige Feuchtigkeit hinaustrampeln, anschließend in einer handbetriebenen Maschine nach Art von antiquierten Wäschemangeln vollends beseitigen, um sie schließlich, so möglich, in der Sonne zum Austrocknen aufzuhängen:

eine weitgehend noch archaïsche Gewinnungsweise, scheinbar älter als die Maschinenära.

Aber Auto- und Flugzeugreifen werden daraus hergestellt: sind also noch Naturprodukte. Wie tröstlich.

Aber wer weiß das noch?

Saithai, 27. Dezember 1998

372.
Die Soldaten der Thai-Armee, weiß der ungediente Sawaang von sonstwoher, lernen, sich mit nicht mehr als drei kleinen Plastikschälchen Wassers pro Waschung zu reinigen. Rationalisierung!

Sind sie deshalb eine so beispielhaft krieglose Friedenstruppe?

373.
Dattelpalmen, die wegen ihres Öls alle abgeërnteten Kautschukplantagen abzulösen in Mode kommen, ziehen mit ihrer Trinkgier, weiß Sawaang,

nicht nur allen andern Pflanzen der jeweiligen Umgebung das Wasser weg
und überdauern sie so, sondern trocknen ganze Bäche und kleine Flüsse aus.

Nur sie tragen hier den Namen *Palme*. Das Verbreitetere sind *Koskosbäu-
me*.

374.

Das Moskitonetz, unter dem ich hier für überlange Nächte in Abrahams
Bruderschoß, aber zwischen nur halbhohen Innenwänden versinke, läßt
zwar Kindergebrüll, Hahnenschreie, Nachtgesänge der Urwaldinsekten und
Frösche, auch halblaut geraunte Ehedialoge und spätestens ab zwei dann die
Arbeitsgeräusche meiner Gastgeber durch und an mein Ohr dringen, hält sie
aber für die Psyche gleichwohl in einem Außenraum, der sie nicht betrifft,
so daß der Schlaf nicht wirklich beeinträchtigt, eher wohlig stimuliert wird.

Ich höre die Töne meiner Geborgenheit und lasse mich gern in sie fallen.

375.

Wie der einzig weißhäutig Fremde in diesem Dorf bei fast jedem Einkauf in
hiesigen Emma-Läden von deren Besitzern zum Sitzen, von andern Kunden
gar zum Trinken und Rauchen, bisweilen auch zum Betrachten von Fami-
lienfotos eingeladen wird. Neugier und Gastlichkeit mögen sich da die
Waage halten. Scheu sind sie nur zur Hälfte. Die Mutigsten bieten sogar
tollkühn einen exotisch europäischen Händedruck an.

376.

Auch gibt es jetzt allenthalben an der Landstraße in und zwischen den Dör-
fern Telefonzellen: Münz- und Kartenapparate im Wechsel. Aber die meisten sind schon kaputt.

Repariert wird wohl keiner wieder.

377.

Daß Schmetterlinge nicht nur gemächlich schaukeln, sondern auch immens beschleunigen, uneinholbar enteilen können: im Nu.

Diese Hemdengeister angemessen zu fotografieren, ist unmöglich.

378.

Wie auf abgeholzten Kautschukarealen der Dschungel nachwächst: noch als solcher nicht zu identifizieren, aber den Ausdruck gigantischer Vitalität und Fertilität schon in Halmeshöhe vorankündigend. Da schießt was undurchdringlich Starkes hoch, das ahnt man schon jetzt und fühlt sich rätselhaft wohl. Es behagt.

379.

Wie akut hier der Geisterglaube ist. Der *pih* spielt eine vielbelachte, gleichwohl allgegenwärtige Rolle. Man zweifelt ihn zwar an, aber vermeidet tunlichst, ihn zu brüskieren.

Das Verschweigen von Geburtstagsdaten, stimmen Sawaang und Ridd verdächtig überein, habe damit freilich gar nichts zu tun.

Ridd hält derlei nur für vollkommen unwichtig und überhaupt nicht erinnernswert; trotzdem kann er das vermeintlich Vergessene mühelos in ein Formular der Bank eintragen: allerdings vielleicht nicht das wahre, sondern ein offiziell vorgetäuschtes; von seiner Tochter wisse er nur noch, daß sie an einem Freitag und einem 10. geboren wurde: Monat und Jahr seien vergessen, die Mutter behaupte, das Kind sei zwei, der Vater: anderthalb, es wirkt wie gut drei. Ich denke, kein böser Geist soll es jemals finden können.

Sawaang bringt die unübersehbaren Besonderheiten seiner älteren Tochter Präh, 3, mit einer Sonnenfinsternis kurz vor ihrer Geburt in Zusammenhang: Bedürfnis nach kosmischer Einordnung?

380.

Sawaang prophezeit, der nächste amerikanische Krieg werde sich nicht nur gegen den Irak, sondern gegen den ganzen Islam richten, und verurteilt das rigoros trotz all seiner sonstigen Geringschätzung von Moslems.

381.

Mit welcher Selbstverständlichkeit, auch Bedenkenlosigkeit Thais sich bei andern, auch ihresgleichen ungebeten zu allem Möglichen selbst einzuladen, ihnen skrupellos auch finanziell zur Last zu fallen pflegen, weil Gastlichkeit eine unangezweifelte Voraussetzung aller Sozialität ist. Man selbst kann jederzeit gleichermaßen beansprucht werden, also!

Sawaang referiert auch, wie derzeit sein immenser Lotteriegewinn von 30.000 Baht (etwa 1.500 Deutschen Mark) von allen möglichen neu erscheinenden Figuren beansprucht und geplündert wurde, bis er weg war.

Derlei wird nicht verweigert.

Überrest einer andern Zeit, als das Ausdruck und Zeugnis noch ungetrübten Gemeinschaftslebens gewesen sein mag. Heute, im Rahmen des globalen Kapitalismus, ist es die Afterkultur von aasgeierhaften Profiteuren und Marodeuren. Denn Borgen heißt bei denen so viel wie Wegnehmen.

Die arme Bevölkerung zwischen diesen beiden "Kulturen" ist dem wehr- und hilflos ausgeliefert.

Mancher gutartig ahnungslose Weißhäuter nicht minder.

382.

Aber *la niña* hat Saithai und Umgebung unerbittlich im Griff. Fast kann man von verregneten Tagen sprechen: auch in der Zauberlandschaft von *Tapp Kähk*, im entfernteren zu *Klohng Muang* gehörend: einer Mischung aus Urwald, Lohdalamm und *Pang Ngah* – dazu noch eine Therme mit pulsierenden Wasserstößen aus geologischen Urtiefen, alles touristisch unberührt und wie am ersten Schöpfungstage, dann auch mit Fernblick auf die neue Königliche Sommerresidenz mit goldenen Kuppeln.

Aber verregnet.

Saithai, 28. Dezember 1998

383.

Der Irak, ruft mir der manische Zeitungsleser Sawaang noch über die halb-
hohe Innenwand unters Moskitonetz, sei vorige Woche bombardiert worden: von Amerikanern und Engländern; Rußland habe seinen Botschafter
aus Washington abberufen.

Ende der Nachrichten.

384.

*Wilde Pfauen habe es hier früher allenthalben reichlich gegeben. Jetzt seien
sie nahezu ausgerottet: als Fleisch- und Federlieferanten.*

Dabei haben sich die Thais einer Eigenart dieser Vögel bedient, die ihr Terrain markieren, indem sie es manisch sauber halten. *Wenn in seiner Mitte
ein sehr scharf, gar doppelseitig geschliffenes Messer in die Erde gestoßen
werde, fühlen die Tiere sich in ihrer Ordnungsliebe genötigt, es zu entfernen, und schneiden sich dabei den Hals auf oder den Kopf ab.*

Eine Selbstmordfalle.

Was ihre Fallensteller meist nicht wissen: die erbeuteten Pfauenfedern in all
ihrer begehrten Schönheit bringen, im Hause ausgestellt, das schiere Unglück.

Letzteres scheint in allen Kontinenten gleichermaßen beobachtet worden zu
sein: eine Internationale des Unheils *à la nature.*

385.

Von den leuchtenden Johanniskäfern oder Glühwürmchen, die hier, abends
zahlreicher als nachts, ringsum zwischen all den Kautschukbäumen irrlich-
tern, auch mit imponierenden Wattzahlen dicht am Kopf vorübersegeln oder
sich mit verblüffenden Geschwindigkeiten in makellosen Waagerechten
entfernen, weiß Sawaang, *daß es Regen verkünde, wenn sie unüblich hoch
um die Baumspitzen funkeln.*

Ihre Lichtsignale, bestätigt er, *seien oben wie unten erotische Lockrufe exklusiv der Männchen: Liebeswünsche, die die Nacht verschönern.*

Eine andere Spezies locke gleichfalls mit Licht, aber könne nicht fliegen, krabbele nur am Boden herum und leuchte ebenda. (Oder sind das dann die Johannislarven, die da blitzen?)

386.
Telepathisches wieder:

auf einer Rückfahrt von Krabih nach Saithai frage ich Sawaang nach der Stelle seines damalig schweren Verkehrsunfalles auf eben derselben Straße und ob er bei jedem Vorüberfahren seither daran denke.

"Ja", sagt er: *"es war hier."*

Und schon passieren wir den argen Ort, an den er just auch bei diesem Nähern so intensiv gedacht haben dürfte, daß ich danach frage.

387.
Zweimal sichten wir gestern beim Vorüberhasten unseres Motorrades am Straßenrande eine Schlange.

Ein Omen. Aber welches?

388.
Ein Italiener in Hamburg, berichtete Leonardo eines Tages, klagt ihm sein Leid über das lange Zusammenleben mit seinem deutschen Freunde. *"Immer soll ich Rücksicht nehmen: Rücksicht! Rücksicht! Rücksicht!"* beschwert er sich in fließendem Deutsch und fügt hinzu: *"Was ist das eigentlich: Rücksicht?"*

Diese Frage braucht Sawaang hier nicht zu stellen. Ihm ist rätselhaft ein präzises Wissen angeboren, was Rücksicht ist und wie man sie nimmt.

Ebenso sicher weiß er, was Aufmerksamkeit und wie man aufmerksam ist.

Mit einer Umsetzung dieser beiden Begriffe aus einer andern Kultur über-
flutet er mich seit zehn Jahren inmitten eines Volkes, dem beide eher noch
fremder sein dürften als einem Italiener.

Dieses Wunder von Saithai.

389.

Wie noch nicht auf *Go Pih Pih* und Puhgett, wohl aber hier die gesamte
Verdauung revolutioniert: um Ballaststoffe fast ganz entlastet zu werden
scheint. Alles aus diesem Essen wird vom Körper verwertet, kaum etwas
bleibt übrig.

Urzustände? Das Paradies ohne Klo?

390.

Als es in *Tapp Kähk* gestern heftig zu regnen beginnt, strebt Sawaang, auch
nur mir zuliebe, querbeet und per Luftlinie quasi einem Unterstellplatze zu
und watet dabei bedenkenlos durch tiefes Wasser, durch Dschungeldickicht
und gnadenlosen Modder.

Ich versuche, das alles zu umgehen und zu meiden, bin aber nur um so länger dem Regen ausgesetzt. Ich will dem Elementaren aus dem Wege gehen
und liefere mich ihm eben dadurch aus. Ihm hingegen ist es gar kein Hin-
dernis, nur ein anderer, näherer Weg ohne jedes Problem.

Wieder das hiesige Vertrautsein mit Mutter Natur. Modder zum Beispiel ist
nur die Alternative zu Kein-Modder, aber weder besser noch schlechter. An
Schuheputzen, Hosentrocknen, Erkältung und sonstige Bürgerlichkeiten
braucht in diesem Klima nicht gedacht zu werden.

Außerdem ist das Wahrnehmen der direkten Luftlinie auch noch sehr viel
intelligenter.

391.

Als Sawaang mir heute wieder zwischendurch eine riesige Kokosnuß vom
Baume holt und trinkgerecht aufhackt, nehme ich die gute Gelegenheit wahr

und sage, was ich von der uniken Außergewöhnlichkeit seiner ganzen Liebenswürdigkeit halte.

Er bedankt sich allerhöflichst.

Aber unüberrascht.

Er weiß um seine Besonderheit.

Aber in Demut.

Er begreift sie als Gnade, nicht als Leistung.

Sein Lebensprogramm ist, den geschenkten Fähigkeiten möglichst gerecht zu werden. Sie zu praktizieren.

Lerne davon, wer kann!

392.
Ein kleiner Frosch kommt in mein Zimmer.

Sawaang empfiehlt, ihn nicht zu berühren: *bisweilen sei seinesgleichen giftig.*

Dann wird er nicht weiter beachtet, im Innern des Hauses sich selbst überlassen. Kein Eindringling, kein Fremdling und Störenfried. Ein Schöpfungsgenosse, gleichberechtigt.

393.
Wie seine Freundin Oi von der Güte Sawaangs infiziert wird und mich mit Geschenken beschämt: ein Anlaß für ihren Freund und mich, die Palme primärer Urheberschaft hin- und herzureichen.

Wäre das ein Bakterium, gegen das es kein Serum gibt ...

394.
Prompt liefert wieder Goethe die schlüssige Formulierung:

"Das ist eben die Eigenschaft der wahren Aufmerksamkeit, daß sie im Augenblick das Nichts zu Allem macht."

Eben das widerfährt mir hier nun schon den vierten Tag.

395.

Aber jene Deutung des schwachen und allzu konventionellen Anfangs der *"Lehrjahre"* bestätigt sich nun bei *"Wilhelm Meisters Wanderjahren"*, die als nazarenischer Kitsch beginnen, langweilig und geschmacklich kaum erträglich, vermutlich das ködernde Zugeständnis an den Zeitgeist des pp. lesenden Publikums sind.

Wieder, nach Jahrzehnten, gilt es, diese Leute erst einmal willig zu machen und einzufangen.

Anders ist dieses Erste Buch mit seinen josefischen Peinlichkeiten und seinem Biedersinn gar nicht zu deuten, geschweige zu verkraften.

Saithai, 29. Dezember 1998

396.

Daß Hähne nach der Kopulation, so sie gut und genüßlich gelungen ist, zu krähen pflegen.

Das lehrt mich hier Sawaang.

Hahnenschreie also nicht nur als intervirile Sehnsuchtsrufe, sondern auch als sexueller Triumphgesang.

Vielleicht noch ins Sawaang-Kapitel der *"Hahnenschreie"* einbauen.

397.

Gestern die seit Jahren fällige Wiederholung unseres Besuches von *Susaan Hoi*: jenem fossilen "Muschelfriedhof" in vielen übereinander lagernden versteinerten Platten eben aus Konchylien, die hier vor runden 75 Millionen Jahren lebendig waren. Damals war das Wasser ihres Aufenthaltes noch kein Meer wie gestern und heute.

Vergleichbare Rarität dieser Art gibt es nur noch zwei weitere Male: bei Chicago am Michigan-See und irgendwo in Japan.

Vor viereinhalb Jahren war ich mit Sawaang an jenem Tage, als der Mönch
in Saithai uns mit unsern *saisinn*s verband, und mit schmerzhaft blutendem
Fuße hier. Diesmal begleiten uns Oi und die bald einjährige Miu.

Beim Durchfahren einer regenfrischen Riesenpfütze kippt das überfrachtete
Motorrad um: unter großem Gelächter.

Denn wir fahren auch durch heimelig urweltliche Dörfer des Umlandes und
zu menschenleerem Strande mit Büffelspuren. Der anrainende Dschungel,
weiß Sawaang, *sei sonderlich reich an Waranen.* Die sind alt, also klug genug, uns nur aus sicheren Verstecken zu beobachten.

398.

Auch das Zwanghafte des Krähens ist an hiesigen Hähnen doppelt zu beobachten:

auf jeden noch so fernen Ruf eines Geschlechtsgenossen muß, bei gutem
Gehör, unweigerlich geantwortet werden;

und wer sich so erst mal aufs Krähen eingelassen hat, kann lange nicht mehr
aufhören.

Die jeweilige Erlösung von diesen beiden Zwängen bleibt noch unklar: wie
finden sie zu einem Ende? Einfach so? Genug ist genug? Oder wenn alles
ausposaunt ist?

Weiß der Kuckuck!

399.

Was nur mag mich, Morgen für Morgen, für die Tausendfüßler so attraktiv
machen?

Denn die Plastikmatte, auf der sie mich finden, dürfte auch für sie nicht allzu verlockend sein.

Neu ist die Empfindlichkeit dieser für robust gehaltenen Tiere: schon das
Wegschnipsen, wie es jede Ameise kaltlächelnd wegsteckt, überleben sie
meist nicht. Vielleicht genügt ja die beiläufige Verletzung schon eines ein-

zigen ihrer tausend Füße, sie zu lähmen. Und ein lahmer Tausendfüßler wäre ein Widerspruch in sich: ohne fernere Lebenschancen.

Eine neue Abwehrstrategie ist also fällig. Sie besteht zum Beispiel darin, den nächsten Tausendfüßler auf diese Tagebuchseiten auflaufen zu lassen und von hier aus behutsam zu erden.

Sich dort gegebenenfalls vom Rücken wieder auf seine tausend Füße umzudrehen, ist für solchen Gliedervirtuosen eine Fingerübung.

400.

Wiraponn, jener erpresserische Polizeichef in *Sakonn Nakonn*, habe ihn, berichtet Sawaang, nachdem er mit eiserner Repressalie mein Geld kassiert hatte, in jähem Wetterumschwung freundlich gefragt, ob er ihm irgendwie helfen könne.

Inzwischen sei er medienurkundlich avanciert und habe einen Karrieresprung nach Nohng Kaai *und in eine erwähnenswert höhere Charge der dortigen Polizei gemacht.* Mein Geld mag dazu mitgeholfen haben.

Diese Fakten vielleicht noch ins ihm gewidmete Kapitel des *"Liebesbriefs an fremden König"* hinzutun.

401.

Zur Einführung neuer schicksalsschwerer Figuren ist Goethe bisweilen auch ein einzelner simpler, scheinbar ganz nebensächlicher Relativsatz gut genug: schwupp! ist das Neue hereingeschlüpft wie ins Leben (*"Wilhelm Meisters Wanderjahre"*, Seite 31f.: Montan!).

402.

Auch die Allzweck-Bastmatten sind hier schon aus Plastik.

Saithai, 30. Dezember 1998

403.

Böse Träume, erfahre ich, werden hier als Vorboten guter Ereignisse gedeutet, also dialektisch seitenverkehrt und relativiert: was böse scheint, ist eigentlich gut.

Und gute Träume: verkünden ergo Böses?

Manchmal. Manchmal auch Gutes, je nachdem.

Die Chance für das Gute wird also auch oneirisch weitestmöglich vergrössert: auf 150 Prozent.

404.

Präh ist drei Jahre alt und Miu elf Monate. Bei beiden ist zu beobachten: der erste Impuls ist bei allem, es in den Mund zu stecken; aber schon der zweite: es weiterzugeben, zu verschenken, auszuteilen, für andere zu sorgen, sie anzusprechen. Bei beiden gleichermaßen und ohne jede Anleitung hierzu.

Ich verstehe das nicht als Güte, sondern als atavistisches Urprinzip des Sozialen: ohne Geben kein Bekommen, ohne Schenken kein Haben.

Auch: den andern gewinnen, ihn einbeziehen, zum Freunde machen. Sonst könnte er Feind werden: eben das verhindern.

Von Anfang an.

405.

Wie stark der Geisterglaube hier verbreitet ist:

drei Überlebende eines Autounfalls, der vier Menschenleben kostet, berichten übereinstimmend, die Toten haben zuvor mittels *Schwarzer Magie* die profitabelsten Lottozahlen zu ermitteln versucht; beim Unfall anschließend sei keinerlei anderes Auto als Unfallursache wahrzunehmen gewesen: es könne, meint auch Referent Sawaang, nur die Strafe eines Geistes für die ungute Geldgier und zwielichtige Strategie dieser Glücksspieler gewesen sein.

Meine Assoziation, der allgemein gefürchtete Geist halte sich nicht mehr nachts in Dschungelnähe, sondern rund um die Uhr in den Köpfen und Herzen der Profitjäger auf, wird positiv aufgenommen: *könne sein.*

406.

Eine zunehmende Unsicherheit in der Sinneswahrnehmung scheint mir weniger mit organischen Abnutzungen als mit einem verfeinerten Möglichkeitsdenken zusammenzuhängen, das den Sinnen nicht mehr hinlänglich über den Weg traut. Es weiß um ihre Täuschbarkeit und die Fülle der vorstellbaren Alternativen.

Das reduziert das Vertrauen in Ohr und Auge, in Nase und Nerv zu einem fantasiebestimmten Vielleicht.

Das Ergebnis sind Vorbehalte zumal beim Sehen und Hören: mag sein, es ist alles ganz was anderes.

Aber eben so entging mir gestern auch ein Waran, der vom einsamen Strande vor *Rai Leh* in den Dschungel flüchtete: er überholte meine Zweifel wie nichts Gutes; ich hatte nur noch das Nachsehen.

407.

Wie schon eine einzige Woche genügt, um am Dschungelbrunnen eine gewisse Requisitenakrobatik zu entwickeln und das quellklar hochgehievte Wasser der drei Behältnisse nicht selbst mit Seife, Shampoo oder Zahnpasta zu verunreinigen. Das will alles begriffen und erlernt, dann auch noch beherrscht sein.

Es ist schwerer und kultivierter, als Wasserhähne auf- und zuzudrehen.

Nur sollte keine falsche Prüderie das Konzept einer solchen Hygiene verderben; einzig jene ist hier für die vielen stinkenden Frauen verantwortlich.

408.

Wer ist ein Freund, wer nicht?

Zuerst die probate Flucht in die Generationsgemeinschaft.

Alle gleichen Alters sind also Freunde?

Nee. Nur einige.

Und wir beide?

Haben was Spezielles.

Was denn?

Ähnlichkeiten, Übereinstimmungen. – Gleichheiten.

Später fragt Oi ihn, was mich veranlasse, freiwillig auf den Hotelcomfort zu verzichten. *Auch alle Passanten fragten sich das.*

"Du auch?"

"Nein."

"Du weißt, was mich herführt und hält?"

Ein jäher *wai* mit offenstem Zulachen: *"Kopp kunn kapp: ich danke dir sehr."*

409.
Beim Scheißen zielen: auch das läßt sich lernen.

Aber nur durch Üben.

410.
Frisch vom Plantagenfelde kosten hier sechs allersaftigste Ananasfrüchte ganze zwanzig Baht, das sind gute neunzig Pfennige, das Stück also gute fünfzehn.

411.
Sawaang überrascht mich mit dem Kompliment, auf witzige Weise mit seinem Thai zu jonglieren und schon durch Wortspiele Komik zu erzeugen.

Das stimuliert den oft verzweifelten Eleven natürlich sehr.

412.
Die Korrumpierung des hiesigen Volkscharakters durch das, was sich Marktwirtschaft schimpft, ist weiter und teuflischer gediehen, als ich es einzugestehen willig bin.

Aber alles Übersehen hilft da wenig. Vor der Geldgier sind auch hier inzwischen alle Schranken gefallen. Jedes Mittel ist recht, so es nur *taang* macht: Knete. Die Leute sind auch hier schon außer Rand und Band: Entfesselte.

413.

Der Freitag der Moslems, der Sabbath der Juden, der Sonntag der "Christen": auch für Buddhisten gibt es das viermal im Monat, aber nicht so mechanisch, sondern jeweils bei Halbmond, bei Neumond und wieder bei Halbmond, dann bei Vollmond. Naturbezogener Wechsel also statt kalendarischer Zementierung.

An diesen lunar bezogenen Tagen brauchen die Mönche ihr Essen nicht holen zu gehen, es wird ins Kloster gebracht. Doch so zwanglos wie zuverlässig: keiner ist hierzu verpflichtet, trotzdem klappt es.

Auch sonst ist ein Tempelbesuch an diesen Tagen lediglich möglich.

Zu den buddhistischen Prioritäten gehört wohl die Freiheit von Zwang, dann der Abscheu vor Äußerlichkeiten und Mechanik. Auffällig just im *"Romadonn"*.

Aber vielleicht eben deshalb dauert das alles schon so lange, wie die andern es erst mal bestehen müssen: 2542 Jahre übermorgen.

414.

Eine Epiphanie wie Sawaang gehört auf aktuellste und leibhaftigste Weise zu ebenjenen, die Goethe in den *"Wanderjahren"* als *die Entsagenden* preist (zum Beispiel auf Seite 40).

Liegt hier für das Buch *cosa nuova* die Brücke von Weimar nach Saithai? Es sieht so aus.

Saithai, 31. Dezember 1998

415.

Der gestrige Mondscheinspaziergang mit Körperkontakten wie noch nie in unserm ganzen Jahrzehnt, aber auch wieder und immer noch mit Schüchternheiten: aus Behutsamkeit, aus Zärtlichkeit und Freude, beiderseits.

Der Mond hat einen riesigen Hof: *auch das sei was Gutes – im Gegensatz zum Sonnenhof.*

Die Glühwürmchen geben Kautschuk und Dschungel ringsum so Tiefe wie Leben, machen vollends all diesen mondüberglänzten Wald zum Sommernachtstraum: er bewegt sich und glitzert dabei lautlos.

Die Friedlichkeit, die Milde des Lebens.

All das andre ruht sich verwundert aus.

(Aber wie lange? Eben hier ereignet sich nur knappe vier Wochen später ein abscheulicher Mord.

Wenn sich der Wald bewegt, fällt mir erst hiernach ein: das ist auch gar nicht *"Sommernachtstraum"*, das ist *"Macbeth"* und verkündet heillosen Untergang.)

416.
Waang fragt nach dem Unterschied zwischen Dschungel und europäischem Walde.

Als entscheidendes Kriterium schließlich die Passierbarkeit ausgewiesen.

Oder?

417.
Wie das Gehvermögen eines Kindes in einer einzigen Woche den entscheidenden Schritt machen kann.

Einen Sturmschritt.

418.
Wie diese Aufmerksamkeit am Dschungelrande bis hin zum greifnahen Hindrehn des Tassenhenkels reicht, aber beiläufig, als Unauffälligkeit beabsichtigt.

Und wie das Phänomen einer solchen Sumpfblüte den ganzen tradierten Kulturbegriff aus den Angeln hebt. An Wachstum, langsame Entwicklung und Pflege, an Aufbau und Ausbau ist er also durchaus nicht unbedingt gebunden. Es ist ein Ros' entsprungen – aber aus einer Wurzel gar nicht zart.

Wie Mutations-, wie Evolutions-, so offensichtlich auch Kultursprünge.

Aber von olympischer Qualität gleich.

Effekt: Beglückung über das Wunderhafte.

419.
Zum Nationalcharakter der Thais gehört mit Sicherheit zentral das namenlose Gegenteil von Schwerfälligkeit.

Unkompliziertheit vermischt sich da mit Regsamkeit, Neugier und Improvisationslust zu einer permanenten Aktionsbereitschaft.

Nicht zufällig ist es da kompliziert, Ridd den angefragten Begriff des Komplizierten zu erklären.

Sie kennen ihn eigentlich nicht.

Auch das eine *"Leichtigkeit des Daseins"*.

420.
Ähnlich dem kindlichen Gehenlernen der Miu hat das Buch *cosa nuova* in dieser einen Woche Ja oder Nein zu sagen gelernt.

Auf diese Weise hat es die Entscheidungsgewalt in eigene Hände genommen: inmitten von Kinderspielen, Hühnerbelagerung, Thaigekakel, Waschungsritualen, Passantengeknatter und Kautschukalltag.

Autonome Prozesse: unaufhaltsam.

421.
In diesem Stadium brauche ich den *"Wilhelm Meister"* nur aufzuschlagen, um konkrete Analogien zu diesem Kautschuk-Leben in Saithai zu entdekken.

Theorie: ich würde da solche Analogien auch zu jedem andern Ambiente entdecken. Genau ebendiese Beziehbarkeit mag ein Ausweis klassischer Qualität sein.

Das vermeintliche Extrem Saithai in seinem Dschungel wird da mühelos eingemeindet.

Wanderjahre führen auch hierher.

Lehrjahre erst recht.

422.

Zwei Aspirintabletten, weiß Sawaang, könnten schon genügen, jede der vielen Krabbenzuchten ringsum zu erledigen: *so empfindlich seien diese Tiere, die auch rings um die Uhr im Abstand von nur vier Stunden gefüttert werden müssen.*

Aber nicht mit Aspirin.

Oder grade?

423.

Wie das erwähnte Ignorieren des eigenen Geburtstages auch dem Hinweis darauf dienen mag, daß mit dem, was wir Geborenwerden nennen, gar nichts anfängt.

Geburt auf buddhistische Weise als Wiedergeburt, eher peinlich also, und Leben als Wiederholung, gar Bestrafung, *ergo* als Permanenz: falls ein ewiges Leben nach solchem Konzept überhaupt einen Anfang hat, ist er gewiß nicht unser sogenannter Geburtstag.

D'accord.

424.

Wie mir Sawaang, begreife ich langsam, auf indirekte, asiatische Weise schon längst seine Zustimmung signalisiert hat, die vorgeschlagene Symbiose im Projekt *bonn kuan* mit mir zu realisieren. Nichts andres besagen seine Einladung, gar *"für immer"*, und sein Geständnis, *"happy"* zu sein, wenn er mich verwöhnen könne.

Auch seine Alternativvorschläge in *Tapp Kähk* oder am Rande von *Rai Leh* oder auf jener Halbinsel gegenüber von *Nopparatt Tahrah*: alles zielt auf Zusammenleben wie und wo auch immer.

Und wie vor Jahren noch nicht.

Gegen den Bauplatz *bonn kuan Go Pih Pih* mag es Vorbehalte geben. Die soll ich wohl aber nicht als gegen mich gerichtet betrachten.

Oder aber auch das Gegenteil von alledem:

das alles polstert nur taktisch seine Absage ab.

Aber warum kommt er jetzt freiwillig mit nach *Pih Pih*?

On verra.

Ein Krimi.

425.

Die Findigkeit der Thais. Nichts entgeht ihnen. Ihnen was zu verheimlichen, ist unmöglich – es sei denn, in Gedanken. Aber auch die zu lesen, fällt ihnen leicht.

Leben ist erstens was Gemeinsames und zweitens was Öffentliches.

Vielleicht ebendeshalb ist die Lüge ein national so beliebtes und respektiertes Refugium des Vorbehalts.

426.

Die Behauptung Sawaangs, wer gut und tief, wer richtig schlafe, höre keine Geräusche der Außenwelt, trifft sich in Widerlegung meines ganzen bisherigen Lebens mit den eigenen überraschten hiesigen Erfahrungen – jedenfalls in diesem magischen Saithai.

427.

Aber dieses ganze Saithai in all seiner Magie riecht mehr oder minder, öfter oder seltener nach hefigem, süßlichem Gummi:

mal ist das apart und exotisch, mal egal und manchmal von würgendem Übel.

Das wogt und weht mit den Winden, so 98 und 41 wie 42 und 99.

428.

Die Angst dieser Dschungelspinne vor mir war unübersehbar sehr viel grösser als meine vor ihr, und die war riesig.

So fürchtet in diesem Universum eigentlich jeder jeden bis hin zum Auseinanderdriften ganzer schwerkraftbestimmter Galaxien: bloß weg!

Was soll diese Angst?

Vielleicht die Emanzipation befördern, die Evolution, die Individuation?

Denn ohne diese Angst, diesen Abscheu voreinander würden wir uns untrennbar aneinander klammern, aneinander kletten, miteinander verklumpen, ineinander verkriechen, unentwirrbar ein ununterscheidbarer Einheitsbrei bleiben, von gigantischen Anziehungskräften beherrscht und bemeistert: entwicklungs-, fortschritts- und zukunftslos.

Ja, und?

Kein Garten Eden, kein Sündenfall; auch kein Spinnendrama.

Vielleicht sehr viel wohliger, *sabaai-sabaai*.

Go Pih Pih, 1. Januar 1999

429.

Erst mit ungewohntem *wai* und einem *"Sawadih pih mai"* macht mir Sawaang heute früh noch in Saithai bewußt, daß letzte Nacht die Numerierung des Jahres gewechselt hat. Hier ist aus dem 41. das 42. Jahr des 26. Jahrhunderts geworden.

Die dominante Neun der übrigen Welt veranlaßt Sawaang durch ihre neue
Häufung, mir diese Zahl als Thai-Symbol des Vorwärtsgehens, des Fortschritts zu präsentieren: *die Neun sei hier das Gegenteil von Stehenbleiben.*

430.
Das erste eigene Weitergehen im neuen Neunerjahre besteht dann gleich aus
einer Einweisung in die Kunst des Kautschukzapfens. Noch ehe wir nach
Krabih zum Frühschiff aufbrechen, lehrt Sawaang mich endlich das ange-
messene Ritzen der Rinde. Saisonbedingt sprudelt auch unter meinen
Schnitten sofort die ergiebige Milch ins vorinstallierte Näpfchen.

Sawaang, der das von Kindheit an gelernt und praktiziert hat, berichtet von
der Kritik seines väterlichen Lehrmeisters auch heute noch: *das Messer könne gar nicht locker genug, die Haltung der beiden Arme gar nicht unver-
krampft genug, so ein Rindenschnitt gar nicht leicht genug sein.*

Wie bei allem andern auch: die Meisterschaft liegt in der Leichtigkeit.

Das ist im Dschungel nicht anders als überall.

431.
Das Besondere dieses gestrigen Silvesterabends ist meine Abschiedswa-
schung am nächtlichen Abrahamsbrunnen.

Unerfindlich bietet Sawaang mir seine Gesellschaft daselbst, dann auch, unter dem Vollmonde, erstmals ein hüllenloses Baden am Adamsbrunnen an.
Das ist im Sinne besagten Weitergehens eine riesige Neun in seinem Leben.
Ich stelle mir die früheren Phasen seiner prüden Scheu mit all den umge-
schürzten Frotteetüchern über Höschenschichten vor.

Ich vergleiche aber auch die eigenen potentiellen Reaktionen im Falle eines
solchen Anerbietens in früheren Stadien unserer magischen Freundschaft:
was wäre dann geschehen? Jetzt mag es ein Siegel von Brüderlichkeit in ihrer schönsten Reife sein: eine wohlige, aber spannungslose Geheimnislosig-
keit; ein Erübrigen von Grenzen; ein Öffnen ohne Vorbehalt; ein Akzeptieren total, also Teilen eben von allem.

Das ist nun sensationslos, aber auch unsteigerbar. Mit einem andern so sein wie mit sich selbst: eine Harmonie, die man nur aus der Einsamkeit kennt; der heitere Friede.

432.

Nachmittags heute, schon auf *Go Pih Pih*, der ergiebigste Sprachunterricht. Sawaang beherrscht und erklärt linguistische Finessen, wie das sicher kein anderer Kautschukzapfer, kein anderer Barmann vermag: zum Beispiel den Unterschied zwischen den beiden Negativ-Imperativen seiner Sprache: *mai* und *jah*. Das erste meint *"nicht" (heulen, weggehen, klauen!)*, das andere *"aufhören" (mit dem derzeitigen Heulen, Weggehen, Klauen!)*.

Ich frage.

Er überlegt und analysiert sich's im Stillen. Dann erklärt er.

Dann habe ich es verstanden.

Das geht geraume Zeit, auch mit anderem, so: aufs Differenzierteste.

Wieso er das eigentlich könne, woher er das alles habe?

Von mir.

Das stimmt einfach nicht.

Das könne so mancher in seinem Saithai.

Auch das ist gewiß nicht die Wahrheit.

Go Pih Pih, 2. Januar 1999

433.

Das jähe Wiedersehen mit alten Freunden aus dem Hotel *"Kabanah"* und jener Zeit, die vor zehn Jahren auch die Unsere war, wird für Sawaang hier zur unverhofften Konfrontation mit dem eigenen Aufbruch und den Alternativen seines Lebens.

Das stimuliert nicht zuletzt seinen Whisky-Konsum und macht ihn redselig, lustig und glücklich, später paranoïd; Urängste mögen da frei werden. Sie stecken an, weil sie teils überzeugen. Keineswegs sind sie völlig aus der Luft gegriffen. Trotzdem an der Grenze zum Fragwürdigen.

Als wir uns gegen drei Uhr morgens völlig verkichert und zärtlich auf dem riesigen menschenleeren, aber hellen Watt in Liegestühlen dem Vollmond darbieten, weil mir Sawaang seine Ängste für meinen baldigen Flug nach Melbourne vermitteln will, ereignet sich folgendes:

Eine kleine Gruppe junger Männer, vermutlich betrunken, nähert sich uns aus den dunklen Schlünden des langen Strandes *Loh Dalamm* mit lautstarken Aggressionen, in die sich ein hysterischer Diskant mischt. Ein Streit. Die wütend brüllenden Burschen ziehen an uns vorüber zum nahen *Viewpoint Resort* und verstummen dort. Der Diskant bleibt aufgeregt bei uns stehen und entpuppt sich als *gatöj* (oder *ladyman*). Dialog mit Sawaang. Der *ladyman* zieht nervöse Kreise übers mondhell einsame Watt.

Die wütenden jungen Burschen kehren zurück, viel ruhiger und leiser, aber mit großen Schlachtmessern in den Händen. Der *ladyman* setzt sich dicht neben mir auf den Sand, legt seine Hand auf meinen Oberschenkel und sucht offensichtlich Schutz bei mir.

Im Vorübergehen fragt einer der Bewaffneten Sawaang, ob er *pih Sawaang* sei. Der bejaht. Die Messerhelden verschwinden im Schlunde des nächtlichen Strandes.

Der *ladyman* versichert sich aufgeschreckt, ob Sawaang tatsächlich Sawaang sei. Hierin bestätigt, flüchtet er panisch dorfeinwärts.

Zäsur.

Sawaang bittet mich, ihn einen Augenblick lang zu entschuldigen. Ich bleibe allein mit Vollmond und Ebbe.

Sawaang kehrt mit seinem kleinen Reiserucksack zurück, den er vorher völlig entleert hat und nun in Richtung Strand an seinen Liegestuhl hängt. Nur auf Drängen erläutert er, *so könne niemand sicher sein, ob sich in diesem Behältnis nicht etwa eine Schußwaffe befinde. Er halte das Ganze nämlich für ein Spiel jenes Mr. Wipunn, seines alten Widersachers, mit dem seit fünf Jahren ein nicht ungefährliches Kräftemessen stattfinde: anfänglich noch an der gemeinsamen Arbeitsstelle des "Beach Terrace" in Ao Naang; aber erst heute mittag habe er auch den hier jählings wiedergetroffen: bei un-*

serm gemeinsamen Lunch im "Viewpoint Resort" als den dortigen Macht-
haber. Als solcher habe er, was sich hier eben abspielt, in Auftrag gegeben.

Schon kehren die Messerhelden aus den dunklen Schlünden des langen
Strandes zurück, inzwischen nun völlig beruhigt, aber noch immer so erschreckend bewaffnet. Ich fordere Sawaang zum Rückzug ins Zimmer auf,
er beschwört mich, *das sei das denkbar Falscheste jetzt,* und hält stand. Ich
halte zu ihm.

Wieder fragt ihn der junge Gruppenführer, ob er *pih Sawaang* sei. Dann lassen sie sich rauchend neben ihm im Sande nieder, legen die Schlachtmesser
neben sich. Ein langer lebhafter Dialog beginnt, von dem mir einzig übersetzt wird, *daß diese Männer tatsächlich im benachbarten* Viewpoint Resort *angestellt und "Freunde" des Mr. Wipunn seien.*

Das Gespräch wird von Sawaangs Suada dominiert. Sein Ton ist ruhig, der
Inhalt unzugänglich.

Schließlich bietet Sawaang ihnen allen Zigaretten an, mit denen sie aufbrechen und verschwinden, ohne sie anzustecken.

Sawaang triumphiert und verkündet einen Etappensieg in jener Auseinandersetzung mit diesem Wipunn, *die vor einem halben Jahrzehnt mit zwei
Schachpartien begonnen habe. Soeben sei er ein wichtiges Stück vorange-
kommen oder aufgerückt und stärker geworden.*

Nach den Inhalten ihres Gesprächs befragt, weicht er leicht aus: *er habe ge-
radeheraus sein Leben erzählt, wie es wirklich verlaufen sei.*

Wie schon früher am selben Abend hält er seinen baldigen Tod nicht für
ausgeschlossen. Nur seine Bitte, in einem solchen Falle seiner Frau und den
Kindern ein kleines bißchen beizustehen, wiederholt er jetzt nicht mehr.

Wir gehen schlafen und fügen unserm Ritual vor der Nachtruhe noch eine
sonst unübliche Umarmung hinzu.

Ich schlafe gestört und ratlos, wie sich Paranoia und Realitäten da mit Alkohol vermischen mögen. Alles hat da sein Für und Wider und erschreckt insofern.

Heute morgen ist Sawaang nach nur wenigen Stunden Schlaf in heiterster Verfassung und erwähnt die Vorfälle jener ersten Nacht des neuen Neunerjahres nur mit einem Nebensatz über seine alkoholischen Verrücktheiten.

Aber die Schlachtmesser waren Realitäten außerhalb von alkoholischem Verfolgungswahn.

Ruhig und angstlos bewegt sich Sawaang heute über die ganze Insel.

Go Pih Pih, 3. Januar 1999

434.
Erst heute nach seiner jetzigen Einschätzung jener nächtlichen Räuberpistole von gestern befragt, wischt er weg: aber was? Die Gefährlichkeit des Vorgangs? Oder seine eigene Paranoia? Das bleibt unklar:

"It was a game."

Aber unerörtert vermeiden wir hinfort unsern ansonsten stereotypen Besuch des Restaurants im *Viewpoint Resort* des Mr. Wipunn.

435.
Höhepunkt des gestrigen Tages waren die gemeinsame Grundrißveränderung für das Bauprojekt *bonn kuan* und ein diesbezüglicher Brief an den wiederum verreisten Mahd.

Dabei wurde erstmals unmißverständlich deutlich, daß Sawaang die unaufdringlich formulierte Offerte einer gemeinsamen Existenz auch *bonn kuan* respektiert und anstrebt. In solchem Sinne verstehen sich auch für den Fall nationalparklicher Schwierigkeiten seine Alternativen in *Tapp Kähk*, auf jener *Andamann* genannten Halbinsel bei *Nopparatt Tahrah* oder sonstwo.

Das weihnachtlich-silvesterliche Zusammenleben in Saithai mag ihm das alles als realisierbar erhärtet haben. Jedenfalls schlenkern wir jetzt Hand in Hand oder Arm in Arm über *Pih Pih* wie weiland Bürgermeister und Landrat, aber wir noch nie. Es ist nun ein angemessener Ausdruck für unsere Kohärenz, und niemand nimmt daran Anstoß: am allerwenigsten Oi und Sawaang, von dem das sogar ausgeht.

Schon als Einheit werden wir abends vom generösen Sajann, unserm "Kuppler" vor just fünf (!) Jahren und meinem Protektor seit letztem März, zu einem Schlemmermahl in sein Restaurant *"Tonsai"* geladen.

Den Dessert spendiert Sawaang dann nach Art unsrer Vorliebe für Kontraste im Mohammedaner-Slum.

436.
Was Quallenähnliches wehrt sich heute mit Nesselfeuer gegen eine Berührung meines schwimmenden Beines.

Während ich das Salzwasser abdusche, stampft Sawaang bereits in einem eiligst herbeibeschworenen Mörser eine eigens hierfür von Gott geschaffene Pflanze klein, die das *Paak Klohng* vom Meer trennt. Ihr Brei, auf die Verbrennung aufgetragen, saugt sich zuerst an ihr fest, dann sie aus der Haut.

"They know", kommentiert diese Therapie ein europäischer Passant. Aber Sawaang beteuert, *daß solche Kenntnis auch hierzulande schrumpfe.*

Noch ehe mein Kräuterdoktor heute nachmittag wieder in seinem Saithai ist, bröselt seine Kompresse ab, und meine Haut hat ihre Verbrennung vergessen oder verarbeitet.

437.
Bei seiner Abreise trifft Sawaang im Büro der *Tourist Police* am Pier auf einen weiteren Kollegen oder Vorgesetzten aus jenen alten Tagen im hiesigen Hotel *"Kabanah"*. Der fragt ihn, warum er seine vielen Kenntnisse und Fähigkeiten in einer Kautschukplantage verplempere statt sie im jetzigen Nobel-*"Kabanah"* zu verwerten,

und Sawaang referiert mir das sogar.

Zu meiner eigenen Überraschung ergreife ich da prompt die Partei der Kautschukplantage.

Es ist die Partei einer Absage an den Markt.

438.

Daß Sawaang und die Seinen heute mit demselben Schiff nach Krabih fahren wie auch Ridd mit seiner Aai:

alle versuchen, mich mitzulocken.

Welche Gunst des Lebens, noch gelockt zu werden.

439.

Stereotyp schon eines hiesigen Dialoges mit kontaktfrohen deutschen Zimmernachbarn:

"Heiß?"

"Excuse me?"

"Achso – nee – nix ... "

440.

Wie zwei vermutlich kopulierende Seesterne, die jedenfalls, versetzt, übereinander gelagert zwei Schichten oder einen Doppelstern mit zehn Armen bilden, sich gleichwohl bei Ebbe im spätnachmittäglichen Watt gemeinsam von der Stelle bewegen. Wahrscheinlich haben sie im Eifer ihres Gefechtes das Sinken des Wasserspiegels übersehen und sind jetzt in Zeitnot.

Allerdings torkeln sie, was die eingeschlagene Richtung betrifft. Oder sie können sich nicht einigen: es geht hier lang und da lang. Oder das ist eine eben sternförmige Fortbewegung.

In Zeitlupe: das versteht sich dabei von selbst. Denn auch bei ihrem Streit um das Fernziel sind sie äußerst geduldig.

441.

Nach seinen Freunden befragt, referiert der kluge Joht eine klassische Unterscheidung der Thais: *"Freund beim Essen"* oder *"Freund beim Sterben"*?

Alle Folgerungen hieraus ergeben sich.

442.

Mit Deutschen unter einem Dache zu wohnen, bedeutet vor allem Betriebsamkeit.

Besinnliche Genüßlichkeit wird durch Geschäftigkeit ersetzt, meist auch noch lautstark.

Das *Sabaai* ist insofern was abgrundtief Undeutsches.

Ruhe erst recht.

443.

Dschann, diese gute chinesischstämmige Lernerin, effizient emanzipierte Aktivistin des Tourismus und unterwürfige Ehefrau des betörend liebenswürdigen Muk in all seiner spielerischen Harmlosigkeit, beschwert sich, *daß Leute wie beispielsweise er nicht lesen,* und korrigiert das sofort mit dem Vorwurf, *daß sie Gelesenes nicht behalten, weil es sie gar nicht interessiere.*

Wenn Menschen wie diese Dschann auf ihren ganz anderen Wegen zu so zentralen Einsichten gelangen: wie das erfreut!

Als entdeckte man ein unbekanntes Zwillingsgeschwister.

444.

Der mittellose Joht, nervös und überdreht, lädt generös zum Essen ein.

Dabei gesteht er seinen Alkoholismus: schon während der Arbeit.

Warum er eigentlich trinke?

Aus Langerweile.

445.

Was er damit anfangen würde, wenn er plötzlich ganz, ganz viel Geld bekäme?

Joht: *"Ganz, ganz viel Geld will ich gar nicht haben. Weil es verrückt macht. Mehr als ich zum Leben brauche, will ich nur ja nicht haben."*

446.

Die bürgerlichste, fantasieloseste und konventionellste Antwort auf dieses Fragespiel gab erschreckender Weise ausgerechnet Sawaang:

wenn er plötzlich sehr viel Geld bekäme, würde er Frau und Kinder hinlänglich versorgen.

Enttäuscht, begreife ich den permanenten Druck einer eigenen Familie. Sie unterdrückt.

Und sie verspießert.

Alle originelleren, politischeren oder philosophischeren Antworten kamen von Junggesellen.

Der Familienvater kann sich solchen Luxus gar nicht mehr leisten.

Er ist Galeerensklave.

447.

Eben insofern hat sich die Freundschaft mit Sawaang auch qualitativ verändert. Seine postpubertäre Philosophie, seine religiöse Poesie, sein Verträumtes und Sensitives sind großenteils im Ehebett und an den Kinderwiegen verschütt gegangen.

Geblieben und verstärkt sind nunmehr der Zauber seiner Zuwendungen und seine Demut.

448.

Heute vor 55 Jahren starb in Schwetz an der Weichsel meine Großmutter: als letzte der vier "Großen".

Wenn die mich heute hier agieren sähe, müßte sie jedweden Zusammenhang mit mir strikt verneinen, gar leugnen.

Wie schnell man sich entfernen kann.

Dabei habe ich vermutlich sogar noch viel gerade von ihr ererbt und praktiziere das täglich. Auch hier noch.

Also: sie würde sich selbst hier nicht wiedererkennen.

Aber ich mich selbst ja auch nicht.

449.

Im Zusammenhang mit dem Bauprojekt *bonn kuan*, aber wohl auch sonst träumt Sawaang von einer Gastronomie ohne Zahlzwang. *"Jeder gibt freiwillig, was er für angebracht hält oder aufbringen kann."*

So sympathisch wie lebensunfähig. Es geht von der Schimäre menschlichen Anstands aus.

Wie anständig das ist.

450.

Wie Mahd sich nach fast zwanzigjähriger Ehe mit einer psychisch gestörten Frau, die nicht spricht, nun endlich eine Freundin zugelegt hat.

Aber auch die spricht nicht.

Er behauptet, anders als seine Frau spreche die nur mit ihm.

Aber ich habe Grund und Anlaß, das nicht zu glauben.

Natürlich regt sich der Verdacht, das Schweigen dieser Frauen hänge mit ihm zusammen.

Aber er selbst spricht auch nicht viel; vielleicht sucht er die Ruhe.

Nur lacht er gern, und das setzt Gesellschaft, Gemeinschaft voraus.

Aber irgendwas läuft da schief.

Oder jeweils genau nach seinem Sinne?

Go Pih Pih, 4. Januar 1999

451.

Jeder einzelne Thai, so scheint es, ist hochgradig kinderlieb. Jeder flirtet und scherzt und spielt mit jedem irgend erreichbaren Kinde: je jünger es ist, desto lieber und länger.

452.

Bürgerlichkeit und Biedersinn dieser *"Wanderjahre"* sind bisweilen unerträglich.

Nur vergegenwärtige ich mir dann, daß sie ein Zeitalter erst einläuten, an dessen Höhepunkt oder gar schon Ausgang unsereines steht. Wir kennen bis zum Überdruß die Auswüchse, den Mißbrauch, die Fehlentwicklungen und unguten Extreme, also den ganzen Verschleiß ebendessen, was Goethe damals mitbegründen und aus dem Verfall des Adels, aus dem Erwachen des Proletariats erst synthetisch herauszufiltern hilft.

Historische Fairness ist also geboten.

Und Geduld: denn was sich später zur Spießigkeit denaturiert, ist hier noch eine Leistung.

Aber der Nachfahre kann jene schon allenthalben drohen sehen.

453.

Bei der Planung für das Bauprojekt *bonn kuan* erörtere ich auch Verbleib oder Absicherung meines technischen Geräts für den Fall eines Aufenthaltes in Europa. Wohin dann mit Fernseher, Telefon, Fax und Musikanlage?

So höflich wie konstruktiv geht Sawaang auf die Problematik ein, um sie dann aber abschließend aus den Angeln zu heben:

"Warum dann noch nach Europa?"

K. o.

O. k.

1 : 0.

454.

Was man hier wirklich lernen kann: daß prophylaktische Lösungen im Vorhinein unzulänglich bleiben müssen.

Erst die Improvisation *ad hoc* und vor Ort wird der akuten Situation gerecht und hat Chancen.

455.

Zu lernen in den *"Wanderjahren"*:

die Dramaturgie eines Briefwechsels. Kein stupides Hin und Her, sondern Zickzack, aber unregelmäßig, unter Einbezug Dritter und Vierter über den Ersten, schließlich ein Brief des Lesers dieser Briefe über diese Briefe.

Ein kleiner Kosmos: über eine Nichtigkeit (Erstes Buch, Sechstes Kapitel).

456.

Bestechend ist die Kultur der Figuren in diesen *"Wanderjahren"*:

auch die kritisch Gesehenen, die Fehlerhaften, Anfechtbaren, Fragwürdigen, also alle – von hohem Niveau, wie sich das 170 Jahre später in der deutschen Gesellschaft nirgends mehr finden lassen dürfte.

Ob sie sich damals so häuften, ist anzuzweifeln. Aber selbst wenn der Roman insofern als positiver Zerrspiegel fungiert und eher eine Utopie beschwört als die soziale Realität:

ein Märchen ist er mitnichten. Solche Figuren waren zu seinen Zeiten nicht so vollkommen unauffindbar wie heute.

Wo sind sie geblieben: in Waterloo, Langemarck, Stalingrad, Auschwitz, Hiroschima?

457.

Goethes brauchbares Adjektiv *"zeitbürtig"* ist ebenso ersatzlos verloren gegangen.

458.

Gebranntes Kind scheut das Feuer.

Also scheut es auch auch Nesselfeuer.

Also auch Quallen und Quallenähnliche.

Auch imaginäre Quallensalate.

Gebranntes Kind scheut also derzeit den ganzen *Indischen Ozean.*

Also ab zum *Pazifischen!*

Bangkok, 5. Januar 1999

459.

Spätestens als pünktlich zur Zeit des planmäßigen Abflugs nach Melbourne dessen jedenfalls dreistündige Verspätung angekündigt wird und ein Chaos an widersprüchlichen Informationen vierhundert Passagiere aus aller Welt erschreckt, verärgert, amüsiert und verunsichert – ,

spätestens jetzt fällt mir Sawaangs Geständnis ein, kein gutes Gefühl zu haben, was diesen Flug betrifft: *ich solle mir auf jeden Fall die andern Fluggäste ansehen; seien zu viele US-Bürger dabei, sei die Gefahr eines islamistischen Terroranschlages nicht eben klein. Sein Gefühl, wie gesagt, sei da gar nicht gut.*

US-Bürger allerdings haben hier wohl gar nicht oder kaum eingecheckt. Aber die Techniker scheinen nicht eben klar zu sehen, welchen Umfang der angebliche Defekt hat. Also scheinen sie die Ursache gar nicht zu kennen.

Vielleicht ist es ja tatsächlich eine Bombendrohung.

460.

Während ich mich nach dem informierenden Anruf in Melbourne um die liegengebliebene Brille von sonstwem kümmere, lasse ich selbst meine eigene Bordkarte am Postschalter liegen und sehe sie erst nach kurzer Panik unbehelligt dort herumliegen. Auf einem Weltflughafen mit Tausenden von Reisenden und derzeit ganz besonders sensiblen Sicherheits- und vielfach wiederholten Paßkontrollen kommt das einem Identitätsverlust gleich.

461.

Eine neue helle Erfahrung inmitten all der Konfusion: allenthalben lösen die buddhistischen Amulette, die mir meine hiesigen Freunde nach und nach geschenkt und gleich umgehängt haben, beim Personal dieses riesigen Weltflughafens jählings aufleuchtende Gesichter, freundliche Worte und herzliche Komplimente aus.

Eine verschworene Kumpanei des guten Geistes freut sich da aneinander und an ihrer Gemeinsamkeit.

Christen mit umgehängten Kruzifixen fraternisieren nur schwerlich so.

462.

Jetzt, heißt es, fliegen wir gleich; aber andere sagen, wir fliegen gar nicht.

Das Thai-Personal, das genial improvisiert, aber miserabel organisiert, ist überfordert.

Seine Stunde kommt noch.

Bangkok, 6. Januar 1999

463.

Zum zweiten Male also Bangkok früh morgens um halb fünf. Aber diesmal ohne Sawaang, ohne Hmuh und ihrer beider Charme, ihre Wärme, ihren Schutz.

Meine Seele könnte den brauchen. Auch die Frühwärme jenes Tagesanfangs in fernem April. Heute schnattert man rechtschaffen in der morgendlich falsch dosierten Klima-Anlage des Flughafens. Ich friere in *Grung Teep*.

464.

Eine halbe Nacht jedoch im *"Rama Garden Hotel"* mit seinen vielen Sternen, aber ohne Gepäck, ohne Paß und ohne Aufenthaltsgenehmigung. Der manisch individuelle Einzelreisende wird zur Nummer 209 inmitten einer vierhundertköpfigen Reisegruppe. Entsprechend oft und entsprechend lange muß er Schlange stehen und beweisen, daß er gelernt hat, was man in Thailand *oht* (mit offenem O) *tonn* nennt, *oht tonn*: Geduld.

Meine Amulette, die von einem älteren proletarischen Omnibusfunktionär sogar aufleuchtend und sehr, sehr anerkennend mit einem *wai* gegrüßt werden, helfen dabei mit Erinnerungen.

Auch Vertrauen in das unorganisierte Improvisationstalent der Thais ist vonnöten. Zwar gilt es wieder und wieder, lange Schlangen zu überstehen; aber wo zu flugplatzgemäßeren Tageszeiten grimmige Wiraponns und andere Hüter einer korrupten Ordnungsmacht die Herzen der Reisenden grundlos verängstigen und schneller schlagen lassen, haben jetzt in deren schlafender Absenz die Jungs und Mädchen der Thai-*British Airways* vierhundert Reisepässe aus aller Welt auf dem Fußboden ausgebreitet und finden den benötigten anhand eines vorgelegten Zettels mit handschriftlich gekritzelter Nummer fix heraus.

Mit Sicherheit gibt es dabei keine Panne.

465.
Schließlich ist heute der 6. Januar: epiphanischer Jubeltag meines Wiedertreffens mit Sawaang vor nunmehr schon fünf Jahren.

Drei Heilige Könige: wer ist nun der Dritte – Jeff? Erst mal da hingelangen.

466.
Wo neulich der Vollmond über all den riesigen Jumbos dieses Flughafens aufging, tut das heute die Sonne: ebenso voll und rund, auch ebenso rot, aber kleiner, viel kühler und distanzierter.

Sie schont sich noch, sie dosiert, um später nur umso gnadenloser auszuteilen: was wohl an mich nun?

"Why do you go to Australia? You better stay here."

467.
Die Maschine scheint kaum Amerikaner zu befördern, dafür viele Slawen,

die den Globus zur Zeit wohl nicht gefährden, aber ihre Umgebung mit hemmungslosem Gebrüll sogar in aller Herrgottsfrühe molestieren. Sie führen sich noch als Weltmacht auf, aber sind wohl nur unsensibel.

Und gnadenlos häßlich.

468.

Wie viele undechiffrierbare Sprachen es auf diesem Globus gibt.

Fast spricht ja jeder, wie er will.

Was das bloß soll: nur jene babylonische Verwirrung?

469.

Ein altes Bäuerlein vermutlich aus den Karpaten oder dem Kaukasus und in robuster Strickjacke von ebendort, kennt überhaupt kein Idiom dieses Universums außer seinem eigenen Gebirgsdialekt: den er aber wohl als Einziger noch versteht und spricht.

Wie er damit Annullierung und Verschiebung unseres Fluges begriffen und mitvollzogen hat, mag zu den Weltwundern gehören.

Tollkühn sucht er jetzt Kontakt mit jedwedem: wohl wie in seinem Heimatdorf.

Nun auch im Weltflughafen Bangkok.

Wie schön.

Hoffentlich auch für ihn: und seine Kinder erwarten ihn in Melbourne in seiner verschollenen Muttersprache!

Er hilft mir sogar beim Aufschultern des Gepäcks und lächelt kaukasisch intim: vielleicht ein entfernter Verwandter?

Flug Bangkok - Melbourne, 6. Januar 1999

470.

Wie auch das übermüdete Gehirn eines völlig erschöpften Körpers seine

Domäne weiterbeherrscht, als sei alles in bester Ordnung: das Formulieren
sprudelt wie an den wachsten, an inspiriertesten Tagen.

471.
Die für das Buch *cosa nuova* geplante Figur des Einen, der allen ins Herz
schaut, gibt es also natürlich auch schon in den *"Wanderjahren"*: Makarie.

*"Es war, als wenn sie die innere Natur eines jeden durch die ihn umgeben-
de individuelle Maske durchschaute."*

472.
Wie die brutal verkürzte Nacht in Bangkoks königlichem *"Rama Garden"*
schon zuvor halbiert worden war: durch eine vermutlich allergische Bron-
chienattacke.

Falls die nicht durch die Sauerstoffarmut dieser Stadt ganz prinzipiell verursacht wurde und eigentlich ein Erstickungsanfall war, wurde sie vielleicht
durch die neun diversen Klima-Anlagen dieses Tages ausgelöst.

Oder durch die Plastik in Hausrat und Dekor des Königspalastes.

Oder es war nach sieben Wochen Freiluftlebens der Schock, hinter unöffen-
baren Fenstern als Gefangener schlafen zu müssen.

Die Attacke war aggressiv und schleimig, aber früh um halb vier zu Ende.

Melbourne, 8. Januar 1999
473.
Bei der Einreise nach Australien sagt der polizeiliche Paßkontrolleur als erstes *"How are you?"*

"Fine."
"Oh, that's fine."

Kleine Pause. Dann ich, mutig:

"And you?"
"Oh, not so bad."

Dann haben wir eine ebenso höfliche kleine Diskussion über die gute
Adresse meiner Gastgeber in Mentone, aber auch über meine mitgebrachten
Kekse: woraus sie bestehen, wo ich sie gekauft habe. Die Einfuhrbestim-
mungen sind in diesem Erdteil rigoros, weil es hier Maul- und Klauenseu-
che, Tollwut und manche sonstige Krankheit der anderen Kontinente effektiv noch nicht gibt.

Dabei soll es möglichst auch bleiben.

474.

Das vorläufig zutreffendste Epitheton für dieses Melbourne und meine
Gastgeber, wenn nicht gar für das ganze Land scheint mir derzeit die Vokabel *generous* zu sein: generös. Hier wird nicht gegeizt, gespart, gerafft, sondern ausgebreitet, ausgelebt. Alles ist großzügig. Keine Enge herrscht.

Wer viel Raum hat, muß zu dessen Bewältigung viel Zeit haben. Beides ist
hier opulent vorhanden. Niemand hetzt. Die Atmosphäre ist ruhig, aggres-
sionslos, friedlich.

Auffällig anders als in allen sonstigen Riesenstädten des Planeten heute.

475.

Jeff bezeichnet Australien als den derzeit umfassendsten "Schmelztiegel"
der Welt. Das ist hier nicht mehr ein muffig-naiver Ableger des victorianischen England, sondern ein Sammelbecken wirklich aller Hautfarben, Religionen, Rassen, Sprachen, Kulturen.

Insofern ein Querschnitt, der durch die Toleranz der Einwohner besonders
repräsentativ sein dürfte. Niemand wird hier verachtet, unterdrückt oder als
outcast behandelt.

Sogar Serben und Bosniaken leben hier in einem Frieden miteinander, den
sie zu Hause schwerlich finden.

476.

Erst der hiesige *"shrine"* als Kriegerdenkmal belehrt mich über den Einbe-

zug dieses scheinbar immer außerhalb liegenden Landes und Volkes in die
beiden Weltkriege.

Daß in deren erstem die Australier für das Empire abstrus in der Türkei blu-
ten mußten, ist mir jetzt wieder erinnerlich, ihre akute Bedrohung durch die
Japaner *anno* 1942 aber völlig neu. Zunächst hatten sie auf Neu-Guinea gegen diese Invasoren anzukämpfen versucht und waren schon bereit, die
nördliche Hälfte ihres wehrlosen Kontinentes an das militante Nippon abzu-
treten, als die *US-Navy* intervenierte und die Japaner auf ihre Inselchen zu-
rückscheuchte. In Vietnam hat Australien diese Bündnistreue später mit eigener Solidarität vergolten.

Alles das ist in Europa wenig bekannt.

Unser Spott zum Beispiel über amerikanische Unbildung und *splendid isolation* sollte sich also in Grenzen halten.

477.
Die Tränen in Jeff's Augen, als ich ihm erzähle, wie in *Buenos Aires* noch
anno 1964 deutsche Juden und deutsche Nazis nebeneinander im *Deutschen
Theater* saßen, von der Bühne deutsche Sprache und Literatur vernahmen
und alle miteinander heulten.

Hierüber heult nun 35 Jahre später noch im südlichen Australien einer, der
weder Deutscher noch Jude noch Nazi noch auch Theatermann oder Literat
ist.

478.
Auf dem hiesigen *Queen Victoria Market*, wo es alles gibt, erwerbe ich einen authentischen Bumerang. Ihn verkauft mir glaubwürdig eine Aborigi-
nes-Frau, die mir, klug und sympathisch, sogar mit einigen deutschen Brok-
ken die Bemalung dieses genialen Gerätes in den symbolischen Farben ihres Stammes erklärt: *schwarz seien die Menschen, weiß hingegen die Geister*.

Sie erklärt auch den Mechanismus dieses Wurfgeschosses: *45 Grad gegen
den Wind, leicht angewinkelt.*

Jeder Stamm der Aborigines, referiert sie dann anhand entsprechend bemalter Keramik, *habe eine Tierart zu erbeuten sich strikt untersagt. Damit die dann nicht überhand nehme, sei sie von allen andern Stämmen ringsum durchaus gejagt worden.* Von denen hatte jeder ein anderes Schontier. So wurde die Balance des Ganzen erhalten.

Diese Art Gesamtverantwortung gemahnt durchaus an die Indianer des präkolumbianischen Amerika.

An die herrschende weiße Rasse und Klasse hingegen weniger.

479.

Wie oft sich Goethe im *"Wilhelm Meister"* scheut, seinen Figuren einen Namen zu geben, als fürchte er eine Festlegung, ein allzu intimes Beschäftigen mit Personen, die er nur als Funktionäre benötigt. Am liebsten bliebe er wohl immer bei so unverbindlichen Bezeichnungen wie *Der Graf, Der Baron, Der Oheim, Der Alte, Der Major, Der Marchese.* Mehr will er eigentlich gar nicht wissen, auch nicht verraten.

Es genügt auch völlig.

Oder scheut er die Entscheidung, die ein Name immer bedeutet?

480.

Wie mich heute auch in einer so profanen Stadt wie diesem Melbourne eine chinesische Opal-Verkäuferin auf dem *Victoria Market* erfreut auf meine buddhistischen Amulette ansprach, die sie auf den ersten Blick erkannte: sie bezog sich dabei auf buddhistische Tempel im heimatlichen China.

481.
These:

Diese Stadt, gar dieses Land ist ohne Geheimnis.

Da das nicht sein kann:

die Menschen hier leben ohne Geheimnis. Sie übersehen, sie ignorieren es. Sie glauben, es nicht zu benötigen.

Wie vielschichtig sich dagegen plötzlich das Volk der oberflächlichen Thais abhebt. Was für Mystiker Joht und Ridd daneben sind!

Die flache Genügsamkeit der Bürgerlichkeit.

(Zur Wiedervorlage am 28. *huius*!)

482.
Jeff verweist vermutlich zurecht und begründet darauf, *daß neben der unangefochtenen Legitimität meiner Kritik an Amerika und seinen Dogmen gerade da auch immer das Gegenteil wahr sei.* Er besteht auf einer Fülle von Vorzügen neben all den zugestandenen Abscheulichkeiten dieses Landes, Volkes und Systems.

Überdies sei alles in jedem der fünfzig Staaten anders als in allen andern.

Das ist fundierter als nur eine allgemeine Ausgewogenheitsmasche. Denn an Schweden, wo er gerade lange gelebt hat, läßt er kein gutes Haar.

Er glaubt auch an eine resolute Reaktion des amerikanischen Volkes bei den nächsten Wahlen auf all die derzeitigen Machenschaften gegen seinen Präsidenten.

Wait and see.

Melbourne, 9. Januar 1999

483.
Daß das Angelsächsische und das Thai einen leicht verwechselbaren Laut für das Sterben entwickelt oder gefunden haben: *die* und *daai*.

Zumal im zugänglicheren Englisch verwundert er. Denn er ist ohne Parallelen in andern romanischen und germanischen Sprachen.

Highfield auf Peninsula Mornington, (noch) 9. Januar 1999

484.
Eukalyptuswälder, hügelige Steppen in goldenstem Lichte, Känguruhherden, Eukalyptuswälder, Aboriginesplätze, ein erster Papagei am wolkenlos

blauen Himmel, der Ozean, einer der drei südlichsten Punkte dieses südlichsten Erdteils, hügelige Steppen in goldenstem Lichte, Aborigines-Klettertritte in uralten Baumstämmen, Eukalyptuswälder mit schilfig blühenden Grasbäumen.

Dieser *Wildlife Officer* Scott und seine Frau Melissa.

Nachts unter makellosem Sternenhimmel der südlichen Hemisphäre wieder Eukalyptuswälder, geblendet angewurzelte Känguruhs einzeln oder als kleine Gruppen in unserm Scheinwerferlichte und zum Anfassen nah, mit dem Landrover querfeldein, wieder Känguruhs, deren Verwandte, die Opossums, paarweise hoch in den Eukalyptusbäumen, Kaninchen als schädliche Landplage, Känguruhs, Eukalyptus und wieder Opossums, jene winzigen Baumkänguruhs mit ihren Affenschwänzen und Rattengesichtern.

Diese Halbinsel hat noch Geheimnisse.

Scott und Melissa sind buddhistisch stark infiziert.

485.
Das australische Geld ist aus Plastik hergestellt.

486.
Thailand bezieht seine 50-Baht-Scheine, die aus Plastik sind, ebenfalls von hier.

487.
Jeff nennt Geldleute oft die *"plastic people"*.

Cape Woolamai auf Phillip Island, 10. Januar 1999
488.
Auch in Highfield wachte ich heute mit Hahnenschreien auf.

489.

Es gibt in diesem Victoria auch eine rein deutsche Ortschaft namens Hahn-
dorf.

490.

Wenn Thais sich unterhalten, verstehe ich kein Wort; wenn ich meinerseits
was anmerke, ist es egal, ob ich Englisch oder Thai spreche: außer wenigen
Klugen verstehen die meisten kein Wort.

Wenn sich nun hier die Australier unterhalten, verstehe ich auch kein Wort;
wenn ich dann meinerseits etwas anmerke, unterscheidet es sich von ihrem
Idiom so elementar, daß ich damit rechne, wieder mal mit keinem Wort verstanden zu werden.

Aber nicht nur haben sie dann immer alles problemlos und auf Anhieb verstanden: sie loben sogar überschwänglich mein gutes Englisch.

Trotzdem sind die Unterhaltungen hier Drahtseilakte: weil ich des australisch Gesagten nie ganz sicher sein kann.

491.

Dennoch führen Jeff, Scott und ich in Highfield mehrere lange und sehr ernste, elternhafte Gespräche über unser Sorgenkind, die Welt.

Es geht um den Kollaps des Kapitalismus, die Überbevölkerung des Planeten und die chinesische Gefahr, eine neue Hitler-Gefahr, die Nuklearkriegs-
gefahr, die Gefahr einer Selbstzerstörung der Menschheit und besonders
lange um das historische Massaker an den Aborigines.

Jeff macht den *advocatus Diaboli* und liefert die jeweils unterschlagenen,
zumal die ökonomischen Gegenargumente.

Daß es in Thailand keine Gespräche über solche Themen gibt, ist klar.

Aber auf solchem Niveau erlebe ich sie auch in Deutschland nicht.

492.

Zwischendurch fahren wir im Landrover wieder querfeldein den Känguruhs nach, dann ans Meer, dann in einen Eukalyptushain, den die Koalas wegen seines schattenspendenden Laubes zum Schlafen bevorzugen.

Schon gleich unter dem ersten Baum entdecken wir hoch in einer Astgabel solch einen Schläfer.

Aber als Scott dann die Laute eines männlichen Rivalen zu imitieren weiß, hebt er sofort den Kopf und ist hellwach.

493.
Von den Aborigines, weiß Scott auch, daß sie nicht nur durch Verschonung ihres Stammtieres zum Gleichgewicht der Natur beitrugen, sondern für dieses Tier auch zu sorgen hatten.

Jeder einzelne Aborigine hatte auch ein Tier als Totem. Jeder ein anderes. Einer, dessen Totem zum Beispiel das Känguruh war, durfte keine Frau heiraten, deren Totem gleichfalls ein Känguruh war.

Cape Woolamai auf Phillip Island, 11. Januar 1999

494.
Das heutige magische Datum: 11. 1. 1999.

495.
Die Aborigines, weiß Jeff, hatten, anders als Indianer und manches sonstige Naturvolk, keinerlei Stimulantien.

Jetzt gehen sie am Alkohol zugrunde.

496.
Wie sich bei aller gebotenen Anpassung an die diversen *ambienti* einer solchen Reise ein Ritual wie meine kreative Gestaltung von Morgen- und möglichst auch Vormittagsstunden überall und unter allen Umständen listig und unaufhaltsam durchzusetzen weiß, fast brutal.

So stark ist das Bedürfnis danach. Da ist die sonstige Flexibilität plötzlich
nur noch gering.

497.
Jene angriffslustige Tigerschlange an unserm Wassertank in Highfield.

498.
Der kanadische Zeitkritiker und Bestseller-Autor John Ralston Saul bezeichnet die unpolitischen Hedonisten unserer Tage als *"lazy victims"*.

499.
In einem Interview mit der heutigen Ausgabe von *"The Age"* sagt dieser
Saul auch, 2700 Jahre nach Homer

"our elites tell us again that the gods rule.

Only the new gods are the markets."

500.
Saul, *dito*, wörtlich über die Demokratie:

*"The practical advantage of democracy is that your intelligence really lies
in the population. If you don't believe that, then why do you want to live in
a democracy? If you don't believe, that the collective unconscious is the
source of the greatest intelligence, then we are wasting our time."*

501.
Über das Mittelmaß daselbst jedoch:

*"I look around at the people running the big banks [...] and these are not
the brains of the country. This is mediocrity, in general.*

*And the reason is that a society based on self-interest almost automatically
pushes to the top the more mediocre, because they are the least dangerous
to the structure, the least likely to question."*

502.

Wie dieser kluge, scharfsinnig folgernde und belesene Jeff mit seiner australisch-amerikanisch doppelt angeborenen Staatsbürgerschaft trotz allem noch immer nationalen Denkkategorien verhaftet bleibt.

Er liefert insofern den repräsentativen Beweis für die Schwierigkeit, solche chauvinistischen Koordinaten zu überwinden.

Das scheint, überrascht mich, derzeit fast noch unmöglich.

Trotzdem ist es der einzige Weg aus dem ganzen Dilemma hinaus.

Er wird auch beschritten werden.

Irgendwann mal.

Jeff indiziert die Weite dieses Weges, der mir selbst so nah und plausibel scheint.

503.

Scott Falconer, dieser *Wildlife Officer*, war, rundet Jeff später ab, einer der führenden Werbefritzen wenn nicht gar ganz Australiens, so doch jedenfalls Melbourne's: dick und steinreich.

Heute betet der abgespeckte 31jährige täglich, hat ein buddhistisches Meditationszimmer mit kultisch-magischen Requisiten der Aborigines, ist militanter Ökologe, schenkt mir ein alternatives Buch über *"Future Eaters"* und meldet schon jetzt sein Interesse an der Geld-Kritik in meinem Buche *cosa nuova* an.

Ein Hoffnungsträger.

504.

Vorhersage:

Die derzeit beratenden US-Senatoren werden diesen Clinton aus dem Präsidentenamt vertreiben.

Plötzlich glaube ich, daß das sein muß.

Solch ein Mann ist auch zu gut für dieses System.

Es muß solch ein Opfer haben, an dem es sich für Impulse eines alternativen Fortschritts rächen kann. Der Mord von Dallas wird subtiler wiederholt.

Und die andere Seite braucht dringend einen Märtyrer. Ein Mann mit dem Charisma Clinton's ist dafür prädestiniert.

Sein Sturz dürfte dann jenen Niedergang von *USA* und Kapitalismus, wie wir ihn täglich hier als unvermeidlich erörtern, beschleunigen und seinem dramatischen Finale entgegentreiben.

505.
In der pöbeligen Inselmetropole Cowes gestern abend findet Jeff, dieser rationale Apologet des *common sense*, von sich aus zum Fazit, *daß unsere Gesellschaft ihren Religionsverlust nicht verkrafte.*

Sie habe ihre Religion gegen das Fernsehen eingetauscht und ihre Gemeinsamkeiten gegen das Alleinsein vor der Glotze.

506.
Wie Goethe sich auch in seinen *"Wanderjahren"* den Teufel um obligate Expositionen schert. Was er jeweils braucht, taucht ohne jede "elegante" Vorbereitung *ad hoc* auf: dann ist es da und wird ausgebaut, *basta.*

507.
Wie die miserable hiesige Gastronomie oder deren Kundschaft sogar die Italiener in die Knie zwingt: selbst eine *carbonara* von italienischsprachiger Karte ist kaum genießbar, das Brot eine Zumutung.

Keiner merkt es, keiner ist hier was Besseres gewohnt.

Aber die *Australische Kultur* wird selbstbewußt hoch bewertet.

508.

In diesem Erdteil gibt es, lese ich, noch mindestens sechshundert unbekannte, nicht klassifizierte Spinnenarten.

Hoffentlich lassen die mich allesamt in Ruhe.

509.

Jeff's erstaunlich hohe Gesprächskultur.

Cape Woolamai auf Phillip Island, 12. Januar 1999

510.

Die bedenkenlose Häßlichkeit der hiesigen Menschen übertrifft alles Bisherige (und sogar jene slawischen Passagiere der *British Airways*):

Zerrspiegelkreationen. Deix-Modelle, Monster.

Wie sie sich je zu Kopulationen stimuliert fühlen mögen, scheint das große hiesige Geheimnis zu sein.

511.

Auf den Überlandkabeln am Straßenrande zwei Papageien;

über uns ein techtelndes Habichtpaar;

an der Brücke zwischen *Phillip Island* und dem Festland die Pelikane;

aus dem Kornfeld neben uns erhebt sich ein Adler.

512.

Im etwa neunzigjährigen Pub in Wonthaggi, dem ersten seiner Art mit Flair und Stil, über der Theke ein Schild: *"Silence during the races please."*

Es meine, weiß Jeff, *daß in der Kneipe Ruhe zu herrschen habe, wenn im Fernsehen Pferderennen gezeigt werden.*

513.

Die absolut unmenschlichen Arbeits- und Aufenthaltsbedingungen in der Kohlengrube *State Coal Mine*, wenig außerhalb von Wonthaggi. Die Dunkelheit, die Nässe, die Explosionsgefahren, die Rattenplage (Klo und Lunchraum), das tägliche Pensum, all das von 1909 bis in die späten sechziger Jahre unseres Säkulums hinein: kaum glaubhaft und die unverdienten Privilegien der eigenen Existenz erneut offenbarend.

Bis zu zweitausend Bergarbeiter waren hier tätig: in der größten Kohlengrube Australiens, wenn nicht gar der Welt.

Ein anderes Golgatha.

514.

Die beispielhafte Expreß-Kasse des Supermarktes *Safeway* in Wonthaggi: für eilige Kunden mit nicht mehr als nur acht Artikeln in ihrem Einkaufs-Korbe.

Warum gibt es das in dieser ehemaligen Bergarbeitersiedlung im äußersten Süden Australiens, schon halbwegs in der Antarktis, nicht aber in der Filiale derselben Firma im Hamburger Eppendorf?

515.

An den zahllosen hiesigen Stränden, sämtlich naturbelassen, sind Hunde strikt verboten. (Aber nur bis 17 Uhr!)

Aus ähnlichen Gründen fassadenhafter Sauberkeit gibt es keinerlei Strandkioske. Deren Müll und die Abfälle ihrer Kundschaft sollen vermieden werden.

Tatsächlich sind diese Strände in all ihrer Endlosigkeit so plastikfrei und sauber wie auch Camping- oder Picknickplätze und das ganze übrige Land. Hier bleibt nichts liegen.

516.

Jeff berichtet vom amerikanischen Börsenexperten Soros, der die Aktienmärkte insgesamt für überteuert hält: bis zum Vierfachen ihres realen Wertes.

Wenn die Massen anfangen, Aktien zu kaufen wie jetzt allenthalben, *sei das der Anfang der finalen Baisse, eines Crashs.*

517.

Das Bild der Queen als des offiziellen Staatsoberhauptes erscheint hier schon nur noch auf Münzen und Fünf-Dollar-Scheinen. Alle höherwertigen Geldnoten tragen das Konterfei eingeborener Prominenzen.

Im November soll ein Referendum über die künftige Staatsform und das hiesige Schicksal der Windsors entscheiden. Jeff's Stiefvater Val, ein Versicherungsmakler, plädiert dafür, jegliche Veränderung zu vermeiden.

Freilich ist das *United Kingdom* hier keine fremdbestimmende Kolonialmacht wie anderwärts, sondern für viele Bewohner das Mutter- oder Vaterland, die Heimat und das Bindeglied zum bewunderten, zum zumindest respektierten Europa. *Buckingham Palace* mag in dieser Diaspora das Symbol für die Zugehörigkeit zur kultivierten Welt sein.

Junge Leute wie Jeff wollen davon nichts mehr wissen oder sehen in der Globalisierung einen zeitgemäßen Ersatz für das Commonwealth.

Jeff setzt nicht mehr auf die Windsors, sondern aufs Internet.

518.

Diese *Phillip Island* vorgelagerte Felseninsel mit den Robbenpopulationen: durch wohlorganisierte Binokulare zu Hunderten auszumachen.

Sie sind die beliebteste Nahrung für die *Weißen Haie* ringsum, deren Zähne man im Souvenir-Shop an Halsketten kaufen kann.

519.

Jeff's Trauma von seinen Aufenthalten in Schweden. Seine Schilderung der verblödet sprachlosen Männer dort, der allgemeinen Unfreundlichkeit und

Lebensfeindlichkeit, jeder irgend denkbaren Unbill, Erschwernis und Widrigkeit.

Ein außer- und uneuropäischer, ein extrakultureller Vikingerhorror, den Jeff *"Gulag"* nennt.

Erlebt zuletzt im November 1998, als ich schon auf *Go Pih Pih* war: also grade eben.

520.
Wie sehr das die künstlerische, die persönliche Lauterkeit dieses Jeff Bird dokumentiert: sich als Anfänger für seinen allerersten Film just das Sujet dieser Kohlengrube in Wonthaggi zu erkiesen: wie unattraktiv das ist, wie medienspröde und undekorativ, wie unspektakulär.

Und daß er sich damit den *Goldenen Preis* des Dokumentarfilm-Festivals in Charleston / *South Carolina* geholt hat.

Und daß er auf eigene Faust sechshundert Exemplare dieses Films über ehemalige Bergarbeiter und ihre Grube als Videokassetten in Geschäften und per Versand verkauft hat.

Aber daß er aus hiesigen Filmkreisen zuverlässig zugesteckt bekommt, *er werde hier keinerlei Förderung für nächste Arbeiten erwarten können: allzu eigenmächtig habe er den ersten Film als Einzelgänger produziert und selbst finanziert; daß das auch noch erfolgreich war, mache ihn in seinem Lande unweigerlich zur* persona non grata.

Nun ist er auf dem Wege nach Washington, wo er dann aber, weiß er, die jüdische Mafia wird unterwandern, durchbrechen, gewinnen, erobern müssen.

So ist das alles.

Und so bekannt.

521.
Restaurants, gesteht mir Jeff, *habe es im traditionellen Australien überhaupt nicht gegeben: allenfalls Pubs, wie in* merry old England.

Erst die Immigration von Italienern und Griechen habe diese unaustrali-
sche Sitte hier eingebürgert.

Aber nicht eben allzu überzeugend: weder für die Australier noch für deren
Gäste aus kulinarischeren Ländern.

522.
Wer Thailand gegen Australien eintauscht, wechselt die Mückenplage gegen Fliegenschwärme aus.

Als "typische Handbewegung" der Nation gilt hier das Verscheuchen von
Fliegen.

Cape Woolamai auf Phillip Island, 13. Januar 1999

523.
In Tongebung und Sprachmelodie eines Idioms gibt es deutlich Nationalkli-
schees, die von jedermann übernommen werden. Das fällt mir im Thai so
auf wie im australischen Englisch, im Schwedischen wie im Französischen
und gilt vermutlich für alle Sprachen: ein Bereich des Unterbewußten und
der Horde.

524.
Die vorbildlich gebauten, gepflegten und beschilderten Landstraßen dieses
Kontinents sind leer. Stundenlang kein zweites Auto weit und breit.

Ein leeres Land mit leeren Straßen.

Aber diese Leere ist Fülle.

Cape Woolamai auf Phillip Island, 14. Januar 1999

525.
Mit welchen Schwierigkeiten die Zwerpinguine jeden Abend bei Sonnenuntergang zu kämpfen haben, wenn sie schlafen gehen wollen.

Um aus dem Ozean, in dessen kälteren Strömungen sie den ganzen Tag verbringen, zu ihren Erdlöchern in den Dünen von *Summerland Beach* auf diesem *Phillip Island* zurückzukehren, müssen sie zunächst die Brandung
überwinden, ihr dann entrinnen. Da sie die kleinsten Pinguine der Welt
sind, ist das bei starkem Seegang wirklich mühsam und dauert lange. Allzuoft nur werden sie, wenn sie es endlich geschafft haben und sich an Land zu
ihrer gemeinsamen Rückkehr mit den Augen geradeaus zu den Dünen auf-
bauen, von heimtückischen Wellen rücklings allesamt wieder ins Meer ge-
spült. Das sieht komisch aus, läßt aber den ganzen Kampf um ihren Land-
gang neu beginnen.

Oder sie treten, entronnen, zum gemeinsamen Rückmarsch an und bemerken, daß zwei oder drei Exemplare ihrer Gruppe noch im Meer sind. Dann
machen sie allesamt Kehrt und holen die Bummler aus dem Ozean ab: ein
neuer Zeitverlust!

Erst wenn sie vollzählig an Land und in Sicherheit sind, setzt sich der kleine
Trupp in Bewegung und watschelt über den breiten Strand zu den heimi-
schen Höhlen. Morgens kehren sie dann bei Sonnenaufgang wieder ins
Meer zurück.

Angeblich ist *Phillip Island* der einzige Ort der Erde, wo diese Pinguinparade allabendlich beobachtet werden kann. Gedimmtes Flutlicht am Strande
und Hunderte von Zuschauern aus aller Welt, namentlich aus japanischen
Reisebussen, stören sie ebenso wenig wie das kichernde Geschrei der Nip-
potinnen. Nur geblitzt werden dürfen sie auf gar keinen Fall. Auch das ist
den Japanern kaum klar zu machen.

Die ganze Prozedur zieht sich über etwa sechzig Minuten hin, allabendlich.

526.
Wie ich nach dieser Pinguinparade gute zwanzig Minuten auf einer Ver-
kehrsinsel mitten im finalen Kreisel der nächtlich finsteren und absolut
menschen- wie autoleeren Inselhauptstraße auf meinen Abholer Jeff warte:
vollkommen hilflos, einsam und ausgeliefert wirklich am Arsche dieser
Welt.

Freilich mit dem Wissen um Jeffrey's totale Zuverlässigkeit (die dann auch
tatsächlich nur von dummen Zufällen abgehalten worden war).

527.

Andern Tages dauert im Nationalpark "*Wilson's Promontory* (= Kap)" am
allersüdlichsten Zipfel Australiens unsere Dschungelwanderung ganze acht
Stunden, in denen wir 22 Kilometer zu Fuß bewältigen.

Da es kurz zuvor stark geregnet hat, sind sehr große Teile des Weges der
pure Modder. Einmal rutsche ich denn auch aus und falle in all meiner hellen Kleidung da bäuchlings mittenhinein. Im übrigen wird balanciert, ge-
sprungen, mit großen Ästen überbrückt oder halt unumgänglich hineinge-
patscht.

Aber auf dem Rückwege ist knappe zwei Stunden später der größte Teil des
Modders bereits getrocknet oder eingesogen und verschwunden.

528.

Diese Wanderung vom *Mount Oberon Carpark* über *Windy Saddle Eleva-
tion* (300 Meter hoch) zu *Sealers' Cove* ist ein Wunder an unverfälschter,
unberührter Wildnis, die sich im wesentlichen aus gigantischen Eukalyptus-
beständen mit eingestreut gigantischen Felsen, zunehmend auch aus Wäl-
dern gigantisch hoch anmutender Baumfarne zusammensetzt. Die Gebirgig-
keit des ganzen Geländes erhöht mit Schluchten, Abgründen, Bächen, Was-
serstürzen und Serpentinen den Eindruck ungetrübter Ursprünglichkeit.
Vollends das Sonnenlicht unseres Rückweges gibt alledem mit millionenfa-
chen Brechungen und Nuancen eine gänzlich unwirklich märchenhafte Ur-
weltlichkeit.

Gar das Ziel des Riesenstrandes von *Sealers' Cove*, der zurecht zu den
schönsten dieses Planeten gerechnet wird, vermittelt in seiner Weite und
Leere jenes Gefühl, das die Entdecker dieses Erdteils vor zweihundert Jahren gehabt haben mögen. Nichts hat sich seitdem verändert.

Wohl schon seit Jahrmillionen nicht mehr.

Tiere, die uns teils wirklich "über den Weg laufen": die fast angstlosen Wallabys (jene känguruhartigen Hüpfer mit rattenähnlichem Kopf), auch echte Känguruhs am Straßenrande, ein junger Wombat mitten auf der Autopiste, Papageien, gar jene schneeweißen großen Cockatoos, riesige Raben, auch variante Elstern und sonstige Vögel aller Art, mit absonderlichsten Rufen und Gesängen quer durch diese Wälder. Auch urweltlich furchtlose und metallisch glänzende kleine Echsen sowie eine Art Languste, mitten in diesem Dschungel auf dem Waldboden unterwegs und auch quicklebendig ungekocht bereits krebsrot. Drachen und Einhörner würden hier nicht überraschen. Denn auch die Gesichteten, zumal der Wombat, muten wie sagenhafte Zeugen eines andern Planeten oder Erdzeitalters an.

529.
Jeff referiert, daß *crap*, ein angelsächsisch umgangssprachliches Wort für Scheiße, vom Namen jenes Thomas Crapper abgeleitet wurde, der das Klosett mit Wasserspülung erfunden hat.

Das hat er nun davon.

530.
Noch komischer ist die Etymologie des Wortes *cunt*.

Im 19. Jahrhundert lagen alle wichtigsten Banken Londons in der damaligen *Cunt Street* und wurden, pauschal und kurz, *cunt* genannt. Als sie in einer Wirtschaftskrise fallierten, verloren viele ihrer Kunden das ganze Vermögen eben an diese *cunts*.

Da nun Frauen ihre Männer bisweilen gleichfalls um ihr Vermögen zu bringen wissen, wurde die Bezeichnung dieser Banken auch auf sie übertragen, zunehmend in abfälliger, schließlich in exklusiv genitaler Bedeutung.

Der Londoner *Cunt Street* mußte hiernach ein anderer Name gegeben werden.

531.
Eine dritte Dschungelgeschichte dieses Genres:

Das angelsächsische Lieblingswort *fuck* sei durchaus kein Sprachverwandter des deutschen *Fick*, sondern eine Abkürzung für *Forced Unlawed Carnal* **K**nowledge und bezeichne auf victorianisch penible Weise eine erzwungene, gesetzwidrige fleischliche Erfahrung, also eine Vergewaltigung.

Die meisten sonstigen *four letter words* des Englischen stammten von Geoffrey Chaucer, seien also hochkarätige Literatur, von derselben victorianischen Prüderie aber gleichwohl in Acht und Bann getan worden.

Die äußert sich zum Beispiel auch bei einem heutigen Australier ungeschmälert noch darin, daß er selbst während stundenlanger Dschungelwanderungen fern aller Zivilisation auf gar keinen Fall *"Ich muß mal pinkeln"* sagt, sondern unerschütterlich immer wieder und wieder *"Ich geh mir mal die Hände waschen"*: that *gentlemen's convenience chance*!

532.
Wie das hierorts geforderte und genötigte Gehirn einen Thesaurus an englischem Vokabular offenbart, der total überrascht. Aber er könnte nicht abgefragt werden, ist einzig im Notfall des Redeflusses jählings verfügbar: auf gespenstische Weise.

Andererseits verweigert sich da auch vieles plötzlich, was präsent sein müßte.

Dieses Silo folgt nur seinen eigenen Gesetzen. Die sind unergründlich.

Aber den Suchaufträgen kommt es auch hier bei den Gegenfüßlern, gleichsam auf dem Kopfe stehend, zuverlässig nach (gelungene Beispiele: *to have no notion; Milošević*).

533.
Die unvergeßliche Wolkenlosigkeit und blaugolden leuchtende Unermeßlichkeit des Horizontes ringsum bei der gestrigen Heimfahrt aus *"Wilson's Prom' "* noch nach Sonnenuntergang.

Und das Auftauchen fremder Silbergestirne an ungewohnten Orten.

(*Post scriptum*: Eben um jene *heure bleue* wurde ebendiese so verzauberte
Gegend von einem kleinen Erdbeben heimgesucht. Unser koreanisches Au-
tochen ignorierte das aber und verheimlichte es tapfer.)

534.

Wie auch ein so unabhängiger, mutiger und um seine Autonomie bemühter
Geist wie dieser Jeff noch, ohne es zu vermuten oder je realisieren zu können, in den Fesseln seiner australisch-amerikanisch bürgerlichen Gewohnheiten und Konventionen befangen bleibt. Sicher glaubt er sich so frei davon wie auch unsereins von den Seinen.

Solche Befreiung mag unmöglich sein: sie wäre das Abstreifen der eigenen
Kindheit und kann also nicht gelingen.

Das griffe in den *bios* ein, wäre also vielleicht gar letal.

535.

Der Begriff *bourgeois*, bestätigt Jeff eine Vermutung, ist im Englischen vorhanden, aber nicht allzu populär. Sehr viel üblicher sei dafür einfach *middle
class*.

Bürgerlichkeit und gar Spießigkeit sind als Wörter wie als Begriffe also
nicht vorhanden, ihr kritisches Potential erst recht nicht.

Oder eben das ist ein Beweis für angelsächsisch unreflektierte Bürgerlichkeit und Spießigkeit, die von sich selbst nicht wissen, weil sie dafür eben zu
bürgerlich oder zu spießig sind.

Jedenfalls ihr australischer Ableger legt das sehr nahe.

536.

Jeff's, dieses begeisterten Surfers und disziplinierten Gymnastikers überraschende Aggressivität gegen Sportsendungen im Fernsehen, inclusive in
dessen Nachrichten. Noch niemand zuvor attackierte sie so scharf wie richtig in all ihrer unbedeutenden Langweiligkeit: *das Ärgste sei, noch vor
Cricket und Tennis, das Pferderennen.*

Das ist in einem Volke, das allen Sport an die Spitze seiner Interessen placiert hat, nur umso erfreulicher.

537.
"Wilson's Prom' ", lese ich, ist insgesamt fünfzigtausend Hektar groß.

Selbst in dieser Provinz Victoria ist es aber keineswegs das einzige Gelände dieser Art und Größe.

538.
Auch Goethes Auslassungen über die Juden in der *"Pädagogischen Provinz"* seiner *"Wanderjahre"* (Zweites Buch, Zweites Kapitel) dürften in Scharfblick und vorurteilsfreier Neutralität ein Klassiker sein.

Dasselbe dürfte auf seine Einordnung Jesu unter die großen Weisen seiner Zeit zutreffen: im orthodoxen Sinne blasphemisch, trennt er dessen dienliche Lehren von der legendären Kreuzigung ab, für die *"nur wenige berufen"* seien, also eine Sekte, vielleicht von Masochisten. *"Und so ist sein Wandel für den edlen Teil der Menschheit noch belehrender und fruchtbarer als sein Tod"* (Zweites Buch, Zweites Kapitel).

Hierzulande würde man das heute als *common sense* anpreisen.

Das war es wohl jeweils auch dort und damals schon.

539.
Vielleicht repräsentieren hier die Fauna mit ihren Wombats und Wallabys, Koalas und Opossums sowie deren unermüdlich dargestellte, auch vermarktete Popularität jene anfangs vermißte Dimension des Geheimnisvollen.

Der Wombat im gestrigen Zentimeterabstand war unergründlich und rätselhaft wie kaum je ein anderes bekanntes Tier: was er überhaupt wahrnahm, was er dabei empfand?

Auch Scott Falconer's eingestanden unerschöpfliche Freude am Beobachten von Känguruhs und Opossums dürfte diese Vermutung als richtig bestätigen.

Psychische Flachheit wird durch solche Übertragung nach außen angereichert, ergänzt.

540.
Wer seine Stimmungen und Launen andern gegenüber nicht bemeistern kann, läuft Gefahr, mit seinen intellektuellen Fähigkeiten weniger hoch eingeschätzt zu werden als einer, der begreift, daß seine Mitmenschen hiervon nicht belästigt werden sollten, und ihnen das effektiv erspart.

Das ist eine Frage der Kultur, aber durchaus auch ein Gebot des gernzitierten *common sense.*

Dasselbe trifft auf Leute zu, die lieber wissentlich eine falsche Antwort geben als die Auskunft "Weiß ich nicht". Natürlich fliegt ihre falsche Antwort nur allzubald auf und entlarvt sie als Dumme, die nicht einmal wissen, daß jeder das Allermeiste nicht weiß. Das ist das Normale. Unser Wissen ist der Bruchteil eines Staubkorns.

Wer das nicht weiß und den Dr. Allwissend vortäuscht, ist ein ausgemachter Dummkopf. Meist spielt ihm die Eitelkeit diesen folgenschweren Streich. Er ist schwer zu reparieren.

Denn inzwischen hat er dann allzuviel von seinem ganzen Menschsein bereits offenbart.

541.
Wie sehr einen Schmerzen, die stark sind, in Panik treiben, wenn sie einen weder liegen noch sitzen, weder stehen noch gehen lassen.

Wohin dann mit einem? Kein Ort mehr auf Erden.

Vorspiel zum Tode: weg mit einem?

542.
Wenn Goethes Erzähler des *"Mannes von fünfzig Jahren"* was berichten muß, ohne innerhalb des Romans, also künstlerisch legitimieren zu können,

woher er es weiß, bedient er sich (im Dritten Kapitel des Zweiten Buches von *"Wanderjahre"*) einer listigen Zauberformel:

"Die geheime Geschichte sagt uns, daß ... ".

Damit geht alles.

Alles wird sogar viel interessanter.

Und wenn derselbe Erzähler nicht weiß, wie seine Geschichte im einzelnen weitergeht, schreibt er tollkühn:

"Wie dies geleistet werden konnte, zu entwickeln, würde zu weitläufig sein ...",

aber einem allzu diffizilen Ausgang entzieht er sich so:

"Wie sich nun der Freund aus einer solchen Verlegenheit gezogen, ist uns selbst unbekannt geblieben, und wir müssen diesen Fall unter diejenigen rechnen, über welche die Musen auch wohl einen Schleier zu werfen sich die Schalkheit erlauben".

Seriös und akademisch korrekt ist das alles nicht unbedingt, aber eben schalkhaft und musisch nur umso mehr.

543.

Was schon nach einer Woche in diesem australischen Kontinente überdeutlich ist: seine Bewohner sind nicht seine Geschöpfe.

Sie sind Fremde, Zugereiste, Invasoren, Unangebrachte, Deplacierte, ganz anders Programmierte. Die Australier sind in Australien Ausländer. Sie passen überhaupt nicht hierher. Sind sowas wie eine Besatzungsmacht.

Gegenbeispiele:

Die Thais sind in Thailand richtig.

Afrikaner sind in Afrika richtig.

Die Deutschen in Deutschland wahrscheinlich auch.

Die Australier sind es in Australien mitnichten.

Die einzige Aborigine, die ich hier bisher traf, eine angepaßte und durchaus kultivierte Person, war gleichwohl vollkommen einheimisch: eine Eingeborene, keine Fremde; und mit dem Charme des Genuïnen gesegnet.

These:

Auch die Nordamerikaner sind im Lande der Indios solche deplacierten Ausländer und Besatzer.

Wie kann sowas gut gehen?

544.
Das Beisichsein dieser schlafenden Koalas in den Astgabeln. Mit sich und der Welt ringsum im Reinen.

Ihre Friedlichkeit, ihr Vertrauen in den Eukalyptus-Kosmos, ihr Versunkensein, unstörbar.

Verinnerlichung, Burgfriede pur.

Cape Woolamai auf Phillip Island, 15. Januar 1999

545.
Wie schrecklich ist diese wohlgemeinte angelsächsische Redensart in Wahrheit:

"Help yourself!"

546.
Wie zerstörerisch diese Gesellschaft sein kann.

Aus einem hellen, heiteren, leuchtenden, liebenswerten und blonden Jungen in C-dur ist binnen nur sieben Jahren eine enttäuschte, verletzte, verbitterte, freud- und illusionslose rötliche Spitzmaus ohne jede Fröhlichkeit geworden.

Er ist einer von den vielen, denen diese Gesellschaft unmißverständlich mitteilt, daß sie sie nicht brauche. Aber nicht alle reagieren so verschreckt und zynisch. Manche lachen trotzdem weiter.

Vermutung: Gene und Elternhaus hatten hier nicht für genügend Widerstand gesorgt. Eine Kinderseele wurde schutzlos den Teufeln der Marktwirtschaft ausgeliefert. Sie erfror.

Gibt es Traurigeres?

547.

Austro-Amerikaner Jeff erinnert in seiner Chancenlosigkeit an die vielen andern potenten jungen Menschen, von denen ich schon aus Thailand und Deutschland weiß, wie sehr sie dazu verdammt sind, ihre Fähigkeiten nicht realisieren zu können: zum Beispiel Sawaang, Michael, Joht, Herbert, Ridd, Stephan, Hmuh, Martin, eigentlich auch Kadir. Fast kennt man schon mehr Perspektivlose als Glückhafte. Sie sind die wahrhaft Globalen.

Wenn das nicht die Sünde wider den Heiligen Geist ist ... !

Es genügt jedenfalls bei weitem, dieses ganze System schon für mißlungen zu erklären.

548.

Wie gnadenlos frauenfeindlich (oder nur enttäuscht?) diese sogenannte *Schöne Witwe* gezeichnet ist, die Goethe im *"Mann von fünfzig Jahren"* mit scheinbar höflicher Delikatesse beschreibt. Sie ist ein sanftes Monstrum: *"eine geborne Kokette"*:

"Sie war eins von den weiblichen Wesen, denen kein Mann entgeht."

549.

Thailand und Australien haben gemein, daß ihre Menschen freundlich, tolerant und unkompliziert, daß sie hilfsbereit, offen und wirklich umgänglich sind.

Trotzdem trennt sie allzu vieles.

Was die Thais im Übermaß haben, sind Charme und Wärme, Humor und Sinnlichkeit, Lebensfreude und Vitalität, sind Schönheit und Eros, sind Lust und Witz.

Alles das fehlt den Australiern so gut wie völlig.

Stattdessen sind sie charmelos und frigid, espritlos und antiseptisch, verkniffen und lustlos, prüde und häßlich, anämisch und fett, appetit- und freudlos. Ihre gelegentliche Lustigkeit grenzt ans Alberne, ihre Naivität an Einfalt: Karikaturen des John Bull, des Thommy; Klischees aus *"Merry Old England"*, albionische Deix-Modelle.

Die Thais sind verspielte Anarchen ohne jede Ahnung von bürgerlicher Ordnung; die Australier sind verspießerte Christen ohne jede Ahnung von Willkür und Spaß. Sie tragen victorianische Scheuklappen, wo die Thais gewitzt sind.

Symptomatisch ist hier die Unkultur des Essens, der Kleidung, der Körperlichkeit, des Dialekts. Alles ist unbemüht, unelegant, unappetitlich und plump. Alles stößt ab.

Die Thais gewinnen mit allem, sind Verführer. Das ist hier niemand.

Die Spannung zwischen diesen beiden Polen wird hier in meiner Seele täglich empfindlicher spürbar.

Aber warum vergleiche ich auch Unvergleichliches?

550.
Bei der Pinguinparade am *Summerland Beach* wachen Ranger darüber, daß niemand die Tiere mit Blitzlicht fotografiert. Es könnte sie für immer vertreiben.

Eine ältliche Japanerin auf der wartenden Zuschauerterrasse bittet im Dämmerlicht den jüngsten dieser Ranger, sie an Ort und Stelle zu fotografieren. Er lehnt es im Hinblick auf das vermutete Blitzlicht ab. Sie versichert ihm, ihre Kamera habe gar kein Blitzlicht. Also fotografiert er sie in Gottes Namen. Aber es blitzt. Sie hat ihn betrogen.

Die ganze japanische Horde johlt vor Schadenfreude.

551.
Das schauerliche Stöhnen der nächtlichen *mutton birds* oder kurzge-

schwänzten *shear-waters*, einer spezifisch tasmanischen Art von Sturmtauchern: wie Harpyien, Erinnyen, Boten des Hades, jammernde Seelen im Fegefeuer, Verzweifelte.

Was mag sie plagen, daß sie so schauerlich stöhnen? Es kann nur ihr ganzes Leben sein. Denn zweimal jährlich vertauschen sie dieses *Phillip Island* gegen die Beringstraße: also um jeweils siebzehntausend Kilometer. Da kann man wohl nur noch so stöhnen.

552.
Dieses *Phillip Island*, 120 Kilometer südlich vor Melbourne, ist das hiesige Sylt.

Es wurde am 5. Januar 1798, also vor fast genau 201 Jahr von ebenjenem George Bass entdeckt, nach dem hypertroph auch der ganze hiesige Zusammenfluß von *Indischem* und *Pazifischem Ozean* benannt ist: *Bass Strait*.

Vorher wurde die Insel Jahrhunderte oder Jahrtausende lang nur im Frühling jeweils von einem migranten Stamme der Aborigines besucht: den Bunurong.

Jetzt nicht mehr.

Melbourne, 16. Januar 1999

553.
Eben auf so archaïsch stigmatisiertem Platze wie diesem *Phillip Island*, dessen geologische Struktur und Optik auf ein Alter von runden fünfhundert Millionen Jahren veranschlagt werden, vollzieht sich mit Hilfe dieses Jeff mein Eintritt in unser Zeitalter informatorisch-kommunikativer Technologien.

Wie Internet und *E-mail* zu erwerben, zu installieren und zu benutzen sind, was hierbei ein Modem, was ein *website* ist und was die Weltfirma *Compuserve* anbietet, was sie berechnet; wie man überdies günstiger per *call back* und *US-"New World"* seine Auslandstelefonate führt, wie man Fotokopien mit Hilfe zweier Faxgeräte im *lap top* speichert und alles das nur mit zum Beispiel *Visa Mastercard* realisieren kann:

das lerne ich just im Woolamai der Bunurong-Aborigines zwischen Koalas, Emus und schauerlich stöhnenden *mutton birds*.

So muß es sein.

Und für ein Leben im Dschungel *bonn kuan* ist alles das unerläßlich.

In Hamburg (noch) nicht.

554.
Bis ins allersüdlichste Australien muß ich also geraten, um auf *Phillip Island* amerikanischem Fernsehen und endlich da auch einmal jenem legendären David Letterman zuschauen zu können, der mit seinen Sendungen unsern Harald Schmidt und dessen Redakteure unverkennbar beeindruckt und beeinflußt hat.

Aber was für eine graue Maus ist dieser Superstar. Ein gesichtsloser, provinzieller Buchhalter ohne jedes Charisma und ohne Charme. Ein Mr. Nobody höchstens aus Omaha.

Schon beim Auftritt seiner Gesprächspartner wird ihm räumlich, also redaktionell dazu verholfen, der Dominante zu sein, indem er den Gast über die Stufenkante eines unorganisch hohen Podestes sehr von oben herab begrüßt: wie in der Hierarchie von Katzen. Der Geladene weiß ab spätestens jetzt, wo sein Platz ist: unten; wo er auf jeden Fall kleiner ist als die graue Supermaus. Damit ist auch die Struktur des ganzen Gespräches vorgegeben.

Da dieser Letterman sich nicht entblödete, auch jetzt noch und vermutlich zum millionsten Male Bill Clinton's Sexualaffäre zu thematisieren, verlor er im südlichen Australien seinen neuesten Zuschauer sofort.

555.
Heute genau ist Halbzeit dieser ganzen Reise ins Allerentfernteste.

Also Zwischenbilanz.

Einsamer Höhepunkt: die bethlehemitische Liebe in Saithai zwischen Weihnachten und Neujahr, unüberbietbar, ein Lebenszenit.

Australischer Gipfel: die beiden Tage in Highfield als Melange exotischer Kontraste aus Eukalyptuswäldern, Känguruhherden, Opossumpärchen und hochfliegenden Gesprächen selbdritt.

Tiefpunkt und bislang einziger Schock: von Jeff's Eltern gleich am ersten Abend in Melbourne zum Essen eingeladen und nicht in ein sei es noch so australisch spezifisches Restaurant, sondern in einen Pub geführt zu werden, als sei das das Allernormalste auf dieser Welt. Das verschlug dem Ahnungslosen seinen Atem, ließ ihn fast die *contenance* und ganz die Orientierung verlieren. Es war *off limits* aller kulinarischen Kultur, auch Subkultur. Betriebskantinen wurden da zum lukullischen Gral. Da war ein ausgewachsener Känguruhsprung über den eigenen Schatten fällig.

Das georderte Känguruhfleisch war da schnell der einzig verbliebene Trost.

Jetzt also steht die zweite Halbzeit an.

556.
Mignon ist schon lange tot, da läßt Goethe sie, ihrer sichtlich bedürftig, in Kunst und Recherche eines Malers wiederauferstehen.

Erst jetzt fallen jene zu Lebzeiten ausgesparten Bezeichnungen wie *"das Knaben-Mädchen"* und *"der anmutige Scheinknabe"*.

Es läßt ihn nicht los.

Mir ruft das jenen schon vergessenen Kellner in einem Restaurant französischen Namens auf Puhgett in Erinnerung. Er war ein Mädchen.

Aber ohne Busen. Und sehr lang. Und mit männlichem Haarschnitt, männlicher Kleidung; einer Stimme *in between*.

"Sie ist ein Junge."

"Nein", sagte Jah, der sich im Leben auskennt und fast alles weiß, *"er ist ein Mädchen."*

"Du hast recht: ein Mädchen."

"Nein", sagte Jah, *"sie ist doch ein Junge."*

"Du hast recht. Nein, doch nicht: er ist ein Mädchen."

Es war vermutlich ein Junge.

Aber so jung, daß er selbst vielleicht noch nichts von seinen Problemen
wußte. Denn er war ein Mädchen.

Oder eben ein Scheinknabe, anmutig. Oder ein Knaben-Mädchen.

Es war Mignon.

557.
Das Personal des *"Meister"*-Romanes wird mit dem der eingestreuten und
autonomen Novellen bedenkenlos vermischt (zum Beispiel Wilhelm und
Hilarie/ *Schöne Witwe*).

Also werden die getrennten Realitäten aufgehoben, die Dimensionen und
Schichten schieben sich ineinander und sind identisch. Was einer erzählt
oder liest, begegnet ihm selbst, ist er selbst. Fiktion ist Dokument.

Alles ist eins.

Die Weichenstellung, das Mittel für so riesiges Abenteuer des Geistes: mi-
nimal, mit der Linken quasi, kaum wahrnehmbar.

Bravissimo.

558.
Jeff's bevorzugte Problematisierungen und seine deutliche Unlust an harmo-
nisierenden Lösungen lassen mich hier immer an Freund Fuffi denken.

Auch wenn Jeff, dieser geradezu ekstatisch passionierte Surfer, sich für seine wassersportlichen Orgasmen, die einzig ihn beglücken und die er provokant als Kunst bezeichnet, immer wieder bevorzugt jene entfernte *Cat Bay*
aussucht, *in der der* Weiße Hai *in ganz fürchterlichen Riesenexemplaren
aufzutauchen und zuzubeißen pflege.* Zwar überfliegen wachsame Helicopter die ganze Küste und spähen nach diesen Killern, aber im Ernstfalle wären sie wohl zu langsam oder sonstwie machtlos.

Bisweilen scheint Jeff mir mit dieser Gefahr zu liebäugeln, sie herauszufor-
dern, auf sie zu warten: *wenn die Menschen seine Leistungen nicht haben
wollen?*

Auch das ist fuffihaft.

Wie lehrt mich Fuffis Freitod, Jeff zu retten?

Gar nicht.

559.
Eine Zeitverschiebung wie die von Hamburg nach Melbourne ist gewaltig:
zehn Stunden.

Da beginnen die Tage zu purzeln, sich zu überschneiden, der Kalender fal-
liert. Hier ist heute Sonnabend: dort auch schon? Nein, heute früh ist dort
noch gestern abend. Was wird dort morgen abend sein? Holterdiepolter,
ljapkin-tjapkin, upside down.

Auch der Mond steht hier Kopf, die Sterne differieren. Auch die Astrolo-
gie? Die Aszendenten? Die Charaktere?

Oben ist halt nicht unten und Norden nicht Süden.

"Push on!" (= der *guide* im Bergwerk von Wonthaggi für *"Weiter!"*).

560.
Weitere Lehre des *"Meister"*:

Lücken lassen; leere Stellen, nicht ausgeführte Zusammenhänge, Löcher im
Erzählten; weiße Flecken. Sie beleben, regen an, strukturieren auch, geben
Kontur und machen lebensecht.

561.
Gebildet sein: dieser schwer übersetzbare deutsche Begriff (aus gebildeteren
Zeiten!) scheint auch eine spezifisch deutsche Fähigkeit zu bezeichnen.

Jeff ist ein Beleg dafür, daß zum Beispiel ein Angelsachse außergewöhnlich
belesen sein kann, ohne deshalb gebildet zu sein.

Der Belesene hat ein großes Wissen; der Gebildete hat es leibhaftig umge-
setzt; aus dem Enzyklopädischen ist Lebensart geworden – Kultur?

(Der etymologische Zusammenhang von *bebauen* und *bilden* oder *colere*
mit *Kultur*: da bleibt das Wissen sogar ganz außen vor!)

Melbourne, 17. Januar 1999

562.

In diesem Lande werden keine Trinkgelder gezahlt.

(Oder nur von meinem sparsamen *guide* nicht?)

563.

Als wir heute bei Ballaarat auf eine Führung durch die legendäre Goldmine
Sovereign Hill warten, wo 1851ff. der australische Goldrausch tobte, erwähnt Jeff Bird, der immerhin seinen ersten Film über das Bergwerk in
Wonthaggi gemacht hat, sein ganz zentrales Interesse für Vorgänge im Inneren der Erde: *sei es doch der Urgrund von allem; die eigentliche Heimat
und Basis, die Grund-Bedingung.*

Natürlich springt mir unverzüglich Goethes *"Wilhelm Meister"* mit seinem
Montanus und all dessen Inkarnation von seines Autors Affinitäten für Mi-
neralogie und Bergbau ins Gehirn: *"An und in dem Boden findet man für die
höchsten irdischen Bedürfnisse das Material, eine Welt des Stoffes, den
höchsten Fähigkeiten des Menschen zur Bearbeitung übergeben"* (*"Wanderjahre"*, Drittes Buch, Vierzehntes Kapitel).

Außerdem schäme ich mich für ein eigenes Defizit. Ich muß erst in dieses
ferne und nie gehörte Ballaarat kommen, das später auch noch als besonders
helle und schöne Universitäts- und Kunststadt überrascht, um durch Jeff's
Bemerkung eine eigene Unbildung und Interessenlosigkeit, eine Unterlas-
sung von Belang zu entdecken. Denn natürlich haben Jeff und Goethe recht:
was wäre schließlich elementarer als unser Erdboden?

564.

Mir fällt in diesem Zusammenhang auch ein ausgeplünderter Kohlestollen
in Wonthaggi ein, der bis zum Rande mit wildem Gesteinsgeröll und amorphen Erdmassen angefüllt war.

Der Führer (mit seinem stereotypen *"Push on!"*) informierte, daß nach Entfernen der Stützmechanismen keineswegs zuerst die Decke des Stollens einstürze, auch nicht die nunmehr unbehinderten Seitenwände; sondern als erstes beginne sich der Boden zu heben: Mutter Erde rumore und begehre gegen all die Unterdrückungen und Plünderungen auf.

Weil sie lebt.

Sie ist in Bewegung.

Sie atmet.

Sie fühlt.

Die argen Vergewaltigungen vom unweiten Mururoa und aus der Wüste von Nevada fallen mir stellvertretend für viele andere ein. Auch das dürften alles Versündigungen am Heiligen Geiste der Erde gewesen sein.

Sie wird auf alles das reagieren.

Push on.

565.
Jeff bestätigt meine Beobachtung, daß die hiesigen Männer ihre Virilität gern durch allzu forcierte Töne und Lautstärken überbetonen.

Ich halte das für ein britisches Erbe, er tippt auf Relikte aus der hiesigen Pionierzeit und deren männerbündischen Kameradschaften, ohne die hier damals gar nichts gelungen wäre.

Aber Jeff ergänzt auch, daß eben diese selben forcierten Machos oft auf Europareisen plötzlich ganz auffallend *smart* und sanft werden.

Und er illustriert das mit einer kleinen tuntigen Handbewegung.

Schon möglich.

Auch das berühmte kraftmeiernde Gedröhne der englischen Gentlemen (und Bühnenschauspieler!) des Mutterlandes dient allzu oft nur solcher victorianischen Tarnung.

Melbourne, 18. Januar 1999

566.
Wie dieser *"Wilhelm Meister"* mit der Ironie und Absicht des Könners eben
gerade nicht zu einer *pièce bien faite* geworden ist, sondern mit lächelnd
souveräner Nonchalance sich Ungenauigkeiten und kleine Fehler, zumindest Unklares oder Ungereimtes leistet.

Eben das trägt auch zu seiner Anmut bei, macht ihn auf hohem Niveau so
lebensecht. Denn auch das Leben ist keine *pièce bien faite*, sondern mit all
seinen Spielräumen ungenau und unklar.

Insofern wetterleuchtet hier schon stark die deutsche Romantik mit ihrem
Faible für den Realismus des Fragmentarischen.

Oder auch schon Heisenbergs Unschärferelation?

Apollo Bay, 19. Januar 1999

567.
Apollinisch ist an diesem so bezeichneten Mittelpunkte des *Great Ocean
Road* wirklich gar nichts.

Aber dionysisch erst recht nicht.

Alles ist nur billig und teuer. Ein Pöbelnepp hehren Namens. Für Humani-
sten die pure Blasphemie.

Aber die Landschaft in ihrer Unschuld ist wahrhaft haupt- und obergöttlich.

568.
Heute ist Dienstag: der Tag, an dem es, sagt der allwissende Jeff, zu regnen
pflege.

Aber es regnet nicht. Also steht die Welt auf dem Kopf.

Oder ist bei diesen Gegenfüßlern der Dienstag gar kein Dienstag?

Aber was dann?

Oder wann dann?

569.

Im kalten Regenwalde rings um *Beaucamp Fall* sind die Farnbäume gar
noch urzeitlicher als neulich in *"Wilson's Prom' "*. Jeder scheint hier seit
Jahrmillionen seine tierhaften Triebe zu entrollen.

Inzwischen sind die hiesigen Rieseneukalypten pfeilgerade bis zu einer Höhe von *circa* siebzig bis achtzig Metern aufgeschossen, ihre Wipfel im spätnachmittäglichen Dämmerlicht gegen die Bewölkung dieses regenlos regen-
verdächtigen Dienstages kaum noch auszumachen.

Alles ist urweltlich. Man ist auf Warane, auf Riesenschildkröten gefaßt.
Aber sie schicken nur einen *laughing kookaburra* vor, diesen Rieseneisvo-
gel oder *"Lachenden Hans"*. Er ist der Lieblingsvogel der Australier und für
sein Gelächter bekannt, *zu dem er sich sogar durch menschliche Stimmen
provozieren lasse*. Er sieht aus wie eine Kreuzung aus Papagei und Wiede-
hopf und beobachtet uns so genau wie furchtlos. Doch über uns lacht er
nicht.

Er lacht uns auch nicht zu. Läßt sich von Jeff auch keineswegs zum Lachen
provozieren. Sondern verweigert sich sogar meinem Fotoapparat.

Aber folgt uns.

570.

Ein Vorort von Melbourne heißt Altona.

Aber *all to nah* ist auch er nicht.

In diesem Lande ist alles weit weg: selbst die Vororte.

571.

Die Brückenlandschaft im nordwestlichen Melbourne:

die Überschneidungen, Über- und Unterführungen von Autobahnen nehmen
kein Ende und lassen tragische oder komische Filmszenen imaginieren, in
denen zum Beispiel Liebende in separaten Autos sich jeweils von Brücke zu
Brücke sehen und vielleicht zuwinken, aber nicht erreichen können, weil

die Zufahrten nur über endlose Umwege und Straßenschleifen möglich sind;
wer endlich auf der ersehnten Brücke des andern eintrifft, sieht den auf einer der zahllosen weiteren Brücken suchen.

Oder dasselbe mit Polizei und Verbrechern.

Aber der Drehplan wäre die pure Hölle.

Das Drehen erst recht.

572.
Wie die australischen Arbeitersiedlungen, jedenfalls in und um Melbourne
wahre Paradiese sind. In angenehmster Landschaft bewohnt jede Familie ihr
Eigenheim mit kleinem Garten.

Armselig, häßlich, notdürftig wie in andern, auch deutschen Parallelen ist
da nichts. Wohlstand herrscht, denn jedes dieser Eigenheime ist wegen der
hiesigen Entfernungen nur mit ein oder zwei Autos bewohnbar, die also
vorhanden sind.

573.
Seit sehr vielen Jahren ist mein vielfach enttäuschter hiesiger Gastgeber mit
einer Schwedin tief und fest verbunden.

Jetzt mitten in einer Krise, verkündet er plötzlich sarkastisch, *nach dem
Filmberuf seien vielleicht bald die Frauen sein nächstes Rückzugsgebiet.*

Sehr kleine, kurze, dezente, diskrete und höchst, höchst beiläufige Blicke
auf junge Männer mögen da, wohl noch völlig unterbewußt, als allererste
Tests fungieren.

Wohl bekomm's!

Melbourne, 20. Januar 1999

574.
Es gibt in diesem Lande auch Lamas.

Auch Kamele.

En passant zu sehen.

575.

Die Familie der Medici wird von angelsächsischen Zungen *Midíttschi* genannt. Mit dem Akzent auf der zweiten Silbe.

Auch von den Zungen "Gebildeter".

576.

Aussichtspunkte, deren es just im Bereich des landschaftlich wie straßen-
bautechnisch wirklich grandiosen *Great Ocean Road* über Hunderte von Ki-
lometern unzählbar viele gibt, heißen hier nicht etwa *viewpoint* oder *belvedere* oder irgendwie *Kiekut*, sondern stereotyp *scenic lookout*: und zurecht.

So wird das Spektakuläre, das Panoramische, das Theatralische, oft auch
wirklich Dramatische der offerierten Ausblicke treffend bezeichnet. Es handelt sich jeweils tatsächlich um Szenerien im Dialog von Kontinent und
Ozean.

577.

Immobilien aller Art und Größe sind hier allenthalben verfügbar: auch zu
nicht völlig unerschwinglichen Preisen, dennoch sogar an landschaftlich
höchstkarätigen Plätzen.

Dieses Land ist noch längst nicht vergeben oder aufgeteilt, eher leer. Hier
läßt sich noch siedeln.

Jeff erwartet Chinesen oder Indonesier und fürchtet sie beide.

578.

Auch mitten in diesem jetzigen Hochsommer ist der Südwind so kalt, daß er
noch um die Mittagszeit warme Kleidung gebietet: etwa in Peterborough,
dem westlichsten Punkte unserer Tour über *Great Ocean Road*, ist er da in
der Tat antarktisch.

579.

Im Gegensatz zu Europa oder jedenfalls Deutschland befindet sich die hiesige Architektur durchaus nicht in einer Krise ihrer Fantasie. Wohl auch nicht ihrer jeweiligen Finanzierung. Hier wird nicht um Zentimeter gefeilscht, anscheinend nicht einmal um Meter.

Wer Stunden und Tage lang durch dieses Land fährt, sieht hier eine Fülle von Villen in äußerst origineller, attraktiver und generöser Gestalt. Viel Holz und Glas, viel Geräumigkeit, viel Mut, viel guter Geschmack, sehr Apartes: Lebens-Art.

580.

Jeff präzisiert die weltweit bevorstehenden Gefährdungen durch die Programmierungsengpässe der Computer im Jahre 2000, vielleicht schon am 9. 9. 99 mit seinen irritierend vielen Neunen. Ihm signalisieren sie keinen Fortschritt. Sondern Gefahr.

Er empfiehlt, während dieser kritischen Zeiten nicht gerade in Ländern wie Thailand, eher in solchen wie Deutschland zu verweilen. *Auch sollte man möglichst viel Bargeld im Hause verwahren, sich kurz vorher aktuelle Kontoauszüge verschaffen, da die Bank-Computer ihr ganzes Wissen verlieren könnten. Auch das mögliche Kollabieren von Telefonnetzen, Flugverbindungen, des ganzen Verkehrs bis hin zum einzelnen Personenkraftwagen, von Versorgung und Überweisungen samt allen andern Bereichen des öffentlichen, auch privaten Lebens könnte Monate benötigen, um aufgefangen und behoben zu werden. Inzwischen können Chaos und Notstand herrschen.*

Wichtige Texte des eigenen Computers sollte man rechtzeitig sowohl auf Disketten (oder CD-Rom) überspielen als auch ausdrucken.

Jeff's Schreckensszenario kann ebenso allgemeiner Panik und Hysterie wie auch nüchternem Realitätssinn entstammen. Es ist zu bedenken, zu beachten und zu berücksichtigen.

Konzeptionell löst es Komik, Schadenfreude und ein tiefes Wohlbehagen über die Anfälligkeit dieses überschätzten Systems aus. Aber der Alltag kann peinliche Krisen bescheren, gar kein Zweifel.

Allerdings ist angesichts der nun schon lange erkannten Gefahr davon aus-
zugehen, daß die Experten Auswege und Absicherungen vorbereiten. Aber
das kann blauäugig sein, zumal im Bereich der vielen privaten und kommer-
ziellen, also nicht offiziellen Rechner.

Wait and see.

Vielleicht gereicht das Ganze ja auch zum Auftakt des immer häufiger angekündigten Gesamtzusammenbruchs der globalen Marktwirtschaft.

581.
Die markantesten Plätze dieses so endlosen wie eindrucksvollen *Great
Ocean Road* heißen *Gibson's Steps*, *The Twelve Apostles*, *Loch Ard Gorge*,
London Bridge und *The Grotto*.

Besonders makaber ist *Loch Ard Gorge* in der Kombination seiner landschaftlichen Schönheit und geologischen Bizarrerie mit jener legendären
Schiffskatastrophe von 1878, die der *"Titanic"* die Waage halten mag. Ein
adäquater Filmstoff: mit just zwei Überlebenden, einem potentiellen Pärchen.

Aber auch der Einsturz der sogenannten *London Bridge*, 1990 oder '91, just
nach Passage einer Touristengruppe, macht schwindeln.

Die Gäa scheint hier sonderlich sensibel und bedrohlich zu sein. Sie weiß
wohl um ihre einzigartige Schönheit und deren bedenkenlose Gefährdungen.

582.
BYO bedeutet hier ***Bring Your Own*** und bezeichnet Restaurants, in denen
man seine eigenen (billigeren) Getränke mitbringen und vor Ort verzehren
darf.

583.
Eine andere alkoholische Besonderheit sind die *Drive In*s: Gebäude, in die
man mit seinem Fahrzeug durch ein angemessenes Tor hineinfährt und in

deren Innerem man Getränke kaufen und einladen kann. Also befrachtet, fährt man ohne sonstige Transportprobleme und ungesichtet wieder hinaus.

So pragmatische Installationen gibt es aber nur für Alkohol.

584.
Wie ich hier noch in den Vororten, gestern in Williamstown, heute in Mentone, in deutsche Gespräche verwickelt werde: in einem mexikanischen Restaurant, auf der Post, in einer Bäckerei (*"Bienenstich aus Andernach"*).

Aber ohne tränende Emigranten- oder Flüchtlings-Sehnsucht wie weiland in *Buenos Aires* und *Rio de Janeiro.*

Hier sind auch die Deutschen gern. Und freiwillig.

585.
Wie Jeff bei der Autofahrt von der City nach Mentone sein Melbourne in durchfahrene Stadtteile gliedert, die er nach ihren Einwohnern etikettiert: Neureiche, Altreiche, Ganzaltreiche und Demnächstreiche.

Sydney, 21. Januar 1999

586.
Gleich der erste Zug der hiesigen U-Bahn,

der mir durch seine Doppelstöckigkeit imponiert und mich vom Kiez des *King's Cross* und dessen beängstigender Junkie-Szene zur geschäftigen *George Street* mit ihren noch beängstigenderen Wolkenkratzern transportiert,

trägt auf seiner Stirn den Namen einer Endstation, wie er für einen alten Operndirektor just in dieser Stadt des berühmtesten zeitgenössischen Operngebäudes nicht angemessener sein kann:

Sutherland.

587.

Jeff macht mich auf die diskrepanten Gravuren in Steinen aufmerksam, aus denen die älteren Gebäude, aber auch veterane Bordsteine dieser ältesten hiesigen Europäer-Siedlung bestehen.

1788 gingen im jetzigen Hafen an der Halbinsel *Rocks* die elf ersten englischen Schiffe mit Sträflingen vor Anker, die zu Zwangsarbeit verurteilt waren und hier auch als Bauarbeiter eingesetzt wurden. Jeder von ihnen nun entwickelte als eine Art Autogramm oder Testat seiner erlöschenden Existenz eine spezifische eigene Gravur, die noch heute in vielen Steinen auszumachen ist und von einem Individuum kündet, das sich so gegen sein anonymes Verschwinden zu empören versuchte.

So sind diese graphisch stigmatisierten Steine heute, gerade im schicken und exklusiven *Rocks*, eine Art Denkmal für Kriminielle und Kriminalisierte, die hier einen neuen Staat, einen besseren Kontinent begründen halfen und insofern tatsächlich denkwürdig sind.

Ihre Gravuren sind heute kaum noch bekannt, aber gleichwohl die ältesten künstlerischen Manifeste Europas sowohl in diesem Viertel heutiger Bohème und Kunstgewerbler als auch in ganz Australien überhaupt.

588.

Aber jene *Innere Stimme*, die schon in Hamburg einen Aufenthalt in diesem Sydney widerriet, scheint recht zu behalten: Städte wie diese liegen wohl tatsächlich nicht mehr auf meinem Wege.

Eher Saithai.

589.

Auffallend viele geisteskranke Augen in dieser Stadt.

Auch solche, die einem Massenmörder seine Opfer gesucht haben könnten

oder es gerade tun: im U-Bahnhof *Town Hall*.

Die lange Absenz von solchen Orten läßt über die Zerstörungen seiner Einwohner nur umso mehr erschrecken. Großstädter dürften primär die Opfer dieser entgleisten Zeit sein. Heillos Denaturierte.

590.
Aber das *Manhattan Park Inn International*, dessen *Art-deco*-Gebäude ich in der *Greenknowe Avenue* bewohne, liegt doch tatsächlich an der Grenze nach *Potts Point*, wohin mich vor rund zwölf Jahren Freund Flörsheim einlud, bevor er hier starb und mich ebenhier beërbte.

Statt hierher fuhr ich daher seinerzeit erstmals nach Thailand und lernte beim Rückflug in der Maschine jenen Jeff kennen, mit dem zusammen ich mich jetzt hier in Flörsheims *Potts Point* aufhalte. Dessen Wohnhaus kann ich nun gleichwohl nicht einmal anstandshalber besuchen, weil ich damals immer nur sein Postfach anschrieb.

Aber in der hiesigen *City* gibt es auch ein großes Schuhhaus seines Namens, der auf jüdische Weise von jenem Flecken abgeleitet sein dürfte, den ich jeweils zu passieren pflegte, wenn ich weiland von Wiesbaden nach Frankfurt pendelte: Flörsheim.

Damals war ich so alt wie Jeff jetzt.

Sydney, 22. Januar 1999
591.
Was für ein Lichtblick und Seelentrost zwischen all den muffig charmelosen Angelsachsen so ein echter junger italienischer Kellner aus Rimini sein kann.

Er wirkt hier wie ein Sonnenaufgang; wie ein Genie.

592.
Aber selbst die Aborigines, so angepaßt und kommerzialisiert sie in ihrem *National Cultural Centre* im *Darling Harbour* auch sein mögen, haben eine andere Liebenswürdigkeit und Offenheit als diese muffig charmelosen Angelsachsen. Mit jenen sei es über Wäschetemperaturen oder *T-shirt*-Preise

zu sprechen, erwärmt das Herz: so zutraulich, unkompliziert und kontaktfroh sind sie.

Aber ich lerne hier auch, daß über zweihundert verschiedene Völker mit
völlig unterschiedlichen Sprachen, Religionen und Kulturen in diesem Australien lebten und von den englischen Invasoren in einem einzigen Auf-
wasch als *aborigines* verachtet und bekämpft oder unterdrückt und vernichtet wurden.

Ganze zweihundert Völker.

Ihre heutigen künstlerischen und kunsthandwerklichen Arbeiten muten da
erstaunlich unverdrossen und gutwillig an.

Die venezolanischen *indios* zum Beispiel sind da nachtragender.

593.

Die muffig charmelosen Angelsachsen sind hier nicht nur abscheulich häßlich.

Sie potenzieren dieses harte Los noch durch abscheulich häßliche Kleidung,
abscheulich häßliche Frisuren: wie zum Trotz.

Aber sie ahnen nichts von ihrer Häßlichkeit.

Weil sie nichts von irgendeiner Schönheit ahnen.

Was es an Schönheit und Lebensart in diesem Lande gibt, ist einzig die Leistung von zugewanderten Italienern.

Ohne die gäbe es hier nur victorianische *pubs* und amerikanische *McDo-
nalds'*.

594.

Dieses Sydney hat Orte und Momente, in denen man nicht mehr genau unterscheiden kann, ob es noch ein technisch und ästhetisch besonders progressiver Protagonist modernen Großstadtlebens ist oder schon ein Ableger
von *Disney Land*.

Die Grenze zur *plastic fiction* wird ungenau und fließend.

Auch die Technik emanzipiert sich teils sinnlos.

595.
Als ich Jeff gelegentlich von Adrienne Göhler erzähle, die in Hamburg zuerst mit ihren *"Frechen Frauen"* die Grünen, dann auf eigene Faust die Kunsthochschule und Filmgremien tyrannisierte, kommentiert er das mit dem hierzulande geläufigen Terminus der *"femnazis"*.

596.
Die kurortartige Halbinsel, die dem hiesigen Hafen gegenüber liegt und mit einer emsigen Fähre erreichbar ist, flankiert mit sonderlicher Schönheit die Öffnung der Hafenbucht zum *Pazifischen Ozean* und trägt den Namen *Manly: "Männlich"*.

597.
Um dort hinzugelangen, fahre ich in jenem emsigen Fährschiff auch an Flörsheims *Potts Point* und dem dortigen Pier der *Wooloomooloo Bay* mit ihren Kriegsschiffen vorbei. Ich erinnere mich seiner Darstellung, wie er durch ein Fenster seiner Wohnung die an Land gehenden Matrosen musterte, und entdecke sogar ein solches, von dem aus das möglich wäre.

Aber heute sind auch keine solchen marinen Landgänger mehr auszumachen. *Tempi passati.*

598.
In *Dee Why* (Frage an Georgette?) gibt es einen Pastetenbäcker, der in seiner Werbung dreist *"die besten Pasteten des Planeten"* zu machen behauptet und seinen Laden (oder sich selbst?) einfach *"Shakespeare's"* nennt.

Nach dem berühmten Pastetenbäcker also.

599.

Das berühmte hiesige Opernhaus wird nachts in gedimmtem Dunkelrot angestrahlt und scheint zu glühen. Das betört.

Aber Opern werden da während des derzeitigen *Sydney Festivals* nicht gespielt.

Auch es, dieses prominente Wahrzeichen seiner Stadt, eine Disney-Attrappe? Es würde mich nicht wundern. Kultur ist hier was tief Fremdes.

Wo gleichwohl Architektur bestechende Blüten treibt, ist sie kommerziell und allenfalls noch technisch motiviert, mehr um Erste Preise, Rekorde und Bauzuschläge bemüht als um Visionen.

Sydney, 23. Januar 1999

600.

Wer verdrängen kann, daß das hiesige überwältigend gute Aquarium für seine Bewohner nichts als ein Gefängnis ist, wird gerade dort bemerken oder verifizieren können, wie sehr sich das Innere der Meere unseren Augen als pure Schönheit präsentiert.

Dasselbe kann von Himmel, Luftraum, Firmament und Horizont bestätigt werden.

Dasselbe kann vom Inneren der Erde (just nach den Besichtigungen in Wonthaggi und Ballaarat) durchaus nicht behauptet werden.

Oder liegt das nur an der Technik von Bergwerken und wäre angesichts verarbeitungsloser Querschnitte anders, wenn sie geologische Profile pur präsentierten?

Oder ist Mutter Naturs Konzept des Innerirdischen auf Undurchdringlichkeit, also Unsichtbarkeit gegründet und braucht gar nicht zu gefallen – es sei denn bei vulkanischen Eruptionen und deren verzaubernder Selbstoffenbarung?

Aber ihr Konzept der Meere: ist es denn für Taucher, Unterwasserkameras, Aquariumsarchitekten und Meeresbiologen erfunden und ausgedacht?

Also was?

Schon läßt Goethe mich bei *"Wilhelm Meisters"* Bergfest wissen: *"Die Ge-
birge sind stumme Meister und machen schweigsame Schüler."* (Zweites
Buch, Neuntes Kapitel)

Auch hier also bleibt die Schönheit im Inneren der Erde ebenso verrätselt
wie aber ebenso die Begründung hierfür.

Mysterien als Basis.

601.
Nicht nur geisteskranke Augen. Auch viele Monologisten, lauthals (Goethe:
"da die Vertrauten völlig ermangeln"). Und alte Frauen, die auf den Roll-
treppen schreien. Oder der U-Bahn nachbrüllen, *sie solle gefälligst warten.*
Und Betrunkene. Und sehr viele Grimmige. Kaum einer lacht. Die noch
nicht geisteskranken Augen sind voller Mißtrauen und Unlust. Keiner beachtet den andern. Sogar die Neugier ist erloschen.

Erloschene.

Die sich aber national für so aufgeschlossen und freundlich halten, wie kein
anderes Volk es sei.

Verblendete.

602.
Es gibt hier eine Kette von Telefon- und *E-mail*-Läden namens *"Global
Gossip"*: weltweiter Klatsch.

603.
Wie winzig man sich als Einzelner in einer solchen Millionenstadt vorkommt, weiß man.

Wie winzig aber heute auch wieder angesichts der gigantischen Canions
und ihrer dazwischen schwingenden Eukalyptustäler in den *Blue Mountains*
bei Katoomba: so weit das Auge reicht; man wird zu weniger als einem
Staubkorn.

Aber die urbane Winzigkeit bedrückt und deprimiert; diese andere vor Blauen Gebirgen, Ozeanen, Dschungeln, Strömen, Schluchten hingegen besänftigt und macht heimisch.

An der Winzigkeit selbst also liegt es nicht; es liegt an den Riesen, die uns entweder gnaden- und lieblos erdrücken oder eben väterlich umarmen.

Sydney, 24. Januar 1999

604.
Dominanter Eindruck allenthalben in dieser weitgehend amerikanisierten Öffentlichkeit: man wird allein gelassen.

Alles ist für den durchschnittlichen Normalfall bestens organisiert und rationalisiert und automatisiert. Das imponiert nicht selten.

Aber wehe, man hätte hier eine Frage, käme hier irgend nicht zurecht, benötigte Rat, gar Hilfe: man wäre verloren. Denn derlei ist nicht vorgesehen. Niemand wäre greifbar, wäre zuständig, ansprechbar.

"Help yourself!"

Dabei seien die Australier, berichtet Jeff, auf ihre Hilfsbereitschaft (*"mateship"*) als auf eine nationale Tugend besonders stolz.

Ihr gräbt diese Amerikanisierung erbarmungslos das Wasser ab: tragikomisch.

605.
Wie unsinnlich diese drei Millionen Einwohner auch sind: wie asexuell. Nirgends ein neugieriger Blick; kein Anfragen, Einschätzen, beiläufiges Streifen, kein Verheißen, kein Bedauern. Auch noch so geheim und verstohlen nicht.

Gleichgültigkeit herrscht vor. Und steckt an: schon will man von ihnen allen nichts wissen. (*"Help yourselves!"*)

606.

Wie manische Fixierung auf Geld und Preise sich mit Armut so herauszureden liebt, daß man dem fast schon beschämt die Berechtigung einräumt.

Bis einem dann die ungleich größere Armut von Freunden in Thailand einfällt, die sich nur notgedrungen und verächtlich oder gar nicht mit Geld befassen: Joht und Ridd, Sawaang und Dohng. So mancher andere.

Das Übel herrscht nicht im Portemonnaie, es herrscht im Gehirn, in der Seele.

Es mag da ansteckend sein. Denn wer sich dagegen verwahrt, wird trotzdem krank. So zerstörerisch, so negativ sind die Vibrationen.

Da hilft nur: Abbruch, Aufbruch.

Noch zwei Tage.

607.

Wie auch ein leidenschaftlicher Kritiker der Marktwirtschaft eben durch seine Kritik dem kritisierten System verfallen, von ihm besessen und dominiert, ihm insofern hörig sein kann.

Er distanziert sich nicht, sondern frißt sich wütend hinein und übernimmt dabei die eben beanstandeten Grundprinzipien. Wie der Hassende ist er unfrei, ausgeliefert, hat keine andern Kriterien als die des kritisierten Kapitalismus.

Wirkliche Alternativen fürchtet er eher, meidet sie jedenfalls.

608.

Vermutung: dieses ungute Sydney, wenn nicht gar sein ganzes Umland mag mir als schmerzlich leibhaftige Recherche und Materialbelieferung für das Buch *cosa nuova* dienen.

Es offenbart die dortselbst zu thematisierenden Bedrohungen außerhalb der Verharmlosung durch eigene Gewohnheiten und Gewöhnungen.

609.

Wie sich im (aquarisch rekonstruierten oder imitierten) *Great Barrier Reef*
die Fische zusammenballen: sie gehen sich dabei aus dem Wege, ohne sich
je zu berühren, und lassen einander gewähren. Keinerlei Feindschaft oder
Rivalität ist wahrzunehmen.

Warum gelingt das unter Fischen?

610.

Jene reifere Dame, die ihrem *circa* zwanzigjährigen Sohne und *"darling"* im
Zuge von Sydney nach Katoomba mit laut vernehmbarer Stimme aus vorher
ebenso lauthals angekündigten eigenen Kurzgeschichten vorliest.

611.

Goethe als Autor des *"Wilhelm Meister"* bezeichnet sich selbst auch innerhalb seiner Erzählung als den *"Redakteur dieser Bogen"* und meint damit
die *"Papiere, die uns zur Redaktion vorliegen"*.

Autor im Sinne eines Urhebers oder Erfinders scheint er sich nie zu nennen.

Er redigiert nur, was andere ihm vorgaben oder -lebten.

612.

Es mag eine Dissertation wert sein, welche (sogar zentralen) deutschen Begriffe im Englischen mehr oder minder fehlen.

Abgesehen von Bürgerlichkeit, Gemütlichkeit und Spießigkeit scheinen es
namentlich auch positive Essentialia zu sein: Güte, Humor, Sympathie, Heiterkeit, Liebenswürdigkeit, Charme, Idealismus, Bildung, Begeisterung,
derlei mehr.

Warum wohl? Und durch was ersetzbar?

Ich vermute da Prinzipielles. Kulturunterschiede.

613.

Wie tröstlich: die endlose Schlange vor den Abfertigungsschaltern im hiesigen Flughafen wird mit dem Übermaß an morgendlichen Regenfällen begründet, die die Computer beeinträchtigt oder gar behindert haben.

Noch ist Mutter Natur denen also überlegen: wie tröstlich.

Melbourne, 25. Januar 1999

614.

Gastgeber Val gibt einen möglichen Grund für die unübersehbaren, also vieldiskutierten atmosphärischen, städtebaulichen und architektonischen, gar mentalen Unterschiede zwischen Melbourne und Sydney an:

Letzteres sei, wie viele andere australische Städte auch, von ebenjenen englischen Strafgefangenen erbaut und insofern auch begründet worden; Melbourne aber nicht. Fast ist es ein poetisches Argument, die zivile Friedlichkeit und angenehme Heiterkeit dieser Stadt davon abzuleiten, daß sie ohne Haß und Verzweiflung, ohne Wut und Heimweh, ohne die Belastungen echter oder unterstellter Vergehen entstanden ist. Ihr Fundament ist kein psychischer Abgrund und Sumpf.

Just bei der Rückkehr in ihre wohlige Andersartigkeit überzeugt dieser Aspekt sofort.

Sydney hingegen muß mit den Flüchen seiner Erbauer leben (wie auch Bangkok).

615.

Preisfrage an alle Europäer:

An welchem Flusse liegt Melbourne?

Na?

Am Yarra. Aber Bangkok: an welchem großen Strom?

Na?

Am *Tschao Prajah*.

Wer hätte das gewußt? Na?

Eine echte Mutprobe: sich in 38 Sekunden auf das höchste Gebäude der südlichen Halbkugel hinauf- (oder gar hinunter- ?) schießen zu lassen.

Es ist 253 Meter hoch, hat wohl 55 Etagen und heißt Rialto-Turm, was ein Widerspruch in sich ist: Brücke kann nicht Turm und Turm nicht Brücke sein. Aber von einer Brücke hat dieser blaue gläserne Riese ohnehin ebenso wenig wie vom ganzen übrigen Venedig. Also ist er das 21. Mitglied, lese ich, im Verband der weltgrößten Türme. Er hat 36 Fahrstühle mit über 700 Aufzugtüren und über 13 000 Fenster, ist aber mit alledem nur halb so hoch wie der CN-Turm in Toronto.

Oben angelangt, ist man fast enttäuscht. Zwar ist erst hier die ganz außergewöhnliche Ausdehnung dieser Stadt erahnbar, aber schöner ist sie unten. Solch ein Häuser- und Straßenmeer wird in der Vogelperspektive zur amorphen grauen Masse ohne Details.

Und von der eigentlichen Sensation merkt man gar nichts: daß dieser Turm als Exponent und Renommiergebärde dieser Hemisphäre auf dem Kopf steht und ganze 250 Meter weit gen Kreuz des Südens abwärts ragt.

Nur als man in anderen 38 Sekunden wieder hinunter-, also eigentlich gen Norden hinaufgeschossen wird und dann aus dieser Raketenkabine hinaus auf den vermeintlich festen Boden der Gegenfüßler tritt, scheint der gerade von einem leichten Erdbeben heimgesucht zu werden: fest ist er nämlich gar nicht, sondern schwankt leicht.

Oder wer schwankt?

Die anschließende Mutprobe verlangt noch mehr Überwindung: der Besuch der Männersauna *Steamworks* in der hiesigen *La Trabe Street*.

Dort schon nach kurzen zaghaften Erkundungsschritten und wenigen Minuten von einer ebenso dekorativen und virilen wie unbegreiflich hartnäckigen, aber vertrauenerweckenden Hete abgeschleppt zu werden, die Anthony heißt, für eine Versicherung arbeitet, mich auch zu einer mißlingenden Triole mit ihrem anwesenden *boy friend* in dessen Kabine mitnimmt, aber gleichwohl kurz vor der eigenen Hochzeit mit einer uneingeweihten Frau steht und selbst keine Ahnung hat, was aus alledem werden soll: das hat was extrem Antipodisches und gipfelt nach stationenreicher Tour durch die riesigen Labyrinthe dieses abermals sehr generösen, mehrstöckigen Etablissements ausgerechnet in einem Spiegelkabinett, ich Armer!

Doch dieser zutrauliche und behutsame, aber klettenhaft anhängliche Anthony ist ein wahres Geschenk dieses hiesigen Gegenhimmels.

Und in den ebenso gegenfüßlerischen *Steamworks* stehe ich nun als Nummer A 35770 bis zum 25. Januar 2000 in der Mitgliederliste dieses Clubs und auf dem Kopf.

Über Anthony stehe ich wirklich Kopf. So unfaßlich ist seine prompte, anlauflose Sympathie: Blauäugigkeit oder sonderlich instinktsichere Menschenkenntnis? (Oder Nike Eros und sonst gar nichts?)

Melbourne, 26. Januar 1999

618.
Wie heimatlich und exterrestrisch gestern ein Konzertplakat anmutet, das in diesem anscheinend wenig musischen Melbourne primär mit den großgedruckten Namen von Komponisten zu werben versucht: mit VIVALDI – BACH – MOZART – PACHELBEL, lauter antipodischen Exoten. Tatsächlich handelt es sich um das Gastspiel eines Kammerorchesters aus Fuffis und meinem Köln.

Als würde hier niemand, suggeriert das Plakat eines unverkennbar deutschen Grafikers, darauf verfallen, solche Musik zu machen. Jedenfalls hat es im riesigen Spektrum hiesiger Werbung mit Design und Inhalt anachronistischen und paradiesvogelhaften Seltenheitswert.

Aber wer von allen diesen multikulturellen drei Millionen Einwohnern mag diese Musik wohl hören wollen?

Wem sagen diese Namen noch was? Namen wie BURGER, MACDO-
NALD und HYANDA sind hier nicht nur populärer, sondern auch sehr viel
attraktiver, weil billig.

619.

Die nationalchauvinistische Empfindlichkeit scheint hier noch ungleich
größer als überall sonst: sie dürfte auf Minderwertigkeitskomplexen, vielleicht sogar, berechtigt, auf den Schuldgefühlen von Usurpatoren beruhen.

Jedenfalls wird alle noch so harmlose Kritik am Hiesigen sofort verübelt.
Hymnen auf dieses Volk sind aus eigenen Federn in den Tagszeitungen ein
Übliches: gar zum heutigen *"Australian Day"*, einem offenbar etwas diffu-
sen Nationalfeiertag ohne recht erinnerlichen Anlaß – außer dem zu aber-
maligem Eigenlobe.

620.

Wie sich gestern abend anläßlich der Einweisung meiner Gastgeberin ins
Krankenhaus deren Ehemann und Sohn die ganze frauenlose Mahlzeit lang
nur über Krankenversicherungen unterhalten: ganz unverkennbar interessiert sie das sehr viel mehr als Diagnose und Therapie, gar der Zustand der
Kranken.

Aber ihr Gatte ist dann abschließend immerhin imstande, dieses Gesprächs-
thema zu bedauern: aber eher aus konventionellen Gründen; es schickt sich
nicht recht für eine gute *dinner conversation,* ist wohl nicht unverbindlich
and *pleasant enough.*

621.

Am letzten Abend in Melbourne entdecke ich beim Vorüberfahren in der
"backside" von *St. Kilda,* dem traditionellen Rotlicht- und jetzt auch Yup-
pieviertel dieser Stadt, eine klitzekleine, unansehnliche, mausgraue Seitenstraße namens *Mozart Street.*

Immerhin.

622.

Schon heute ist prompt der 243. Geburtstag eben des Namenspatrons jener mausgrauen klitzekleinen Seitenstraße im bereits fernen *St. Kilda.*

Aber im noch ferneren Deutschland sollte am selben heutigen Kalendertage der Befreiung von Auschwitz gedacht werden. Ob das da wohl geschieht? Schwerlich ernsthaft und aus freien Stücken.

Doch auf dem Wege von Melbourne nach Bangkok sorge ich dafür, daß heute während der Zwischenlandung hier im Flughafen Sydney sowohl des Geburtstags-Kindes als auch der Hingeschlachteten gedacht wird.

Dann auch noch jenes unseligen letzten deutschen Kaisers, dessen gleichfalls heutiger Geburtstag vielleicht nicht nur in deutschen Gauen, sondern auch von versprengten Patrioten hierzulande bei den Koalas begangen würde, wenn wir ihn nicht auf so immer wieder erstaunlich undeutsche Weise losgeworden wären. Solchen historischen Segen übersieht man bisweilen sehr undankbar.

Eben hier zum Beispiel ist noch immer die profane Reitsportfanatikerin mit ihren häßlichen Hüten das offizielle Staatsoberhaupt, noch 81 Jahre nach Spa und Compiègne. Nicht auszudenken, auch wir würden heute noch von den Hohen oder weniger hohen Zollern beherrscht. Insofern ist wirklich großer Fortschritt zuzugeben.

Auch insofern, als Auschwitz seit nunmehr 54 Jahren ausgestanden ist. Dort könnte ohne solchen Geschichtssegen prinzipiell noch unverdrossen weitervergast werden. Auch Kaiser Wilhelm II. hatte sich das schon ausgemalt.

Lauter Gründe zur Freude also.

Die über den 243jährigen ist dabei nicht die geringste. Sogar in *Borders'* amerikanischem Büchermarkt in Melbourne beherrschte er gestern mit historischen und aktuellen CDs das klassische Ressort. Selbst Erna Bergers illegaler Konzertmitschnitt aus dem Titaniapalast von 1950 war da in der *Chapel Street* der südlichsten Millionenstadt dieses Planeten in einem Supermarkt für Leser und Hörer aufzustöbern. Aber ob sich hier noch jemand an ihre beiden umjubelten Tourneen in *"diesem musikalischen Entwicklungsland"* erinnert, bei denen sie 1948 und Anfang der fünfziger Jahre trotz

Auschwitz gewiß auch Mozart sang und *"schon gewonnen hatte, einfach weil ich gekommen war"*?

Einigen hiesigen Greisen wäre solch ein Langzeitgedächtnis zuzutrauen oder zu wünschen.

Flug Sydney – Bangkok, (noch) 27. Januar 1999

623.
Daß in Sydney die Sonne abends ganze vierzig Minuten früher untergeht als im vermeintlich nahen Melbourne.

Das verändert den Verlauf der Abende nicht unbeträchtlich. Die ganze Tagesrhythmik verschiebt sich.

624.
Wie in Melbourne die Türen der Krankenzimmer einer Klinik immer offenstehen müssen. Das soll der Sicherheit der Patienten, auch ihrer steten Beobachtbarkeit dienen. Aber der Besucher, der den Korridor mit all den offenen Türen passiert, wird unfreiwillig zum Voyeur intimster Situationen.

Ich glaube, bei Sterbenden lassen sie die Tür erst recht offen: und jedermann schaut unbeteiligt zu (oder weg). *Help yourself!*

625.
Wie Goethe in diesem *"Wilhelm Meister"* ohne jeden Effekt und auf allerbiederste Weise die Zeit außer Gefecht zu setzen weiß: nur indem er hin und her springt und Novellen, Tagebuchexzerpte, Briefe einstreut. Jedes dieser Teile hat seine eigene Zeit, so daß man die erzählte Zeit des ganzen Romans in der Tat aus dem Auge verliert. Man verliert auch die zeitliche Orientierung.

Man gewinnt aber dabei wenn nicht gerade Ewigkeit, so doch immerwährende Stetigkeit. Vorher und Nachher sind so beliebig wie unerheblich. Alles Erzählte kann sich jederzeit ereignen: früher, später, gleichzeitig, immer, demnächst.

Mit den Räumen und Örtlichkeiten geht er nicht ganz so sprunghaft um, im Detail werden sie wahrgenommen und beschrieben. Aber der Ort der Handlung im Ganzen wird, wieder zumal durch die Einlagen, immer nebuloser und beliebiger: keine Fantasie-, trotzdem eine Art Märchenlandschaft, irrelevant und unkonkret.

626.

Das stundenlange Überfliegen zentralaustralischer Wüste: einer Faltenlandschaft aus kilometerlangen, leicht gewellten Parallelen, endlos, die Sandverwehungen sein mögen oder Felsenlinien oder geologische Furchen, Dünen.

Was aber sind diese vielen kleinen und großen, fantastisch vielgestaltigen, meist weißen Wasserflächen ohne Wasser: Eis in dieser Hitze?, Salzkrusten?, Mineralvorkommen?, *Fata Morganen*?

Alles unermeßlich, ohne Ende, wieder und wieder, noch und noch.

627.

Erst nach reichlich vierstündigem Fluge fast steil nordwärts erreichen wir die nordaustralische Küste. Es ist immer noch hell. In Sydney dürfte es schon seit achtzig Minuten dunkel sein, in Melbourne seit vierzig.

Leider verschweigen die *British Airways* uns die jeweilige Ortszeit. Vermutlich ist sie hier schon stark verschoben, denn äquatorwärts wird es nicht später, sondern früher dunkel. Da es aber noch hell ist, mag es jetzt statt jener 21.20 auf meiner Uhr erst *circa* 19.20 sein.

Ljapkin-tjapkin, pêle-mêle.

Bangkok, 28. Januar 1999

628.

Noch mitten in der Nacht bereiten mir meine buddhistischen Amulette hier einen heimatlichen Empfang. Zahllose braune, auch schmutzige kleine Jungenhände fingern daran herum, studieren sie, identifizieren sie und machen mir mitbrüderliche Komplimente. Sofort ist das ganze Leben familiär und eingemeindet. Man gehört dazu.

Nur der Fahrstuhlpage im superfeinen *Amari*-Hotel des Flughafens gerät in Gewissenskonflikte und muß selbst darüber lachen, daß er mir nach aufrichtiger Bewunderung dieser Talismane seiner eigenen Religion gleichwohl schnell noch eine Fotoserie von Mädchen zeigen muß, die er mir besorgen könnte. Daß ich darauf eingehe, hält er selbst nicht für sehr wahrscheinlich. Die Fotos sind auch sowieso eher abstoßend schlecht, zum Mißerfolg vorverdammt.

629.

Auch die Platznummer für den Weiterflug nach Puhgett ist anheimelnd mit ihrer verdoppelten 34: 68 A, wohl auch nicht erstmals, schon eine Art Abonnement.

Die gestrige 41 A von Melbourne bis *Grung Teep* erinnerte gar an eine mystische Zahl der *"Hahnenschreie"*, an mein Hamburger Telefon und dessen Spiegelbild der kabbalistisch magischen 14.

Wie man sich, guten Willens, mit fast jeder Zahl vertraut finden kann.

Oder auch: nichts ist fremd.

630.

Aber aus dem *Shuttle*-Bus zwischen den beiden hiesigen Flughäfen sehe ich draußen einen jungen Taxifahrer nach Kundschaft Ausschau halten. Sehe das zufällig, wie man halt was sieht, weiter nichts. Aber schon hat er diesen meinen beiläufig streifenden Blick aus fahrendem Bus registriert, erwidert ihn intensiviert, mit grüßender Hand und verschwörerischem Lächeln: trotz aller Aussichtslosigkeit. Er freut sich schnell über mein vorüberfahrend beanspruchtes Interesse an seiner Person und gibt diese Freude zu erkennen, mir als Frohmacher mit auf den Weg, sei es sonstwohin.

Thai und sonst gar nichts.

631.

Wie einem hier auch alle Dienstleistungen durch die Fülle ihres Personals wirklich dienlich das Leben erleichtern.

Man muß hier nicht, wie bei den muffig charmelosen Angelsachsen, überall alles selbst verrichten und ständig neue Systeme studieren, andere organisatorische oder technisch maschinelle Abläufe erlernen, sondern gilt als Hilfsbedürftiger, dem geholfen wird – selbst wenn es gar nicht nötig ist.

Schon wird das Leben wieder angenehmer. Jenes verprellende *"Help yourself!"* kann getrost und gottlob vergessen werden. Wohin es führen kann oder schon geführt hat, zeigt der globale Zustand dieser Gesellschaft.

Ein System, das die Menschheit am Helfen hindert, kann nur untergehen: niemand wird ihm helfen.

Patohng auf Puhgett, (noch) 28. Januar 1999

632.

Das traumhaft schöne *Pang Ngah* ist im Anflug heute so grau wie noch nie. Auch hier ist das Wetter nicht, wie es jetzt sein müßte. *La niña* scheint alles zu beherrschen. Wenigstens liegt hier kein Schnee, wie ihn gestern im *Amari*-Hotel die *Deutsche Welle* auch aus Hamburg vermeldete.

Vielleicht ist ja nun auch August Everding eben dieser *niña* erlegen. Denn man hätte ihn für ausdauernder halten müssen. Aber wahrscheinlich hat er sich auch dort vorgedrängelt. Jetzt ist *Euro*(pa?) *2000*, weiß gleichfalls die *Deutsche Welle*, ohne kulturelle Beratung. Nicht auszudenken.

633.

Im *"Wilhelm Meister"* werden nicht nur Zeit und Ort verwischt. Auch die Identität des Helden wird sorgfältig aufgehoben. Wieder sind hierbei die diversen Einlagen dienlich, die jeweils einen eigenen Protagonisten haben, dessen aber bald verlustig gehen, weil er jählings vom zentralen Wilhelm nicht mehr unterschieden werden kann. Dem dient auch die geschilderte Unlust des Autors (oder "Redakteurs") an namentlichen Benennungen: *"unser Freund"* kann jedermann sein; *"der gute Mann"* nicht minder.

Wirklich handelt es sich insgesamt auch um keinerlei Wilhelm, sondern um jedermann: eben das mag das Ziel solcher Technik sein.

Gemeinsam und vereinheitlichend ist aber ihrer aller Wandern. Sie alle sind Wanderer wie Wilhelm (*"Mein Leben soll eine Wanderschaft werden"*): offizielle oder indirekte Mitglieder einer *"wundersamen Vereinigung mehrerer Wandernden und Scheidenden"* – Wanderer durch Wanderjahre, durch ihr Leben, durch die Welt; und als Scheidende immer auch Sterbende.

Auflösung und Austausch von Persönlichkeit und Individuum: ein kühner Vorgriff auf literarhistorisch sehr viel Späteres.

Die leisen, unprätentiösen Mittel sind die des Genies.

634.

Kurz nach der Einleitung zur Einlage *"Nicht zu weit"* unterbricht Goethe die Erzählung und zeiht sich eines allzu großen Sprunges: *"die Rechte des epischen Dichters uns anmaßend"*.

Damit hält er zuvörderst fest, daß solche Sprünge, wie das Buch sie zunehmend vorwärts wie rückwärts ausführt, durchaus das Recht des epischen Dichters sind. Insofern sprengt und erweitert er die Gattungsbegrenzungen seiner Zeit auch auf programmatische Weise.

Ferner ironisiert er abermals seine ganze Autorschaft, indem er bei besagtem Redigieren vorliegender Papiere die Rechte des epischen Dichters nicht auszuüben, sondern nur zu ursurpieren behauptet. Ironie als Erzählduktus fast unmerklich, aber *at its very best*: er täuscht vor, das alles gar nicht zu erzählen, distanziert sich also statt sich zu identifizieren.

Wetterleuchten, also donnerlose Blitze schon des 20. Jahrhunderts!

635.

Besagtes *"Nicht zu weit"* treibt das Verwirrspiel verwischter und vermischter Erzählperspektiven vollends ins Extrem.

Abwechselnd wird diese Einlage erzählerisch vom eigentlichen Hauptreferenten (oder eben "Redakteur"*)* und von Friedrich bestritten. Sie scheinen sich den Rapport gegenseitig aus der Hand zu nehmen, sich abzuwechseln, fast ins Wort zu fallen: er geht hin und her.

Aber das ist Spiegelfechterei.

Denn der ganze Friedrich ist kein ebenbürtiger Kollege oder Rivale, kein anderer Erzähler, sondern selbst eine erzählte Figur des wahren Erzählers. Ein Erzählter scheint hier selbst zu erzählen. Aber natürlich erzählt auch das nur der Haupterzähler. Einzig er läßt innerhalb seiner Erzählung auch einen Erzählten mal erzählen.

Wenn dieser Erzählte erzählt, erzählt er also gar nicht, sondern der Erzähler erzählt, daß ein Erzählter erzählt: *"Es ist ein Wirrwarr ohne Grenzen"* (Goethe).

Go Pih Pih, 29. Januar 1999

636.
Was für ein Labsal ist nach all der australischen Monstrosität diese morgendliche Milde in *Loh Dalamm*: welchen Frieden verströmt, verschenkt, vermittelt sie auch. Die Sonne hat sich aus einem gnadenlosen Glutofen zu einem freundschaftlichen Wohltäter zurückverwandelt, das Meer aus einem riesigen kalten Haifischbassin zu einer weichen Schutzbucht mit lauem, sanftem Balsam für Haut und alle Sinne.

637.
Wie dieser völlig mittellose Joht die australischen Mitbringsel, die sein karges Geschäftchen ein wenig beleben helfen sollen, stattdessen sofort verschenkt. *Sie seien zu schade zum Verkaufen.* Überhaupt, wiederholt er, *sei Geld nicht so wichtig wie Leben.*

Wenn Jeff das hören könnte; er wüßte in all seiner Klugheit gar nicht, wovon die Rede ist: und erst das ist die schlimmste Armut.

Aber Joht überrascht auch durch angelesenes Wissen von den Aborigines und deren argem Schicksal unter englischem Regimente. Ridd hingegen hat von alledem noch nie gehört und ist insofern sicher der Typischere.

638.

Was angesichts namentlich deutscher junger Eltern und derer Schwierigkeiten mit ihren hierorts tropisch überforderten, oft auch vergewaltigten Kleinkindern immer wieder ins Gedächtnis zurückkehrt:

wie Oi und Sawaang ihre beiden Töchter, 3 und 1, nicht zuletzt auch durch gelegentliche Schläge dirigieren und belehren; aber diese Schläge sind erstlich viel zu schwach, um Schmerz zuzufügen; ferner werden sie ohne elterlichen Ärger, ohne Zorn, sogar ohne Nervosität verabreicht – dafür mit Ironie, mit verstecktem Humor: *"Da siehst du, wohin das führen könnte!"* Dem Kinde werden sehr deutlich Grenzen gezeigt, und die begreift es auch: weil Vater oder Mutter noch im Augenblick des Schlages eine gute Absicht, Freundschaft und Liebe in Mimik, Stimme und Körperhaltung unmißverständlich zu erkennen gibt. Hier wird nicht von Eltern geprügelt, die ihre Nerven verlieren, außer sich und wütend sind, sondern absolut ruhige, friedliche Freunde vermitteln eine Information oder Warnung, die auch das Kleinkind sofort versteht.

Die Erfolge sind verblüffend. Es sollte hier Seminare für jene jungen deutschen Eltern geben, die meist aus Mangel an eigener Beherrschung, in Momenten eigenen Versagens zuschlagen – statt mit Souveränität und klug dosierender Zuwendung hilfreiche Denkzettel auszuteilen.

639.

Über das Silo wieder:

wie diese strapaziöse Konzentration diesmal exklusiv auf das Angelsächsische und nachgerade erstmalig in einem Lande, wo es nicht nur Notbehelf, sondern allseits vollbeherrschte Muttersprache, aber in stark verfremdendem Dialekte ist,

wie solche einseitige Konzentration im Bemühen, den Anforderungen all dieser mundartlich verzerrenden Muttersprachler gerecht zu werden,

während dieser drei australischen Wochen nicht nur zu zunehmender Erschöpfung, sondern auch zu einem Verdrängen und Vergessen allzu vieler Kenntnisse des Thai geführt hat.

Das fliegt jetzt auf.

Alle Nase lang: vor Australien wußte ich es, nur drei Wochen später schon nicht mehr. Ein ganzes Jahr in Deutschland richtet nicht solchen Schaden an.

Die fokussierte Konzentration mit Anspruch muß das verschuldet haben.

Go Pih Pih, 30. Januar 1999

640.
Heute liegt es gottlob schon 66 Jahre zurück: das immer noch eigentlich Unbenennbare dieses Datums. Was damals geschah, bleibt unbegreiflich. Nicht Begriffenes bleibt wortlos, unartikulierbar.

641.
Wie chronisch exklusive Geldgier sich unvermeidlich ins Physiognomische einschleicht, ist heute morgen plötzlich auch am kleinen Damm, jenem schweigsamen "Herrn Schwarz", abzulesen. Dieser hübsche Eigenbrötler sieht seit heute früh nicht mehr so schnuckelig aus wie bisher, sondern verhärtet, mürrisch, lustlos, kalt, verbittert und brutal, herzlos.

Dabei geht es ihm, vergleichsweise, eher gut als schlecht – aber seiner Gier nach mehr eben lange nicht gut genug. Das zehrt, wie man sieht, und dürfte unheilbar irreparabel bleiben.

Und sein ganzer Lack ist futsch.

642.
Der alte Ussehn hingegen führt vor, wie man auch heutzutage den tradierten Thai-Charme und überliefert heiteren Lebensstil beibehalten kann, ohne deswegen ein Anachronismus zu werden. Er lebt mit der Zeit, macht jede Änderung offen mit, aber bleibt dabei lustig, leicht, verspielt, generös und warmherzig hilfsbereit.

Er demonstriert, daß das geht. Freilich ist er mit dem göttlichen Humore des echten Komikers, also wohl, schlüssig, mit guter Intelligenz gesegnet. Da mag er durchschauen, da mag er komisch finden, Prioritäten setzen, da mag es leichter gehn.

643.

Hiesiges Kleingetier hat es auf den Rückgekehrten erbarmungslos abgesehen. Rätselhaft hartnäckigen Stichkaskaden folgen brennende Peitschenhiebe jener Quallenartigen und machen den ganzen weiteren Aufenthalt etwas fragwürdig.

Mahd tröstet mit der Gelegentlichkeit dieser Nesselpeitscher, legt sich mit Reparaturen und fälligen Verbesserungen mächtig ins Zeug und garantiert den nicht mehr gefährdeten Hausbau *bonn kuan* für Mitte des Jahres (*low season*): 42 oder 99 werde gebaut und 43 oder 2000 bezogen. Heutiges *dictum*.

Helf' Er ihm!

644.

Der schöne sanfte Dohng hat die Stelle gewechselt und fehlt. Er ist jetzt Elektriker und begegnet bisweilen im Dorf als sanfter, zutraulicher guter alter Freund.

Das bedeutet: über die Sprachbarrieren, die in unsern Falle sonderlich groß sind, hinweg vernimmt er und erwidert er in aller Sanftmut Sympathie und Verbundenheit. Da trifft kein ehemaliger Kellner einen ehemaligen Gast.

Sondern wer wen?

645.

Goethes vielbewunderte Vorausschau des Maschinenzeitalters ist bei diesem Wiederlesen des *"Wilhelm Meister"* zwar viel kürzer als erinnerlich, dafür aber mit einem leicht übersehenen Aspekt umso sensationeller: er prophezeit, daß nach der technischen Ära

"die Öde, durch Jahrhunderte belebt und bevölkert, wieder in ihre uralte Einsamkeit zurückfallen werde".

Das ist deutlich. Leistung des Maschinenzeitalters werde es letztlich sein, zu jenem Zustand zurückzuführen, den die Poesie der Luther-Bibel als "ersten Schöpfungstag" beschreibt: *"Und die Erde war wüst und leer"*.

Diese vernichtende Prognose wird hier also nicht für den Fall eines Scheiterns all der Technik angedroht, sondern für jeden Fall, wie auch immer, unter allen Umständen. *"Es führt kein andrer Weg nach Küsnacht."*

Diese Unausweichlichkeit ist heutzutage auch den skeptischsten Pessimisten noch fremd. Gleichwohl ist sie, kann man auch 1999 noch sagen, das Wahrscheinlichste.

Nachbarplaneten scheinen das zu bestätigen.

Go Pih Pih, 31. Januar 1999

646.

Also, die Quallenartigen mit ihren Nesselpeitschen heißen auf Thai *malähng, seien so winzig, daß das bloße Auge sie nicht zu sehen vermag, und beherrschen hier derzeit den gesamten Archipel als totale Badesperre. Angeblich seien sie kein Schmutzsymptom (wie die echten Quallen im Mittelmeer), sondern archaisches Zubehör des hiesigen Ozeans und nach drei bis vier, spätestens sieben Tagen, je nach Winden und Strömungen, wieder verschwunden.*

Das wird sich erweisen müssen.

Diese Hypothek fällt terminlich mit der Zusage für den Bau *bonn kuan* zusammen und könnte, richtig oder falsch verstanden, im Verein mit dem sonstigen Ruïn der Insel eine Warnung sein.

Oder aber ein Test, wie ernst ich es außerhalb der *bellezza* wirklich meine: mit der Natur und ihren Bedingnissen.

647.

Die zahllosen Liebesgeschichten im *"Wilhelm Meister"* sind, jedenfalls heute, eigentlich nur unbedeutend und langweilig: in ihrer harmlosen und leicht kitschigen, sehr ereignislosen Biederkeit.

Insofern haben sie vermutlich die Funktion, den eingangs mit ebenso trivialen Mitteln eingefangenen Leser bei der Stange zu halten und ihm jenes einzige Futter vorzusetzen, das er zu verdauen imstande ist: Konzession also ans liebe Publikum.

Allerdings ist dem alten Hexenmeister auch zuzutrauen, daß er gleichzeitig subkutan diese ganze langweilige Ereignislosigkeit üblicher Amouren decouvrieren, beim Namen nennen will. Die Zeichnung der meisten Frauen mit ihren sämtlich exaltierten Vornamen (Philine, Aurelie, Lucinde, Hilarie, Valerine, Hersilie, Nachodine, Albertine und weiteren), auch mit jenem meist einzig schwärmerischen, sonst leeren Verhalten eben erotisch Ungesättigter deutet deutlich in solche Richtung.

So werden alle diese Liebesgeschichten zu kritisierten Negativmustern im Kontrast etwa zur *Gesellschaft vom Turm*, zur *Pädagogischen Provinz*, zum Kosmos Montans, gar Makariens: vergeudete Energien, unergiebige Excitationen, falsche Inhalte, vertane Lebenszeit.

Dies alles interlinear, versteht sich: für geduldig Lesekundige *only*.

648.
Fast als Wunder, jedenfalls als Leistung zu registrieren:

das besonders heikle Kapitel zur *cosa nuova* mit der Diplomatischen Note des Iran an den Vatikan

wurde gestern inmitten eines anhaltend hysterisch tobenden Kindergeschreis ringsum zu Papier gebracht.

Die lieben Kleinen eines alternativ intellektuellen österreichischen Elternpaares werden offenkundig strikt antiautoritär erzogen und dürfen alle andern Menschen ungehindert terrorisieren.

Die Exzesse ihrer pädagogisch ungefilterten Vitalität haben eine erste Niederschrift dieser unterstellten israelisch-chinesischen, jüdisch-kommunistischen Verschwörung nicht zu beeinträchtigen, geschweige zu verhindern vermocht.

Die gleichzeitige Reparatur meiner Dusche und Installation einer Neonröhre für nächtliches Lesen mußten zwar auch noch beraten und bewundert werden, taten aber gleichfalls keinen Abbruch.

Grund für Stolz auf Lernerfolge buddhistischer Verhaltensversuche im Sinne jener seinerzeit in Blankenese vielbelachten Devise auch *Autogenen Trainings*: *"Der Lärm verstärkt die Ruhe"*.

Das kann er tatsächlich: so man es wirklich will.

649.
Sowie ich Schneckenhaus oder Kapsel meiner schreibenden Unansprechbarkeit für deutsche Zimmernachbarn auch nur um den Millimeter eines Lächelns oder englischen Grußes öffne, geben sie schon ihren Klatsch preis:

"You write a book? What is your name?"

"Why?"

"Only so ... ach so ... : I want to buy."

650.
Rätselhafte Tage:

die Haut rebelliert, das Haus wird gebaut, das Meer macht dicht, Mahd überschlägt sich, Ridd nennt die Insel *"only shit"*, und Sawaang ruft aus eigenem Antrieb an und erreicht mich sogar. Alles ist also anders als sonst und durcheinander.

Wohin des Weges: *bai nai*?

651.
Beim heutigen *brunch* mit der männlich gestandenen Inselprominenz im *Viewpoint Resort* taucht auch wieder die bürgermeisterliche *"Große Person"* auf und erkennt mich mit freudiger Überraschung wieder: wußte offenbar von meiner Absenz, gar in Australien.

In welcher Funktion ich an diesem erlauchten Kreise partizipiere, bleibt so unerfindlich wie der generös gezollte Respekt.

Schädlich ist das alles schwerlich.

Sonderlich nützlich wahrscheinlich auch nicht.

652.

Wie Goethe erst im Finale und auf der 1108. Seite seines Doppelromanes die Makarie und damit sein eigentliches Trumpf-As aus dem Ärmel zieht und das Ganze auf allerkühnste Weise in einer Figur gipfeln läßt, wie es sie weder vorher noch nachher jemals gab. Erst jetzt mutet er seinem lieben Publikum Unzumutbares zu: eben Kosmisches.

Wer das verschmäht, hat trotzdem den ganzen Roman bereits gelesen. Zu Anfang hätte ihn das vertrieben, jetzt nicht mehr.

Die Vermutung, daß diese Makarie autobiografisch zu deuten, jedenfalls entstanden ist, wird durch das Archiv ihrer aphoristischen Erkenntnisse erhärtet, mit denen das ganze *opus* so kommentarlos wie rätselhaft endet.

Alles mündet im Mysterium.

Dies wohl als Fazit.

653.

Diese Makarie als Konterfei ihres Autors würde auch sinnig die Intersexualität Mignons fortsetzen oder auch überhaupt erst begründen.

Dabei ist zu betonen, daß es zwischen Mignon und Makarie oder Makarie und Mignon nicht nur die unergründet bleibenden Amazonen gibt, sondern vor und nach ihnen allen auch jene ominös ausgesparte, aber umso pointiertere und wünschelrutengängerhaft sensitive *"Person"* im Gefolge Montans, *"über deren Geschlecht er sich nicht näher erklären wollte"*. Warum nicht, bleibt unerfragt. Wahrscheinlich, weil solche Erklärung gar nicht möglich gewesen wäre.

Ein Leitmotiv dieses Romans.

Auch die konventionellen Liebesgeschichten, deren programmiertes Scheitern Adolf Muschg sehr plausibel kommentiert, sind vielleicht vor solcher Folie zu lesen: sie simplifizieren und trivialisieren die sehr viel komplexeren Grundkonstellationen des Menschen so im Erotischen wie im Psychischen und Geistigen. Mignon als artifizielle Chiffre für alles das dürfte eine realistischere Figur sein als alle diese Lydien und Lucinden, deren Unzulänglichkeit dem aufmerksamen Leser als jeweils humane Unvollständigkeit in die Augen springt.

Immer beides sein postuliert denn auch Makaries finales Archiv:

"Alles ist gleich, alles ungleich, alles nützlich und schädlich, sprechend und stumm, vernünftig und unvernünftig."

Und die zuvor schon eingestreuten *"Betrachtungen im Sinne der Wanderer"*:

"Grundeigenschaft der lebendigen Einheit: sich zu trennen, sich zu vereinen, sich ins Allgemeine zu ergehen, im Besondern zu verharren, sich zu verwandeln, sich zu spezifizieren [...], hervorzutreten und zu verschwinden, zu solideszieren und zu schmelzen, zu erstarren und zu fließen, sich auszudehnen und sich zusammenzuziehen. Weil nun alle diese Wirkungen im gleichen Zeitmoment zugleich vorgehen, so kann alles und jedes zu gleicher Zeit eintreten. Entstehen und Vergehen, Schaffen und Vernichten, Geburt und Tod, Freud und Leid, alles wirkt durcheinander, in gleichem Sinn und gleicher Maße [sic!], deswegen denn auch das Besonderste, das sich ereignet, immer als Bild und Gleichnis des Allgemeinen auftritt."

654.
Nicht nur Aborigines und australische Geschichte sind Ridd fremd. Auch von Nelson Mandela hat er noch nie was gehört.

Seine Partnerschaft just mit mir ist insofern besonders abstrus.

Oder reizvoll.

655.

Deutsche spalten sich auf Reisen in BILD- und WELT-Leser auf: auch wenn sie keins dieser Blätter lesen.

Es gibt nur noch Pöbel und Spießer.

Wohl nicht nur auf Reisen.

656.

Mahd fordert mich auf, ihn morgen nach Krabih zu begleiten, wo er Grundstücksbegrenzungen behördlich zu regeln hat. Weshalb ich ihn begleiten soll, bleibt unklar. Mich lockt dort nichts.

Trotzdem sage ich sofort zu, halte das sogar für richtig und bin mir selbst ein Rätsel.

Kurz danach schon ruft Sawaang an.

Morgen früh also wird er uns in Krabih am Pier abholen. Ein Gespräch zwischen ihm und Mahd ist jetzt ohnehin der anstehend nächste Schritt für das Unternehmen *bonn kuan*.

Alles fügt sich also.

Irgendjemand wußte das, als ich dieser Reise zustimmte.

Bangalore, abermals.

657.

Der siebzigjährige Strandmasseur und Meister seines Faches schätzt nicht nur mein Alter unüblich richtig ein, sondern beanstandet auch die Abnutzung meiner rechten Hand: der schreibenden.

Die Füße lobt er.

Seine senil ins Ohr geraunten Ferkeleien muß ich nicht einmal überhören: der Wortschatz streikt.

Saithai, 1. Februar 1999

658.

Historisches Datum: erstmals in diesem Leben das Angebot eines bürgerlichen Berufes; just in Hinterindien. Mahd offeriert mir den Touristendolmetsch im *Paak Klohng*, immerhin in Würdigung meiner vielen Sprachkenntnisse.

Die Abstrusität überwiegt keineswegs. Als milder Ausklang ist es so komisch wie attraktiv und sinnlos.

659.

Schon kurz danach kann ich heute der unverhofften, überfallartigen Gastlichkeit Sawaangs und Ois nicht widerstehen.

Freilich ist sie stigmatisiert von einem Mord in allernächster Nähe ihres Hauses, wo ich noch kürzlich sonderlich genüßlich jenen üppig nachwachsenden Dschungel fotografierte (*Reflex* vom 27. Dezember 1998) und wo unser silvesterlicher Mondspaziergang zwar noch *"die Friedlichkeit, die Milde des Lebens"* zu verspüren meinte, aber in Wahrheit schon durch Macbeth's unheilvoll bewegten Wald lustwandelte (*Reflex* vom 31. Dezember 1998).

Der umgehende Geist des erst vor zehn Tagen hier Erschlagenen wird jetzt noch sehr gefürchtet, jede Erweiterung des Hauswesens als Verstärkung gegen ihn willkommen geheißen. Der Tod ist hier noch deutlich präsenter, deutlich unverdrängter als in der sogenannten Zivilisation.

Die Sterbestelle wird durch einem Umweg dauerhaft gemieden.

Saithai, 2. Februar 1999

660.

Das fällige Gespräch zwischen Sawaang und Mahd entfällt und erübrigt sich innerhalb der neu entwickelten Strategie eines Abwartens. Sie schließt auch, nicht zuletzt unter dem Eindruck des nahen Mordes, Gewalttaten nicht aus, die den einzigen Ausweg auch aus unrealisierbar gewordenem Projekt darstellen könnten.

Diese wieder leicht paranoïden Hypothesen müssen immerhin als Möglichkeiten eingeräumt werden und legen eine Verweigerung ominöser Exkursio-
nen nach Ranong, nach *Go Jao* oder sonstwohin nahe. Keine Okkasionen
schaffen, einen lästig gewordenen Gläubiger loszuwerden.

Stilwechsel: aus der Idylle wird ein Krimi.

661.
Korrektur zum 31. Januar *huius*:

Der *"Meister"*-Roman mündet durchaus nicht im Mysterium; eher in einer
Verspottung seiner selbst.

Denn das finale sobezeichnete *Archiv Makaries* erweist sich als relativ verspielter, auch verächtlicher Griff in die Schublade des Vorhandenen. Er war
zunächst nichts anderes als ein technischer Notbehelf, weil das Buch mitten
im Druckvorgang plötzlich zu dünn geraten schien und mit Materialien aus
unveröffentlichten Manuskriptbündeln aufgefüllt werden sollte. Adlatus
Eckermann wurde aufgefordert, aus diesem Depot beliebige *"Einzelheiten,
vollendete und unvollendete Sachen, Aussprüche über Naturforschung,
Kunst, Literatur und Leben, alles durcheinander"* herauszuklauben und einige Druckbogen damit *"zusammenzuredigieren"*, *"um damit vorläufig die
Lücken der 'Wanderjahre' zu füllen.*

Genau genommen", gab Goethe ihm zu, *"gehört es zwar nicht dahin, allein
es läßt sich damit rechtfertigen, daß bei Makarien von einem Archiv gesprochen wird, worin sich dergleichen Einzelheiten befinden. Wir kommen
dadurch für den Augenblick über eine große Verlegenheit hinaus und haben
zugleich den Vorteil, durch dieses Vehikel eine Masse sehr bedeutender
Dinge schicklich in die Welt zu bringen"* (15. Mai 1831).

Tatsächlich scheint die so erfolgte Einfügung von *"Makariens Archiv"* so
willkürlich und wahllos, teilweise sogar sinnlos, daß die ganze Unterneh-
mung dieses Romans sogar Gefahr läuft, ihres Ernstes beraubt zu werden.
Eben das aber ist diesem Sprengmeister des Genres als willkommen durchaus zuzutrauen.

Solche Mischung aus höchstem Anspruch und dessen Sabotage also ist auch
heutzutage durchaus zu erwägen, auszuprobieren und wahrscheinlich zu ler-

nen. Vielleicht der derzeit einzig verbliebene Weg, jeden lächerlichen Ernst zu vermeiden.

Krabih, (noch) 2. Februar 1999

662.
Diese abermalige Nacht in Abrahams Schoß mit hypnotisch wohliger Schlafqualität bis weit in die Hahnenschreie hinein ist zugleich die erste meines Lebens, in der ich mein Dormitorium mit einem ausgewachsenen und oftbenutzten Schießgewehr teile, das schon manches Tierleben beëndet haben dürfte und hier lässig in einer Zimmerecke lehnt.

663.
Beim Auftun von jeglicher Nahrung aus einer Schüssel auf den Teller sind, lerne ich von Sawaang, jeweils zwei gefüllte Löffel oder Kellen das obligate Minimum. *Denn jede erste Portion sei immer für die Geister. Erst die zweite zähle. Wer nur eine Portion nimmt, gehe insofern leer aus.*

Umgekehrt werden die Geister in den eigens zuständigen Geisterhäuschen, den *dschao tih pih bahn* draußen vor der Tür, mit täglich jeweils nur einer einzigen Portion Reis, nur einer einzelnen Banane, einem einsamen Glase Wasser bedient. Jegliches Zweite wäre da sinnlose Vergeudung. Sie brauchen nur eine Portion.

664.
Der fast neunzigjährige, aber schöne und wache, verarmte und heitere Witwer Kai, den seine Kinder plünderten, dann im Stich ließen.

Jetzt lebt dieser dörfliche König Lear allein, versorgt sich selbst und geht den weiten Weg ins Dorf mit seinen Läden hin und zurück zu Fuß. Er scheint sich aber in alledem noch durchaus seines Lebens zu freuen.

Namentlich auch zur Erleichterung dieses Lebensendes soll unser Motorrad *"Nohng däng"* (= *Das rote Geschwisterchen)* bisweilen dienen, tut es wohl auch.

665.

Sawaang erinnert sich noch jenes Zitronensaftes mit Zwiebelgeschmack *("nahm manao onion")* in diesem Lokal, das wir gestern an der Straße von Krabih nach Nyaklohng erneut frequentieren, zuletzt wohl im März 1998, jedenfalls nach längerer Trennung und Pause, auf der Kippe damals zu einer unterschwelligen Krise.

Ich erinnere mich an Ort und Abend im Sinne eines ersten und bisher letzten Beisammenseins mit leicht zwanghafter Konversation und hatte die gezwiebelten Zitronen darüber vergessen, über die Sawaang hingegen jetzt noch lacht, während er die übrigen Komplikationen zumindest halbwegs verdrängt haben dürfte.

An alledem ist nicht nur viel abzulesen, sondern auch die Entwicklung zur jetzig unglaublichen Blüte dieser Freundschaft zu bemessen.

666.

Die ist auch daran zu bemessen:

Sawaang hat für unsern allmorgendlichen Kaffee zwei Henkelbecher besorgt, auf denen je ein Hahn abgebildet ist.

667.

Wie hilfreich, auch angenehm es ist, im Freunde einen Berater zu haben.

Ungewohnter Luxus.

Go Pih Pih, 3. Februar 1999

668.

Wie wenig es Sawaang überrascht, als ich ihm vom vermeintlichen Maschinenschaden ebenjenes Flugzeuges berichte, vor dem er mich so nachdrücklich gewarnt hatte und dessen Flug von Bangkok nach Melbourne dann tatsächlich ohne genauere Angabe von Gründen gestrichen wurde; sein vorher ungutes Gefühl hatte sich vollauf bestätigt; sein Verdacht eines anti-amerikanisch islamistischen Sprengstoffanschlages wurde nie widerlegt.

Jetzt also zeigt er sich wenig überrascht davon: wohl nur zum kleineren Teil aus Bescheidenheit, Uneitelkeit; hauptsächlich, denke ich, weil er seine telepathischen Fähigkeiten kennt und weiß, daß er ihnen trauen kann.

669.
Ebendeshalb auch folgende Notiz:

In milder, verführerischer *heure bleue* sitze ich dieser Tage auf der vakanten Pritsche des Strandmasseurs und seufze Mahd was vor: wie sehr sich doch *Go Pih Pih* im letzten Jahr verändert habe. Er sagt *"Moment mal, warte"*, geht weg, kehrt bald in Begleitung des alten Ussehn zurück und lädt mich ein, sie beide schon am 5. Februar, nächsten Samstag, nach Ranong zu begleiten, wo dieser Vetter zu Hause ist und es sehr schön sei: Korallengärten, Inseln, Strände, wunderschön; auch Ussehn begrüßt meinen dortigen Besuch und kündigt besonders deliziöse Fisch- und Krebsgerichte an. Ich sage zu.

Für diese Einladung liegen mir inzwischen drei sehr diskrepante Interpretationen vor.

Die erste resultiert aus meiner Kenntnis von Mahds Sensibilität und Schnelligkeit: er hatte, so meine Deutung, mein Unbehagen sofort begriffen, es vielleicht auch mit den derzeit unerfreulichen Gästen des *Paak Klohng* kombiniert und für schnelle Abhilfe in Gestalt eines ungewöhnlichen Tapetenwechsels zu sorgen versucht. Denn Ranong liegt gute vier Omnibusstunden nördlich im *Isthmus von Krah*.

Die zweite Interpretation ergibt sich andern Morgens aus Bemerkungen eben seines Vetters Ussehn über gute Chancen, dort in Ranong für den Bau von Bungalows zu sorgen. Ich begreife: Mahd spielt, gar samt jenen zwielichtigen Geschäftsfreunden aus Puhgett, mit dem Gedanken, in Ranong ein Touristenhotel zu bauen, und ich soll für eine finanzielle Beteiligung gewonnen werden. Schon entwerfe ich Antwort- und Ausfluchtmodelle für diesen Fall.

Die dritte Deutung liefert noch selbigen Abends Sawaang: *Mahd habe sich in seiner jetzigen Lebenskrise mit dem Bau meines Hauses* bonn kuan *übernommen; eine Absage aber würde ihn zur Rückzahlung verpflichten, zu der er weder imstande noch willens sei; oder er könne gar nicht mehr bauen, weil mein Geld schon verausgabt, verscherbelt oder sonstwo investiert sei. Da er aber keinen Vertrag mit mir habe, sollte ich als lebendige Mahnung lieber verschwinden. Eben für derlei sei Ranong der geeignetste Platz: nicht fern der Grenze nach "Birma", ein Labyrinth aus Schmuggel, Gelichter, Opium, Verbrechen und mancherlei Illegalität, ideal für ein unaufklärbares Verlorengehen. Das sei zwar nicht zwingend,* verharmlost Sawaang, *aber möglich. Fünfzig zu fünfzig. Keinesfalls solle ich mich in dieses Ranong lokken lassen.*

Mir fallen da parallele rätselhafte Einladungen ein: schon im Dezember zu einem Wasserfall nach *Pang Ngah*, noch selbigen heutigen Tages von Krabih aus per Motorrad sonstwo-, *bai tiao*, überall und nirgends hin; nur die Verlagerung unseres Treffpunktes aus der Innenstadt von Krabih nach Saithai ins Haus Sawaangs ließ ihn diesmal von diesem Plane Abstand nehmen – oder wäre meine Spur da zu deutlich verfolgbar gewesen?

Sawaangs telepathische Erfolge in anderen Fällen geben seiner Deutung, die meinen früheren üblen Erfahrungen in diesem Rüssel und Isthmus zwischen den beiden Ozeanen entspricht, den klaren Vorzug vor den beiden eigenen.

Vielleicht ist sie der eigentliche Sinn dieses ungeplanten Wiedersehens?

670.
Daß Leonardo DiCaprio seinen Film *"The Beach"* mit Außenaufnahmen auf der Zwillingsinsel *Pih Pih Leh* dreht, ging durch die ganze Weltpresse. Landschaftsveränderungen, gar ein künstlicher Strand in diesem außergewöhnlich pittoresken Nationalpark provozierten Naturschützer, sonstige Gegner und entsprechende Journalisten. Im Januar, als ich in Australien war, sollte dort trotzdem gedreht werden.

Die Bevölkerung von *Go Pih Pih* blieb auffallend unbeeindruckt. Hier sprach kein Mensch über dieses Projekt und sein Für oder Wider. Eben jetzt gelingt es mir nicht einmal zu erkunden, ob schon abgedreht ist oder noch gedreht wird oder alles noch bevorsteht. Kein Mensch weiß das hier, keinen interessiert es. Dabei mag mitspielen, daß die Filmleute nicht auf *Go Pih Pih* logieren, sondern jeweils aus Puhgett einschweben: Geschäfte sind also mit ihnen nicht zu machen. Der Rest ist egal.

Und daß *Go Pih Pih*, so *Leh* wie *Donn*, ein Juwel ist, weiß man hier auch ohne Hollywood. *So what?*

Aber ich sehe weit draußen vor *Loh Dalamm* einen Helicopter eine Yacht anfliegen. Das ist hier sonst nicht eben üblich. Vielleicht ein drehfreier Tag für Leonardo DiCaprio?

671.

Ridd, dieser arme Fischerjunge und Bootsbauernbub aus dem weltabgeschieden winzigen *Go Sibojah*, überrascht mit der Bemerkung, die jetzige Touristenschaft auf *Go Pih Pih* sei überwiegend Hühnerscheiße: *"chicken shit".*

Er hat recht.

Andern Tages freilich differenziert er, er meine damit das Benehmen überwiegend von Schweden und Italienern, aber einschränkungslos von allen Israelis.

Da mag er übernehmen, was man in hiesigen Moslemkreisen polemisch zu kolportieren pflegt.

672.

Einzelhandel und Arbeitnehmer der Insel bauen derzeit ein anderes Feindbild auf: die hiesigen Hotels. Sie seien inzwischen so teuer, daß ihre Gäste nur einmal, höchstens zweimal übernachten, also ohne hier einzukaufen, Tauchkurse zu belegen, Tagesausflüge zu machen und Trinkgelder zu verteilen.

Ein sozialer Graben, eine klassenkämpferische Spannung baut sich auf und spaltet die einheimische Gesellschaft. Selbst Dauergäste werden automatisch für Eintagsfliegen gehalten und illusionslos abgefertigt.

Meine sechs anachronistisch verbleibenden Wochen glaubt mir kein
Mensch: als sei das ein etwas abgeschmackter Witz.

Go Pih Pih, 4. Februar 1999

673.
Vor meinem postaustralischen Fenster ruft nun auch hier allmorgendlich ein
sehnsüchtiger Hahn nach seinen fernen Genossen.

Oder nach mir?

674.
Jede Frau, die sich

für Quotenregelungen einsetzt

oder auch nur mit ihnen abfindet,

beleidigt ihr Geschlecht.

Sie beansprucht und akzeptiert insofern eine milde Gabe der Männer, indem
sie das Angestrebte auf legalem Wege nicht erreichen zu können eingesteht.

675.
Die wirklich überwältigende Sauberkeit australischer Strände, Straßen und
sonstiger Öffentlichkeiten bezieht sich auch ganz besonders auf die Abwe-
senheit von Plastikmüll.

Könnte das (unterbewußt?) auch damit zusammenhängen, daß Australien
sein Geld jetzt aus Plastik herstellt? Dadurch mag dieses Material für die
Menge aufgewertet, gleichsam geadelt, aus einem billigen Abfall zum Kost-
barsten werden, was sie überhaupt kennt. Das läßt man nicht achtlos liegen.

Insofern mag das Auflesen von Plastik für australische Psychen an die Stelle des früheren Schürfens von Gold aus Sand und Kies getreten sein.

676.

Goethe erfindet in *"Makariens Archiv"* das unschöne Wort *Volkheit* eigens, um es vom gängigen *Volk* unterscheiden und eine allfällige Differenzierung realisieren zu können.

Volk ist für ihn ein negativer Begriff und beïnhaltet Masse, Pöbel, Plebs, blinde Willkür.

Volkheit hingegen wäre sein Inbegriff nicht nur von Vernunft und Beständigkeit, sondern sogar auch von Reinheit und Wahrheit, wie sie in der Bevölkerung vorhanden seien und zum Ausdruck gelangen können. Auf solche *Volkheit* zu hören, gezieme also jedem Gesetzgeber. *"Und in diesem Sinne soll und kann das Gesetz der allgemein ausgesprochene Wille der Volkheit sein, ein Wille, den der Verständige vernimmt und den der Vernünftige zu befriedigen weiß und der Gute gern befriedigt"* ("Wanderjahre", "Aus Makariens Archiv").

Diese sprachlich anfechtbare Wortschöpfung ist politisch ungemein aktuell. Eben sie leitet jene Differenzierung des Demokratiebegriffes ein, die die Welt jetzt dringend benötigt. Sie unterscheidet unheilvoll quantitative Mehrheitsbeschlüsse von jener neuerdings immer häufiger wahrnehmbaren Weisheit von Bevölkerungen, die vielfach klüger und fortschrittlicher sind als ihre Parlamente und Regierungen (Umweltbewußtsein, Friedenswille, Ausländertolerierung, Volksbewegungen in Belgrad und Djakarta, in Peking und Frankreich).

Im Augenblick großer Gefahren für den Fortbestand von allzu korrumpierter Demokratie könnte durch solche hierempfohlene Rückkehr von quantitativen zu qualitativen Prinzipien ein rettender Ausweg liegen.

Man braucht dafür gar nicht erst in *"Makariens Archiv"* zu lesen. Seismografische Observanz der Völker würde genügen und ist eigentlich nicht zu viel verlangt. Wofür sonst haben wir Medien, Rechner und Volksvertretungen?

Nicht um den *"Willen der Volkheit"* zu übersehen.

677.

Ridds Fixierung auf Fische in welchem Gewässer auch immer ist nur als

Obsession zu bezeichnen. Von nichts, auch nicht einmal von Frauen ist er so besessen, nichts interessiert ihn so wie ein winziges Fischchen in irgend einem Bächlein.

Das ist wohl nur mit einer Herkunft zu erklären, für die Fischfang ein Synonym für Überleben war.

Wie Kindheit stigmatisiert; irreversibel.

678.
Wie Christentum und Buddhismus beide das Leiden des Menschen in den Mittelpunkt ihrer Heilslehre stellen.

Aber wo die Christen seit zweitausend Jahren mit einem zwielichtig mystischen Projektionszauber ihr Leiden auf einen sogenannten Erlöser übertragen, durch dessen Ermordung sie wider allen Augenschein und besseres Wissen von ihrem Leiden befreit worden zu sein behaupten,

verzichten die Buddhisten auf solchen kaum nachvollziehbar verquasten Delegationshokuspokus. Ihnen nimmt keiner was ab. Das wissen sie. Das begreifen sie sogar als Chance. Jedem von ihnen ist es einzeln gegeben, ein Leben zu führen, das sein Leiden vergrößern oder verringern kann. Sie brauchen kein Medium, sondern übernehmen die Verantwortung selbst. Alles ist *"up to them"*.

Insofern sind sie politischer als die irrationaleren Christen, aber auch freier als jene subalternen Anbeter eines sadomasochistischen Exzesses.

679.
Sawaang lehnt es ab, auch nur zeit- und leihweise zwecks erleichterter Kommunikation ein mobiles Telefon ins Haus zu nehmen.

Das ist nur ein Symptom und eine Entscheidung unter vielen andern desselben Geistes.

Seine damalige Rückkehr aus Tätigkeiten für den Tourismus zuletzt auf dem mafiotischen Puhgett in die archaïschere und primitivere Welt des

Kautschukzapfens war nur scheinbar resignativ, nur scheinbar die Einlage einer naturnahen Regenerationsphase.

In Wahrheit, zeichnet sich nun nach vier Jahren deutlich ab, hat er damals die Entscheidung gegen ein kommerzialisiertes Leben getroffen, gegen die zivilisatorischen Zerstörungen und merkantilen Korruptionen unserer Tage. Rechtzeitig hat er diese sinkende *"Titanic"* zu verlassen unternommen. Ein klassischer *"Waldgang"* auch im Sinne Ernst Jüngers.

Das war nicht ohne Entsagungen möglich. Sawaang hat auf allen Komfort und Luxus verzichtet, wie sie Leben heutzutage angeblich lebenswert machen. Er ist zu den Quellen der Brunnen zurückgekehrt, wo alles Licht von der Sonne oder von Glühwürmchen kommt. Dort hat er sämtlichen Vorteilen abgeschworen, mit denen der Markt uns zu blenden trachtet, und sich auf Qualitäten zu konzentrieren versucht.

Wie bilanziert sich das nun nach vier Jahren?

Er hat mit Zivilisation bezahlt und Kultur bekommen.

Er hat Armut gewählt und Glück gefunden.

Er ist heiter und frei, ein Herr seiner selbst und seines Lebens.

Seine Kate am Dschungelrande ohne Strom, ohne Fließendes Wasser, ohne Möbel, ohne Badezimmer, ohne Fernsehen und *WC*, ohne Telefon, mit nur einer einzigen Kochflamme und ohne Vehikel beherbergt das der Welt abhanden gekommene Idyll einer intakten Ehe mit auffallend verheißungsvollen Kindern in anachronistisch ungetrübter, ungemein lustiger, ungemein gastlicher Atmosphäre, die ganz unübersehbar von Güte, Hilfsbereitschaft, Freundschaftlichkeit und Aufmerksamkeit, die von Frieden und Liebe geprägt ist. Was hier fehlen mag, wird nicht als Entbehrung empfunden. Gerade vor der Folie des buchstäblich schon global unglücklichen Jeff in Melbourne, Stockholm und Washington zeichnet sich diese Idylle von Saithai nur umso beredter ab.

Eigentlich ist sie sogar ein antikapitalistisches Lehrstück. Ein Beweis, der seine definitive Schlüssigkeit vielleicht sogar in der Qualität dieser Ehe findet, die wohl eher als eine Mischung aus Zufall und Panne, eher lustlos und als unvermeidlicher Preis des Vergnügens begann. Das povere Miteinander, die stete Konzentration aufs unumgänglich Nötige, aufs Existentielle, das viele gemeinsame Rackern, Malochen und Lachen haben daraus das Muster einer Verbindung gemacht, wie sie in urbanerem, komfortablerem Ambiente nur noch in Gestalt von schnulzigen Fernsehfilmen auftauchen dürfte.

Die Welt ist in dieser Kate noch in Ordnung und sehr, sehr angenehm.

Man hat einzig den Wunsch, sie zu schützen: also zu behüten, zu verbergen, zu verheimlichen, so intakt zu bewahren.

Wo lauern die Zerstörer?

680.
Adolf Muschg überrascht zum *"Westöstlichen Divan"* mit einer Definition, die auch der *"Liebesbrief an fremden König"* beanspruchen möchte:

"Auswanderung in den Orient als dialektische Figur der Heim- und Einkehr".

Zum Beispiel nach Saithai.

681.
Fischer Sann nun endlich behauptet, es genau zu wissen: *jene nesselnden* malähng *seien reguläre Quallen mit Tentakeln und nichts andres, auch durchaus sichtbar.*

Er und Ussehn informieren auch, *daß ein Thai solche Peitschenverbrennungen problemlos ertrüge. Sie seien auszuhalten.*

Nur von einem Thai?

Denn derzeit verleiden sie einem die Schwimmexerzitien.

682.
Ridd hat einen Brief seines arabischen Freundes Basil aus Bahrain bekommen und läßt ihn mich lesen. Nicht nur unterschreibt dieser Mitmoslem als Ridd's *"best friend"*, er gesteht auch *"I miss your body"*.

Ridd läßt das unkommentiert.

Als ich ihm seine Antwort zu Papier bringe, schlage ich, provozierend, eine Erwiderung ebendieses Satzes vor: *"I also miss your body"*.

Ridd greift diesen Vorschlag nicht auf: wieder kommentarlos.

Es braucht auch keinen.

683.
Der Buddhismus zeichnet sich vor den andern Weltreligionen auch dadurch aus, daß er sich keinem obskuren Textbuch unterwirft wie Judentum, Christentum und Islam.

Deren Thorah, Bibel und Koran sind zweifellos kluge und interessante Bücher von aufrichtig bemühten, von begabten, auch erleuchteten Autoren, aber eben von Autoren, insofern *ab ovo* nicht so sakrosankt, unfehlbar, gar göttlich, wie ihre Anhänger das in ihrem Autoritätsbedürfnis gern behaupten.

Dem Buddhismus fehlt ein solches Autoritätsbedürfnis, er giert nicht nach Unterwerfung, sondern bemüht sich, seine Anhänger autark und mündig zu machen. Darum braucht er auch keine solche Heilige Schrift.

(Natürlich gibt es den *Palih-Kanon*, aber der ist wenig populär und gar nicht prätentiös, geschweige herrisch.)

684.
Das ist auch das Ärgerliche an diesem sonst so mutigen, so kühnen und begabten Friedrich Weinreb: der Thorah gegenüber wird er zum devoten Sklaven, zum Liebediener, zum Papagei.

Der ganze Zauber seiner sonstigen Unvoreingenommenheit, seines unkonventionellen Geistes ist zum Teufel, sobald er sich auf die Thorah bezieht; durch so hündische Kritiklosigkeit degradiert er sie aber nur zum Petrefakt. Das Gegenteil des Gewollten tritt ein.

685.

Dissertationsthema: die zentrale Bedeutung von Androgynie und Intersexualität in Goethes *"Wilhelm Meister"*.

Estupendo.

Sogar der so schweizerische Adolf Muschg bemerkt und bestätigt das.

Mindestens ein Kapitel in solcher Doktorarbeit müßte der kritischen Sicht und Darstellung von Frauen gewidmet sein, auch der heterosexuellen Glücklosigkeit sowie der Frauenfeindlichkeit vieler Männer, zumal jenes Laertes, der *"in einem sehr entfernten Sinne"* immerhin den Titelhelden spiegeln soll.

Ein anderes Kapitel vielleicht dem Eros zwischen den Männern.

Aber der Promovend sollte maskulin sein und möglichst schwul. Sonst wird es nichts.

686.

Daß ein Werk vom Range und von der historischen Position der *"Ilias"* sich inhaltlich ausgerechnet mit dem ersten aller Weltkriege befaßt, ist so bedauerlich wie vielsagend, wahrscheinlich auch unumgänglich: es behandelt vermutlich das Thema aller Themen, das *A et O* der Humangeschichte.

Die sah ein Mann wie dieser Homer schon vor 2700 Jahren so, wie sie sich jetzt demaskiert: destruktiv.

687.

"Es ist eine falsche Nachgiebigkeit gegen die Menge, wenn man ihnen die Empfindungen erregt, die sie haben wollen, und nicht die sie haben sollen." (Goethe, *"Wilhelm Meisters Lehrjahre"*, Fünftes Buch, Neuntes Kapitel)

Meint er damit das Fernsehen?

Oder die BILD-Zeitung?

Go Pih Pih, 5. Februar 1999

688.

Der alte Ussehn ist also heute nach Ranong abgereist.

Ohne mich.

Aber auch ohne Mahd.

Freilich ist heute gar nicht Samstag, sondern Freitag: plant ein Mörder so schlampig?

Wohl kaum.

Aber als Thai vielleicht doch.

689.

Mitten in der Lektüre des 11. Gesanges der *"Ilias"*, dieses Horrorgemäldes, an idyllischem Strande von lautem Geschrei und Gekläffe überfallen, mich inmitten eines jähen Scharmützels wilder Affen und herrenlos streunender Strandhunde wiederzufinden, die sich unentwirrbar verfolgen, bedrohen, vertreiben und hassen. Die Wilde Jagd, für Sekunden. Ich in meinem Liegestuhl ihr Zentrum. Ihre Wut erschreckt. Sie ist gnadenlos. Dann beruhigen sich alle, ebenso plötzlich, bleiben aber wachsam, beäugen sich skeptisch und ignorieren sich feindlich. Allmählich trollen sich die Affen in die Bäume, die Hunde ins kühlende Meer, ich in meinen Homer:

*" ... Haupt an Haupt drang alles zur Feldschlacht, und wie die Wölfe
Tobten sie. Froh nun schaute die jammererregende Eris ... "*

690.

Ganz und gar unvergeßlich der nächtliche Moment in Saithai, als Waang und Oi, selbst völlig regennaß, in erster Linie gemeinsam dem Gast aus seiner durchtränkten Kleidung und in eben zufällig neuerstandene trockene helfen. Dessen Rührung wird spontan zur Geste des Handauflegens, Waang begreift sie sofort und nimmt sie an, Oi zuckt etwas ratlos zurück. Denn plötzlich waren sie die Eltern des alten Gastes, er ihr Priester.

Ganz und gar unvergeßlich.

691.

Diese ganze Szene spielte sich an denkbar ungeeignetem Platze ab: in einem Durchgang, in der Tür und halb im einen Raume, halb im andern; auch kaum beleuchtet, unbequem, sperrig, ohne Ablagen fürs Nasse, alles improvisiert und irgendwie. Aber trotzdem die Emotionen in ganzer Fülle und Kostbarkeit.

Der Raum ist in so magischen Urmomenten belanglos und austauschbar.

692.

Als Mahd heute endlich aus Krabih zurückkehrt, hat er die Reise nach Ranong offenbar längst vergessen. Mir und seinem Versprechen zuliebe ist er dann gleichwohl zu ihr bereit, aber froh, als ich absage; kurz: seine Harm- und Arglosigkeit sind erwiesen.

Jedenfalls für diesmal.

Dennoch ist Vorsicht geboten, *rawang*, und Sawaang ein dienlicher Theoretiker und Dozent in asiatischer Psychologie.

Go Pih Pih, 6. Februar 1999

693.

Der jüngste Sohn Noahs ist Schem.

Er ist eine Reïnkarnation Hewels (= Abels).

Vierhundert Jahre lang ist er Prophet, ohne daß jemand seine Weissagungen beachtet: das ist so alt wie die Welt.

Erst im fünften Jahrhundert dieser *Vita* werden seine Prophezeiungen begriffen und angenommen.

Später inkarniert er sich in jenem Jakob, der mit dem Engel kämpft.

694.

Adam ist auch der erste Tote.

Ihn begräbt noch Gott persönlich (*Zioni*).

Dann vielleicht auch jeden andern "alten Adam"?

You're welcome.

695.
Wie Homer schon mit Quanten operiert:

jenes furchtbare Schlachten im Elften Gesange der *"Ilias"* qualifiziert sich
durch Akkumulation. Auf jeden abscheulichen, gnadenlos abgeschilderten
Einzelfall folgt ein nächster. Längst hat der Leser begriffen, doch der Autor
läßt nicht locker: noch einer, noch einer, noch einer, noch einer, endlos. Das
hört nicht auf.

Kein Zweifel, daß das Grauen sich so, durch solche Menge, noch potenziert.
Undenkbar, daß es je endet. Noch einer, noch einer.

Technik des Kataloges. Anders wäre der gewünschte Effekt schon damals
nicht zu erzielen gewesen: nur durch Quanten. Schon damals hätte eine einzige repräsentativ beschriebene Szene das nicht mehr vermocht.

696.
"Wenn ich weiß, was eine Sache kostet", schreibt Goethe meinem Jeff und
all den vielen andern ins Stammbuch, *"so schmeckt mir kein Bissen."*
(*"Wilhelm Meisters Wanderjahre"*, Erstes Buch, Achtes Kapitel)

Go Pih Pih, 7. Februar 1999

697.
Heute nacht wurde ich gebeten, im Stuttgarter *"Zerbrochnen Krug"* den
Dorfrichter Adam umzubesetzen: binnen kürzester Zeit natürlich und mit
nur einigen wenigen Proben.

Als ich (von Hella?) geweckt werde, habe ich zwei von diesen wenigen Proben bereits verschlafen. In Panik will ich das Stuttgarter Betriebsbüro informieren: aber dessen Telefonnummer ist weg. Zwar gelingt es mir noch, sie
zu besorgen, aber da habe ich schon resigniert und den ganzen Traum auf-

gegeben: ich verzichte auf ihn und dieses Stuttgart, träume einfach nicht weiter, steige aus – aber ohne deswegen aufzuwachen.

Das Ganze wird mir erst morgens nach dem Aufwachen erinnerlich.

Aber so unausgelieferte, unverfallene, also légère und wohl doch irgendwo autarke oder souveräne Handhabung von Träumen beginnt, sich zu wiederholen und wo nicht gerade die Regel zu werden, so doch auch nicht eben eine Seltenheit zu bleiben.

Da verschiebt sich was. Als Träumender lerne ich, sinnlose Panik zu vermeiden.

Oder Jemand durchschaut da das Abgestandene solcher Theaterhysterien.

(Aber interessant bleibt der oneirische Spielplan: wie beim *"Geizigen"* neulich ist auch *"Der zerbrochne Krug"* ein Stück, das ich "drauf", nämlich schon zweimal inszeniert habe, gleichfalls zuerst als Anfänger, dann viel später *on the top*, aber statt Minetti mit dem ebenso, wenn auch anders katastrophalen und albtraumhaften Qualtinger!)

698.
Deutsch-österreichische Zimmernachbarn pflegen seit einigem ihre langen Abende auf der Terrasse des *Paak Klohng*, aber in militant verfochtener Dunkelheit zwischen neckisch versteckten Kerzen, einer Überdosis Räucherspiralen und -kerzen, wohlmöglich auch mit sonstigem Räucher- oder Rauchzeug und im eigenen Geschwader stundenlang schaukelnder Hängematten bei "stimmungsvoller" Lautsprechermusik aus mitgebrachten Boxen zu verbringen. Allabendlich bin ich auch noch auf Lampions gefaßt. Ihr verzogener Nepomuk, 4, sang heute schon *"Lateeane, Lateeane – Sonne, Mond und Steeane"*.

Dieser künstliche und deplacierte Daueradvent provoziert, bemerke ich, meine Opposition. Gegen solchen Alpenkitsch sind die japanischen Neonröhren des hiesigen *equipment* und der chemische Autan-Spray von *Bayer Leverkusen* authentischer und handfester.

699.

Das angestaunte Silo verblüffte gestern im *"Crazy House"* neben einem Barhocker-Nachbarn aus *Saint Malo* durch eine Garnierung meines höflich belobigten Französisch nicht etwa mit unkontrollierten Anglizismen, sondern mit völlig unbeherrscht und überflüssig dazwischenplatzendem Thai-Vokabular: und zwar keineswegs in Notfällen als Lückenfüller oder rettender Strohhalm, sondern naseweis auch bei not- und problemlos rauschender gallischer Suada. Es drängelte sich einfach vor, war unbescheiden.

Freilich stand Ridd daneben. Vielleicht merkte es das und wollte ihn nicht im Ghetto belassen.

700.

Meine Naivität ist noch vitaler als alle gebotene Paranoia.

Mahds Bruder Ähn, dieser Liebenswürdige, 30, dem ich bei jedem Vorübergehen unseres gemeinsamen Alltages zuraunen kann, wie schön er ist, lädt mich spontan zu einer Bootsfahrt an einen einsamen Strand um zwei Ecken ein. *Um was dort zu machen? Bai tiao*: einen Ausflug, wie reizvoll.

Aber kaum legt sein *longtail boat* ab, noch mit Já und Sih, zwei jungen Frauen, an Bord, da begreife ich schon diese Möglichkeit einer Falle: wenn sie mich jetzt selbdritt in diesen *Indischen Ozean* schmeißen?

Aber sie tun es gar nicht.

Vielleicht nicht sicher genug?

An Land jenes Strandes *La Nah* und dort unverhofft in versteckt authentischem Thai-Dorf wie vor Jahrtausenden, wo mich kein Mensch je vermuten und suchen würde, führt mich Ähn zu seinem bislang verheimlichten Hause und bewirtet mich da mit eigens heruntergeschlagenen Kokosnüssen. Deren mörderischem Aufprall vermag ich zwar leicht zu entgehen, aber vor der hierfür verwendeten Bambusstange, die etwa zwanzig Meter lang ist, bin ich sehr viel weniger sicher, vor jener Axt schließlich, mit der mein Gastgeber fast in Tuchfühlung mit mir die geernteten Nüsse bearbeitet und öffnet, überhaupt nicht mehr. Er behält sie auch noch sehr viel länger als nötig in der Hand. Beim sonderlich schutzlosen Trinken aus der unförmig sperrigen

maprao retiriere ich zwar wie absichtslos, aber einem plötzlichen Sprunge
mit Axthieb könnte ich schwerlich entrinnen.

Unverhofft tauchen auch hier, in diesem absolut abgelegenen, vollkommen
unbekannten, fast weg- und steglosen Eingeborenendorfe zwischen Dschungel und Ozean drei junge Japaner auf, die hergeschwommen sind und jetzt
irgendwo hinspazieren wollen. Pitschnaß und abstrus erfragen sie einen
Weg *"zum Meer"*, aus dem sie doch unübersehbar gerade kommen, und ich
verwickle sie krallend in längeren Dialog, sei es über das Wetter in Osaka:
nur um Zeugen zu involvieren und das Alibi zu verderben.

Ähn trollt sich dabei; Já und Sih sind schon lange in irgendwelchen Hütten
verschwunden. Sind die Japaner also gar die gedungenen Mörder? Denn
wie sonst kommen sie ausgerechnet jetzt ausgerechnet hierher?

Aber dann sind auch sie weg.

Allein gelassen, warte ich.

Worauf: auf arge Verstärkung?

Es dauert endlos.

Schließlich taucht Ähn mit zwei offenbar frisch geschlagenen riesigen Bam-
busstämmen auf und verstaut sie in unserm Boot. Seine ältere Schwester ge-
sellt sich mit Já und Sih hinzu, dann auch noch ein älterer Mann – der sehr
kräftig ist.

Aber im mildesten Lichte des friedlichsten Nachmittages kehren wir friedlich und milde ins *Paak Klohng* zurück, wo Mahd über meinem Bett inzwischen eine neue Leselampe installiert hat und vor meinem Zimmer die Terrasse fegt.

Ab jetzt muß ich nicht nur verdächtigen Einladungen, sondern auch den
verführerischen Einflüsterungen der Paranoia zu entrinnen versuchen.

Kaum beschlossen, lädt Ähn mich ein, ihn morgen früh nach Ranong zu begleiten.

701.
Fischer Sann ist zufällig anwesend, als ich ein Abendessen für zwei Perso-

nen mit dreihundert Baht bezahle. Das sind etwa 13,50 Deutsche Mark. *Er müsse von solcher Summe drei Tage lang leben. Seine heutige abendliche Tasse Kaffee an meinem Tische könne er sich nur einmal in der Woche leisten.*

Unklassenkämpferisch und neidlos, fast als Pointe einer absurden Welt vorgetragen.

Go Pih Pih, 8. Februar 1999

702.
Besagter Schem, Noahs Sohn, war auch 39 Jahre lang der Lehrer Abrahams.

Aber Abraham war der Sohn Terachs, der als erster Geld herstellte und sich später in Hiob inkarnierte: als Leidender, als Gottgeprüfter, als Geschlagener. (Friedrich Weinreb, *"Wie sie den Anfang träumten"*, Seiten 110f. und 117)

703.
Das Sefer ha-Jaschar, das *"richtige"* Buch, wurde in der Tempelmauer Jerusalems von einem alten Manne geschrieben, der mitsamt seiner Arbeit da entdeckt wurde, als der Tempel verwüstet, seine Mauern eingerissen wurden: so daß dieser Autor und sein Werk *"ans Licht kamen im Momente des Untergangs"*.

Dieses Buch berichtet auch, daß noch zu Zeiten des Nimrod die ganze Welt sich in derselben Sprache verständigte.

Wie plausibel.

Die Vielsprachigkeit ist sowas wie der Fluch einer Spätzeit: Keimzelle aller Kriege. Wer nicht verstanden wird, könnte gefährlich werden und muß daher weg.

704.
Ein liebwerter Anruf Sawaangs, schon im zweiten Anlauf erfolgreich, dann ein Abendessen mit Ridd und dessen spezifischen Sensibilitäten und

schließlich der überraschende Besuch Jah's aus *Go Jao*, ein Whisky-Abend mit ihm am nächtlich einsamen Strande von *Paak Klohng*, als gebe es keinen Tourismus und keine globale Marktwirtschaft, sondern nur Meer und Gezeiten, nur Sterne und Winde und Männerfreundschaft im keuschen Nebenbett ohne Vorbehalt.

Das genügt, um in Thailand zu sein. Wo sonst hat unsereins das alles an ein und demselben Tage?

Go Pih Pih, 9. Februar 1999

705.
Wie auch dieser Jah aus dem vorsintflutlichen *Go Jao* derzeit mit seinem ganzen Leben zwischen Scherbenhaufen und Großem Lose jongliert.

Zieht er tatsächlich Letzteres, wie es fast Chancen zu haben scheint, wird er entscheidend zur Zerstörung jener heimatlich paradiesischen Vorsintflutlichkeit beitragen, die ihm derzeit sein Glück zu finden hilft.

So pervers sind diese Zeiten.

(Oder alle?)

706.
Jah, der früher Mang hieß oder auch Somahd und eigentlich Bao "getauft" wurde, nennt sich jetzt auch gern Jahjah.

Name ist hier Schall und Spielball.

707.
Erst als Waffe gegen die babylonisch himmelstürmenden Städtebauer ohne Himmel, weiß Weinreb, erfindet Gott notgedrungen eine Sprachverwirrung, die seine Angreifer zuerst uneins, dann unschädlich macht. Aus einer einheitlichen Sprache werden siebzig verschiedene, die sich nicht mehr verstehen. Mord und Totschlag sind das beabsichtigte Resultat einer Rettung des Himmels.

Die unrealistisch geringen Sprachprobleme zwischen Sawaang und mir lassen einen Umkehrschluß zu, der tröstet und verheißt, auch Wege weist: in den Himmel?

708.
Daß die Thais ein *do not have* am liebsten zu *no hepp* vereinfachen, wurde schon viel belacht. Auch ihr *wai* statt *wife*.

Aber Jah nun mit all seiner sprudelnden englischen Eloquenz sagt plötzlich *I hofe* statt *I hope* – ohne aber etwa Deutsch zu können. Er sagt auch *meff* statt *map*.

Also help' Er ihnen!

709.
Außer Mücken, die *jung* heißen und ebenso stechlustig sind wie überall, gibt es hier auch noch *rinn*: das sind unsichtbar kleine Artgenossen mit ebenso großer Stechlust, aber ganz anderen Arbeitszeiten und sehr viel länger anhaltendem Jucken ihrer Bißstellen.

Malähng hingegen, weiß Jah, *seien winzig kleine Quallen, die erst unangenehm werden, wenn sie sich zu Kolonien zusammenballen. Einzeln zwicken sie nur kurz. Sie verschwinden mit veränderter Meeresströmung,* über deren mondabhängige Gesetze Ridd wie Jah mir gestern lauter nie gehörte, etwas ominöse Neuigkeiten berichten: *sie treten zwischen Neumond und Vollmond in Kraft, aber nicht sofort,* und dann nimmt das Zählen von Tagen oder Nächten mit Fingerhilfe gar kein Ende mehr, bleibt auch ergebnislos.

Aber das Chinesische Neujahrsfest, korrigiert Sawaang meine Bücher, *sei im Februar eben gerade nicht bei Vollmond, sondern zwei Wochen später:* ergo bei Neumond?

Wie alle diese Informationen nicht nur die verloren gegangenen Naturbezüge wiederherstellen, sondern auch deren Unzugänglichkeit, Rätselhaftigkeit, Irrationalität offenbaren. Alle wissen nur Ungenaues. Genaues entzieht sich.

Das hat was Heimisches. (Oder Heimeliges?)

710.

Plötzlich fahren alle in dieses Ranong: zuerst ja schon der alte Ussehn, gestern nun Ähn mit seiner geschwängerten Já, die von dort stammt, dann jählings doch auch Mahd, bald folgt ihnen das geschiedene Zimmermädchen Sih in seine dortige Heimat nach.

Aber Jahjah bestätigt Sawaangs Beschreibung: eines unguten, zwielichtigen Grenzgebietes mit skrupellos mörderischen "Burmesen". *Die seien übrigens überall so skrupellos mörderisch, auch hier auf dem okkupierten* Go Pih Pih.

711.

Im Restaurant des *"Viewpoint Resort"* spricht mich dieser Tage einer der Kellner privat an, wie das hier gang und gäbe ist, und fragt, ob ich in *Ao Naang* auch Domm kenne.

"Ja, natürlich: wart ihr mal Kollegen?"

"Nein, aber ich habe da im "Beach Terrace" *gearbeitet, und Domm ist ein Freund von Sawaang."*

Sofort weiß ich nun, daß dieser Kellner der Wortführer jener nächtlich rätselhaften Neujahrs- und Strandfiguren mit den Schlachtmessern war (*Reflex* vom 2. Januar *huius*!).

Jetzt stellt er freiwillig den Zusammenhang her, bezieht mich nachdrücklich in jenes Szenario ein, aber höchst respektvoll, höflich und liebenswürdig. Will er was gutmachen? Oder verharmlosen? Oder warnen?

Oder war alles ganz anders?

Aber die Schlachtmesser, das Gebrüll, der verängstigte *ladyboy*?

Ein andermal sehe ich denselben Kellner als einzigen bevorzugt am Tische seines Chefs den Reis verzehren: ist er dessen Favorit?

Dieser Chef muß jener Mr. Wipunn sein: der Widersacher Sawaangs aus gemeinsamen Tagen im *"Beach Terrace"*. Oder war dort auch Sawaang dessen Favorit? Oder hatte den abblitzen lassen und sollte das jetzt büßen?

Dieser Mr. Wipunn ist ungewöhnlich unattraktiv und sehr, sehr abstoßend, ohne jede Prise Charme, doch ein deutlicher Machthaber seines Umfeldes.

Und jener *ladyboy*?

Domm besitzt in *Ao Naang* just jene *Full Moon Bar*, an der Sawaang vor Jahren mit meiner Hilfe beteiligt werden sollte und wo wir uns häufig trafen. Nach einer seiner vielen Unfall-Operationen habe ich Domm auch im Krankenhause von Krabih besucht. War auch er ein Favorit? Aber all seine dänischen Freundinnen?

Die Bezichtigungs- und Unterstellungsmaschinerie ist angesprungen und rotiert nun uferlos.

Go Pih Pih, 10. Februar 1999

712.
Der Mond ist kurz vor seiner Dunkelphase, und das Meer stagniert. Es scheint keine Tide zu geben. Die Natur schläft ein und schwitzt pittoresk.

713.
Gestern der Séparéebereich des hiesigen Fünfsternehotels.

Karaoke privé zu dritt mit miserablen *striptease*-Filmen und einem Kellner, der jeweils dezent und ausführlich anklopft, bevor er die bestellten Getränke zu servieren riskiert. Die unsäglich spießige Tapete, die Souterrain-Atmosphäre, der benachbarte Sauna- und Massagebereich mit Prostituierten und einem verblüffend großen Depot von Männerschuhen schwitzender Thais; die astronomisch überhöhten Preise für bäurischen Service, die königliche Lässigkeit meiner Begleitung aus den sozialen Niederungen, ihr vollkommen hemmungsloser, völlig naiver Gesang von *traditionals* in übersteuerte Mikrofone zu unbeschreiblich dilettantischen Filmen.

Ein *Go Pih Pih*, von dem man weder tags noch nachts was ahnt. Eine Ära der Ersatzbefriedigungen im Keller des scheinbar gästelosen Nobelhotels, das sich als Vorwand für Kiez entlarvt.

Aber vor einem Jahrzehnt bin ich ebenhier noch Sawaang begegnet.

Schlingernde Kreise. Povere Komik mit Schichtensalat einer bieder rustika-
len Halbwelt.

714.

Aus allem Beobachteten und Berichteten geht hervor, daß letztlich doch gar
nicht der Mond mit seiner Masse das Kommen und Gehen der Meere entscheidet oder beeinflußt. Denn diese Masse ist ja unveränderlich immer dieselbe.

Die Schwankungen in den Reaktionen der Ozeane auf die diversen Phasen
dieses Trabanten hängen vielmehr von den Phasen seines Lichtes ab. Die jeweils reflektierte Menge an Sonnenlicht treibt also die Meere an oder
bremst sie. Vollmond, Halbmond oder Neumond sind Variationen gar nicht
der Selene, sondern des Sonnenlichtes *via luna.*

Die Sonne also der Motor nun auch der Weltgewässer wie von allem andern
hienieden sowieso schon.

715.

Weinreb benutzt die Geschichte von Abraham im Feuerofen des Nimrod,
um eine ungewöhnliche Deutung archaïscher Genitalprüderie zu etablieren.

*Die Hose gehöre zum Menschen, um dessen sexuellen Bruch in zwei Ge-
schlechter nur ja nicht sichtbar werden zu lassen. Dieses Faktum solle verschleiert werden. Das Beinkleid ignoriere es erfolgreich, täusche eine Auf-
hebung dieses Bruches, täusche eine Einheit vor, die es nicht mehr gibt. Es
solle den Unterschied zwischen Mann und Frau verheimlichen oder aufheben helfen.*

*Solch ein Feigenblatt also solle paradiesische und seither verloren gegan-
gene Androgynie zumindest wieder vortäuschen.*

Sein Jubelfest wäre demnach der Tuntenball.

Oder: die Hose zwittert.

Go Pih Pih, 11. Februar 1999

716.

Ein anderer schlingernder Kreis:

Mein blanker Fan und Altersgenosse Tonih, also 18 = 16, aus dem *Viewpoint Resort* (*Reflex* vom 7. Dezember 1998!) berichtet bei gemeinsamem Morgenkaffee am Strande, er sei vorher Barmann gewesen.

Und wo?

In Ao Naang, *im* "Beach Terrace": also ein indirekter Nachfolger ausgerechnet Sawaangs.

Also auch er ein Günstling dieses Wipunn.

Also auch er einer jener neujahrsnächtlich unerkennbaren Schlachtbeilschwinger?

717.

Wie mir Johts Amulett aus Tschummponn im Hemdenladen gestern einen unerbetenen *discount* von zwanzig Prozent verschafft.

Samt der Bitte, diese Kostbarkeit zu schonen und lieber unter Verschluß vor Verschleiß zu bewahren.

Dort hätte sie mir aber keinen Rabatt eingetragen.

(Für so Profanes ist sie auch gar nicht da!)

718.

Aus einem der grassierenden Schmuckgeschäfte zieht mir beim abendlichen Vorbeiflanieren der Ladenbube gestern schon zum zweiten Male ein Lutscherschnütchen. Die Kälte seiner Augen deklariert es zugleich als käuflich, und sein Lächeln erstirbt im Moment der Erwiderung:

Kommerzialisierung nun auch hierin.

719.

Wie bleiern die Tage sind, wenn die Tide stagniert.

Nicht nur das Meer ist ohne Impuls. Man lechzt.

720.

All den heutigen Gegnern dicker Bücher sei die Wahrheit in ihr Internet geschrieben: denn ebendort findet sich das derzeit einzig angemessene Volumen – die Uferlosigkeit. Exklusiv sie ist Dosierung, Form und Ausdruck
dieser Informationsepoche ohne Grenzen.

Sie beïnhaltet mühelos auch punktuelle Konzentrationen, aber einzig als mi-
kroskopische Bestandteile des totalen Netzwerks.

721.

Zwei BILD-Leser unterhalten sich vor dem Zeitungsladen über eine aktuelle Meldung aus Deutschland: *das Streusalz werde knapp.*

Tatsächlich dauert es an diesem außergewöhnlich heißen Tage mehrere Au-
genblicke, bis ich realisiere, daß es sich offenbar nicht um Tafel- oder
Kochsalz aus dem Salzstreuer, sondern um ein deutsches Februarsymptom
handelt: also muß es da in problematischen Ausmaßen auf den Straßen noch
Glatteis geben.

Hier ist mir inzwischen jetzt schon die gesamte Sommerkleidung nicht tropisch genug.

722.

Der alte Strandmasseur versucht, sich Abwechslung in seinen sei es mei-
sterlichen, dennoch stupiden Alltag zu bringen, indem er sich zuerst nach
sexuellen Kapazitäten, dann nach latentem Interesse für Sex mit Kindern
erkundigt. Wohl schon morgen würde er wahrscheinlich gegebenen Falles
eine minorenne Enkelin offerieren.

Meine definitive Absage läßt ihn lauthals in ein Gelächter ausbrechen: als
habe er zuvor ja auch nur einen Scherz gemacht.

Weshalb aber werden solche Scherze nur geraunt?

723.

Jahjah sagt, er habe sich jahrelang gegen alle Verleumdungen verwahrt, in Thailand sei die Prostitution eine nationale Spezialität wie nirgends sonst.

Inzwischen müsse er einsehen lernen: die jetzige Generation der Mädchen werde nicht mehr aus Armut, aus Not oder unter familiärem Druck, sondern gern, aus Geldgier und sonstiger Faulheit Nutte. *Sie drängen sich selbst danach. Sie wollen nichts andres: geborene Huren.*

Er selbst lebt mit seinen 32 Jahren und islamischer Religion noch als Junggeselle ohne Freundin: nanu?

724.

Wie es diesem Homer – so wortgewaltig, beredt und ausführlich auch im Beschreiben von Brutalitäten, von Töten und Sterben wie kaum einer sonst – auf einmal die Sprache verschlägt, als es um Beischlaf geht. Da wird er plötzlich wortkarg, deutet nur noch an.

Dabei ist es ein Beischlaf des Zeus mit der Here, der ganze Kosmos könnte also legitim erbeben und glühen. Nein: nur Lotos, Hyazinthe und Krokos erblühen infolge und auch nur drei Verse lang. Im übrigen bleibt die Natur dezent.

Oder gleichgültig.

Prüderie ist das bei diesem Autor ganz gewiß nicht. Denn Scheu hat er gar nicht vor diesem Sujet. Also Diskretion? Der sonst so Indiskrete, fast Frivole, der keine Grenze kennt und kein Tabu?

Ich unterstelle: es liegt ihm nicht.

Aus sexuellen Gründen? Weil er tatsächlich schwul ist?

Oder aus Mangel an Begabung, an Wortschatz oder Fantasie *in sexualibus*?

Vielleicht auch aus Erfahrungsmangel? Aus Unlust?

Sowas dürfte es sein.

725.

Oder ist es ein Teil seiner Gottes- und Götterkritik, die ja namentlich den Zeus trifft: ist dessen Eros vielleicht so mittelmäßig und bürgerlich unbedeutend, daß er mit wenigen Versen schon beschrieben, bereits erschöpft ist?

Lotos, Krokos und Hyazinthe sind ja gleichfalls eher bescheidene Blümchen: nichts Himmelstürmendes, exotisch Obszönes, Wildes.

Biederes, fantasieloses Eheleben auch bei Göttern.

726.

Das Verhalten des Achill in den ersten vierzehn Gesängen der *"Ilias"* ist das einer Tunte. Er ist beleidigt und spielt nicht mehr mit.

Daß dieses Spiel, dem er sich verweigert, der Allererste Weltkrieg ist, viele seiner Freunde tötet und alle gefährdet, sein ganzes Volk zu vernichten droht, ist ihm wurscht. Völlig unpolitisch, schmollt er mit seinem Liebchen.

Eine perfekte Tunte.

Go Pih Pih, 12. Februar 1999

727.

Viele Monate mit *"Wilhelm Meister"* durch die Welt gewandert. Fazit im Abstand:

Die Bedeutung liegt in der Befreiung dieser Gattung, des Genres, formal und geistig. Seither ist alles möglich.

Alle revolutionären Prosaïsten beziehen hinfort ihren Freiraum von diesem Buche: James Joyce zumal, aber auch Proust, Musil, Arno Schmidt, auch Gide und Kafka. Der *"Meister"* war der Eisbrecher, sprengte alle Grenzen, nach außen wie im Innern.

Ein Rätsel bleibt Thomas Mann: wie solch ein Kenner und Bewunderer, selbsternannter Wiedergänger Goethes an den Errungenschaften dieses Buches vorbeischrieb, sie mit großer Begabung ignorierte und eher an Wieland anschloß, die geöffneten Türen vermied. Allenfalls schließlich im *"Doktor*

Faustus" lauert der Siebzigjährige vorsichtig durch die Ritzen. Wohl eine Frage des Charakters: Scheu vor allem Anarchischen.

Der *"Meister"* ist sehr anarchisch.

728.

Schon im *"richtigen"* Buche *Sefer ha-Jaschar* aus der Tempelmauer wird Gott unterstellt, daß er die Erschaffung des Menschen bereue.

Jeder Verdacht muß älter sein als seine Niederschrift. Also kann man getrost behaupten, er stamme in diesem Falle aus *Olims Zeiten* oder sei so alt *"wie die Welt"*.

Jedenfalls durchaus kein Symptom dieser argen "Neuzeit".

Im *"Jalkut Schimoni"* wird sogar von den beiden Engeln Schemchasi und Asael berichtet, die Gott an ihr früheres *dictum* erinnern, es sei besser, keinen Menschen zu machen, da dieser alles nur in den Untergang reißen werde. Gott strafversetzt diese beiden hellsichtigen Kritiker zwar auf die Erde und läßt sie selbst dort straucheln,

aber der Erfolg des Projektes Mensch war demnach von Anfang an umstritten.

Das ist schon sehr lange bekannt.

729.

So viele Fischer, so viele Meinungen über Fische, das Fischen und das Meer.

Ich schließe daraus nicht auf die Dummheit von Fischern, sondern auf die vielen verschiedenen Wahrheiten des Meeres.

730.

Als die Sintflut kurz bevorstand, stellt gleichfalls das Buch *Sefer ha-Jaschar "richtig"*, drängten sich 700 000 Männer und Frauen in die rettungverheißende *Arche Noah*.

Aber da stürzen sich alle die Tiere, die sich da auch versammelt haben und Schlange stehen, auf diese Menschen und töten die meisten.

Ist das schon, sei es *a conto*, die fällige Strafaktion für all die Versündigungen des Menschen am Tiere? Eine Vorleistung, die die späteren Vergehen im Vorhinein motivieren und legitimieren soll?

Etwas Prinzipielles zwischen Mensch und Tier findet da aber sicherlich statt, das ist unübersehbar: eine Polarisierung, eine Kriegserklärung, ein Jüngstes Gericht, ein Holokaust.

Oder eben die so beliebte Erbsünde.

731.

Die Einheit der Welt ist uns als solche unzugänglich.

Wir sehen alles als gegensätzlich, eben uneinheitlich.

Aber die Summe eines Gegensatzpaares ist ja die Einheit.

Wer Schwarz und Weiß sieht, sieht auch Schwarzweiß (oder Gesprenkelt).

Ungenau, aber verführerisch schließt Weinreb aus solcher Argumentation auf die Wahrnehmung Gottes als so gespaltener Einheit.

Als Weg zu Ihm dürfte das mindestens dienlich sein.

732.

"Im Ursprung allein", deutet Weinreb im Quellenbuch *Seder ha-Doroth* oder *"Die Ordnung der Geschlechter"*, *"kann man Gott erkennen und dienen."*

Als Ursprung wird dort das Land Kanaan bezeichnet.

Wo findet man Kanaan heute?

Ich denke, überall.

733.

Was man angesichts der jüngeren deutschen Geschichte weder übersehen noch unterschätzen sollte, ist der gewaltige Eindruck, auch Einfluß Homers und seiner *"Ilias"* auf die herrschende Bildungsschicht des 18. und 19. Jahrhunderts. Man kannte seinen Homer, zitierte ihn alle Nase lang und hielt ihn für ein sakrosanktes Nationalheiligtum der Deutschen.

Positivst strahlender Held dieses Epos ist der troïsche Hektor: gnadenloser Kriegstreiber, Schläger und Apostel eines totalen Krieges, dem humane Regungen fremd sind.

Wer diesen Hektor so bewunderte, wie die Deutschen das anhaltend taten, konnte mit Hitler dann keine Schwierigkeiten haben. Bis ins Vokabular hinein setzt der Spätere die Ideologie des so viel Früheren bruchlos fort:

"Nicht ruhmlos ist's, für des Vaterlandes Errettung
Sterben ... "

Dergleichen noch und noch. Ein Promovend könnte Hektors Hitlerreden zusammentragen. Das saß und war wohlvertraut abrufbar.

Vielleicht auch sollte ein anderer Promovend die homerischen Hektorfloskeln bei Hitler zusammensuchen.

Go Pih Pih, 13. Februar 1999

734.
Erstmals nach drei Monaten eine deutsche Zeitung erstanden, auch weil sie (erstmals?) nur einen einzigen Tag alt ist.

Keinerlei Hinweise auf zwischenzeitliche Besonderheiten. Mahlwerksmühsal langsamen Alltags, fortschrittlos.

Das mag aber auch am sonderlich eingeschlafenen Konzept dieser *"Frankfurter Allgemeinen Zeitung"* liegen, deren Akzent auf Allgemeinheiten (und tradierten Gemeinplätzen) zu liegen scheint. Echte Novitäten des Geistes dürften ihr mit Sicherheit entgehen. Auch gar nicht erwünscht, insofern erst recht nicht erwähnenswert sein.

Wer diese Zeitung kauft, kann getrost auch eine steinalte Ausgabe erstehen: es nimmt sich nichts.

Gibt sich aber auch nichts.

735.

Wie aus Joht, diesem Tausendsassa und quirlig lustigen Tunichtgut von einst, mit jedem Tag mehr ein in sich gekehrter, fast unansprechbarer Alkoholiker wird, der gleichwohl nie betrunken, aber wohl auch nie mehr ganz nüchtern ist. *"Mai maao mai sabaai"*, pflegt er jetzt zu sagen: *"Nicht betrunken: nicht gesund"*.

Selbstmordversuch und Klostermonate mögen da nachwirken. Aber weder buhlt er je um Mitleid, noch bittet er irgend um Hilfe. Wo sie ihm angetragen wird, neigt er dazu, sie auszuschlagen. Auch sein früher komisch fantasievolles Nassauern ist einer stillen Anspruchslosigkeit gewichen.

Nur auf das ausgefallen Bizarre seiner Kleidung achtet er noch einfallsreich. Im übrigen sitzt er mit aufmerksamer Miene vor Fernsehfilmen ohne Ton. Sein Schmuckgeschäft am benachbarten Straßenrande ist eher Attrappe oder Alibi.

In seinem Umgang mit einem wie mir vermischen sich Scham und vornehme Dezenz auf sehr berührende Weise.

736.

Auf spätabendlichem Heimwege plötzlich vor dem schönen sanften Dohng zu stehen.

Er sitzt mit einer jungen Frau und rätselhaftem Papierkram eben auf meinem allmorgendlichen Kaffeeplatz und besorgt mir sofort einen Stuhl, ist insgesamt ungewöhnlich kontaktfroh und freundschaftlich in all seiner einsprachig sanften Dialektverhaftung: als freue er sich über mein Erscheinen wie über eine Rettung.

Was denn da geschrieben werde: ein Brief? An wen?

Nein, Israhm. Die Sprache Israhm: ob ich die gar nicht kenne?

Er meint Arabisch. Er büffelt jene unbegreiflichen Hieroglyphen, die alle Moslems zum Studium des Koran benötigen. Möge sein Allah ihm dabei helfen!

Dohng fragt, zu welcher Religionsgemeinschaft ich denn gehöre, und gibt vor, meine Pantomime des Zusammenklaubens von überall her zu verstehen.

Ganz offensichtlich bin ich ihm just eine hochwillkommene Abwechslung oder Ausflucht, seiner jungen Lehrerin aber eine unerwünschte profane Störung.

Er fügt sich ihr; ich füge mich ihm.

Ach, die vielen Hindernisse und Barrieren auf eigentlich planer Straße!

737.
Gestern abend gegen elf gehe ich in mein Badezimmer, das einen separaten Eingang hat.

Als ich es kurz danach wieder verlasse, sehe ich im herausfallenden Lichtschein des Innenraumes, wie sich um den äußeren Drehknauf der Badezimmertür eine Schlange gewickelt hat. Eben, als ich hineinging, habe ich diesen Knauf betätigt und die Schlange in all der Dunkelheit vermutlich kurz berührt. Das scheint sie nicht eben irritiert oder verärgert zu haben. (Oder aber sie bebt auch jetzt noch: aus Angst vor ihrem Urfeinde.)

Ich dokumentiere die Präsenz dieses schwanzbeißerischen, *ergo* doppelgeschlechtlichen Uroboros zunächst fotografisch. Auch das Blitzlicht scheint sie nicht eben zu fuchsen. (Oder aber sie zittert in Wahrheit: aus Angst vor dem Urfeinde.)

Da ich aber aus Scheu vor erneuter Berührung die Tür nicht mehr schließe, macht sie sich flugs auf die Wanderung: eben am Profil der Tür aufwärts. Jetzt ist sie so lang wie die obere Hälfte der Tür vom Türknauf bis zur Oberkante: einen reichlichen oder anderthalbe Meter lang, aber kaum mehr als fingerdünn.

Als Nachfahre Adams könnte ich diesen Urfeind jetzt gottwohlgefällig und lässig durch ein einfaches Schließen der Tür zerquetschen: *"Derselbe soll dir den Kopf zertreten."* Aber zu solchen Religionen gehören wir eben gottlob nicht mehr.

Auf der Oberkante der Tür angelangt, ist meine Schlange ziellos und entzieht sich schlängelnd meinen Blicken.

Ich erleichtere ihr nachtlang den Abgang durch die offen bleibende Tür und erschwere ihr den Zugang in mein Dormitorium durch eine Dichtung aus Regenschirm und Schuhen vor dem unteren Türspalt.

Andern Morgens ist sie tatsächlich weg.

Die informierten Thais bagatellisieren meinen Bericht zunächst zur unerheblichen Alltäglichkeit: *"Schlange: ja und?"* Stunden später aber debattieren sie ihn dann doch als Drama, und Zimmermädchen Já hat Angst, mein Bad zu säubern.

Ich giere nach den Fotos von meiner ersten Schlange und registriere, wie beiläufig sie sich in nächster Nähe um meine Gebrauchsgegenstände wikkeln kann.

Auf dem Gelände *bonn kuan* dürfte sie das noch sehr viel beiläufiger können.

Aber die heutige war die erste, die eigens zu mir kam, und mir fällt ein, was Weinreb und Kabbalismus den Schlangen zuschreiben: alles werde anders; die große Wende.

Was kann die bringen?

Dem Blauauge fällt da nur Gutes ein ...

738.
Es müßte jetzt langsam jemand kommen, der die Bibel so angreift und überführt, wie sie es verdient.

Diese Rebellion ist fällig.

Was hat dieses Buch in der Welt für Unheil angerichtet! Unter dem Vorwand von Gottwohlgefälligkeit: Chaos und Bosheit, Konfusion und Hochmut, Kriege und Pogrome. Ein Vehikel der Dummheit, der Verantwortungslosigkeit, der Hetze. Des Aberglaubens. Argen Personenkultes. Der Blasphemie.

Also Scheidewasser: *ad laborem, vite-vite, reo reo*!

739.

Aber im Weiterleben nach solcher Schlangenszene schaut man sehr viel genauer hin: was man anfaßt, wo man hintritt.

Der Möglichkeitssinn triumphiert.

740.

Allmählich stellt sich auch die Frage nach dem Anmarsch der Schlange: welcher Weg sie wohl bis zu meinem Türknauf geführt hatte und wie sie da die polierte Fläche der Tür senkrecht hochgekommen war? Egal, sie war.

Aber was können solche Schlangen noch alles, was man nicht vermutet hätte: durch Schlüssellöcher kriechen? Fliegen? Sich durch Mückendraht pressen? Die Schleichwege von Mäusen und Kakerlaken benutzen? Sich transfigurieren? Zuzutrauen ist ihnen seit dem Türknauf alles.

Und was eigentlich lockt sie an?

Bei einem Badezimmer: vermutlich die Feuchtigkeit. Aber gestern war ein Regentag, überall Nässe. Also die Trockenheit des Hauses.

Heute ist wieder solch ein Regentag. Inzwischen weiß sie, daß es in meinem Badezimmer trockener ist als im Freien.

Augen auf!

741.

Auch den abgebrühten Ridd, dieses Kind des Volkes und hiesigen Lebens, schüttelt es, als er von meiner Schlange erfährt.

Er hätte sie, sagt er, totgeschlagen.

Obwohl er kein Bibelopfer, sondern Moslem ist.

Go Pih Pih, 14. Februar 1999

742.

Feststellen, ob es in anderen Sprachen Synonyme für das deutsche Wort
Schoß gibt – diese anatomisch ungenaue, aber emotional und metaphysisch
stark aufgewertete Bezeichnung für einen Körperteil:

Mutterschoß, aber *Abrahams Schoß*;
Schoßkind, aber *Schoßhund*;
komm auf meinen Schoß!

Sind alle diese (und sonstige) Schöße vielleicht nur Ausdruck für ein spezifisch deutsches Bedürfnis, eine deutsche Sehnsucht, wobei *Mutter* und
Abraham ebenso austauschbar sein mögen wie *Kind* und *Hund*?

743.

Wie dieses Australien trotz aller seiner unvergeßlichen Schönheiten in
Landschaft, Flora und Fauna mit zunehmendem Abstand wieder ebenso unattraktiv wird, wie es das eigentlich schon vorher war.

Nur daß das damals ein Vorurteil zu sein schien.

Seitdem es Erfahrung wurde, ist jenes Vorurteil nie ein Vorurteil gewesen.
Ich wußte es einfach schon vorher.

Ist das mit Vorurteilen vielleicht immer so? Vorsicht.

Aber es könnte sein. Sie könnten von einer *Inneren Stimme* souffliert werden, die Bescheid weiß und Überflüssiges, Zeitverluste vermeiden helfen
will.

Wie gesagt: Vorsicht!

744.

Aber das Abstoßende an Australien ist definitiv das Angelsächsische, das da
nicht hingehört. In Wales mag es passen.

Wäre dasselbe Australien von Indianern bewohnt oder Negern oder Thais
oder eben Aborigines: es wäre vermutlich ein Paradies.

So nicht.

745.

In 76 Millionen Jahren ihrer Geschichte hat die Erde, will man wissen, *bereits 171 Male ihre elektromagnetische Polarisierung verändert, das heißt: zum Beispiel den Nordpol von Plus auf Minus umgepolt; oder eben umgekehrt.*

Warum, wann und wie das vor sich geht, ist noch unbekannt. Auch was es bewirkt und wie schnell das geschieht.

Es gibt aber Anzeichen dafür, daß es wieder bevorstehen könnte,

referiert der australische Autor Tim Flannery auf Seite 22f. seines Buches über *"The Future Eaters"*, das mir Scott Falconer im magischen Highfield zwischen all den Känguruhs und Opossums schenkte.

746.

Nach tagelangem Stillstand ist das Meer wieder in Bewegung geraten, und der lange Regen hat aufgehört. Erlösung wie aus kosmischer Krise.

Man fühlt sich rekonvaleszent: noch schlapp, aber wie im Wiederaufbau – sabaai.

Da ruft auch Sawaang wieder an und erreicht mich sofort.

747.

Wann werden in der deutschen Sprache Brüder zu Gebrüdern? Im Falle von Jacob und Wilhelm Grimm.

Aber warum eben diese: was macht diese Brüder zu Gebrüdern?

Und wer macht sie dazu?

Welche Brüder sonst noch könnte man als Gebrüder bezeichnen? Und welche nicht?

Wer könnte das wissen?

Allgemeine Ratlosigkeit.

748.

Wie naive Treuherzigkeit jeder erzählerischen Raffinesse im Wege stehen kann.

Aber penible Gründlichkeit kann das nicht minder.

749.

Auf das gestrige Vorbeiflanieren bei Nieselregen reagiert das Lutscherschnütchen erst verspätet und versucht, das wettzumachen, indem es hinter mir her zuerst hustet, dann pfeift.

Ich drehe mich aber nach beidem nicht um.

Auch weil ich inzwischen sicher bin, daß es sich hier um jenen ersten hiesigen Stricher vom Dezember handelt.

Jetzt ist er Juwelier.

Aber mit Lutscherschnütchen: denn gleichwohl Nebenverdiensten nicht abhold.

750.

Wie die hiesigen Moslems offenbar nicht erfahren sollen, daß der Koran ihres Propheten in arabischer Sprache geschrieben wurde. Sie könnten fragen: *"Kann man Arabisch nicht ins Thai übersetzen?"*

Also wird ihnen vorgelogen, es gebe eine Islamische Sprache, die nicht übersetzt werden kann oder darf. Dieser Lüge fügen sie sich ahnungslos willig.

Ein anderes Dissertationsthema: *"Die Lüge als Mittel der Weltreligionen. Oder Gründe und Methoden, die vermeintliche Wahrheit mittels Unwahrheit zu verbreiten."*

751.

Plötzliche Stimmungen, unerklärliche Launen, Verzagtheiten, Ängste, Depressionen der Menschen sind bei Homer oft von Göttern gesandt: im Dienste dieser oder jener mehr oder minder Höheren Absicht.

So unbegreiflich und irritierend mag derlei damals noch gewesen sein, daß man keine andere Erklärung dafür fand.

752.
Unzweifelhaft hat Pátroklos Sympathie und Liebe seines (tatsächlich schwulen?) Autors Homer. Der bewundert ihn. Er mag ihn. Er überträgt ihm wohl auch so manche Eigenschaft eines eigenen Geliebten.

Und Pátroklos ist (in sechzehn langen Gesängen) der erste und einzige all der zahllos geschilderten Helden, den sein Autor apostrophiert. Über die andern berichtet er; den Pátroklos redet er an. Als kenne er ihn, sei sein Freund, sein Vertrauter.

Falls das so bleibt, wird das ganze riesige Epos diesem Pátroklos, einer nominell und angrammatisch seitenverkehrten und insofern pervertierten Kleopatra, erzählt, eigentlich auch gewidmet worden sein. Es gibt den Erzähler, das Erzählte und den, dem alles berichtet wird. Das ist eben Pátroklos.

Über die Identität von dessen Geliebtem Achilleús mag noch zu rätseln sein.

Pátroklos jedenfalls fällt nicht von Feindeshand. Das erspart ihm sein verliebter Autor. Er wird von Apollon (im Auftrage von dessen Vater Zeus?) auf recht unfaire, hinterlistig heimtückische Weise zu Fall gebracht, die Homer als typisch göttlich zu etikettieren scheint. Heute würde man das *link* nennen, vorher *schurkisch*.

Wenn nirgends sonst, dann hier fällt Homer über diesen griechischen Olymp sein vernichtendes Urteil. Sein Epos ist der Schwanengesang dieser Mythen, dieser Religion. Eine wahre Götterdämmerung.

Da mußte wirklich was anderes her.

753.
Eine (freudianische?) Deutung der *"Räuber"*:

Graf Moor ist in seinen erstgeborenen Sohn Karl vernarrt. Er ist sein Ein und Alles, muß dem früh Verwitweten gar die Frau ersetzen.

Sohn Franz muß daher auf viel Vaterliebe verzichten, ist sehr eifersüchtig auf den bevorzugten Karl und wird dessen Feind.

Karl seinerseits fühlt sich vom Übermaß der Vaterliebe erdrückt und leidet unter dem Mangel an Bruderliebe. Also macht er aus seinen Kommilitonen Brüder, gar Geliebte (Roller?).

Der Vater fühlt sich dadurch von seinem Liebling im Stich gelassen, leidet unter solchem Liebesentzug und beschuldigt Franz der Unbrüderlichkeit.

Franz hat nun weder Vater noch Bruder mehr. Diese Vereinsamung mobilisiert seine negativen Energien zur Intrige gegen Karl beim Vater. So rächt er sich an beiden.

Dem Vater scheint das Herz zu brechen.

Franz versucht vergeblich, den totalen Liebesmangel zu kompensieren.

Karl fühlt sich schuldig am vermeintlichen Tode des Vaters.

Die Tragödie ist nicht mehr aufzuhalten.

Ein klassisches Männerdreieck: zwei Brüder und deren Vater.

Für eine Amalia bleibt da kein Raum zur Profilierung. Sie ist überflüssig, eine Zutat der Konvention. Ohne sie liefe nichts anders.

754.
In *"Autor und Autorschaft"* warnt Ernst Jünger:

"Das Unsagbare ist zu verschweigen – eine Klippe, an der schon viele gescheitert sind" –

zuvörderst die sogenannten Weltreligionen mit ihren hybriden Auskünften über die Absichten Gottes.

Eine Ausnahme bildet da einzig der kluge Buddhismus. Der folgt Jüngers Rat und spart Gott ganz aus. Ohne ihn deshalb etwa zu leugnen. Aber Unsagbares läßt er eben respektvollst ungesagt:

"Denn das Unglaubliche verliert seinen Wert, wenn man es näher im einzelnen beschauen will" (Goethe, *"Wilhelm Meisters Wanderjahre"*, Drittes Buch, Fünfzehntes Kapitel).

Go Pih Pih, 15. Februar 1999

755.
Was man bei Günter Grass lernen kann.

Zum Beispiel wie er in seinem Fontaneroman einen Aufzug namens *Paternoster* beschreibt: ausführlich, bildhaft, nach präziser Beobachtung und voller Witz, wirklich ausgezeichnet, ein kleines separates Kabinettstück inmitten eines großen.

Nur daß ihm dabei ein Fehler unterläuft. Fast alles oder wirklich alles, was er da schildert, ist mit dem Wort *Paternoster* bereits komplett beschrieben und abgedeckt. Seine Darstellung eignet sich nur für Leser, die nie einen solchen Lift zu sehen bekamen. Alle andern langweilt sein Text, der unter der Hand zur Onanie seines Autors wird, weil er keinerlei Informationswert besitzt. Da hilft die ganze gute Schreiberei nichts, wenn sie nichts mitzuteilen hat, was man vorher noch nicht wußte. Sie wird zur Fingerübung, zum *fitness training* eines Schriftstellers, dessen Zeuge man aber bei seinen Exerzitien zu sein umso weniger Lust hat, als er sie selbst so selbstzufrieden und genüßlich exhibitioniert.

Grass dient hier nur als Beispiel. Große Teile der traditionellen Literatur leiden unter diesem Mangel an Informationswert und halten erneute, gar für originell erachtete Schilderungen von Altbekanntem schon für schriftstellerische Qualität.

Jedenfalls am Vorabend zu einem vermeintlich neuen Jahrtausend mit gigantisch erweiterter Ausdruckspalette stellt sich das anders dar. Falls man Flauberts *Ägyptisches Reisetagebuch* in Erinnerung hat, weiß man, daß auf diesem Gebiete schon vor gut hundert Jahren eine revolutionäre, aber noch folgenlos bleibende Weiche gestellt wurde.

Jetzt sägen solche althergebrachten Paternoster-Wichsereien in lebensgefährlichem Tempo am Aste der ganzen Belletristik.

756.

Wie sich hierzulande plötzlich eine Vielzahl europäischer Touristen in Idiomen äußert, die man nicht einmal erraten kann.

Es muß sich um einen Kongreß von Albanern, Letten, Rätoromanen, Friaulesen, Isländern, Makedoniern, Litauern, Alemannen, Lappen und Delegierten aus einer linguistischen Enklave in Herzegowina handeln. Ihr Tagungsthema dürfte ein gemeinsamer Generalangriff auf das Angelsächsische sein.

Da ist man selbst plötzlich keine Dutzendware mehr, sondern ein kommunikationsarmer Exot.

Aber das erinnert auch, wie groß das vereinigte Europa noch werden kann.

Im Nebenzimmer offenbart sich eine auffallend sensible Familie mit ungewöhnlich bezauberndem Vierjährigen, aber nie gehörter Geheimsprache auf mein schamloses Befragen hin als flämisch. (Auch sie vermochte sich zuvor erfolgreich in Unzugänglichkeit einzuigeln. Einige deutsche Reminiszenzen wurden schnell zu Sackgassen.)

757.

Wie viele männliche Pärchen sich auf so große Touren begeben, ohne dabei den Charakter ihrer Gemeinsamkeit zu offenbaren. Es mag die Hälfte aller Reisenden sein. Sicher sind sie nicht alle nur gute Kumpels, als die sie sich mit Vorliebe präsentieren. Welche Dramen mögen sie insgeheim da durch die Kontinente und in die Hotelzimmer oder Zelte transportieren, sei es latent oder unbewußt ...

Es sei ihnen gewünscht.

758.

Das ist sicher eine der schönsten Stellen der ganzen *"Ilias"*, als fünfzehn Verse lang die Pferde des Achilleús um dessen toten Geliebten weinen und kein Geringerer als Zeus persönlich sie mit dem gotteskalten Vorwurf falschen Mitleids trösten zu sollen glaubt:

" ... daß Gram ihr erträgt mit den unglückseligen Menschen?
Denn kein anderes Wesen ist jammervoller auf Erden
Als der Mensch, von allem, was Leben haucht und sich regt."

Das legte dieser Autor seinem Allwissenden schon vor etwa 2700 Jahren in den göttlichen Mund.

Den Pferden leuchtet solche Misanthropie schon damals mühelos ein. Sie fühlen sich *"mit edeler Stärke beseelt"*, hören auf zu weinen und sind wieder wohlauf.

Die Menschen schlachten sich umso begieriger weiter.

Go Pih Pih, 16. Februar 1999

759.
Heute ist hier das *Chinesische Neujahrsfest*, vielfach begangen, ein feierlicher Einschnitt, der eine wichtige Rolle spielt.

760.
Im letzten Jahr ist auch hier das Wettbewerbsdenken der Marktwirtschaft zur fixen Idee geworden, wird *kompitischinn* genannt und bisweilen mit *comfortable* verwechselt.

Jetzt hat es sich auch auf den allmorgendlichen Einkauf meiner *early morning sweets* erstreckt, die aus einigen Bananenblättern um eingewickelten Kleberis mit Früchten bestehen. Seit Jahren wurden diese *kanomm* nach Lust und Laune von Bao besorgt, der auch seinerzeit die verführerische Idee dazu entwickelt hatte.

Seit kurzem nun hat der alte Ussehn eingegriffen und überholt den älter berechtigten Bao durch eine wesentlich frühere Besorgung. Auf Baos *kanomm* muß ich meistens warten; Ussehns *kanomm* warten schon meistens auf mich: ein Plus.

Baos Reaktion und Wettbewerbsstrategie ist nun Empfindlichkeit, die mich erschrecken soll. Er streikt, hält nicht mit, nicht dagegen; er ist beleidigt. Versuche einer vernünftigen Regelung über seine klügere Frau Bah machen alles nur schlimmer, weil Bao sich nun auch noch hierarchisch übergangen fühlt.

Ein Appell an Ussehn führt zu dessen spontaner Zusage, Bao den altberechtigten Vortritt zu belassen. Aber schon andern Morgens ist er mit seinen *kanomm* abermals bei weitem der Früheste, also die marktwirtschaftliche *number one* nicht nur des *compitischínn*, sondern wohl auch eines hiernach erhofften Trinkgeldes später mal.

Der Fall scheint ebenso unlösbar wie die gesamte Markt- oder Wettbewerbswirtschaft.

Helf' Er ihnen allen!

761.

Aus der Erfolglosigkeit seines Lutscherschnütchens hat der Juwelier gestern Konsequenzen gezogen und es gegen eine fragend hochgezogene Augenbraue eingetauscht.

Aber auch auf die reagiere ich nicht.

762.

Das historisch gewordene Entsetzen des Uraufführungspublikums vor Schillers *"Räubern"*, die mit Ohnmachten und Frühgeburten quittiert wurden, bis hin zum Dégoût der Jahrhundertwende vor den frühen Naturalismen etwa in Strindbergs *"Vater"* und Gerhart Hauptmanns *"Vor Sonnenaufgang"* –

dieses Entsetzen verliert jede Glaubwürdigkeit, wenn man realisiert, daß die Mehrzahl dieser jeweils anscheinend tief empörten Zuschauer andächtige Homer-Leser, also auch Homer-Kenner und ungetrübt einschränkungslose Homer-Verehrer waren.

Es gibt keine Krudität besagter Theaterskandale, die nicht von der *"Ilias"* äonenweit übertroffen und restlos ausgestochen würde. Sie mag das Buch mit den meisten, auch extremsten Grausamkeiten und Brutalitäten sein, die alle minutiös und schonungslos geschildert, beschrieben, ausgemalt und ausgekostet werden. Ihr Autor wollte da entweder den grassierenden Sadismus der Spezies Mensch decouvrieren und ein- für allemal dingfest machen oder den Krieg attackieren; oder er war persönlich von so unstillbaren sadistischen Gelüsten sei es in ihrer masochistischen Verkehrung besessen, daß er sich selbst gar nicht sättigen konnte.

Das angeblich so empfindliche, so zartbesaitete Publikum des 19. Jahrhunderts hat das nie beanstandet. Dafür gibt es folgende Erklärungen:

1. Es hat Homers Sadismen selbst genossen, sich dafür heimlich geschämt und also geschwiegen.

2. Es hat den Alexandriner als Verfremdung empfunden und alles Geschilderte nicht so ernst genommen: *"alles nur Poesie"*!

3. Es hat in den abgeschilderten Brutalitäten dieses weltliterarischen Epos eine Sanktionierung der eigenen Traditionen unangezweifelter Kriegsführung und Grausamkeiten gesehen und jene insofern willkommen geheißen.

4. Die Empörung über Schiller, Strindberg und Hauptmann war gar nicht echt, sondern die Ersatzbefriedigung einer gelangweilten Gesellschaft (von Sadomasochisten?).

5. Der von Homer beschworene *Trojanische Krieg* wurde als so weit zurückliegend, also so unverbindliche Märchenerzählung aus *Olims Zeiten* empfunden, daß man sie nicht beim Worte nahm: Silbengeklingel mit brauchbarer Heldenverehrung.

Alles das zusammen ließ unsre Ahnen die troïschen Abschlachtungen schlürfen und sich über ungewohnte Bagatellen echauffieren.

Auch das ist eine Visitenkarte unserer unmittelbaren Herkunft.

763.
Wie der schöne sanfte Dohng, nunmehr mit neu gestutztem Haar und umso sichtbarer fragenden Augen, mir allenthalben entgegen tritt, gestern auf meinem Wege zum Abendessen just vor einer Garküche. Ein gemeinsames, ihm gestiftetes Mahl hätte sich da angeboten.

Aber es hätte nur, es hat nicht.

Die Garküche war nicht die richtige, sondern die der Schwester jenes unguten Witt; dann die Sprachprobleme; meine Müdigkeit, das lähmende Wissen um meinen Jahrgang; sein Mohammedanertum; Ängste vor unhygienischen Speisen; und seine im Getümmel vor der Garküche wohlvermutete Freundin oder Lehrerin – wiewohl ihn die ja nicht davon abzuhalten scheint, mich überall aufzupieken, so sanft wie niemand sonst auf der Welt.

Und mit so fragenden schönen Augen, nun schon über drei Monate hin.

764.
Bei Ridd habe ich durch Einblicke in seinen Alltag eine Möglichkeit, das von Europäern so gern bezweifelte Pflichtbewußtsein der Thais zu verifizieren.

Zumindest in seinem Falle ist es nur als preußisch zu bezeichnen, allerdings nicht so selbstzweckhaft; pragmatischer, sinnvoll.

765.
Das schlimmste Gemetzel unter all den Gemetzeln der *"Ilias"* ist auch zugleich das perverseste: es geht um einen Leichnam.

Doch ist es die Leiche des Pátroklos.

Sie zerfleischen sich um den nackten Leichnam des Pátroklos.

Dessen Nacktheit wird dabei immer wieder betont.

Aber es geht um eine postume Enthauptung dieses toten Geliebten aller Geliebten.

Wenn das keine Klimax ist.

766.
Der Olymp der Griechen ist bei Homer *"beschneiet"* oder *"schneebedeckt"*: als götterspezifisches Exotikum? Als *numinosum*?

767.

Als Achilleús, den Tod des Geliebten zu rächen, endlich im Getümmel der Schlacht erscheint, sind wieder die Pferde die sensibelsten Seismografen der nahenden Katastrophe:

" ... und die schöngemähneten Rosse
Wandten zurück ihr Gefährt, denn sie ahneten Jammer im Herzen."

Das billigt ihnen ein Autor zu, der die Menschen nur noch als Entmenschte zeigt.

768.

In der *heure bleue* war das Watt heute riesig.

Und ein großer Teil seiner Größe war mit einer Tierart übersät, die ich an all den unzähligen Abenden in diesem Watt seit 1988 noch nie gesehen habe. Dafür sind es heute gleich so viele Exemplare, daß man kaum umhin kann, sie zu zertreten.

Also, es handelt sich dabei um ausgespuckte Pfirsichkerne, die allenthalben wie junge Triebe aus dem Sande, dem Schlick des Watts ans Sonnenlicht drängen: in einem riesigen gemeinsamen Aufbruch. Die meisten sind auch so reglos wie ausgespuckte Pfirsichkerne. Die Kecksten aber oder die Hungrigsten oder die schon am höchsten Entwickelten setzen sich mit einer Art Schneckentempo in Bewegung: irgendwohin. Dabei sträuben sie feine borstenartige Härchen nach Stachelschweinart vom Körper ab und bewegen sie suchend wie Tentakel oder Antennen. Irgendwas teilen die ihnen wohl mit.

Hunderte, Tausende: die meisten noch beim Durchbruch aus der Erde ins Licht, eine Massengeburt am 16. Februar 1999 zum *Chinesischen Neujahrsfest* dieses Jahres.

Go Pih Pih, 17. Februar 1999

769.
Beim gestrigen Vorbeiflanieren ließ mich der lutschlustige Juwelier nun ab-

blitzen. Eiskalten Blickes schaute er mir strikt in die Augen ohne jedes noch so kleine Signal einer Aufforderung.

Das habe ich nun davon.

770.

Dafür gabelte der schöne sanfte Dohng mich gleich zweimal auf, zuerst im Dorf und eigentlich in Eile, dann zu später Stunde am Strande, schon von weitem aus der Dunkelheit rufend, wo er mit seiner Lehrerin der Israhmischen Sprache saß.

Er ließ sie dort sitzen und kam mir berichten, daß diese Lehrerin seine Geliebte sei. Ein fast um Entschuldigung bittendes, fast bedauerndes Lächeln hierzu.

Und ein verabschiedendes Grabschen mit großen schwieligen Männerpranken.

771.

Einer der wenigen Wohlhabenden dieser Insel und ein kluger Mann, mit dem ich seit vielen Jahren Gruß und kurze Worte wechsle, lud mich gestern in seine neue Bar zu einem *drink* ein: *weil ich immer lächeln würde.*

Das von einem Thai in Thailand zu hören, ist mir eine Ehre.

Aber von den hiesigen Europäern lächle ich vielleicht wirklich als Einziger.

772.

Wie die derzeit aktuelle Neun, über deren hiesige Bedeutung mich Sawaang an unserm westlichen Neujahrstage informierte, schon bei Homer, wenn nicht gar überhaupt bei den Griechen jener Zeit als *"Potenz der symbolhaften Dreizahl"* oftmals zu prinzipieller Steigerung verwendet wird: neun ist da so viel wie *viel* oder *sehr*, vielleicht wie unser ungenau übertreibendes *"Tausend Grüße"* oder *"Hundert Jahre"*.

Aber dann ist die diesjährige Ballung wirklich vielversprechend.

Oder angsterregend.

Cave 19. 9. 1999!

Go Pih Pih, 18. Februar 1999

773.
Wie der alte Ussehn,

von dem ich erst heute erfahre, daß sein Name den arabischen Hussein ins Thai transferiert, und der mit kaum noch einem Zahn im Munde sicher Mitte fünfzig sein dürfte,

wie der begeistert vor seinem Foto sitzt und ein um das andere Mal *"Schön!"* ruft. Dafür benutzt er ein Wort, das exklusiv für die Schönheit von Männern reserviert ist, *loh* mit offenem O, meint also nicht etwa das Foto, sondern unmißverständlich sich selbst: *"Schön! Schön! Sehr, sehr schön!"*

Aber eigentlich ohne jede Eitelkeit, wie eine sachliche Feststellung gesagt.

Er hat auch recht.

774.
Beiläufige Bemerkungen von Mahd machen deutlich, wie sehr die islamische Welt den irakischen Saddam Hussein verehrt, weil er Amerika Paroli bietet.

Hier müßte, damit dieses Potential genutzt werden kann, eine Aufklärungsarbeit einsetzen, die differenzieren lehrt, daß der Feind nicht das amerikanische Volk, sondern das System einer gottlosen Marktwirtschaft ist. Ihr muß ein religiöses, ein spirituelles Konzept entgegengesetzt werden, kein blutrünstig fanatisiertes.

Noch wichtiger: sie dürften nicht selbst mit fliegenden Fahnen zur Marktwirtschaft überlaufen, wie zum Beispiel hier und jetzt.

775.
Es mag mit dem Alter und noch einigem sonst zusammenhängen, wenn man den menschlichen Körper immer weniger als Ästhetik wahrnimmt und immer mehr als Kloake.

Aber das erleichtert so einiges.

776.
Clinton heißt hier Kalindonn.

Aber wenn polygam aktive Moslems ihm Frauengeschichten vorwerfen ... !

777.
Weil Mahd sich so für die Himmelsrichtungen sämtlicher Länder dieses Planeten interessierte, schenkte ich ihm zu Jahresbeginn einen Globus.

Als wir uns heute über eine Landkarte von Thailand beugen, tippt er abschließend am unteren Kartenrande auf Sumatra und sagt: *"Und das ist Europa!"*

778.
Wie auch dieser strenggläubige Moslem Mahd mit all seinen täglichen Erfüllungen von konfessionellen Vorschriften und Ritualen ohne es zu wissen in seinem Herzen und seiner Lebensführung ein unübertrefflicher Buddhist ist: zum Beispiel wenn er einen Mitarbeiter, der ihn offensichtlich seit Jahren um erhebliche Geldbeträge bestiehlt, nicht rausschmeißt.

"Warum nicht?"
"Grehng dschai."

Grehng dschai ist eine Prinzipaltugend hiesiger Buddhisten und heißt so viel wie *rücksichtsvoll, aus Rücksicht* oder *hilfreich.*

Das wissen die sehr bewußten Moslems in Thailand gar nicht, wie stark der Buddhismus sie längst geprägt hat, ohne das selbst zu befördern oder nur zu wollen.

Er ist unwiderstehlich, weil er innerlich so stark und so richtig ist.

779.
Wie bei den jungen Frauen aller westlichen Länder jene unappetitlichen

weißen Turnhemden der weiblichen Hitler-Jugend wieder in Mode kommen.

Bei alten Männern sind sie auch wieder sehr beliebt und keineswegs appetitlicher.

Go Pih Pih, 19. Februar 1999

780.
Die Tide spielt mit meinen Theorien Fußball.

Derzeit reizt sie ihre Möglichkeiten bis zu den entferntesten Korallengärten aus wie sonst nur bei Vollmond. Aber der Mond fängt eben gerade erst wieder bei Null an, zeigt allererste Wachstumssymptome, schwächlich auf dem Rücken liegend.

Das noch zu ergründen, gebe ich auf.

Es ist auch nicht meines Amtes.

781.
Heute nacht sind hier vor unser aller schlafenden Nasen drei *longtail*-Boote gestohlen worden. Das sei technisch ganz einfach und bisher nur durch berechtigte Gutgläubigkeit verhindert worden.

Damit haben sich die Zeiten auch hier geändert.

Es erinnert mich an jenen ersten Banküberfall vor meiner Nase 1989 im venezolanischen Cumaná (*Reflex* vom 30. Oktober 1989).

Wo ich hinkomme, bersten oder kollabieren jetzt die Paradiese.

782.
Der kümmerliche Boss von *"Crazy House"* hat eine bizarre Mutter. Mit kessem Herrenschnitt, auch mit noch kesserem Herrenhütchen *à l'Europe* und immer Betel im innerlich knallroten, fast zahnlosen Munde, schreitet sie wortlos durch das Hexentreiben der Touristennächte.

Meine *wai*s erwidert sie immer höflich und mit papageienhaft schrillen Rufen.

Aber als sie eines Nachts meine buddhistischen Amulette entdeckt, studiert sie sie ausführlich und mit großer Anerkennung. Dem folgt eine pantomimische Lehrstunde, wie ich mich abends vor dem Schlafengehen zu diesen Talismanen zu verhalten habe. Ohne auch nur ein einziges Wort liefert sie eine sehr präzise, unmißverständliche Darstellung ritueller Abläufe. Um meines vermutlich angezweifelten Begriffsvermögens ganz sicher zu gehen, wiederholt sie in unmittelbarem Anschluß ihre ganze *dumb show*. Wie sie dabei jeden einzelnen Vorgang in der Beobachtung, dann bei der Wiedergabe im Kern erfaßt und umsetzt, wie sie auf alles Unwichtige verzichtet und das Signifikante abstrahiert, wie sie die Vorgänge sauber gegeneinander absetzt und voneinander trennt, ohne sie zu verwischen, hat was Professionelles. Marcel Marceau wäre entzückt über solche Naturbegabung.

Wortlos ging sie dann vonhinnen, wortlos erinnert sie mich seither bei jeder Wiederbegegnung mit pantomimischen Kürzeln an meine Verpflichtung solchen Preziosen gegenüber.

Tatsächlich habe ich inzwischen mein abendliches Verhalten gegenüber diesen Amuletten zu einem bewußteren und größeren Respekt verwandelt.

783.

Wie die Helden Homers, diese Draufgänger, Rambos oder Totschläger alle Nase lang zu ihren Göttern beten, mit denen auch auf vertrautem, oft familiärem Fuße stehen, gar deren Söhne, trotzdem aber völlig unfromm sind. Sie sind irreligiös.

Das äußert sich am deutlichsten in ihrer aller grenzenlosen Todesangst. Jeder metaphysische Gedanke ist ihnen völlig fremd. Trotz all der unzählbaren Götter ist ihr Weltbild ohne jedwede Transzendenz.

Das gerade mag aber die Absicht ihres Autors gewesen sein: diese tradierte, klischierte, verkrustete Religion zu decouvrieren, sie als Unreligion und ihre Anhänger als religionslos zu entlarven.

Auch das ist ihm gelungen.

784.

Das atavistische Bedürfnis fast aller Menschen, kleine Katzen anzufassen.

Die ständig neuen Würfe im *Paak Klohng* und die passierenden Touristen-
ströme belegen es täglich. Jeder Zweite oder Dritte buhlt um die Gunst der
jungen Tiere. Worauf mag das zurückzuführen sein? Denn unübersehbar
sitzt es sehr tief, ist unabdingbar, zwanghaft.

Aber warum auch nicht? Immerhin noch der Hauch einer menschlichen Regung, wie sie sie sich untereinander schnöde schuldig bleiben. Auch das
Grüßen von Zimmernachbarn, sogar das Beantworten eines Grußes ist ihnen
zum Problem geworden – zumal für die Betuchteren, Kultivierteren, sozial
Arrivierteren. Wohlstandskrüppel, armselige.

Aber wenn kleine Katzen auftauchen, werden sie fast alle noch einmal kurz
zu Menschen, wenigstens minutenlang.

785.

Die griechischen Götter dienen weitgehend nur als Ausreden, als Sünden-
böcke, als Alibi. Was die Menschen anrichten oder sträflich unterlassen,
war dann jeweils der Wunsch oder Befehl irgend eines Gottes. Schuldpro-
jektionen. *"Schwarzer Peter"*.

Das ist schwerlich Religion.

786.

Einzig Achilleús, ohnehin vielfältig stigmatisierter Außenseiter unter den
profanen Griechen, hat, spätestens an der Leiche seines Geliebten, zumindest einen Schimmer von transzendenten Dimensionen, wenn er angesichts
der befürchteten Verwesung des Leichnams ausruft:

"Denn sein Geist ist entflohn!"

Entflohn. Nicht vernichtet oder zerstört; vielmehr entflohn.

Also löst er sich vom Körper, autark.

Das im Tone einer Gewißheit gesagt.

Aber so ist in dieser ganzen Gesellschaft einzig der Achilleús.

Go Pih Pih, 20. Februar 1999

787.

Die eigene Person, auch Persönlichkeit zunehmend als Kokon empfinden, der gesprengt werden will.

788.

Wie an zwei Brüdern das Schlenkern der Arme beim Gehen identisch sein kann; auch die Aufhängung der Arme in den Schultergelenken, die der Hände in den Handgelenken. Beim Nahen von Weitem offenbart sich das aufdringlich (Mahd und Ähn).

Kommen sie nebeneinander, wird es komisch.

Fährschiff Go Pih Pih – Krabih, 21. Februar 1999

789.

Sawaang berichtet von jenem thailändischen König, den die Franzosen zur Christianisierung drängten, weil ihr Gott der Christen so allmächtig sei.

"Eben", soll der König geantwortet haben, *"eben weil er so allmächtig ist, hat er den Thais ihren Buddha gegeben."*

Saithai, 22. Februar 1999

790.

Tief im Februar und bei tropischer Hochsommerhitze plötzlich allenthalben Herbstlaub, flammend rot und gelb, blätterlos kahle Bäume, waldweise; Laubfeuer.

Die Kautschukbäume wechseln einmal im Jahr ihr Blattwerk: das ist jetzt.

Aber das neue wächst unverzüglich nach: auch jetzt. Und ist hinreißend frisch hellgrün in all der Tropenhitze dieses Februars.

Manche Bäume haben alte und neue Blätter gleichzeitig. Das ist wie eine Mauser.

791.
Wie die beiden Machthaber des *Paak Klohng* sich hinterrücks gegenseitig der Veruntreuung von Geld beschuldigen: der eine den andern des Diebstahls, ohne ihn jedoch deswegen zu feuern; der andre den einen wegen hemmungs- und verantwortungslosen Verschleuderns, ohne ihn aber zu verlassen.

Beide dürften recht haben.

Beide finden beides auch nicht ganz so schlimm, wie sie tun.

792.
Insekten, die eine Lampe in ihrem Körper an- und ausschalten können, bleiben ein ungemein anheimelndes Mirakel. Man staunt beglückt. Dabei sind es diesmal nur einzelne. Sawaang erinnert sich, daß früher Tausende gleichzeitig ihre Illuminationen zwischen den Baumstämmen veranstalteten. Der Dschungel sei hier inzwischen allzu reduziert für ihre Lichtspiele.

793.
Welchen Frieden der Wald bereiten kann: nach all der ewigen Unruhe des Meeres. Er besänftigt, gibt auch mehr Atemluft, erscheint als Landschaft nicht des Dramas, sondern der Idylle: das natürliche Sanatorium für den Rekonvaleszenten.

Sawaangs gelinder Druck, als er den Erkrankten in *Go Pih Pih* hierher abholen kam, dient so der allerheilsamsten Therapie.

794.
Sawaang bestätigt, *daß Buddhisten ihre Religion nach keinerlei Heiliger Schrift oder sonstigen Büchern erlernen.*

*Kinder eignen sie sich von den Eltern an, aber wie sie deren Sprache über-
nehmen: von selbst, unmerklich, eher spielerisch und unbewußt. Gespräche
hierüber gebe es nie.*

*Erst in der Schule und auch da nicht eben früh gebe es einmal wöchentlich
eine Stunde Religionsunterricht. Da lerne man vielleicht was über das Leben des Buddha, aber ebenso auch über andere Religionen.*

Vom *Palih-Kanon* hat dieser überzeugte, bewußte und sogar ungewöhnlich
gebildete Buddhist Sawaang noch nie was gehört. Er spielt zumindest im
buddhistischen Volke keine Rolle. Auch auf jede sonstige höchste Instanz
(Wort Gottes oder eines Propheten) wird hier verzichtet.

Das scheint nur dienlich zu sein, sehr viel Unheil vermieden oder gar verhindert zu haben.

795.
Erst wer den Appetit verliert, begreift, warum der, wenn er noch vorhanden
ist, als *gottgesegnet* bezeichnet zu werden pflegt.

Tatsächlich ist er mehr als pure Eßlust. Er ist eine Art dazwischen geschal-
teter Katalysator, ohne den man nicht essen kann. Wer zwar Hunger, aber
keinen Appetit hat, bringt kaum einen Bissen herunter. Es bedarf dieses speziellen Reizes, der eine besonders göttliche Erfindung zu sein scheint: ein
besonders ingeniöser Trick.

Das Element der Verführung auch hierbei.

Saithai, 23. Februar 1999

796.
Beim Betrachten der Fotos von der Schlange an meiner Badezimmertür zitiert Sawaang seinen Vater: *wer nachts auf eben diese Art Schlange treffe,
den erwarte ein großes Glück; aber nur nachts.*

You're welcome!

Haat Nopparatt Tahrah, 24./25. Februar 1999

797.

Sawaang weiß auch, daß *Go Pih Pih* unter allen Koralleninseln Thailands als Nummer Eins gelte: *sie sei die schönste.*

Aber weltweit sei sie immerhin noch die Nummer Sieben.

Wie das wohl gemessen worden sein mag?

798.

Nach dem Tode des Pátroklos läßt Homer den Fortgang seiner Handlung mit höchster Kunstfertigkeit und raffinierter Spannungsverzögerung zwei weiteren Höhepunkten langsam entgegenwachsen:

der erste ist der Augenblick, in dem Achilleús den Tod des Geliebten erfährt,

der zweite der Anblick seines Leichnams.

Wie geht Homer mit zwei emotional so extremen Situationen um? Er lagert sie aus –

Die erste:

Nachdem er vom Tode des Geliebten erfahren, bedient Achilleús zunächst die Konventionen seiner Gesellschaft: er bestreut sich das Haupt mit Asche und rauft sich die Haare, scheint auch selbstmordgefährdet, und *"Fürchter-lich weint' er empor".*

Aber das alles wird diesem Sonderfall an Liebe und Trauer noch nicht gerecht. Dessen Schmerz wird projiziert: zunächst nur auf die Mägde des Hauses, die als Klageweiber fungieren; dann auch auf seine göttliche Mutter Thétis, die sein Schluchzen *"in den Tiefen des Meeres"* übernimmt und mit einem ganzen Chor von 33 namentlich bezeichneten Nereïden teilt, die sich alle die Brust schlagen. Ihr Quantum erst zeigt die Außergewöhnlichkeit dieses Verlustes und solcher Trauer: *"und wo sonst Nereïden des Meers Ab-gründe bewohnten"* – also überall, im ganzen Ozean.

Thétis aber übernimmt vom Sohne auch die Identifikation der beiden Lie-benden, deren Getöteten er *"wert von allen Freunden geachtet, / Wert wie mein eigenes Haupt!".* Solche mystische Einheit läßt Thétis den Tod des

Pátroklos bereits mit dem ihres Achilleús gleichsetzen und den einen im andern beklagen. Wer einen Geliebten wie den Pátroklos verliert, verliert sich selbst. Könnte auch allein gar nicht weiterleben.

Die zweite Auslagerung:

Den Anblick des toten Pátroklos kann Achill nicht ertragen. Daher muß die Sonne untergehen, zu erheblich verfrühter Tageszeit:

"Helios [...]
Kehrete jetzt unwillig hinab zu Okeanos' Fluten.
Nieder sank die Sonn' ... "

So wird das Leiden wenigstens abgekürzt.

Aber mit so kosmischen Einordnungen der achilleïschen Trauer in okeanische und solare Dimensionen gibt sich die homerische Dramaturgie noch nicht zufrieden. Achill verspricht dem toten Pátroklos die Feier eines Grabfestes, nachdem er den schuldigen Hektor sowie zwölf andere troïsche Jünglinge erschlagen haben werde.

So wird ein anderer Höhepunkt dieser Trauer angekündigt und im Dienste weiterer Spannungssteigerung vertagt.

Hiervon speist sich das Epos nun fünf weitere Gesänge lang.

799.
Indem Pátroklos und Achilleús zu einem verschmelzen, apostrophiert der Erzähler nun auch den Überlebenden direkt (20. Gesang, Vers 2).

Bedeutet das: ihrer Liebe ist eigentlich dieses ganze riesige Epos gewidmet?

Anders läßt es sich eigentlich gar nicht sehen.

Saithai, 26. Februar 1999

800.
Die sehr bewußte *tendresse* der allabendlich bereits ritualisierten Puderzeremonie mit ihren provokanten Ausrutschern, die keine sind, im Anschluß ans

adamitische Brunnenbad selbander im milden Lichte von Mond und Glühwürmchen unter rieselndem Kautschuklaube!

801.

In einer Kautschukplantage zu leben, die sich gerade mausert: ein Elemen-
tarereignis!

Welchen Sinn mag diese Mauser haben, da der europäische Frostschutz hier
entfällt? Wohl den der Erneuerung. Das alte Laubwerk mag abgewirtschaf-
tet haben und die beiden Saftsysteme mittels Fotosynthese nicht mehr hinlänglich ernähren. Da muß potenter Nachwuchs her. Für den muß Raum geschaffen werden!

Dann sprudelt der milchige Saft wieder aus der derzeit eingetrockneten Rinde.

Vitaler, existentieller Umbruch. Alljährlich wiederholte Pubertät.

Unsereins hat nur eine.

802.

Vormittags informiert mich Sawaang über gute und böse Geister der Thais.

Selbigen Nachmittags gibt vor *Thai Farmers' Bank* in Krabih ein Junge seinem Moped auf dem Bürgersteige unkontrolliertes Vollgas und fährt in unser Fahrzeug hinein, das Sawaang im selben Augenblick gerade besteigt.

Noch dreißig Sekunden vorher hatte ich an genau dieser Kollisionsstelle gestanden und sie nur aus Übervorsicht freigegeben.

Sakonn Nakonn mit seinem Autounfall läßt zumindest grüßen.

Alles verläuft auch diesmal letzten Endes glimpflich, aber da muß durchaus
ein sehr, sehr guter Geist einem sehr viel weniger guten in die Parade gefahren sein.

Es hätte leicht schlimm werden können. Aber ich trage auch meine Amulette, die vornehmlich unterwegs beschützen. (Vor Schlangen offensichtlich
sogar zu Hause!)

Wie gefährdet man andauernd ist.

803.
Die Thai-Regierung hat ein soziales Hilfsprogramm aufgelegt, das den
Ärmsten der Armen zwei Hühner samt Hahn und erstem Futter bescheren
soll.

Sawaang füllt den entsprechenden Antrag hierfür wie eine Pflichtübung aus
und bestätigt meine Vermutung: *primär wolle er damit dem eingeteilten An-
gestellten dienlich sein, der solchen Tätigkeitsnachweis in seiner Behörde
für das eigene Ansehen gut gebrauchen könne.*

So wird der Hilfsbedürftige zum Helfenden, der arme Schlucker zum
Schenkenden, und Sawaang bleibt sich treu.

Saithai, 27. Februar 1999

804.
Wenn der Mond einen Hof hat, nennen die Thais das *"Der Mondmönch benutzt einen Schirm"* oder *"Bruder Mond benutzt einen Regenschirm"*.

Aber er benutzt keinen gewöhnlichen Regenschirm. Für die Schirme der
Mönche gibt es ein spezielles Wort. Das wird für diesen Mondhof verwendet. *Pra dschann*, der Mondmönch, benutzt also einen Mönchsschirm.

So vergeistlicht sind hier Naturvorgänge.

Oder sind natürliche Vorgänge ohnehin geistlich?

805.
Aber die ganze Gegend vom hiesigen Kautschukhause dorfaufwärts ist früher als Friedhof verwendet worden. Die Gräber sind vom Dschungel über-
wachsen, aber auf Wunsch noch aufzuspüren. Denn in Vorzeiten wurde
auch hierzulande noch beerdigt und nicht verbrannt.

Auch heute noch werden die Urnen verstorbener Bewohner dieser Gegend
hier im Urwalde friedhoflos bestattet: in der angestammten Landschaft ihrer
Lebenszeit.

So ist mein hiesiges Umfeld stigmatisiert: Plantage und Dschungel, Kunst und Natur, Lebendige und Tote, alles beieinander, miteinander, ineinander. Harmlos ist nichts. *"Ein Haus für meine Kinder"*.

Die neue Mordstelle nahebei, noch immer ängstlich umfahren, ist da nur ein i-Punkt.

806.

Wie der Kranke sich nicht ausmalen kann, jemals wieder gesund zu werden, so kann der Gesunde sich nicht vorstellen, jemals krank gewesen zu sein. Oder krank zu werden.

Zwei Hemisphären, exklusiv.

Dennoch jede nur über die andere definierbar und denkbar, sogar erfahrbar.

807.

Sawaang liefert mir mit *pih daai hah, pih sing, pih bleht, pih dschihn* und anderen Geistern brauchbare Materialien für das Buch *cosa nuova*.

Als ich ihm das erläutere und über dortige OIRU und *Virtuellen Olymp* berichte, hat dieser völlig kunstlos aufgewachsene und kunstlos lebende Dschungelbub keine Schwierigkeiten, solchem Konzept zu folgen und es mit Geistern zu beliefern, die er zurecht für sonderlich verwendbar hält.

Ein weiteres Mirakel.

808.

Ob unser Begriff *Nirwana* etwa auf einem Hör- oder Adaptionsfehler beruht?

Auf Thai heißt jene höchste Stufe des Jenseits, von der es keine unerwünschte Wiederkehr mehr gibt, *nipp pahn*. Zumindest Anfangs- wie auch Endbuchstabe und die Vokale gleichen sich; das ist bedenkenswert viel.

Saithai, 28. Februar 1999

809.

Im Jahre 1999 noch Zeuge einer Elektrifizierung von Wohngebiet sein zu
können.

Am selben Tage schlüpfen in einem Verschlage hinter besagtem Wohnhau-
se die Küken eines Hühnergeleges wie vor Jahrtausenden und ohne Brutma-
schinen.

Hier stoßen noch Äonen aufeinander.

Auch in den Menschen.

Der behutsame Sawaang bezichtigt viele seiner Landsleute einer archaïschen Inhaltsleere in ihren Köpfen.

810.

Bei besagter Totenfeier dann im 23. Gesange der *"Ilias"* bestätigt Achilleús
seinen bereits angeklungenen Glauben an ein Leben im Jenseits (Vers 19):

"Freude dir, o Patroklos, auch noch in des Hades Wohnung!"

Den Hades als Totenreich erfindet nicht er; aber er wünscht dem Geliebten
dort ein Gefühl wie Freude, das heißt: er hält sie auch dort für möglich. Irgendwas, was sich freuen kann, geht also weiter.

Das ist ihm so wichtig, daß er in Vers 179 desselben Gesanges wiederholt:

"Freude dir, o Patroklos, auch noch in Hades' Wohnung!"

Solches Leitmotiv der Liebe ist eigentlich schon die Abbreviatur aller Religiosität.

Sie steht mit der Idee eines Doppelgrabes, wie es sich der tote Pátroklos in
einer Traumerscheinung für sie beide von Achilleús erbittet, als eine Faust-
formel am Ende dieses Allerersten Weltkrieges und seiner profanen Metze-
leien für nichts und wieder nichts.

Wenigstens zwei von all den unzählbaren und sinnlosen Opfern überdauern
dieses Leben durch ihre Liebe. Sie werden zu einem Fanal durch die Jahrtausende: nachweislich!

811.
Wie die ausgebrüteten Küken der einen Henne heute eine andere in Panik
versetzen: jetzt will auch sie sofort einen Platz zum Eierlegen; hektisch flat-
ternd sucht sie ihn allenthalben, und der gemeinsame Hahn ist ihr dabei mit
gleichfalls flatternder Hektik behilflich; der Nachwuchs ist unübersehbar
Problem eines Paares.

Sawaang berichtet auch, wie das Triumphgegacker der Henne nach dem ersten Ei vom Hahn übernommen und fortgeführt wird.

Aber wenn die Küken schlüpfen, interessieren sie ihren Vater gar nicht
mehr. Das ist auch am heutigen Gelege gut ablesbar. Er sorgt nur für die
Möglichkeiten, nicht mehr für die Fakten: ein Mann ohne Eigenschaften?

Tah Donn , 1. März 1999

812.
Heute steht auch noch der Vollmond über dieser Zauberlandschaft von
Pang Ngah.

Da es der erste im hiesigen Vierten Monat ist, wurde schon gestern von den
Mönchen in Krabih und Saithai der klösterliche Besen geschwungen. Die
heutige Vollmondnacht, belehrt mich Sawaang, gilt als Termin der Erleuch-
tung des Buddha vor 2542 Jahren. Ab heute *habe er alles gewußt. Jahrzehnte später sei er am selben Tage gestorben, und ungerufen haben sich
ohne jede Information damals 1250 Mönche an seinem Leichnam eingefun-
den.*

Alles das wird heute in vielen Tempeln und Klöstern festlich begangen,
auch hier im Gebirgswatt *tamm suwann na kuhah* mit seinen vielen Affen.
Doch leider gibt es hier nach Einbruch der Dunkelheit keine Fahrgelegen-
heit mehr.

Also begehen wir diese Sondernacht zu zweit auf meinem Hotelbalkon mit
Blick auf den Vollmond über der Bucht von *Pang Ngah* mit ihren nächtlich
nur umso bizarreren Silhouetten. Unser Gespräch ist allzubald bei den Besonderheiten unserer Freundschaft und bei einigen wechselseitigen Ge-
ständnissen von unsteigerbarer Qualität. Dabei hat sich das frühere Gefälle
in eine beiderseitig bewußte Hochkarätigkeit verwandelt, wie sie heute si-

cher nicht vielen Menschen auf diesem Planeten beschert wird, auf diesem Niveau und unter so ungewöhnlichen Umständen schon gar nicht.

So erfüllt sich meine jahrealte Sehnsucht nach dieser Land- und Meerschaft von *Pang Ngah* auf beseligendste Weise auch emotional und existentiell. Das lange Warten auf die Gelegenheit einer gemeinsamen Reise hierher erweist nun seine Berechtigung.

Oi erscheint im Laufe vieler Stunden immer wieder in allerliebenswürdigster Weise auf dem Nachbarbalkon und reicht Backwerk ins ungeneidete Männergespräch herüber.

813.
Geckos sind überall in der Welt als Glücksbringer beliebt.

Nur die Moslems, informiert mich Sawaang kommentarlos, *töten sie mit Inbrunst, weil so ein Tier irgendwann irgendwo einmal ihrem Gotte oder auch ihrem Propheten angeblich einen Weg behindert oder verraten haben soll.* Irgend sowas Abstruses, Schöpfungsfremdes, Widernatürliches wie auch die berühmte Verteufelung ausgerechnet von Hunden.

Wie sehr solche Unsinnigkeiten eine Respektierung oder ernsthafte Auseinandersetzung erschweren.

Da kann höchstens noch eine Koran-Lektüre helfen, die derlei relativieren möge!

Tah Donn , 2. März 1999
814.
Wie Sawaang sogar organisatorische Nebengedanken, die ich mir selbst nicht eingestehe, sondern verdränge, mit seiner immer wieder überwältigenden identifikatorischen Sensibilität aufspürt, nachvollzieht, anfragt und dann auf so unkomplizierte wie hilfsbereite Weise unter Nichtachtung jeder eigenen Beschwernis in die Tat umsetzt:

heute auf der eigentlichen, mühselig ausgehandelten, aber umso eindrucksvolleren Fünfeinhalb-Stunden-Rundfahrt durch die Bucht von *Pang Ngah* wieder so geschehen, als es um meine falsch berechneten Filmmengen ging. Ich verschwieg sie schamhaft und richtete mich auf Verzicht ein. Da griff er unverhofft ein, unterbrach den Ablauf unserer Bootstour, ging mühsam und zeitaufwendig an Land und behob diese Panne auf allerselbstloseste Weise.

Das ist nur eins von vielen ergänzbaren Beispielen. Aber solches Mitdenken, solche Aufmerksamkeit, solche Einfühlung und solche Liebenswürdigkeit: davon hat man ein Leben lang wie von Unerfüllbarkeiten geträumt.

815.
Solcher Geist ist dann auf gemeinsamen Unternehmungen nachweislich auch ansteckend: alles fügt sich in friedlichem Wohlwollen.

Die heutige Rundreise wurde durch die außergewöhnlichen Höhepunkte in der Riesenhöhle *tamm naagah*, die schon drei- bis fünftausend Jahre vor Christos als Begräbnisstätte benutzt und an ihren Felswänden bemalt wurde (siehe Buchdeckel!),

und an dem unglaublichen Naturwunder von *Kao Ping Gann* belohnt, das neben der eigentlich relativ kümmerlichen Touristen-Attraktion des sogenannten James-Bond-Felsens ein Schattendasein fristet, obwohl es physikalisch, geologisch wie auch poetisch ein extremes Mirakel ist. Die japanischen Horden übersehen es denn auch schiefen Blickes.

816.
Im Fotogeschäft von Krabih werden für je 15 Baht (= *circa* 70 Pfennige) Postkarten von Fotos verkauft, die von Leonardo DiCaprio aufgenommen wurden, als er dieser Tage auch hier für seinen neuen Film drehte. Er sieht auf diesen Bildern so häßlich, unbedeutend, verschwitzt und unerotisch aus wie selten.

Diese Postkarten scheinen sich auch sehr schlecht zu verkaufen und türmen sich unbeachtet auf der Ladentheke. Denn die Thais sind bei sowas bemerkenswert unhysterisch, auch ihre jungen Mädchen. Solch eine Welt ist zu unerreichbar fern, um irgend einen *appeal* für sie zu haben: sollen die doch machen!

Für unsereinen hat das eine gesunde Komik.

817.

Nach 240 sorgfältig gelesenen Seiten wird man sagen dürfen, daß *"Ein weites Feld"* von Günter Grass in erster Linie unrettbar langweilig ist. Das liegt
sicher zum einen und ersten an diesem Grundkonstrukt, das an einem Ge-
dankenfehler dahinsiecht – eine Identität von Wuttke und Fontane, also Imi-
tat und genialem Original, kann es nicht geben: auch nicht als poetische
Chiffre!

Aber noch verhängnisvoller dürfte die unreflektierte Naivität und Selbstgerechtigkeit sein, mit der da im Anschluß an Fontane und Thomas Mann ona-
nistisch weitergeplaudert wird, als sei das ganze Genre unanfechtbar intakt
und immer noch ein zweifellos kompetenter Spiegel von Welt und Leben.
Dabei verwandelt sich vermeintliches Plaudern unter der Hand behend in
Gequatsche, das in sich selbst verliebt und folglich gar nicht mehr imstande
ist, sich selbst in Frage zu stellen. Das Resultat ist erwähnte Langeweile.

Denn weil das Genre nicht zuvor reflektiert worden zu sein scheint, erzählt
es unbekümmert um seinen heutigen Auftrag und jedweden Realitätsbezug
lauter Sachen, die man gar nicht wissen will. Eine flotte und versierte Fabu-
lierfähigkeit wird für das A und O gehalten, dem zu vertrauen völlig genüge. Daß das aber nicht stimmt, beweist dieses Buch mit seiner unterbre-
chungslosen Langweiligkeit, die zu studieren und ergründen das Interessan-
teste an dieser sonst eigentlich völlig überflüssigen und ergebnislosen Lektüre ist.

Bei all seinem Bemühen um deutsche Identität ist dieses Buch verquast und
recht eigentlich realitätslos: ein Retortenprodukt, "heiße Luft".

818.

Sawaang weiß auch, daß Spottlust nur bei äußerster Nähe aktiv wird. Sie
beweise diese insofern.

Was sich liebt, das neckt sich also auch in Hinterindien.

Tah Donn , 3. März 1999

819.
Wie Sawaang sich von seinen Träumen bestimmen läßt.

Er trifft und ändert seine Entscheidungen nicht nach dem Inhalt, wohl aber nach der Stimmung seiner Träume. Er empfindet sie als Warnung, Ermunterung, Aufforderung zur Vorsicht.

Hiernach wird plötzlich manches auf den Kopf gestellt.

Die Traumwelt als solche wird ernst genommen, nicht europäisch verdrängt.

Saithai, (noch) 3. März 1999

820.
Auch die Lebenskrimis haben ihre Dramaturgie.

Als es gestern auf jener James Bond zugeeigneten Insel *Go Kao Ping Gann*, die durch ihre quasi geschmirgelte oder messerscharf ebenmäßig geschliffene Inklination zweier gigantischer Felswände geologisch weltbedeutend sein dürfte, heftig zu regnen begann, warteten wir das Wetter in einem sogenannten *sahlah* ab, unter dessen wändelosem Dach die Thais vor Sonne oder eben Regen Schutz zu suchen pflegen.

Dort teilten wir die Wartezeit mit einigen Bootsmännern, die sich die Zeit mit Berufsgesprächen vertrieben. Dabei kam die Sprache auch auf jene drei *long-tail*-Boote, die vor etwa zwei Wochen vor dem *Paak Klohng* auf *Go Pih Pih* gestohlen wurden. Hier wußte man nun, wo sie geblieben sind: nämlich hier, im *Ao Pang Ngah*, beim *rya sang*, einem spezifischen Fangplatz der Fischer, der so präzise bezeichnet wurde, daß jeder Eingeweihte die Boote dort ausfindig machen könnte.

Jetzt fragt sich, ob ich in solchen Lebenskrimis mitspielen möchte.

Auch wie solch eine Beteiligung aufgenommen würde: wahrscheinlich eher uninteressiert und unerwünscht.

Sawaang belehrt mich auch, daß solche Vorfälle hier immer von Gruppen oder ganzen *clans* ausgeführt werden und in familiären oder anderen größeren personellen Zusammenhängen stehen, also lange Vorgeschichten haben, die meist kein Außenstehender kennt oder richtig einschätzen kann.

821.
"Des Sofas Beine wie von August Bebel gedrechselt."

Als sei Bebel durch das Drechseln von Sofabeinen in die Geschichte eingegangen. Ob er das überhaupt konnte, dürfte auch Günter Grass unbekannt sein. Wohl eher nicht.

Dieser ganze Satz aus *"Ein weites Feld"* ist also eine geschmackliche Entgleisung. Von einem SPD-Agitator umso viel mehr. Sowas kann nur schreiben, wer von Kollegen der *Gruppe 47* oder entsprechend versnobten Nachfolgern belacht werden will. Oder von der CDU.

Ein abermals unreflektiertes Sätzchen, das schick und apart klingen soll. Wie peinlich.

822.
Ihm entspricht dann auch ein Satz wie dieser:

"Leise roch es nach Schaschlik."

An den mißlungensten Sätzen ihrer müdesten Stunden könnt Ihr sie erkennen.

Von ungenutzten Reparaturmöglichkeiten ganz zu schweigen.

823.
Wie einen nach diversen touristischen Attraktionen im Umfeld von *Pang Ngah* plötzlich die künstlerische Qualität von Placierung und Architektur, zumal Farbgebungen des Tempel*boht* nicht fern von *tamm pung tschaang,* der Höhle des sogenannten Elefantenmagens, in die Augen springt und beglückt. Was für eine gelungene Kombination dieses Tempels auch mit dem riesigen Berge dahinter und dem bizarren Felsen gegenüber!

Voraussetzung für solches Gelingen mag auch der hiesige Thesaurus von Legenden sein, die um eine Elefantin kreisen, wie sie diesen beiden Bergen

Form und Übermaß gegeben haben soll. Da hat sich was angesammelt.
Kaum hat Sawaang mir davon berichtet, kommt ein älterer Kautschuk-
sammler oder Fischer angeradelt und bestätigt, wie populär hier diese
Mythen und Legenden noch heute sind.

Sawaang ergänzt später, *daß die Elfenbeinzähne jener legendär bedichteten
Elefantin der ganzen Gegend und Bucht den Namen gegeben haben:* ngah.
Das vorangestellte pang *mache dabei aus einem Elefanten eine Elefantin.*

Saithai, 4. März 1999

824.

Olympische wie auch andere sportliche Wettkämpfe der alten Griechen haben ihren Ursprung in Leichenspielen, die man zu Ehren Verstorbener ver-
anstaltete. Das flackert auch in der *"Ilias"* nach, wenn die Totenfeier für Pátroklos in sportlichem Kräftemessen ausklingt (23. Gesang).

Aber welche Profanierung, welche Trivialisierung solcher Kulte erst in der
Kommerzialisierung, dann in der Korruption der heutigen Olympiaden!

Selbst das ein Kulturverlust.

825.

Schon bald nach dem Tode des Pátroklos stand der junge Antílochos, wie
die keuschen Gräkisten verraten, dem Achilleús *"am nächsten"* und jedenfalls so nah, daß er mit diesem und dem Pátroklos gemeinsam im selben
Grabe beigesetzt wurde. Solche Ehrung muß doch wohl verdient worden
sein.

Homer selbst benennt das bei aller Dezenz doch etwas deutlicher, wenn er
(23. Gesang, Vers 556) vom Achilleús sagt, er sei

"seines Antílochos froh, der ihm ein trauter Genoß war".

Da weiß man doch Bescheid.

Aber ohnehin hat er schon lange vorher (XVII, 411) verraten, daß für Achilleús auch der lebende Pátroklos zwar *"der geliebteste der Genossen", ergo*
aber durchaus nicht der einzige war: ein Superlativ, aber kein Singular!

Noch nach Qualitäten gemessen.

826.
Wie Sawaang gestern einen bestimmten Mann sucht, der nicht zu Hause ist.

Er fährt dann auf seinem Motorrad querwaldein, ohne, wie er sagt, zu wissen, warum und wohin. Schon kommt ihm der Gesuchte da entgegen.

Derlei nicht eben selten.

827.
Den thailändischen Kinderschreck, *ein Geist werde kommen und ihre Leber verspeisen, ginn tapp*, finde ich prompt in der *"Ilias"* vorgegeben, wo Hektors Mutter Hekábe gesteht, daß sie dem Achilleús als dem Mörder ihres Sohnes

"gern aus dem Busen die Leber
Roh verschläng' einbeißend!"
(24. Gesang, Verse 212f.)

Homers anatomischer Fehlplacierung einer Leber im Busen entspricht die hiesige Gleichsetzung dieses Organs mit sonstigen Innereien oder gar dem Herzen.

Jeweils steht die Leber fürs Ganze und muß bei lebendigem Leibe herausgespeist werden.

Zusammenhänge?

Parallelen?

828.
Noch für die *"Hahnenschreie"* jene Apostrophe des *"lieben Sohnes"* Hermeías durch Vater Zeus:

"Hermes, o Sohn (denn dir ja das angenehmste Geschäft ist's,
Männern gesellig zu nahn ...)"
(24. Gesang, Verse 334f.).

Im übrigen wird derselbe Hermes leitmotivisch als *"tätiger Argoswürger"* bezeichnet: ein Sadist?

829.
Überall in diesem Hause Geckos zu begegnen, ist einem Nichtmoslem reines Entzücken.

Auch wenn man bisweilen über ihr unverhofftes Davonhuschen oder unbemerkt reglos nahes Anstarren erschrickt.

Man kennt ihre geduldige Wohltätigkeit und fühlt sich auserwählt.

Saithai, 5. März 1999

830.
Ohne daß je darüber gesprochen wurde, hat Sawaang nur durch das Betrachten meiner Fotos begriffen, was ich hier abzubilden bevorzuge.

Als dieser Tage ein beeindruckend stattlicher feuerrot-schwarzer Tausendfüßler, dessen extrem schmerzhafte Stiche sogar jeden Schlangenbiß überflügeln, im Hause erscheint, sieht Sawaang sich genötigt, ihn zum Schutze der Kinder zu töten. Aber bevor er das mit einem Hammer tut, bedauert er, daß in meinem Fotoapparat just kein Film sei: gibt mir damit zu verstehen, wie gut er mich und meine Lust an Tierdokumenten kennt; wie er mitatmet.

Und wie sehr er in jeder Situation auch meine Interessen im eigenen Auge hat. Wenn das nicht Kultur ist ...

831.
Ein anderer Höhepunkt ist das Bereitstellen meiner Sandalen, die man hier immer draußen vor der Haustür läßt, jeweils an vermutlich nächstbenötigtem Orte. Bisweilen vermisse ich sie aber, weil Sawaang sie schon dorthin gebracht hat, wo ich jetzt plötzlich hin will.

Was das Prinzip, das hinter solcher Bagatelle steht, für beglückende Wohlgefühle auslöst, entzieht sich jeder Beschreibbarkeit.

832.

Wie zwei Projekte, die mir angetragen wurden, aber geheime Unlust erzeugten, keinerlei erwogenen Protest benötigten, um sich (auf asiatische Weise?) selbst zu erledigen, indem ich nur die Zeit walten ließ: Spritztouren auf die Inseln *Go Podah* und *Go Lann Tah*. Zuerst mußte Sawaangs Tochter Miu ins Krankenhaus, dann starb auch noch irgendwo in *Nopparatt Tahrah* ein zwölfjähriges Mädchen, das bestattet werden mußte. So war ich meine Sorgen los.

Der willkommene Ersatz war die heutige Mangroventour mit Tschian und Sawaang zu Muschelsammeln, Krebsefangen und Fischkauf (im Hausboot des ehemaligen Innenarchitekten Prohn: mit offenem O, aus Bangkok und mit seinem blitzgescheit blitzblanken Söhnchen). Zubereitet wurde dieses ganze *seafood* auf einem Holzkohlenfeuer an Bord unseres Bootes.

Auch ein erster definitiv sichtbarer Waran meldete am Mangrovenufer seine Verwandten im Areal *bonn kuan* an.

Saithai, 6. März 1999

833.

Wie gemeinsame Motorradfahrten auf die Dauer ein körperliches Zutrauen und eine Intimität der Leiber fördert, die weit geht. Sie verführt auch beiderseits, die Körpernähe als bewußtes Ausdrucksmittel für Emotionen zu nutzen. Man atmet da auch miteinander.

Die Maschine als Erotisierer und Kuppler.

834.

Wie sich dieser Meng, jener erheblich alkoholabhängige alte Kautschukeinsammler und Vater des liebenswürdigen Tschian, auch mein eigener Engtanzpartner auf Hmuhs Mönchsweihe vor drei Jahren, ehrenamtlich um alle anfallenden Bestattungen des buddhistischen Sprengels Saithai bekümmert. Jeder plötzliche Todesfall genügt, ihn anderweitige Verpflichtungen und Verabredungen absagen zu lassen.

Der Tod geht vor.

Sein alter, aber straffer, vollkommen fettloser Körper ist mit animistischen
Tätowierungen zur Abwehr von Gefährdungen übersät. Bislang scheinen sie
ihm gut geholfen zu haben.

835.
So zaghaft der abnehmende Mond gestern unsre spätabendliche Rückkehr
von der Bootstour durch die okkulte Mangrovenlandschaft von Saithai er-
leuchtete: die Tiere halfen nach.

Ein starkes Meeresleuchten bedurfte keinerlei mechanischer Animation,
sondern funkte diese unübersehbar glitzernde Warnung unsichtbarer Plank-
tonmikroben schon bei jedem Windhauch in eine feindliche Umwelt. Auch
Glühwürmchen überflogen in ihrer liebesbedürftigen Einsamkeit die Mee-
resarme oder -finger und gaben auf gut Glück erotisierende Lichtsignale.

Und an Sawaangs adamitischem Nachtbrunnen schließlich tauchte dann
auch noch ein *hing hoi tschahng* auf, jenes elefantenhaft größerwüchsige
Würmchen ohne Flugvermögen, aber mit stark leuchtender Schwanzspitze,
das sein dortiges Licht gleichfalls an- und ausschalten kann.

Überall flimmerte diese Nacht.

836.
Wie sich Sawaang auf solcher Bootstour mit Schulfreund Tschian bei Mu-
schelsuche, Krebsfang und Bootsmahlzeiten im Handumdrehen aus dem
verantwortungsbewußten Familienvater zum übermütigen, ausgelassenen
Dschungelbuben und Spaßvogel seiner Kindheit zurückverwandelt, der sich
in den Elementen zu Hause fühlt: im Meer nicht minder als in der Nacht
und bei den Tieren ringsum.

Es mag ein Ausflug seiner Seele in die Unbeschwertheit alter Tage sein: so
befreit ist er da stundenlang.

837.
Während dieser morgendlichen Notizen plötzlich mitten in einer Sequenz
fast hautnaher Hahnenschreie unsichtbarer Herkunft zu schweben.

Aha: der Haushahn befindet sich unter mir, unter jener Bambusliege, die als allgemeine Sitzgelegenheit dient und *tiang* (oder Divan?) *mai pai* heißt; antwortet von da unten auf brüderliche Anfragen von weit her. Ich kann ihn nicht sehen, lasse mich aber wohlig von seinen kollegialen Rufen tragen – wohin?

838.

In der stark profanierten, wohl auch kommerzialisierten und sichtlich wohlhabenden, sehr unruhigen und reichlich ungepflegten Klosteranlage des *watt käo* in Krabih berichtet mir Sawaang von Papanjah Nanntapikú aus *Suan Mohk*, einem bedeutenden buddhistischen Geistlichen unseres Jahrhunderts. *Er habe in vielen sehr populär gewordenen Büchern jeglichen Hang seiner Glaubensbrüder zu kleidungsmäßiger wie auch gedanklicher oder sonstiger geistlicher Uniformierung mit dem freiwilligen Eingraben in einem Erdloch verglichen, aus dem es aber herauszutreten gelte, um die Vielfalt des Kosmos wahrzunehmen, zu akzeptieren und angemessen zu würdigen.* Eine Re-Buddhaïsierung allzu orthodox gefährdeter Buddhisten also.

Eben mitten in Sawaangs Bericht über diesen Papanjah Nanntapikú aus *Suan Mohk* setzt sich unverhofft ein alter Wandermönch aus Plaipajah zu uns, aufgeschlossen, gütig und neugierig, aber unaufdringlich. Er fragt, ob Schweiz und Deutschland nah oder fern voneinander liegen, und trollt sich wieder, nachdem er einen Hauch von authentisch heiterem Buddhismus in dieses befremdliche Kloster getragen, dem er auch gar nicht angehört: eine Epiphanie? Eine Reïnkarnation?

Saithai, 7. März 1999

839.

Sich ohne zu zögern für einen Freund oder Gast bis zum allerletzten Pfennig zu verausgaben: auch das ist bei Sawaang hier günstig zu lernen.

Man sollte die Gelegenheit nutzen.

840.

Nachtrag zur unvergeßlichen Schlangen- oder Drachenhöhle *tamm naagah*
im *Ao Pang Ngah* (siehe Buchdeckel und hiesigen *Reflex* Nummer 815 vom
2. März 1999!):

an solchen Orten hören Natur und Kunst zunächst einmal auf, noch Gegen-
sätze zu sein. Es ist nahezu unmöglich, die Formen, die Kolorierungen, das
design und die Lichtgebungen dieser Tropfsteinhöhle nicht als Kunst zu
empfinden: allzu fantasievoll, allzu nuanciert und differenziert, allzu einfallsreich, bizarr, originell ist das alles. Auch allzu proportioniert, allzu di-
mensioniert. Allenthalben begegnen einem hier vermeintliches Bewußtsein,
Geschmack und das, was wir Kunstverstand nennen.

Das Ganze hat höchste ästhetische Qualitäten. Es löst auch Empfindungen
aus und beeindruckt nachhaltig, wie man das primär von menschlichen Ar-
tefakten in Erinnerung hat.

Die vielen Kunstwerke der Natur, die man weltweit sehr wohl gesehen hat,
sind vielfach ins Vergessen abgedrängt, nur *weil Natur ja keine Kunst machen könne.*

Wieso eigentlich nicht?

Wer darf das behaupten und kann es beweisen?

Eher ist die ganze Natur ein höchst bewußt komponiertes Kunstwerk.

Plätze wie dieses *tamm naagah* legen solche Vermutungen jedenfalls mehr
als nah. Und schon drängen unzählbar viele weitere Belege nach.

Vielleicht ist der Mensch Kunst zu machen überhaupt nur imstande, weil er
selbst eine *création* dieser Künstlerin Natur ist (*"Wär' nicht das Auge son-
nenhaft, / die Sonne könnt' es nie erblicken"*).

841.

Was Hühnerküken an ihrem ersten Lebenstage außerhalb des Eies zu leisten
imstande sind, mag menschlichen Besteigungen des Himalajah vergleichbar
sein. Keine Hürde ist ihnen zu hoch, vor keiner Schwierigkeit schrecken sie
zurück: weil sie ein Wissen mitbringen mögen, allem sofort gewachsen zu
sein. Sie sind es dann auch.

Dem Beobachter geht das nicht mehr aus dem Sinn.

842.
Zwei- oder dreimal in der *"Ilias"* redet Erzähler Homer überraschend auch
den Menélaos (wie sonst nur sein favorisiertes Pärchen Pátroklos und Achilleús) direkt und persönlich an: warum das?

Warum den?

Vielleicht als Opfer von trügerischer Frauenliebe und arger Weiberlist. An
ihm exemplarisch ist abzulesen, was Männer mehr oder minder von Frauen
erleiden mögen: bis hin zu solchen Weltkriegen.

Insofern mag Menélaos ein Bruder im Geiste sein, den dieses Epos als
ebensolchen anredet. Aber dann ist die ganze *"Ilias"* wirklich so schwul,
wie man es ihr zu unterstellen ohnehin schon kaum umhin kann: der große
Psalter eines homo-erotischen Sadomasochisten von Weltrang.

843.
Wie Sawaang seinem Haushahn zu krähen verbietet, nachdem sich der auf
seiner obligaten Schlafstange niedergelassen hat, die tagsüber dem Trocknen von Kautschuk dient.

Kaum hat sich der Hahn dort in der Abenddämmerung gemütlich hingekau-
ert, liebt er es, von da oben eine lange Sequenz von gekrähten Wechselstro-
phen mit seinen fernen Geschlechtsgenossen auszutauschen. Das ist gar
nicht so leicht. Denn zu jedem Krähen muß er sich aus okkulten anatomi-
schen Gründen erheben oder aufstehen, während ihm die Uhrzeit strikt und
zwanghaft ein Schlafen im Sitzen gebietet. In diesem Dilemma verbringt
dieser Hahn seine Abende.

Gestern nun berichtet Sawaang, *jener tätowierte Buddhistenbestatter Meng
habe seinen Hahn aus ebendiesem Grunde totgeschossen: nach dem Schlafengehen habe er nicht mehr zu krähen!*

Das versucht Sawaang nun gestern seinem Haushahn beizubringen. Kaum
kräht der von der Stange, treibt Sawaang ihn mit einem Steinwurf von da hi-
nunter. Kaum ist er wieder oben und erhebt sich zum Krähen, schreit Sa-

waang ihn unartikuliert an. Erstaunlich schnell begreift der Hahn, verzichtet auf das schizophrene Krähen und schläft in ungestörtem Stangensitzen ein.

Sawaang resümiert: *überall sonst und immer sonst dürfe er krähen, solange er wolle; nicht aber abends auf der Stange.*

Zwei Komiker unter sich.

Saithai, 8. März 1999

844.
Aber wenn der Mond nur halb zu sehen ist, liegt er hier bei seinem Aufgang genüßlich auf dem Rücken wie ein Kind in der Wiege, man könnte ihn schaukeln: seine Sehne schaut quer zum Zenit.

Beëndet er aber die eben so begonnene Wanderung, dann erreicht zuerst eben diese Sehne den Horizont wie eine Parallele, und der Rücken buckelt gen Zenit, als habe sich dieser ganze Halbmond im Verlaufe einer Nacht um 180 Grade gedreht.

Bei seiner europäischen Senkrechthalbierung entfällt dieser Effekt.

845.
Sawaangs gewitzte Lebensgefährtin Oi, die er mit ihren mittlerweile zweiundzwanzig Jahren *ih gäh*, die Alte, oder auch *konn bah*, die Verrückte nennt, heißt, erfahre ich erst jetzt, eigentlich Sawai: das sei dasselbe wie Sawaang.

Nichts kann ihre Harmonie besser verdeutlichen als solche Namensgleichheit. Auch daß also beide *hell* heißen, ist sehr angemessen.

Aber erleuchtet ist nur er.

Go Pih Pih, 9. März 1999

846.
Als Oi in Saithai mein Zimmer aufräumt und säubert, findet sie an meiner verlassenen Lagerstatt einen kleinen Frosch, mit dem ich wohl zumindest

Teile der letzten Nacht gemeinsam verbracht habe. Natürlich vermute ich in ihm einen schönen jungen Prinzen, der geküßt werden wollte. Aber wer so schüchtern ist, daß er sich versteckt, muß leider Frosch bleiben.

Dabei hätte er bei mir so leicht erlöst werden können.

847.

Dafür erwartet mich in meinem hiesigen Zimmer des *Paak Klohng* ein Gekko.

Ich denke, der hat sich vor moslemischen Nachstellungen in diesen Freiraum des Geistes geflüchtet: also ist er mir als Flüchtling doppelt willkommen.

848.

Spielerischer Griff Sawaangs nach meinem Genital: im Angesicht Ois zwar.

Aber noch kürzlich wäre derlei seinerseits absolut unvorstellbar gewesen.

(Meinerseits ist es das auch jetzt noch.)

849.

In einem längeren und seit langem erstmals ungestörten Vieraugengespräch, das sonderlich konzentriert zu verlaufen heute die seltene Chance bekam, unterbrach mich Sawaang *circa* bei jedem zweiten meiner Sätze schon nach wenigen Wörtern und antwortete, als habe er sich alles in Gänze angehört.

Kurz: er weiß eigentlich immer sofort oder schon vorher, was ich sagen will.

Da er sich selbst darüber kaum zu wundern scheint, frage ich, *ob es ihm mit allen Gesprächspartnern so gehe.*

"Nein, nur mit dir."

Und mit Oi?

"Nur manchmal" (fast barsch. Trotzdem kann das reine Höflichkeit sein. Oder eine Weigerung, sich zum Wunderkinde ausrufen zu lassen.)

Ihm zu glauben, habe ich aber größere Lust.

850.

Was man tun könne, ihn zu besserer Geldeinteilung oder zum Sparen zu bewegen, sein unreflektiertes Verschleudern von Geld wenn nicht zu verhindern, so wenigstens einzudämmen?

Sawaang, lachend: *"Gar nichts."*

Er will es gar nicht anders. Will dem Geld keine größere, gar bestimmende Bedeutung in seinem Leben einräumen. Es ist zum Ausgeben da.

Und wenn keins da ist, geht es auch so: *"Die Leute können schreiben"* (im Sinne von Anschreiben).

Wirklich steht er nicht unter, sondern über dem Gelde.

851.

Als wir Anfang Januar selbfünft bei Sajann im Restaurant *"Tonsai"* zu Abend aßen, muß Sawaang wohl, ohne daß ich es verstehen konnte, nach der Rechnung gefragt haben.

Da habe Sajann nur gesagt: *"Tîhnîh mai dschàai – Hier wird nicht bezahlt"*.

Fossile Rudimente hiesiger Gastlichkeit; anachronistische Kulturrelikte.

852.

Jene kommunistische Bologneserin aus Brüssel und Vorjahren (*"Alberto parte domani"*: *Reflexe* vom 27. März und 10. April 1996)) steht plötzlich am Strande neben mir.

Binnen Sekunden sind wir uns über die Zerstörung dieser Insel, die Gefährdungen des hiesigen Volkes und den Zustand der Welt einig. Sie berichtet auch von jungen Europäern, die sehr mißtrauisch werden, wenn sie ihnen im fremden Brüssel irgend zu helfen versuche: *"What do you want?"*

Alledem könne nur noch eine Revolution helfen, aber keine soziale, keine politische mehr, sondern einzig eine spirituelle, die Werte kontrapunktiere.

Cosa nuova tîh haat.

853.

Sie, die in Brüssel selbst am Computer ihr Geld verdient, lacht sich über die Panik dieser Branche vor den bevorstehenden beiden Kalender-Nullen tot – nicht ohne Schadenfreude.

Aber auch sie hält die Künstlichkeit dieser Krise für möglich, die nur zum Ankauf neuer *soft ware* zwingen solle.

Go Pih Pih, 10. März 1999

854.

Am letzten gemeinsamen Abend zieht sich gestern ein sonderlich liebevolles und hochkarätiges Gespräch mit Sawaang über mehrere Stunden, wechselnde Schauplätze hin und zwischen Dritten, auch Vierten schlängelnd hindurch.

In seinem Verlaufe erwähnen wir auch das Schrumpfen des Planeten zugunsten weithin Getrennter.

"Also, falls du plötzlich ein großes Problem haben solltest", sage ich, *"bin ich natürlich ruckzuck hier."*

"Warum nur, wenn ich ein Problem habe?"

855.

Wie sich nach unserer Entscheidung für sexuelle Askese vor etlichen Jahren nunmehr aus dieser Klarheit der Basis ein neuer, ein ganz anderer und sehr viel qualifizierterer, weil freierer Eros gleichsam durch die Hintertür und auf ganz unkonventionelle Weise bei uns eingeschlichen hat und die ganze Atmosphäre unserer jetzigen Begegnungen ziellos und zweckfrei dominiert.

Das ist unübersehbar, von Seiten Sawaangs sogar fast stärker begünstigt und überhaupt nicht verheimlicht. Er steht vor aller Welt so zu unserer Freundschaft und Liebe wie weiland vor mehr als zehn Jahren schon im Regen des *loi kratong* auf dem hiesigen Schulhof.

Angeblich sei auch Oi-Sawai über seine emotionalen Prioritäten unmißverständlich informiert.

856.
Die Dramaturgie des Lebenskrimis braucht mich gar nicht. Von den drei ge-
stohlenen Booten sind zwei schon wieder da: durch private Initiative, ohne
Beanspruchung der indolenten Polizei und ohne Ermittlung der Diebe, freilich mit nur einem der beiden Motoren.

Das genügt hier, um das allgemeine Interesse abflauen zu lassen. Der dritte
Bestohlene dürfte das Nachsehen haben. Da zündet auch mein Hinweis auf
die Bucht von *Pang Ngah* nicht mehr sonderlich.

857.
Sawaang berichtet ohne jedes Schuldgefühl, wie er vor fünf Jahren jenen
größeren Geldbetrag,

der vom geplanten gemeinsamen Unternehmen in *Ao Naang* gleichsam
übrig bleiben und ihm auch als Gerechtigkeitsbemühung des grundlos so
viel Privilegierteren die betrügerisch vorenthaltenen Monatsgehälter kompensieren helfen sollte,

wie er den in nur wenigen Tagen verjuxt und verjubelt habe.

Auch das bringt wieder seine beispiellose Respektlosigkeit dem Gelde gegenüber zum Ausdruck. Weder weiß er, was man damit anfangen könnte,
noch hätschelt und hortet er es heckbegierig. Er verpulvert es spielerisch,
hat es sicher auch vielfach verschenkt oder für generöse Einladungen verwendet.

Noch im Nachhinein sieht er dieses Verhalten kritiklos. Dieser aussichtslos
Mittellose würde und wird es sicher wieder ähnlich machen, durch Oi und
die Kinder nur in Maßen gebremst.

Was ist hieran beanstandbar? Sicher einiges.

Aber sehr viel mehr ist anzupreisen und der Mitwelt anzuempfehlen.

858.

Sawaang hat seine Oi auch dazu veranlaßt, auf ein väterlich ererbtes Grundstück mit finanziertem Hausbau zu verzichten, weil ihm Lage und Nachbar-
schaft in Trang nicht gefielen. Jetzt ist das Ganze an Ois Bruder gefallen,
der durchaus nicht verzichtet hat.

Aber keinerlei Reue oder Neid.

Nokk kaminn: jener Vogel ohne Nest.

Go Pih Pih, 11. März 1999

859.

Am gestrigen Mittwoch hat Sawaang mir die Haare geschnitten. Er tat das
mit der Angst des Berufsnovizen vor Fehlern, aber auch mit der Lust dessen, der fragwürdige Tabus zu verletzen liebt.

Denn ein Thai läßt sich an jedem andern Wochentage, aber ja nicht an einem Mittwoch die Haare schneiden. *Die meisten Friseursalons* (saruhn)
seien hier daher mittwochs überhaupt geschlossen: denn niemand käme.

Sawaang erklärt mir auch den Grund, aber weder auf Thai noch auf Englisch kann ich folgen. Ich glaube, es hängt mit der unklaren Position eines
Mittwochs innerhalb der Woche zusammen. Man wisse nicht, ob an diesem
Tage die Woche noch ansteigt (*kynn*) oder schon absteigt (*long*). Was das
mit dem Haar zu tun hat, bleibt unerfindlich. Vielleicht würde ja der zu-
künftige Haarwuchs in eben zunehmendem oder abnehmendem Maße davon beeinflußt.

Aber dann müßten die Salons ja die ganze zweite Wochenhälfte geschlossen
bleiben.

Nein, was gemieden wird, ist deutlich eine Undeutlichkeit, eine Indifferenz
dieses Tages.

860.

Also, das ohne Motor wiedergefundene *longtail*-Boot gehört *naai* Damm,
jenem Herrn Schwarz, der mit Frau Haut verheiratet ist. Gestern bekam es

einen neuen Motor, heute den obligaten Bänder- und Girlandenschmuck, dann eine islamische Segnung.

Die wurde an Bändern, Girlanden und der ganzen linken Bootsseite von Mahds mehr als neunzigjährigem Vater, wohl dem Nestor der hiesigen Moslems, aber auf der rechten Seite von Bootsbesitzer Damm selbst mit einem Pflanzenwedel und vermutlich geweihtem Wasser aus mitgebrachtem Glase auf sehr unfeierliche Weise vollzogen. So erinnerte sie stark an vergleichbare Rituale buddhistischer Mönche. Auch Bänder und Girlanden, wohl Talismane und animistisch abergläubische Galionsornamente, sind in Formen, Farben und Materialien buddhistischen Altären nachempfunden.

Das dürfte den hiesigen Moslems bei all ihrem stolz zur Schau getragenen Chauvinismus kaum bewußt sein, wie sehr sich ihre Usancen am Brauchtum dieses buddhistisch geprägten Landes orientieren.

Eine Enklave: Diaspora.

Mekka liegt nicht in Thailand.

So mögen sich auch die Juden weltweit angepaßt haben.

861.
Sawaang und das Geld, noch einmal.

Diesmal berichtet er aus seiner Kindheit, *wie er da sparsamst und zielstrebig jeden verdienten, gefundenen, geschenkten "Groschen" oder "Pfennig" auf ein eigenes Bankkonto eingezahlt habe.*

Als da tatsächlich eines fernen Tages Geld im Werte von *circa* 650 Deutschen Mark beisammen war, bat ihn sein eigener mütterlicher Großvater, ihm diesen riesigen Betrag vorübergehend zu leihen. Mutter und Vater redeten ihm zu.

Er verlieh also sein ganzes Kapital an diesen Großvater.

Er hat es nie wiedergesehen.

Es wurde auch bis heute nie mehr erwähnt.

Der Großvater sei ein Spieler.

Aber das mag zu Sawaangs heutiger Einschätzung von Geld beigetragen haben: es ist flüchtig, vergänglich, nicht festzuhalten, kein Wert; wer es hat, verliert es; sparen lohnt nicht.

Seine Freiheit von monetären Zwängen also selbst eine Neurose?

Bestimmt nicht nur. Aber auf einem ersten antikapitalistischen Schock basierend, um Sozialkritik und Philosophie späterhin ergänzt.

Ist das dem diebischen Opa gar zu danken? Wäre Sawaang sonst so gierig nach Geld wie der und alle Welt sonst?

Wohl schwerlich.

Aber auch möglich.

Lebensläufe, Weichen.

862.

Kabarettistischer Leckerbissen, weil jedenfalls ebendiesem Leser aus tiefster Seele gelästert, ist die Kollegenhäme im ansonsten ja weniger weiten als langweiligen Felde des Günter Grass, wenn er dem Autor Müller den Vornamen Heiner, *recte* Heinrich, ebenso konsequent verweigert wie dessen Anhänger eben gerade hierauf bestehen. Fontanes Zeitgenosse Max Müller hingegen wird von Grass in diesem Buche nur umso hartnäckiger jeweils mit beiden Namen bezeichnet: erst recht.

Aber wenn Wuttke über Müller berichtet und dessen Heiner ausnahmslos wegläßt, ist das viel tödlicher, als ließe irgendein Grass-Rezensent dessen Günter weg. Grass ist auch ohne Vornamen ziemlich unschmälerbar, Heiner Müller aber ohne seinen Heiner nur Müller und sonst gar nichts. Das macht sich Kollege Grass des öfteren genüßlich zunutze, etwa so:

"Was will man mit Müller groß reden? Außer, daß er seinen Whisky zelebriert und sich via Zigarre über seinen Meister Brecht mokiert, kommt da nicht viel, allenfalls ein paar niedliche Zynismen."

Wer diese Meinung teilt, vergnügt sich. Die andern dürften die verblichene *Gruppe 47* durchhören und auf anderer Teilung Deutschlands bestehen: in Müller-Beglückte und Müllerlose.

Was Grass übersehen haben mag: viele Leser, so es sie gibt, werden in seinem Müller ihren Heiner gar nicht vermuten, geschweige wiedererkennen. Die es tun, amüsieren sich oder mögen nur umso indignierter schäumen, wenn sich Grass etwa über jene profunden Botschaften der Künstlerreden am 4. November 1989 auf dem Berliner Alexanderplatz lustig macht:

"Müller warnt: 'Machen wir uns nichts vor ...'."

863.
Aber über (Heiner) Müllers Hochstapeleien in Werk und Leben zu recherchieren, dürfte sich nun bald zumindest für einen Promovenden lohnen.

Go Pih Pih, 12. März 1999

864.
Günter Grass streift auch ein anderes weites Feld, wenn er berichtet, wie Frau Fontane, die Jahrzehnte lang die Bleistiftmanuskripte ihres angetrauten Theodor abgeschrieben und ins Leserliche übertragen hatte, in Gesellschaft dem jungen und eben erfolgreichen, also angehimmelten Gerhart Hauptmann gegenüber diese kopierten Arbeiten und ihren Autor so beurteilte:

"Er hält sich für einen Schriftsteller. Na, da glaub ich nicht dran. Dafür reicht es wohl nicht ... ".

Jeder Künstler kennt solche Reaktionen aus seinem engsten Kreise. Sie sind eher die Regel. Aus Sippen-Bescheidenheit?

Oder aus Neid?

Wohl am meisten aus ängstlicher Eitelkeit.

865.
Nach einer Revision der ersten dreihundert Seiten seines *"Weiten Feldes"* muß Günter Grass mit Gewißheit vielfache Abbitte geleistet werden. Da haben sich unter der Hand doch viele schriftstellerische Pluspunkte von Betracht angesammelt. Sie beziehen sich primär auf die Fülle, den inneren Reichtum, die Opulenz seines Spektrums, seiner Fantasie; auf sein mühelo-

ses Formuliervermögen sowieso. Bei Marthas Hochzeit blüht das Buch sogar unverhofft reizvoll auf.

Aber diese Pluspunkte einzeln aufzulisten, wie es Chronistenpflicht wäre, erübrigt sich gleichwohl, weil sie allesamt den Vorwurf der Langeweile nicht entkräften können. Figuren wie Wuttke und Hoftaller interessieren nicht, und Fontane als Person bleibt allzu schemenhaft im historisch vagen Hintergrunde. Nicht zuletzt die ebenso hemmungs- wie effektlosen Wiederholungen lassen bisweilen auf Senilitätssymptome des seinerzeit fast siebzigjährigen Autors schließen, der Ähnliches zurecht den Altersstücken seines (sehr viel jüngeren und vornamenlosen) Kollegen Müller ankreidet: *"Aufgedonnerter Kulissenzauber"*, später *"viel inszeniertes Geschrei und wenig Wolle"*. Er nennt sie auch *"verwursteten Shakespeare und Grausamkeiten als Dutzendware. Soll alles zynisch wirken, bleibt aber Pose und wabert kolossal ... "*.

So sein Fonty über jenen vornamenlosen Müller.

Aber auch auf diesem weiten Grass-Felde selbst wabert es kolosssal.

Vor allem: das Grund-Konstrukt wabert. Kein Wuttke vermag, einen Fontane zu transportieren, ohne ganz kolossal zu wabern.

Aber damit sei jener Müller vom Wabern keineswegs freigesprochen.

866.
Narzißhafte Bilanz gegen Ende dieser viermonatigen Reise:

am wohlsten fühlt sich meine Seele hier in Gesprächs- oder Körperkontakten mit Sawaang, die alle in einen so kundigen Grundkonsens mit meinem Vorhanden- und Sosein eingebettet sind, daß vorbehaltlose Offenlegungen möglich und unumgänglich werden.

Ansonsten derlei nur beim Schreiben, wessen auch immer.

867.
Zu lernen ist vom Grass des *"Weiten Feldes"*, daß man auch gegen Ende eines nicht eben kurzen Lebens nicht aufhören darf, präzise zu durchdenken

und zu prüfen, was man schreibt. Sonst schlittern Autor und Leser bald allzu sinnlos und langweilig über Klischees dahin.

Nur ein Beispiel von vielen möglichen anderen:

Hitler abzuqualifizieren, indem man ihn als *"österreichischen Gefreiten"* verachtet, ist ausschließlich in preußischen Offizierskreisen denkbar und da meinetwegen auch statthaft. Ein sozialdemokratischer Schriftsteller darf sich dieser ausgelutschten Floskel auch nicht im Munde seines Wuttke unreflektiert bedienen. Denn Hitlers Defekte und Verbrechen sind weder seine Nationalität noch seine unterbliebene militärische Karriere. Gegen einen österreichischen Gefreiten sind prinzipiell keinerlei Einwände zu erheben, gegen Hitler aber allzuviele und von ganz anderem Kaliber. Das mißbrauchte Klischee verärgert durch seine Gedankenlosigkeit. So darf ein Schriftsteller der ersten Kategorie nicht schreiben. Das darf ihm nicht unterlaufen.

Was einem so unterläuft, ist ein besonders aufschlußreiches Kriterium.

868.
Was ich Sawaang besonders hoch anrechne: wie er bei Gelegenheit auf die Kontinuität meiner Integrität und Ehrlichkeit achtet, mich vor kleinen pragmatischen Ausrutschern warnt, mit denen ich mir selbst untreu werden könnte.

Ohne daß wir über solche Moral je gesprochen hätten!

Es bezeugt aber seine Sensorien für meine Person.

869.
Abermalige Sprachparallele: jene vielbelachte sächsisch-anhaltinische Unfähigkeit, die Worte *vielleicht* und *manchmal* auseinanderzuhalten, taucht nun, unkomisch, plötzlich im Thai auf: *bahng tîh* heißt hier *vielleicht*, manchmal aber vielleicht auch *manchmal*.

Sollte die sächsisch-anhaltinische Parallele gar keine Unfähigkeit sein, sondern wie das Thai nur jene Eventualität bezeichnen, die beiden Wörtern und Begriffen gleichermaßen innewohnt?

Linguisten her!

Go Pih Pih, 13. März 1999

870.

Wie der alte Mönch im Zentrum des Watt *tamm suwann nakuhah* bei *Pang Ngah* nach der Segnung jedes einzelnen von uns mit gesprengtem Weihwasser einen roten *saisinn* nur Sawaang und mir ums rechte Handgelenk knüpft, ihn Oi und den beiden Töchtern aber lediglich überreicht und nicht umbindet: sie sind weiblich.

Den konfessionellen Unterschied zwischen meiner Thai-Familie und mir nuanciert er farblich durch differentes Rot.

Aber nach dieser kleinen Zeremonie werde ich um Geld angegangen: mit einer Art Sammelbüchse gleich zu Füßen des Mönchs und zugunsten des Klosters und seiner Erhaltung. Sei's drum: alles gehört zusammen.

Zu tun, als gebe es keine Finanzprobleme, wäre wohl nicht eben integrer.

871.

Sawaang übrigens entfernt das neue *saisinn* nur allzubald von seinem Arm, wie er sich überhaupt vom abergläubischen Animismus seiner jüngeren Jahre unübersehbar distanziert. Er trägt keine Amulette mehr, verschenkt auch keine und fürchtet keine Geister, reduziert seine ritualisierten Andachten vor Buddha-Altären und läßt die Manen seines Geisterhäuschens regelrecht verhungern; nur vor unserer Abreise nach *Pang Ngah* bittet er sie noch um ihren Schutz, aber spendiert nur ein einzelnes Weihrauchstäbchen.

Überwiegend und zunehmend hat er alle Formalismen oder Rituale durch Verinnerlichung und Vergeistigung ihrer Inhalte ersetzt. Im Hausboot jenes Fische züchtenden und gutbuddhistischen Innenarchitekten Prohn (mit offenem O) stimmt er mir zu, *daß man es nicht zeigen und in vorgestanzte Formen pressen müsse, was einem ohnehin Seele und Gehirn bewegt. Auch hierbei seien Fakten wichtiger als Signale und Demonstrationen; die Art der Lebensführung, aber keinerlei Äußerlichkeit entscheide.*

Ist das schon Bildersturm?

Buddhistischer Calvinismus?

Dafür toleriert er alle andern Haltungen viel zu weitherzig und unchauvinistisch. Alles bleibt *up to you* und jeder nach seiner *façon*. Nie einen Hauch von Wahrheitsanspruch. Eher immer die eingeräumte Möglichkeit des eigenen Irrtums.

872.
Schulfreund und Mangrovenfischer Tschian aber offenbart bei unserer Bootstour, daß er an einem Hüftband zwei *balaat klik* trägt: kleine Penis-Fetische. Sie dienen zumal bei Fischern wie ihm zur Abwehr eines speziellen Bösen Geistes, der *pih plaai* oder *pih nahm plaai* heißt, sich in allen Gewässern aufhalten und Fischerboote behindern oder schädigen kann. Ihn zu bekämpfen, muß ein Fischer die Hose ausziehen und seinen Phallos entblössen, möglichst noch durch solche artifiziellen *balaat klik* unterstützen. Dann weiche der Geist. Ob befriedigt und gesättigt oder verschreckt, weiß niemand.

Aber feixend gibt Tschian zu, daß seine Penis-Ullrs ihm auch sexuell assistieren sollen.

Ob sie das tun, bleibt unerfragt.

873.
Sawaang offenbart jetzt auch, daß sein reichlich rätselhafter Ausbruch nach Bangkok und ins fast laotisch nördliche *Nohng Kaai* vor etwa zwei Jahren, als Oi mit Miu gerade schwanger ging, familiäre Hintergründe hatte. *Zwischen seinem Vater und dessen Schwester samt Ehemann Nohm (mit offenem O), meinem Tänzer und Intimus bei Bruder Hmuhs Mönchsweihe vor drei Jahren (siehe Reflexe vom 3. und 13. April 1996!), habe es finanzielle Ungereimtheiten im Zusammenhang mit einem verkauften Grundstück gegeben.*

Sawaang behauptet, die Einzelheiten nicht zu kennen und mit seinem Vater über derlei nicht zu sprechen; aber das mag alles Diskretion sein. *Nohm jedenfalls sei samt Familie aus Saithai nach Nohng Kaai zurückgekehrt und inzwischen wohlhabend; der Vater nicht.*

Sawaang, persönlich weder betroffen noch geschädigt, *habe sich damals aus atmosphärischen Gründen lieber entfernt.* Bloß keinen Streit. Auch keine Trübungen.

Um Geld schon gar nicht.

Dann schon lieber in asozialem Großstadtslum wand- und schutzlos preisgegebener Notunterkunft wie die Gastarbeiter in den schaufensterartig gereihten Drecklöchern von *Tah Donn* in *Pang Ngah*.

Die ungemein heitere und lachlustige Miu scheint da aber keinen Schaden davongetragen, vielmehr schon so gelernt zu haben, wie sehr man in diesem Leben zum Überleben einen Sinn für Komik benötigt.

Sie hat ihn jedenfalls.

Mehr als ihre unangefochtener ausgetragene ältere Schwester Präh, die freilich in den ersten Monaten der Schwangerschaft, als Sawaang noch ahnungslos mit mir durch den Ihßähn tourte, unter ungeklärten Vaterschafts- und Zukunftsfragen gelitten haben mag. Sie ist gern lange ernst und introvertiert, bevor sie nach langem, sehr aufmerksamem Schweigen in Exzessen von uferloser Eloquenz explodiert, die leicht zuerst in wilde Albernheit, dann stereotyp in Tränen münden.

Währenddessen hat Miu sich hundertmal gefreut, über alles und jedes gelacht und jedermann belustigt angestrahlt.

874.
Eine andere Grass-Blüte:

"Womit wir [...] bei der Überführung der hochberühmten Leiche waren. Die zog sich tagelang vom Riesengebirge über Berlin und Stralsund bis nach Hiddensee hin."

Einem Leichnam dürfte das, selbst wenn er Gerhart Hauptmann gehörte, unmöglich sein. Daniela Hermes aber, die sich im Impressum als zuständige Repräsentantin des Göttinger *Steidl Verlages* gleich doppelt beim Namen nennt und insofern zu verewigen trachten mag, scheint das anders zu sehen. Sollte sie was vom *pih bleht* der Thais gehört haben, der sich als Geist eines verstorbenen Bösewichtes (was Hauptmann als immerwährender Opportunist in allen Regimen seiner Lebenszeit ja aus Eitelkeit oder Schwäche sehr wohl gewesen sein dürfte) unter anderen häßlichen Merkmalen besonders durch seine ganz enorme und abstruse Länge zu erkennen gibt? Sollte diese Lektorin das wissen?

Wer weiß das schon?

Wer weiß was von Daniela Hermes und ihren spirituellen Orientierungen?

875.
Aber daß Günter Grass in so weitem Felde auf Fontanes Brandmarkung Otto von Bismarcks als eines *"Mogelanten"* hinweist, zahlt sich spätestens aus,

"wenn sich der gegenwärtige Kanzler der Deutschen in Sachen Einheit überhebt und als regierende Masse in die Nähe Bismarcks rücken läßt";

dann, schreibt Wuttke seiner Tochter über Helmut Kohl,

"muß diesem Vergleich insofern zugestimmt werden, als ich in beiden kolossale Mogelanten sehe".

Das ist nicht weniger köstlich als alles über Müller.

Nur daß im Falle Kohls nicht allein der Vorname, sondern auch gleich der Nachname weggelassen wird, ohne daß was unklar bliebe oder fehlte.

Günter Grass ein Kabarettist?

Der ist er auch, wenn er sich am Schauspieler Otto Gebühr festbeißt: wie dieser künstliche *Alte Fritz* beim Leichenschmaus für (jenen endlos lang gewordenen *pih bleht* des argen) Gerhart Hauptmann *anno* 1946 Wurst und hartgekochte Eier stibitzt und abschleppt. Das wird zum kabarettistischen Leitmotiv und unterbricht die sonstige Langeweile ersprießlich.

Go Pih Pih, 14. März 1999

876.
Literatur (wie wohl alle Kunst) hat keinen größeren Feind und Verhinderer

als die Eitelkeit ihres Autors. Wenn dem der Erzähler wichtiger ist als das Erzählte, hat er schon verloren.

Woran man das feststellen kann?

An seinem Bemühen, originell zu sein: apart. Originell und apart statt wahrhaftig.

Die Wahrhaftigkeit schert sich einen Dreck um Originalität. Sie weiß von Schiller: *"Neues hat die Sonne nie gesehn"*.

Und von Goethe: *"Alles Gescheite ist schon gedacht worden"*.

Der so emsig gesuchte originelle, eigene Ton stellt sich von selbst ein, sofern es dem Autor primär und exklusiv um die innere Wahrhaftigkeit des Erzählten geht. Wenn er aber statt dessen, wie Grass unentwegt und oft zurecht, seine Formulierungen so genießt, daß er sie jeweils möglichst bald wiederholt und insofern zuerst diskriminiert, dann verschleißt, so entsteht ein süffisanter, hier auch oft betulicher Snobismus, der ein Vordringen bis zur Wahrhaftigkeit erschwert, wenn nicht gar verhindert.

Von aparten Formulierungen wird der Leser nicht satt. Wohl auch deshalb ist das Buch oft so langweilig.

Dem Leser ist der Stoff doch wichtiger als die Verpackung. Die muß dienen. Wem? Dem Stoff. Wenn die Verpackung Applaus bekommen soll, gar bekommt, hat der verpackte Stoff keine Chancen mehr.

Das Resultat solcher stelzfüßigen Gefallsucht des Autors ist im vorliegenden Falle: wie langweilig Menschen und ihre Geschichten sind. Das Gegenteil dürfte gemeint worden sein.

Aber allzu gewaltsam.

877.

Nach dreizehn Wochen Thailand muß sich der Sprachbemühte am letzten Tage eingestehen, daß ein Zweifrontenkrieg seine Erfolge behindert hat.

Er hat nämlich nicht nur gegen die genuïnen Schwierigkeiten und Probleme des Thai angekämpft, sondern außerdem auch noch gegen das hier überwiegend gesprochene Südthailändische. Diese *"South Language"* hat sich als sehr viel mehr erwiesen als nur ein Dialekt mit speziellen Einfärbungen. Innerhalb der Grundstrukturen des Thai ist es eine autonome Sprache mit sehr eigenem Vokabular, das von nördlichen Thais oder schon in Bangkok nicht verstanden wird. Wie also soll ich es dann verstehen?

Dabei ist es sehr witzig, klingt auch komisch – aber eben ganz anders. Hier sprechen sie es alle, viele gar ausschließlich. Thai wird hier in der Schule wie eine Fremdsprache gelernt.

Helf' Er mir!

878.
Mein Zimmergecko hat die Farbe des defekten Mückendrahtes vor dem Fenster angenommen, und der Raum ist mückenfrei.

Jeder Ansässige oder Reisende in Mückengegenden sollte seinen privaten Gecko haben. *"Eine Marktlücke!"*

Go Pih Pih, 15. März 1999

879.
Die Liste jener tierkreistypisch abrupten Abbrüche astrologischer Jungfrauen verlängert sich nun historisch um den schmerzlichen Ausstieg Oskar Lafontaines aus der deutschen Politik.

Wie solchem hochdramatischen Entweder-Oder das buddhistische Element des mittleren Weges fehlt.

Vielleicht sollte Lafontaine jetzt buddhistischer Mönch werden. Hiernach stünden seiner Kapazität sicher Möglichkeiten in ganz anderen Dimensionen offen.

Sich dem Bonner Alltag und zumal dessen pekuniären Machenschaften zu entziehen, kann nur ein Auftakt zu sehr viel Besserem sein.

Trotzdem tut es weh: weil es die allgemeine Hoffnung schmälert.

"Der Lotse ging von Bord."

Bangkok, (noch) 15. März 1999

880.

Sawaang auf meinem Abreise-Flughafen Puhgett: dieses gleichzeitige und beiderseitige Frühesterkennen im überhaupt allererst möglichen Augenblick bei meiner arg verspäteten Ankunft im Taxi!

Aber der "Zufall" hatte es auch denkbar gut inszeniert – für zwei Protagonisten unserer Sensibilität und Fixierung.

Gleichzeitigkeit ist immer, bei was auch immer, ein i-Punkt an Wonne.

881.

Zum Abschied schon nach verkürzten dreißig Minuten dann seit fast elf Jahren die erste Umarmung, die von Sawaang ausgeht: in aller Öffentlichkeit dieses Flughafens, auch vor den Augen der staunenden Oi.

Für einen Thai ein Exzeß an Exotik.

882.

Der Puder unseres Rituals als Abschiedsgeschenk: Reminiszenz und Akzent aus der Körperlichkeit.

883.

Bei der Landung in *Grung teep et cetera* dann exotische Barockmusik für Trompeten: wenn das nicht C-dur ist!

London, 16. März 1999

884.

Die Steigerung

von Rücksichtslosigkeit und Ellenbogenbrutalität ist Frau,

die von Frau ist Frau mit Kindern,

die davon ist – was Rücksichtslosigkeit und Brutalität betrifft, wohlverstanden – Frau mit Rucksack auf Reisen.

Da heißt es, rechtzeitig Reißaus nehmen. Sonst wird man niedergetrampelt.

885.
Bei klarer Sicht über das nächtliche London zu fliegen, ist anders als über anderen Metropolen, weil diese hier nicht weiß oder neonfarben, sondern goldgelb illuminiert ist. Dadurch entsteht eine Atmosphäre wie bei Kerzenlicht. Eine gigantische Adventsfeier, die ringsum ohne Ende ist, sich im Dämmer und Dimmer dieser *candle-light*-Wärme verliert. Deren Licht scheint nicht so hell, aber auch nicht so grell, so kalt wie anderswo.

Hier läßt sich gemütlicher Schlange stehen = das ganze Glück seiner Einwohner. Wo es gar nicht nötig ist, tun sie es trotzdem.

886.
Der Flug von Bangkok nach London dauert diesmal unüblich lange 12 ½ Stunden.

Währenddessen werden pausenlos schlechte Filme gezeigt, deren Ton nur über Kopfhörer wahrnehmbar ist. Manchmal ersetzen oder ergänzen ihn auch chinesische Untertitel.

Diesmal wird die Abfolge dieser scheinbaren Stummfilme gegen "Morgen" (was ist das noch?) von einem Dokumentarfilm über Singvögel unterbrochen. Auch seine Texte und Musiken sind nur im Kopfhörer zu empfangen. Aber die eingefügten Beispiele von Vogelstimmen lassen sich trotz aller Technik nicht drosseln. Ihr Gesang schmettert nicht nur für Kopfhörerbenutzer, sondern lauthals für jedermann durch die vollbesetzte Riesenmaschine der *British Airways*. Ihre Frequenzen scheinen elektronisch nicht greifbar, nicht unterdrückbar zu sein.

Wie erheiternd, wie tröstlich.

Und komisch: zumal bei den vielen winzigen Piepmätzen, die da plötzlich den Raum beherrschen, während der Mensch verstummt.

Aber niemanden außer mir scheint das zu belustigen.

Niemand scheint dieses Debakel der Technik, diesen Triumph von Mutter Natur zu bemerken.

887.
Mittags um zwölf in London zu landen: bei tiefstem nächtlichem Dunkel.

Für die australischen Platznachbarn ist es sogar schon nachmittags um vier und ebenso dunkel.

Nur für die Londoner ist es fünf Uhr früh und angemessen duster.

Schon für einen Hamburger ist es sechs Uhr früh und wiederum widernatürlich nachtschwarz.

Kein Wunder, daß die vielen Zeitangaben der *British Airways* sich in einem vielfach entschuldigten Chaos verheddern. Auch Mitreisende nach der Zeit zu fragen, ist hier so sinn- wie aussichtslos. Die Zeit ist in diesem Flugzeug wirklich verloren gegangen.

Ich versuche, sie zu suchen, und scheitere. Aber brauche ich sie? Es wird schon hell werden. Auch diese Maschine der *British Airways* wird schon runterkommen: irgendwann.

Nachdem sie es schadlos getan hat, stelle ich binnen kurzem meine Uhr zuerst skrupellos um ganze sieben Stunden zurück, gleich danach genauso bedenkenlos um eine Stunde wieder vor.

Darf man das alles einfach so? Rita Verdera Verdera auf Formentera hätte da nicht mitgemacht, auch Sawaang dürfte da gewisse Hemmungen zu überwinden haben. Ridd hat das Faktum der Zeitunterschiede erst lange durchdenken müssen, bevor er sich einige Notizen hierüber machte. Mancher andre Thai hört gleich nicht mehr zu, wenn ich mit sowas anfange; Spinnkram der Europäer: zehn Uhr sei sechs Uhr und sechs Uhr zwölf Uhr! *Farang bah*!

Aber auch ein Redakteur des *Westdeutschen Rundfunks* in Köln hat am Telefon damit unüberhörbare Schwierigkeiten.

Hamburg, 17. März 1999

888.

Einsteins Sohn war schizophren und starb in einer entsprechenden Anstalt.

Hamburg, 19. März 1999

889.

Wie eine hartnäckige, untherapierbare *dermatitis seborrhoides* sich an die Prognosen der Dermatologen hält und in tropisch maritimem Klima sofort verschwindet.

Daß sie aber nach rund vier Monaten Absenz und nur wenige Tage vor Rückkehr ins europäische Reizklima in ebenjenem selben tropisch maritimen Klima wieder auftaucht, ist, jedenfalls für den Laien, nur mit der Indiskretion einer Synapse, also psychosomatisch zu erklären.

Insofern faszinierend.

Hamburg, 20. März 1999

890.

Wie laut solche Großstädte sind: wie aufdringlich ihr Lärm, wie unentrinnbar.

891.

Nachdem der Gewöhnungsquotient erst einmal entfallen ist, offenbart sich das hiesige Fernsehen nach viermonatiger Abstinenz als noch viel dümmer und ungekonnter, als es in Erinnerung war.

Es ist ungenießbar, querbeet.

892.

Zufälle spülten mich heute ins Umfeld des Hamburger Hauptbahnhofs. Dort dominieren inzwischen Menschen, die man leichthin als Abschaum, als Gelichter, als Unterwelt abtun möchte, sähe man nicht die Verzweiflung, die Angst, die totale Hilflosigkeit in ihren Augen. Sie alle sind in erschreckenden Quanten auf eine Weise zu vegetieren gezwungen, die absolut weit unter alledem liegt, was das hiesige Grundgesetz als Menschenwürde festgeschrieben hat. Es ist schwer vorstellbar, daß auch nur einer von ihnen allen, sei es gelegentlich noch irgendeine Lust am Leben hat.

Früher gab es solche Einzelnen. Am hiesigen Hauptbahnhof streifen sie heute zu Tausenden umher.

Auch sie alle sind eine wortlose Anklage dieser sogenannten Marktwirtschaft. So dürfte niemand zu leben gezwungen sein. Wo das ein Resultat selbstbewußter und selbstzufriedener Gesellschaftspolitik ist, muß die des Teufels sein.

Hamburg, 21. März 1999

893.
Heute fängt hier offiziell der Frühling an und folgt direkt auf meinen langen Hochsommer.

894.
Wie Ridd, muß ich ihm zugute halten, zwischen die Mühl- und Mahlsteine des Lebens geraten und da nicht immer ganz Herr seiner Situationen sein mag.

Die stark triebhaft bedingte Promiskuität seiner jüngeren Jahre ist durch die Begegnung mit der fast psychopathischen Mutter seines Kindes schockartig blockiert und beëndet worden. Der Islam mag da noch ein Übriges getan haben.

Folglich will er jetzt dessen prophetischen Vorschriften genügen und monogam sein, andererseits treiben ihn die Hormone, aber nicht eben zu jener psychopathischen Mutter seiner Tochter; und zu derer beider Fleischesschwestern auch nicht mehr so recht. *"Ich will verstanden werden: ich will Freunde."*

Aber sein Islam verbietet ihm die Kombination von Freundschaft mit Sexualität.

Zu alledem tritt noch die Konversion seiner buddhistischen Frau zum Islam: um ihrer Verbindung und des Kindes willen. Im jetzigen Zerwürfnis droht sie ihm mit Rückkehr zum Buddhismus. Die würde sein Islam als schweres Vergehen einzig ihm ankreiden.

Alles das mag Ridd bisweilen so belasten, daß er sich nicht mehr hinlänglich konzentrieren kann und (berechtigten oder unberechtigten?) Freundeserwartungen allzu vieles schuldig bleibt.

Das sollte nicht vergessen werden.

Köln, 23. März 1999

895.
Die Bäume vor meinem Hamburger Küchenfenster sind noch winterlich kahl. Aber das ist eine sehr viel unbarmherzigere und prinzipiellere Kahlheit als neulich die Mauser der Kautschukbäume in Saithai. Und verstecken kann sich da in ihrem Geäste niemand.

Ganz oben in der Spitze eines derartig kahlen Baumes sitzen heute in aller Herrgottsfrühe zwei kleine Vögel in Größe und Farbe etwa von Sperlingen. Vielleicht sind es welche. Vielleicht auch nicht. Sie sitzen reglos da. Und sehr nah beieinander. Aber auf separaten Zweiglein, jeder für sich. Trotzdem nah beieinander, reglos. Bahnt sich da was an? Oder sind sie ein altes Ehepaar? Oder schlafen sie da nur zufällig und beziehungslos? Keiner von beiden regt sich.

Da kommt ein dritter Vogel derselben Art angeflogen und setzt sich auf einen Zweig desselben Baumes. Mit gebührend respektvollem Abstand, weit weg, aber in diesem absolut blattlos kahlen Baume unübersehbar, ein Bezugs-, ein Spannungspol. Sitzt da und starrt die andern beiden an, völlig reglos. Wartet. Seiner Sache sicher?

Oben rührt sich einer von den beiden ersten. Wechselt provokant von seinem Zweiglein zu einem andern, das dem Männchen noch ein paar Zentimeter näher ist. Aber das Männchen reagiert nicht, poft weiter.

Da fliegt das Weibchen kurzer Hand weg. Sofort folgt ihm der dritte Vogel bis sonstwohin.

Der zweite stutzt, findet sich alleingelassen und folgt den beiden andern bis sonstwohin.

Wie mag diese Triole wohl weitergehen?

896.
Beim Hinflug nach Köln ist meine Platznummer heute 18 F (= zweimal jene Neun), beim Rückflug sitze ich wieder 14 A, auf einem Stammplatz auch bei andern Linien, auf andern Strecken: mit einer der magischen Zahlen aus den *"Hahnenschreien"* und sonstwo.

897.
Wie viele Jahre habe ich jetzt nicht mehr inszeniert? *Circa* zehn? Sowas. Aber technisch ist mir heute, als wäre meine letzte Probe gestern gewesen. Das gehört wohl zum Unverlernbaren wie Fahrradfahren.

898.
Diese heutige erste Probe zur Revue des WDR findet im Chorsaal jenes alten Funkhauses am Wallraffplatz statt.

Hier war ich erstmals vor 46 oder 47 Jahren als staunender Teilnehmer einer Führung von Radiohörern, dann vor vierzig Jahren als Student im Gefolge "funkender" Kommilitonen oft Gast der Kantine, auch am Tage meines bestandenen Rigorosums, als Helmut Griem hier zufällig der allererste war, der mir zur Promotion gratulierte. In den achtziger Jahren dann gelegentlich einzelne Revuen für diesen Sender, auch die Aufnahme des Features über Kurt Weill, mit vielen eigenen Sprechertexten.

Dem allen folgte eine Pause von *circa* zehn Jahren.

Jetzt bin ich wieder da, und das alte Funkhaus auch noch: hat fast mein ganzes Leben begleitet. Sein Paternoster ist am selben Platze auch noch derselbe.

Selbst ist man aber gar nicht mehr derselbe. Das ist gerade daran meßbar.

Flug Köln – Hamburg, (noch) 23. März 1999

899.

Der Pilot bittet um Entschuldigung, wegen des starken Gegenwindes nicht schneller als *circa* 740 Stundenkilometer fliegen zu können.

Das ist die Geschwindigkeit des schnellsten Jagdflugzeuges im *Zweiten Weltkrieg*: Focke-Wulf FW 190. Damals galt das als Weltrekord und unüberbietbar.

Mit welchem Tempo mögen nächste Generationen bei Gegenwind befördert werden?

Hamburg, 27. März 1999

900.

Wie der Ritt über einen argen Bodensee mutet es an, wenn Frau Thatcher jetzt demonstrativ den Diktator Pinochet in seinem Londoner Hausarrest besucht und ihn da als Begründer der chilenischen Demokratie preist: als habe es weder dessen Massenmorde noch auch jemals einen Salvador Allende gegeben.

Was mag der Welt da während Frau Thatcher's Amtszeit in *Downing Street* alles erspart geblieben sein, bei solcher Geisteshaltung: nur durch Zufall?

Denn für diesen nachträglichen Offenbarungseid hat sie sich immerhin Fernsehkameras organisiert. So wichtig ist er ihr.

Ein historisches Schlußwort.

Hamburg, 31. März 1999

901.

Der erschreckende Starrsinn dieses welterschütternden Slobodan Milošević in Belgrad ist vielleicht durch eine Vision, ein Fernziel zu erklären, die ihm wichtiger sein mögen als NATO-Beschlüsse und internationaler Konsens.

Was für eine Vision könnte das sein?

Es könnte die Vision sein, den Balkan als ewigen Unruheherd dauerhaft zu befrieden, damit die Probleme, die dort in den letzten Jahren nicht zum ersten Male so unheilvoll eskalierten, endlich aus der Welt geschafft werden.

Was ist der Grund aller dieser Probleme? Das ungute dortige Gemisch von allzu heterogen erachteten Nationen und Religionen. Frieden, mag ein Mensch wie dieser imaginierte Milošević meinen, ist da dauerhaft nur zu erreichen, indem ebendieses Gemisch in etwas Ungemischtes, Einheitliches verwandelt wird. Dieses Einheitliche soll in seinem Verständnis christlich-orthodox, soll slawisch, soll serbisch sein und kyrillische Buchstaben schreiben.

Es herzustellen, sieht ein Mann wie dieser Milošević keinen andern Weg als die Ausrottung oder gewalttätige Vertreibung alles Nichtserbischen. Er mag davon träumen, auf solche Weise als jener Nationalheld in die Geschichte einzugehen, der dem Balkan nach vielen kriegerischen Jahrhunderten endlich den Frieden brachte. Dieser Traum mag ihm die Kraft zu seinem Starrsinn, zu seinen Brutalitäten geben.

Er übersieht dabei die Untauglichkeit seiner auserkorenen Mittel. Oder entlehnt aus der christlichen Kirchengeschichte die Rechtfertigung, daß ein guter Zweck auch arge Mittel heiligen könne.

Er übersieht dabei, daß es inzwischen ein neuzeitlicheres Mittel gäbe: all die vielen Völker jenes dortigen Gemischs gleichermaßen zu Zweibeinern zu erklären und so die zurecht angestrebte Einheitlichkeit auf besserem und aussichtsreicherem Wege zu erreichen. Die noch vorhandenen Unterschiede aufheben zu helfen.

Er übersieht die aktuelle Offerte dieser historischen Stunde: allen Nationalismus als mittelalterlich zu überwinden.

Er übersieht auch die synkretistischen Tendenzen dieser Zeit.

Mit alledem ist er leider nicht der einzige.

902.
Der stereotype Gruß der Thais, wie er unserem *"Guten Tag"* entspräche, heißt *sawàt dih. "Guten Morgen"* (aber nur in aller Herrgottsfrühe, etwa bei

Sonnenaufgang) heißt *arunn sawàt* und *"Gute Nacht"* entsprechend *rahdrih sawàt.*

Also immer dieses *sawàt. Was das eigentlich heiße oder bedeute oder meine?*

Ridd behauptet nach langem Überlegen, *aus seinen Kombinationen herausgelöst, gebe es das gar nicht; innerhalb sei es allenfalls sowas wie eine Steigerung von dih, also gut.*

Auch Sawaang muß lange nachdenken und zugeben, *daß es dieses Wort nur in diesen Zusammensetzungen gebe; dort aber bedeute es so viel wie offen sein.*

Also wünscht der Grüßende dem so Gegrüßten, er möge für das Gute oder für den frühen Morgen oder für die Nacht bitte offen sein.

Kann man etwas Besseres, Sinnvolleres, Brauchbareres wünschen als Offenheit?

Hamburg, 1. April 1999

903.
Wie autonom das zerebrale Silo arbeitet, wenn es einem für bestimmte gedankliche oder emotionale Inhalte im Falle gewünschter Verbalisierung das jeweils angemessene Vokabular fast zeitgleich zur Verfügung stellt, also aussucht und zureicht.

Man hält das für eine Eigenleistung von Bewußtsein und Willen. Daß sie das nicht ist, kann man feststellen, wenn sich bisweilen aus Übermüdung (oder wie bei meinen chronischen Schwierigkeiten mit dem Worte *atavistisch*) das rechte Wort im rechten Moment verweigert. Dann erst bemerkt man, daß man auf die gutwillige Mitarbeit des Silos angewiesen ist und wie virtuos das normalerweise funktioniert:

Aber was heißt hier autonom: wer ist da autonom?

Dimensionen, für die uns das Silo nur die Vokabel *Wunder* zureicht. In eigener Sache ist es bemerkenswert verschwiegen.

904.

Beim Etikettieren der Fotos aus Saithai fällt mir der ungewöhnlich niedliche Dreijährige, Sohn von Ois Bruder Waang, ein, wie er schreiend davonlief und sich mit anhaltendem Schluchzen vor mir versteckte, als ich ihn fotografieren wollte. Aus unerfindlichen Gründen verwechselte er den Fotoapparat mit einer Pistole und glaubte, von mir erschossen werden zu sollen.

Er mußte durch die Hintertür vor meiner Kamera in Sicherheit gebracht werden, ohne daß ich ihn in all seiner drolligen und sensiblen Besonderheit wiedersehen konnte.

Hamburg, 3. April 1999

905.

Die Recherchen für das Buch *cosa nuova* zwingen mich, zwei Klassiker möglichst zu kaufen.

Zitternd betrete ich also Hamburgs führende Buchhandlung, in der es schon mit Descartes und dem *"Westöstlichen Divan"* die peinlichsten Probleme gab, und frage die junge Verkäuferin tollkühn nach den *"Metamorphosen"* Ovids und nach Rilkes *"Sonetten an Orpheus"*.

Erste Überraschung: keine Rückfragen. Weder *"Wie soll das heißen?"* noch auch *"Wie schreiben die sich?"*.

Tatsächlich ist der Ovid sogar vorrätig, sogar in zwei Übersetzungen. Sollte heute alles gut gehen?

Denn auch der Rilke ist problemlos zu haben. Allerdings nicht in einer Einzelausgabe, sondern

"leider nur zusammen mit den 'Duineser Elehgjen".

906.

Gottlob mußte ich da nicht nach Goëtien oder Goëten fragen. Denn über derlei schweigen sich heutzutage auch Enzyklopädien und Literarische Lexika aus. Erst meine Orpheus-Forschungen zu *cosa nuova* bringen mich auf diese Bezeichnung für die griechische Nachfolge von Schamanen.

Orpheus war nicht nur Begründer von Poesie, Gesang, Homo-Erotik und Tanz, sondern eben als Goët auch fähig, Tote zu begleiten: sei es in das Jenseits oder von dort zurück (Eurydíke). Er kann das mittels jener Goëtie, mit der er Götter oder Geister dazu bewegt, die Seelen der Verstorbenen eskortieren zu dürfen. Insofern gilt er als Zaubersänger, dessen gesungene Worte magische Kräfte aktivieren.

Es ist kaum möglich, die Wörter Goët und Goëtie zu lesen, ohne sie mit Goethe zu assoziieren, der ja in der Tat ein magischer Zaubersänger mit metaphysischen, transzendierenden Tendenzen, gar Fähigkeiten war.

Umso erstaunlicher, daß sein Name weder von ordinären Germanisten oder Gräkisten noch auch von Nietzsche in seiner diesbezüglichen Korrespondenz mit Georg Brandes jemals so gedeutet worden zu sein scheint. Dabei liegt das so auf der Hand, daß es fast schon peinlich ist. Man braucht nur in *"Faust II"* zu verfolgen, wie da der autobiografische Titelheld plötzlich mitten aus der *Klassischen Walpurgisnacht* verschwindet, um mit Hilfe von Cheíron und Mantó ebendort, wo einst schon Orpheus *"eingeschwärzt"* wurde, in die Unterwelt abzutauchen und die Helena zurückzuholen: purste Goëtie.

Aber auch das verschweigt die Germanistik lieber: denn Schamanismus, der da unweigerlich zur Sprache käme, ist ihr nicht das Feinste.

Doch Goethe als Schamanen zu begreifen: wie reizvoll!

Hamburg, 4. April 1999

907.
Meine vorjährig mehrfache Tagebuch-Unterscheidung von Musik und Komponisten in "schmachtende" und "gewisse" läßt sich, noch griffiger, so pointieren:

die einen jammern, die andern nicht.

Hamburg, 5. April 1999

908.

Wolfgang Völz mit seiner pointenbewußten Treffsicherheit bezeichnet einen schwulen, sonderlich geschätzten Kollegen als *"Tripper Friedrichs des Großen"* und dürfte das als liebevolles Kompliment für einen königlichen Favoriten beabsichtigt haben.

Hamburg, 8. April 1999

909.

Peter Handke hat sich im jugoslawischen Konflikt auf die westlich vereinsamte Seite der Serben geschlagen und kämpft in den Medien vielbeachtet für die Sache des Herrn Milošević.

So weit, so gut. Er wird seine Gründe haben.

Hoffentlich.

Folgerichtig lehnt er die Militäraktionen der NATO ab wie so mancher andere auch.

Aber er will den Westen für die NATO-Bomben empfindlich bestrafen. Aus diesem Grunde gibt er den Büchner-Preis, den er vor 25 Jahren von der *Deutschen Akademie für Sprache und Dichtung* erhalten hat, zurück.

Er hält auch das für eine Bombe und macht sich damit nur lächerlich. Er offenbart seine maßlose Überschätzung dieser Ehrung vor einem Vierteljahrhundert. Der NATO dürfte und muß egal sein, ob Handke den alten Büchner-Preis beibehält oder nicht.

Er mag das im Stillen befürchten; also straft er als Oberlehrer auch gleich noch andre ab: zum Beispiel den mitangeklagten Vatikan, indem er aus der katholischen Kirche austritt. Damit offenbart er nur, daß ein vermeintlicher Freigeist wie er da bisher noch immer Mitglied war.

Sein ganzer Protest ist sehr viel weniger radikal als ridikül. Er hat den peinlich narzißhaften Scheuklappenhorizont eines deutschsprachigen, gar österreichischen Intellektuellen in seinem engen Elfenbeinturm.

Unerwähnt blieb, ob Handke auch den Geldbetrag des Büchner-Preises in Höhe von 60.000 *Deutschen Mark* zurückzahlt.

Hamburg, 13. April 1999

910.
Wie Goethes 250. Geburtstag heuer tatsächlich eine gute Gelegenheit böte, seine ja wirklich immer wieder verblüffende Aktualität und Hilfsfähigkeit gerade auch in einer Zeit wie der jetzigen zum Beispiel im Fernsehen zu präsentieren. Plötzlich hätte dieses Instrument einen neuen dienlichen Sinn.

In der Tat jagen sich dort derzeit die Goethe-Sendungen. Einer der zahllosen Sender hat sich diesem Thema gar fast überwiegend gewidmet.

Aber das Unglaubliche tritt ein: Autoren und Redakteure dieser Sendungen haben sich exklusiv an der Germanistik spätestens der fünfziger Jahre orientiert und präsentieren mit modisch aufgeputzten Bildern ebenjenes total antiquierte, verstaubte, gipserne, recht eigentlich noch wilhelminische und unverbindlich langweilige, auch vielfältig verlogene oder falsch informierte Goethe-Bild der Generation Benno von Wieses und Emil Staigers.

Der heute noch aufregende und tröstliche Goethe wird durchgehend unterschlagen. Die Klischees von *anno* dunnemals werden weitergehätschelt und um diverse Ungenauigkeiten, Vergröberungen und unqualifizierte Kritik der Fernsehjournalisten zusätzlich angereichert.

Wieder einmal: welche Chancen vertut und verscherbelt dieses verblödete Medium!

911.
Wie Friedrich Sieburg, dieser hochgebildete und sonderlich frankophile Autor, dessen Stil sogar Gottfried Benn als unübertrefflichen *"Baumkuchen"* preist, im Jahre 1941 sein Projekt einer Monografie über Robespierre dazu nutzte, mit Hitler und dem Nationalsozialismus vornehm und vorsichtig, gleichwohl gnadenlos abzurechnen.

Er mag dabei in Kauf genommen haben, seinen Titelhelden und dessen Lebensleistung instrumentalisiert, vielleicht sogar im Dienste an seinem okkulten Thema ein wenig manipuliert zu haben. Aber sein Zweck mag auch diese Mittel geheiligt haben.

Denn was da unbeweisbar und unüberführbar, aber auch unüberlesbar entstanden war, kann nicht anders denn als Literatur des Widerstandes bezeichnet werden, die aber angeblich damals nicht entstand.

Wer weiß, wie viele andere Gesinnungsgeschwister einen so erstklassigen, aber eben okkulten Widerstand geleistet haben, den zu entdecken und zu würdigen ihre Nachfahren nur zu faul und ungebildet sind. Wer zum Beispiel weiß denn das heute noch, daß Friedrich Sieburg in ebendiesem Buche über die *Französische Revolution* auch die Nazis anklagt? Niemand.

Was mag da noch alles in Bibliotheken, Archiven und Nachlässen schlummern und durch Nichtachtung diskriminiert werden?

912.
Zu unserm *Nirwana* und dessen zumindest phonetischer Verwandtschaft mit dem *nipp pahn* der Thais:

unser Wort leitet sich dabei vom *nirvana* des Sanskrit,

das thailändische vom *nibbana* des Palih ab, jener religiösen Literatursprache des Mittelindischen.

Daß diese ihrerseits sich bei so zentralen Begriffen, Gedanken und Ideen gleichfalls auf die altindische Literatursprache des Sanskrit beziehen mag, ist, für den Laien jedenfalls, naheliegend.

Hamburg, 14. April 1999

913.
Vor einigen Jahren versuchte das Kölner Rundfunk-Orchester, eine Zusammenarbeit mit Norbert Schultze zu verweigern, weil es in dem nur den Komponisten des NS-Englandliedes zu sehen vermochte.

Heute wird mir die Weigerung desselben Orchesters gemeldet, ein paar zitierende Signaltakte aus dem *"Horst-Wessel-Liede"* zu spielen.

Wie sich hier rechtschaffene Gesinnung mit Dummheit und eigener faschistischer Intoleranz die Waage hält.

Die Inbrunst solcher Überzeugungsdemonstrationen ist 54 Jahre nach Hitler immerhin respektabel.

Aber in ihrer Borniertheit auch komisch.

Eisenbahn Hamburg – Köln, 15. April 1999

914.
Dieser Zug fährt in Hamburg auf Gleis **14** ab.

Der S-Bahn-Zubringer zu diesem Zuge fährt um **14.41** ab.

Der Wagen mit meiner Platzreservierung hat die Nummer **14**.

Und diese Notiz die Ziffer **914**.

Köln, 19. April 1999

915.
Zwischen zwei Proben gehe ich heute vom Funkhaus die *Hohe Straße* und deren Verlängerung entlang bis zu Freund Fuffis Haus am Waidmarkt. Auf dem Wege dorthin hat sich nichts verändert und alles. Es ist haargenau dasselbe Köln wie damals und ein völlig anderes.

Fuffis Haus, am Waidmarkt **14,** ist äußerlich vollkommen unverändert. Es sieht genau so aus wie zu seinen Lebzeiten. Der Laden im Erdgeschoß ist nach wie vor eine Buchhandlung und trägt nicht nur immer noch seinen Namen, sondern den auf dem Firmenschilde sogar noch in ebenjenem Schriftzuge, den Fuffi seinerzeit zur Geschäftsgründung entwarf. Ich erinnere mich noch gut unserer Diskussion hierüber.

Das dürfte jetzt gute vierzig Jahre her sein. Tot ist Fuffi jetzt genau dreißig Jahre.

Auf dem Rückweg zum Funkhaus wird mir klar, daß ich noch vor sechs Wochen in Saithai war und mich da im adamitisch abrahamitischen Dschungelbrunnen wusch.

Die Schizophrenie ist perfekt.

Nur empfinde ich sie nicht als solche. Für meine Psyche ist mühelos alles eine harmonische Einheit.

916.
Mein Hotel in diesem Köln, das nie einen König hatte, sondern alljährlich höchstens einen Prinzen seines Karnevals, heißt rätselhafter Weise ausgerechnet *Königshof*. Es hat in seiner Auslegware, in allen Lampen und sonstwo überall kleine Königskronen im Signet.

Sein Rezeptionist spricht mich erst einmal in der Sprache des *United Kingdom* oder der *Queen* an und sammelt so königliche Pluspunkte.

Köln, 21. April 1999

917.
Daß sich nun nach so langer Abstinenz erneut bestätigt, in wie hohem Maße inszenatorische Tätigkeit verengt. Die fokussierte Konzentration auf nur einen auserwählten Gegenstand hat im übrigen totale Blockade zur Folge. Außerhalb der Proben erlöschen alle andern Interessen und Aufnahmefähigkeiten.

Weder zu irgend einer Lektüre sind Gelüste vorhanden noch sogar zum Fernsehen.

Auch für Notizen im Tagebuch springt nichts mehr ab.

Zu denken, daß man Jahrzehnte lang so reduziert gelebt hat.

Zu welchem Behufe? Mit welchen Ergebissen, welchem Überbleibsel?

Einer bis ins Unterbewußte vorgedrungenen handwerklichen Virtuosität, das ja.

Aber darf das genügen?

918.
Wie ich einem überforderten Redakteur eine ganze Flutwelle von organisa-

torischen Versäumnissen, Pannen, Fehlentscheidungen und Unterlassungen
so lange mit buddhistisch geschulter Geduld nachsehe, bis eine einzelne unsensible Trampeligkeit im Detail das Maß überfüllt. Ich schreie und drohe
mit Abreise.

Drei Stunden später bittet er mich telefonisch um Entschuldigung nicht nur
für jene auslösende Trampeligkeit, sondern gleich auch für alle seine Verfehlungen sonst und bietet unverhofft und ungefragt eine Erhöhung meines
Honorars um dreitausend Mark an.

O ihr Untiefen einer menschlichen Seele ... ! Denn er weiß, daß ich seinen
Vorgesetzten noch aus prähistorischen Jugendjahren kenne, und fürchtet insofern meine Beschwerden.

Köln, 24. April 1999

919.
Überraschung: in wie hohem Maße das Buddhistische als Verhaltensregulativ sogar in den Proben- und Produktionsalltag inmitten dieser sehr großen
Mitarbeiterschar hineinwirkt, ihn beeinflußt, entkrampft, ihn leichter und
leiser macht.

Hieran das Allerüberraschendste: es geschieht nicht vorsätzlich, absichtlich,
bewußt oder gelenkt, sondern bereits aus den Tiefen des Unterbewußten heraus, die verändert sind – geduldiger, vertrauensvoller, des Möglichen gewisser. Mehr als das Mögliche wird nicht mehr zu ertrotzen versucht, und
also stellt es sich ein.

Bei alledem verausgabt und strapaziert man sich und andere nicht so gewaltsam wie früher. Man fühlt sich auch wohler: leichter.

Sogar der vermeintliche, aber militant faschistische Antifaschismus einiger
Orchestermusiker wird nicht ins Nervenkostüm hineingelassen, sondern als
Fingerübung gehandhabt. Obwohl er sehr erschreckend ist: als Nachwehe
der Nazis, als deren Infekt und Erbe. Die Methode des sei es terroristischen
Verbietens von irgend Unerwünschtem ist noch die Ihre.

Mein Bericht vom reaktionslosen Hinnehmen radikalislamischer Terroranschläge in Thailand muß da ins Leere gehen. Die buddhistische Devise

"Sonst sind wir ja genau so" wird nicht begriffen. Eben hierin äußert sich die postfaschistische Macht der Faschisten.

Leider ist das aber auch die These des Alten Testamentes: *"Auge um Auge"*. Sie hat den Nazis den Acker bestellt.

Nur insofern wurden sechs Millionen Juden zu Opfern auch ihrer eigenen Konfession. Aber vermutlich wird jeder das Opfer seiner Konfession: weil die sogenannten Religionen ihre Anhänger ebenso kaltblütig opfern, wie Revolutionen ihre Kinder fressen.

Köln, 25. April 1999

920.
Wie auch hier wieder, leitmotivartig, ein bewohntes Elsternnest direkt vor meinem Fenster in einer Astgabel schwebt.

(*Post scriptum:* weiß es schon zwanzig Jahre im Voraus um Recherche und Text zu jenem Elsternjäger und "Elster-Mann" Picander, dem Librettisten Johann Sebastian Bachs, in meinem *"Halali"*, 2009? Palmblattarchiv Bangalore?)

921.
Der reservierte Sitzplatz für meine Rückreise nach Hamburg hat die Nummer **41**. Dieselbe Strecke flog ich jüngst auf Sitzplatz Nummer **14** A.

Hamburg, 3. Mai 1999

922.
Es gibt im Deutschen auch grammatisch einen Geschlechtswechsel. Zum Beispiel:

das feminine Wort *die Nacht* legt sich im Dienste einer speziellen Bedeutung oder Redewendung einen irrationalen maskulinen Genitiv zu: *des Nachts*.

Wie könnte man das einem ausländischen Adepten erklären?

Gar nicht. Ist es doch auch für unsereinen unerklärlich.

923.

Der erste Franzose, der seinem Hause einen Blitzableiter auf das Dach setzte, wurde deshalb von seinen Nachbarn verklagt. Sein Rechtsanwalt war der junge Robespierre, der diesen Prozeß in zweiter Instanz verlor.

Anschließend veränderte er gewaltsam Europa, wenn nicht die Welt.

Der Blitzableiter auf seine Weise nicht minder.

Nur dessen vorurteilsloser und mutiger erster Benutzer ist vergessen.

Hamburg, 5. Mai 1999

924.

Erster Eindruck der Koran-Lektüre: dieses Buch ist sehr viel toleranter als viele seiner späteren Anhänger. Oft genug bezieht es sich respektvoll auf Jesus, Christentum oder Judentum. (Den Buddhismus scheint Mohammed leider nicht gekannt zu haben.)

Ferner scheint die geistliche Selbstgerechtigkeit manches heutigen Moslems auf einem Irrtum oder einer vorsätzlich abwegigen Interpretation zu beruhen. Der Koran polarisiert durchaus nicht Moslems und Nichtmoslems, sondern ausdrücklich immer wieder Gläubige und Ungläubige. Das scheint keineswegs konfessionell gemeint zu sein. *Gläubig* liest sich hier als ein Synonym nicht für *islamisch*, sondern für *fromm*; für *religiös*.

Die Menschheit wird in Spirituelle und solche unterschieden, die es nicht sind. Das ist sehr viel allgemeiner, humaner und versöhnlicher, auch synkretistisch offen.

Wie nur erklärt man das?

925.

Die Guillotine wurde von einem elsässischen Klavierbauer namens Tobias Schmidt ersonnen und gebaut.

Sein Salär dafür war ein kleines Vermögen, das er mit einer Tänzerin verpraßte.

Ein musischer Mensch.

Hamburg, 13. Mai 1999

926.
Hans Hoenickes Anwesenheit und seine Lust an meinen zahllosen Videokassetten mit Sängern und Gesang verschafft mir Gelegenheit zur eigenen Beglückung über so viel Talent und Schönheit,

"da sich der Gesang wie ein Genius gen Himmel hebt und das bessere Ich in uns ihn zu begleiten anreizt" (Goethe, *"Wilhelm Meisters Lehrjahre"*, Zweites Buch, Elftes Kapitel).

Hamburg 15. Mai 1999

927.
Heute nacht tauchte Hanno P. auf, mit dem zusammen ich vor nunmehr runden dreißig Jahren am Wiesbadener Theater engagiert war, wo er sich vorrangig als zuverlässiger Regie-Assistent bewährte.

Heute nacht nun gab er auf Befragen zu, *callboy* für Frauen, speziell auch samt deren Partnern, zu sein.

Ich selbst war in einer großen alten Villa zu Gast, die Helmut Kohl gehörte. Um sie durch ihren Hinterausgang zu verlassen, passierte ich den Keller und wurde dort im Dunkeln von einer Pritsche aus befingert und handgreiflich verlockt. Als ich dann dem Hausherrn begegnete, empfahl ich ihm, das ehemalige Ostdeutschland, heutige Polen mit dem Fahrrad zu bereisen. Er sagte spontan zu, benötigte hierfür aber Landkarten. Ich war hierin behilflich.

In meinem Gästezimmer schlief ich bei angelehnter Tür und sah nachts durch den Türspalt eine Männerhand eindringen und nach dem Lichtschalter tasten. Widerwillig überwand ich mich, aufzustehen und die Tür zu schließen:

stand aber an besagter Stelle vor der türlos planen Wand meines eigenen
Schlafzimmers und wachte dort auf.

928.

Die eigentliche und endgültige Placierung, gar Etablierung der Stücke
Shakespeare's auf deutschen Bühnen, wo sie inbrünstiger, gründlicher und
wagemutiger, glücksfalls sogar kongenialer inszeniert werden mögen als in
ihrer eigenen Sprache, fand – *incredibile dictu* – tatsächlich und folgenschwer just im pfeffersäckisch amusischen Hamburg statt. Ebenhier brachte
Friedrich Ludwig Schröder am 20. September 1776 den *"Hamlet"* zur Pre-
miere seiner *Deutschen Erstaufführung*. Seither dominiert dieser Autor un-
angefochten das deutsche Theater.

Vollends die Uraufführung des *"Don Carlos"* nur elf Jahre später am 29.
August 1787 auf der Bühne eben desselben Institutes adelt dieses banausi-
sche Hamburg in der Tat zu einer Keimzelle deutscher Bühnenkunst. Wer
hätte das gedacht? (Ich selbst nicht einmal zu seligen Thalia-Zeiten!)

Hamburg, 23. Mai 1999

929.

Friedrich Weinreb informiert, daß die *Arche Noah* auf hebräisch *teba* oder
tewa oder *tewah* heiße.

Dasselbe Wort werde in der ganzen Bibel nur noch ein einziges anderes Mal
verwendet: für jenes *"Kästlein"*, in dem das Moseskind die ägyptischen
Nachstellungen überlebte (*Exodus*, 2, 3-5).

Primär jedoch, instruiert noch Weinreb, sei *tewa* das hebräische Wort für
Wort.

Dieser Doppel- oder Mehrfachsinn verweist auf das Rettende der Sprache.
Im Falle Noahs wie des kleinen Mose wird das Wort zum Schutzraum, der
überleben hilft.

Weinreb sichert diese These gleichsam mathematisch durch eine kabbalisti-
sche Probe ab: die Maße der *Arche Noah* werden von Gott vorgeschrieben;
ihre 300 x 50 x 30 Ellen liefern dem jüdischen Mystiker Zahlen, die ebenje-

ne Buchstaben symbolisieren, aus denen sich das hebräische Wort *laschon* zusammensetzt; es bedeutet *Sprache*.

"Was also das Leben von der einen in die andere Welt trägt",

folgert Weinreb in seinem *"Göttlichen Bauplan der Welt"* (auf Seite 188) und meint damit die Welt des Unterganges, des Todes oder des Diesseits einerseits und die der Zeitlosigkeit auf einer anderen Seite,

"das heißt hebr. 'Wort', und es hat dieselben Maße wie das hebr. Wort "Sprache'. Dies will besagen, daß es das Wort u n d die Sprache sind, die das Leben von der einen Welt in die andere tragen. [...] Das Leben wird in das Wort 'eingepackt', in die Maße der Sprache. Dort bleibt es bewahrt und kann in der neuen Welt wieder hervortreten."

Diese Funktion von Wort und Sprache nicht nur als Lebensrettung, sondern auch als Transzendierung wird in Weinrebs *"Wie sie den Anfang träumten"* (auf Seite 96f.) anhand der Sintflut noch weiter differenziert. 700 000 Menschen drängen da in das rettende *tewa*, *"doch es bietet ihnen dann keinen Zugang"*:

"für den Menschen, der u n w i l l i g war, vom Weg Gottes zu wissen, folgt dann das A u s g e s c h l o s s e n s e i n von diesem Wissen. [...] Das Wort ist für ihn verloren."

Er geht unter.

"Wer bei der Begegnung mit dem Wort sich niedersetzt, in Ruhe abwartet, der wird ins Wort aufgenommen."

Das ist in seinem Kern buddhistisch.

"Wer aber stehen bleibt in einer Haltung, welche auch Aggressivität bedeuten kann, der wird ins Wort nicht aufgenommen.

Aufgenommen werden ins Wort bedeutet auch, daß man dahinein paßt, daß man damit in Übereinstimmung ist. Von der großen Vielheit ist es stets nur ein Kern, welcher diese Voraussetzung erfüllt."

Weinreb sagt hier mehr, als er selbst weiß. Denn die unverhofft offenbarte Bedeutung von *Wort* und *Sprache* läßt ihn vermuten, daß damit Talmud und Bibel gemeint seien.

Aber solche Auslegung engt schon wieder ein.

Strikt beim Wort genommen, offenbart sich hier die Göttlichkeit von Wort und Sprache überhaupt und generell. Sie sind ein Erweis von Göttlichkeit, ein Synonym dafür. Ins Wort, in die Sprache aufgenommen zu werden wie in ein sei es kastenförmiges Schutzbehältnis, heißt, ins Göttliche aufgenommen zu werden.

Jeder, der in solcher Arche seine Tage verbringt, wird das bezeugen können.

Und einen anderen Schutz dürfte es in diesem Universum ohnehin schwerlich geben.

930.
Was für ein verblüffendes Wiedersehen nach guten fünfzig Jahren: mit dem Episodenfilm *"In jenen Tagen"* von 1947, erstem hiesigen Streifen nach Hitler.

Die filmischen Mittel sind sämtlich bescheiden. Aber der Geist dieses Filmes, also Helmut Käutners und seines Co-Autors Ernst Schnabel, ist mehr als überraschend. Der Film zeigt die Nazizeit, aber keinen einzigen Nazi. Er zeigt, wie "in jenen Tagen" der Barbarei in einzelnen spektakulären Fällen Humanität bewahrt und also hinübergerettet wurde. Aber diese Humanität wird nirgends plakativ. Ihre Diskretion bewegt sich am Rande zur Unauffälligkeit. Sie bleibt unprogrammatisch, beiläufig, eigentlich selbstverständlich. Eben als das Selbstverständliche, das Normale ist ihre Botschaft in oder nach solchen Tagen wie jenen Tagen nur umso überzeugender und beglückender.

Käutners (und Schnabels) vornehme Dezenz und Indirektheit schon des Buches bewegen. Ihre Anklage der Nazis verzichtet auf deren Mittel. Insofern kontrastiert sie aufschlußreich zu Ralph Giordano, zum WDR-Orchester. Sie verkneift sich subtil jeden naheliegenden eigenen antifaschistischen Faschismus.

"Nicht genauso sein."

Das ist in unmittelbarem Anschluß an die allgemeine Verrohung "in jenen Tagen" nur umso beachtlicher und betoniert den Ehrenplatz dieser beiden Männer zumindest in der deutschen Film- und Kulturgeschichte.

Zu welchen Höhen delikater Darstellung unter solchen Gegebenheiten auch einige längst vergessene Schauspieler erblühen, besonders der ganz außerordentliche Hermann Speelmans, die endlich angemessen aufgewertete Margarete Haagen: Herzwohl!

931.
Was Weinreb in seinem Buche *"Wie sie den Anfang träumten"* anläßlich jenes Terach (oder Tarach), *"der als erster Geld macht"*, aber siebzigjährig in zweiter Ehe keinen Geringeren als den Abraham zeugt, über das Wesen des Geldes schreibt:

"Geld ist etwas, das selbständig bestehen kann. Es gibt Veranlassung, in Werten zu rechnen und zu denken, welche zunehmend ein selbständiges Dasein führen können. Geld löst sich vom Ding, es ist eine willkürliche Schöpfung. Geld mißt den Wert der Dinge, und dieser Geldwert stellt sich im Bewußtsein der Menschen vor den Schöpfungswert. Allmählich wendet sich die Aufmerksamkeit von den Dingen ab. Der Mensch hört nicht mehr die Sprache der Dinge, da die Sprache des Geldes immer lauter wird. Das Geld überstreckt sich, indem es schließlich seinen eigenen Wert gewinnt, den es an sich selbst mißt.

Jedes Gut wird eine Verfügbarkeit, die mit Geld zu tun hat. Der Mensch lernt wegzusehen vom Sinn jedes Dinges, der ihm von der Schöpfung her eigen ist. Er achtet nicht mehr auf das Ding als Zeichen und verarmt, indem er in Preisen denkt und reagiert. Das Geld wird ihm zur Geißel, die ihn peinigt und zu immer rascherer Gangart antreibt, weg vom Ursprung. Geld macht den Menschen beziehungslos."

Klassische Beobachtung, klassische Beschreibung.

Noch klassischer: daß Geld verarme.

Am allerklassischsten: daß ebendieses arm machende Geld denselben Erzeuger hat wie Abraham, der Erzvater Israels und klassische Mann Gottes, auch "Erlöser" durch die schenkende Gnade jener *chessed,* die Hingabe weckt oder Sichverschenken: also die Liebe zu Gott.

Diese dialektische Kombination ist Leistung des *Schalscheleth ha-Kabbalah* und übertrumpft so Thorah wie Bibel durch poetische Höchstkarätigkeit und lebenskluges Weltverständnis.

Sie ist Weltliteratur: also detailliert zu ergründen!

932.
Vorgestern ist im Bundesrat jenes längst überfällige, aber leidenschaftlich angefeindete Gesetz einer doppelten Staatsbürgerschaft beschlossen worden.

Nach wie vor polemisieren dagegen vor allem CSU und CDU samt Klientelen.

Gerade sie aber sollten allesamt bedenken, daß dieses Gesetz primär den hier geborenen Türkenkindern zugute kommt.

Denn auch der Apostel Paulus, recht eigentlicher Begründer jener christlichen Religion, die diesen beiden Parteien das signifikante C für ihren Namen stiftet, war Türke. Sein Geburtsort Tarsus liegt im Süden der Türkei.

Vielleicht wollen seine heutigen Parteien durch ihren Protest gegen eine Nationalität, die vom Geburtsort abgeleitet wird, verhindern, daß ihr Paulus so zum Kümmeltürken wird.

Obwohl sein jüdisch türkisch-griechisches Saulus-wie-Paulus eigentlich genau das Grundmuster für doppelte Identitäten liefert, die zwiefachen Paß benötigen.

Hamburg, 24. Mai 1999

933.
Wie die Gene sollen nun auch die Meme unsterblich sein und den vergänglichen Körper ihres Trägerindividuums nur episodisch als Vehikel benutzen. *Solch ein Mem transportiere Gedanken, Talente und Verhaltensweisen, un-*

terliege einer autonomen Evolution und bewohne Individuen nur als Wirte einer Symbiose mit übergeordneten Zielen.

Das sei vom Biologen Richard Dawkins erstmalig als These aufgestellt, vom Philosophen Daniel Dennett und vom Soziobiologen Edward Wilson weiterentwickelt und nunmehr von der Psychologin Susan Blackmore in ihrer Publikation "The Meme Machine" auf eine erste Spitze getrieben worden.

Es würde viele meiner eigenen Verblüffungen erklären, mit denen ich die rätselhaften Aktivitäten meines Gehirns, vor allem aber die Mysterien der diktierenden Kreativität bestaune. Die klassische Frage vieler Künstler, wer ihnen ihre Werke souffliere oder vorschreibe, wäre nun demnach *easily* beantwortbar: ein Mem.

Alles klar.

934.

Was der Buddhismus als kluge Strategie oder hilfreiche Einsicht der Jahrtausende lehrt, ist vom Judentum zumindest als Kabbalismus aufgegriffen und variiert worden: die Vorstellung einer Wiedergeburt oder Seelenwanderung.

Die Kabbalisten bezeichnen das als *gilgul*, was Friedrich Weinreb (im Glossar seines *"Leben im Diesseits und Jenseits"*, Seite 268) so definiert:

"Die Wiederkehr durch die mehrfachen Erscheinungsmöglichkeiten des Wesentlichen; mit Reinkarnation ist dieser Begriff nicht vollständig dargestellt; das nicht an Zeit und Raum gebundene Sein kann sich in Zeit und Raum mehrfach zeigen, ohne seine Einheit zu verlieren; das Sein ist auch nicht an der kausalen, linearen Zeit zu messen; was in der Zeit mehrmals wiederkehrt, ist dennoch Einheit in der Welt des Seins."

In *"Wie sie den Anfang träumten"* ergänzt das Weinreb (auf Seite 40f.) noch so:

"Es gibt eine merkwürdige Beziehung zwischen dem Diesseits und dem Jenseits, und die Gilgulim, *eigentlich wörtlich "Räder", drücken diese Beziehung, vom Jenseitigen her gesehen, aus. [...] Man kann sich jetzt ein Bild*

machen, wie vielfältig das menschliche Sein von diesem inspirierten Wissen her wohl ist."

Vielleicht ist ja die scheinbare oder zumindest partielle Identität von Leonardo und Fuffi, wie die *"Hahnenschreie"* sie anhand von Raffaele und Severin aufzeigen, eben ein solches *gilgul*.

Vielleicht auch jedes Mem?

935.
Rudolf Augstein läßt im diesjährigen Pfingst-*"SPIEGEL"* auf zwar journalistische, diesmal gleichwohl seriöse, logische und wohlinformierte, belesene Weise das Christentum auffliegen.

Falls Jesus von Nazareth überhaupt je lebte, habe er sich jedenfalls weder selbst als Gottessohn bezeichnet noch auch eine Religion begründen wollen; auch die essentielle Bergpredigt habe er nie gehalten.

Seine ganze sogenannte Lehre, wenn nicht gar auch seine Person sei Fiktion und Manipulation zuerst des Paulus, später der sogenannten Evangelisten, schließlich des Kaisers Konstantin, der das Christentum aus politischen Gründen zur Staatsreligion erklärte, im folgenden dann auch noch so manches retouchierenden Konzils oder Papstes.

Das Quellenmaterial zu alledem ist spärlich, bietet aber erst recht keinerlei Gegenbeweise zu dieser Theorie und begünstigt deren Wahrscheinlichkeit. Demnach wären strategische Machenschaften und Klitterungen die faktische Basis dieser nunmehr zweitausendjährigen Religions-, Geistes-, Kultur- und Weltgeschichte. Alles ein taktischer Schwindel. Von Interessen und Machtpolitik ersonnen und diktiert. Die Welt ist darauf hereingefallen.

Ist das schlimm?

Angesichts der Hekatomben hierfür Ermordeter und Gefolterter sehr.

Im übrigen eher komisch: die Dummheit der Spezies abermals offenbarend.

Freilich auch die musikalischen, malerischen, architektonischen, gelegentlich sogar auch literarischen Produkte christlicher Kunst kreïerend.

Aber deren Produzenten wären auch ohne Christentum schöpferisch tätig gewesen, nur anders. Vielleicht viel besser: ohne dessen lebensfeindliche, entmündigende, repressive und sadomasochistische Auflagen.

Aber neben so entlarvtem Christentum stehen Buddhismus, Judentum und Islam plötzlich sehr viel integrer da: keine solchen Truggebilde, keine so vorsätzlichen Täuschungsmanöver.

Hamburg, 27. Mai 1999

936.
"Judentum",

leitet der Jude Weinreb in seinem Buche *"Leben im Diesseits und Jenseits"* (auf Seite 33) von einer Auskunft des Schriftgelehrten Hillel im Talmud ab,

"ist die Mitteilung davon, daß Gott seine Einheit zerbricht und dem Nächsten als Feind erscheint. Der Mensch versteht Gottes Tun als böse, er sieht den Feind in ihm. Liebe diesen Feind, ihn, vor dem du Angst hast, ihn, den du in deiner Ohnmacht am liebsten verschweigen möchtest, ihn, den du verleugnen, verraten, für tot erklären möchtest, ihn, dem du dich am liebsten ganz entziehen möchtest".

Wenn Judentum sich so definiert und wenn der Talmud seinen Hillel, den Begründer einer einflußreichen Schule rabbinischer Schriftauslegung, sagen läßt

"Liebe deinen Nächsten wie dich selbst. Das ist das ganze Judentum", so erheben sich zwei Fragen:

1.) Kennen die orthodoxen Israelis ihren Talmud so wenig, daß sie dieses Gebot den Palästinensern gegenüber nicht praktizieren? Oder widersetzen sie sich ihm, wären also unfromm, gottungefällig?

2.) Warum hat der Evangelist Matthäus oder jener Anonymus, der die Bergpredigt aufschrieb, deren zentralen Satz von der Nächstenliebe nicht als Zitat aus dem Talmud ausgewiesen? Von jenem Hillel, der ein älterer Zeitgenosse des Jesus von Nazareth war? Oder: haben all die Heerscharen christlicher Theologen und Geistlicher wirklich nicht gewußt, daß diese

Grundmaxime ihrer ganzen Religion ein Plagiat aus dem Jüdischen ist? Daß sich also das Christentum auch insofern erübrigt?

937.
Daß die Verwendung des Begriffes Sodomie für sexuelle Praktiken mit Tieren oder auch mit Menschen des eigenen Geschlechtes auf Irrtum, Ausflucht oder vorsätzlicher Fälschung beruht, erwähnen schon die *"Hahnenschreie"* mit ihrem Hinweis auf eine ganz andere Tabuverletzung in jenem namengebenden Sodom der Bibel: auf Verstöße gegen das (heilige) Gastrecht.

Weinreb macht nun weitergehend deutlich, daß Sodomie im üblichen Verständnis nur eine arge Ablenkung von viel schwererer, gewichtigerer Versündigung ist. Denn was jenes legendäre Sodom am Toten Meere tatsächlich

"auszeichnet, ist die Tatsache, daß es Gäste aus anderen Welten nicht duldet; einzig und allein s e i n e Maßstäbe dürfen angewendet werden. Dem Andersartigen wird der grausamste Tod zugedacht, die schmachvollste Ausstoßung, und wenn auf Grund mangelnder Wachsamkeit dennoch ein solcher Gast hereinschlüpft, wird der Unerwünschte in die sodomischen Maße gezwängt; und das heißt nichts anderes, als daß er seinen Geist aufgeben muß".

Sodomie mag sich also zum Beispiel in Fremdenhaß, Ausländerfeindlichkeit und Rassismus äußern, ist in ihrem Kerne aber die denkbar extremste Form von Profanismus. Radikaler Antispiritualismus. Also Unfrömmigkeit. Gottlosigkeit?

Wahre Sodomiten sind demnach nicht nur EDmund Stoiber und alle deutsch-nationalen Chauvinisten, sondern recht eigentlich Descartes und Karl Marx, Adorno und Lenin. Auch die gute alte deutsche Aufklärung ist in ihren pursten Fällen die reine Sodomie.

Hamburg, 28. Mai 1999

938.

Weitere *varia* aus Friedrich Weinreb, *Leben im Diesseits und Jenseits. Ein uraltes vergessenes Menschenbild*, 2. Auflage, Bern 1994:

"Der Mensch lebt gleichzeitig hier und dort. Was er hier tut, tut er dort." (Seite 69)

*

"Sterben ist [...] Heimkehr in die vorigen Welten, in die lang ersehnte Einheit mit der vollen Wirklichkeit." (Seite 75)

*

"Was ist der leere Raum? Der leere Raum, dieses stets anwesende 'Zwischen', ist die Gegenwart des 'Nichts' in unserer Welt. Das 'Nichts' ist der von Gott geschenkte Teil des unbegrenzten Ganzen. Im 'Nichts' ist stets ein Überbleibsel Gottes. Aus dem Nichts kommt jeder Gedanke, jede Schöpfung; im 'Nichts' ist Gott am stärksten anwesend.

Das 'Nichts' zwischen zwei Menschen, der Raum, der sie verbindet, ist erfüllt von der Anwesenheit Gottes. Das 'Nichts' ist Träger des Verbindenden zwischen Mensch und Mensch und zwischen Mensch und Ding. Wir können einander nicht anschauen, ohne unseren Blick durch das 'Nichts' zu schicken. Im 'Nichts' ist Gott verborgen ... " (Seite 82)

Hamburg, 30. Mai 1999

939.

Wie Günter Grass in seinem *"Weiten Feld"* plausibel und fast komisch festhält,

"taten die Juden dazumal die deutsche Kulturarbeit, und die Deutschen leisteten als Gegengabe den Antisemitismus" (Seite 59).

Heute fehlt den Deutschen für ihre chronische Kulturfeindlichkeit solcher Vorwand, solche Kaschierung. Um nicht an Effizienz zu verlieren, haben sie dem Fernsehen die Bedeutung gegeben, die es heute hat. So ist der Kulturschwund unblutiger und womöglich nachhaltiger, auch irreparabler.

Aber vielleicht ebendeshalb schießen einem noch Tränen in die Augen, wenn bei einer so seichten Veranstaltung wie dem gestrigen *Grand Prix Eurovision de la Chanson* so mancher Verkünder sei es des isländischen, kroatischen oder maltesischen Schlagerplebiszites ein schwer verständlich akzentuiertes *"Schalom for Jeruschalaim"* über den internationalen Äther schickt.

Allzuvieles mag da mitschwingen, wiederauftauchen oder fehlen.

940.
Wie dieselben Leute, die sich weigern, das Fertige zu lesen, neue Projekte schon im allerfühesten Embryonalstadium hartnäckig zu erfragen pflegen: nicht aus Interesse, wie man zweifellos erfahren wird, sobald es abgeschlossen zugänglich ist.

Auch die Abwehr solcher Sensationsgier muß erst entwickelt und geübt werden. Hierfür liefert Fontane ein verwendbares Argument, wenn er im Juli 1885 an seine Frau schreibt:

" ... habe die neue Novelle entworfen, soweit man etwas entwerfen kann, zu dem noch überall das Material fehlt".

Aber das ist mehr als nur eine brauchbare Ausrede. Es beschreibt auch präzis den Prozeß.

Hamburg, 31. Mai 1999

941.
Günter Grass, ohnehin als Gegner der Kohlschen Wiedervereinigungsmodalitäten bekannt und überzeugend, weist auch verdienstvoll darauf hin, daß Vokabel und Begriff der *Treuhand* bereits nationalsozialistisch mißbraucht und stigmatisiert waren. Im *"Dritten Reiche"* wurden

"überall Besitz und Vermögen der Juden in Deutschland unter Treuhand gestellt" (*opus citatum*, Seite 484).

Eine gute Schule. Denn: *"Mittlerweile setzt hier alles auf Gewalt, die Treuhand voran."* (*opus citatum*, Seite 672)

Und eben solche Machenschaften dieser so unglücklich reanimierten und reaktivierten *Treuhand* deutscher Vereinigung mögen dann auch noch ein weiteres anderes *dictum* dieses Autors in seinem selben *"Weiten Feld"* zur Folge haben:

"Deutsche Einheit ist immer die Einheit der Raffkes und Schofelinskis." (Seite 411)

Hamburg, 1. Juni 1999

942.
"Nichts wie raus aus dem Land, in dem für alle Zeit Buchenwald nahe Weimar liegt, und das nicht mehr meines ist oder sein darf, in dem mich zu wenig hält." (Grass, *opus citatum*, Seite 671)

Aber auch dieser Gesinnungsgenosse lebt, nachdem er das geschrieben hat, weiterhin hier im Lübischen.

943.
"Es ist wohl so, daß der Sieg über den Kommunismus den Kapitalismus tollwütig gemacht hat." (Grass, *opus citatum*, Seite 674)

Aber ist Tollwut nicht eine Krankheit mit unweigerlich tödlichem Ausgang?

944.
Die Magie der Neun bei alten Griechen und jungen Thais (vergleiche die *Reflexe* vom 1. Januar und 11. Februar *huius*!) taucht nun auch in Mythen und Riten sibirischer Schamanen auf.

Bei den Jakuten der Turkfamilie jedenfalls gibt es neun Quellen böser Geisterfrauen, neun Schmiede des Stammvaters, neun Söhne und neun Töchter des Unterweltgeistes, jeweils neun Opfertiere für die Himmlischen und in bestimmten Ritualen jeweils neun oder dreimal neun Jungfrauen und reine Jünglinge; ein Schamane passiert auf seiner Reise zum obersten Himmel ganze dreimal neun *olochs* oder Himmelsschichten, sein "zerlegtes" Fleisch wird bei der Initiation auf neun Pfähle aufgesteckt, sein Gerippe hat neun

"Hauptknochen"; eine Sippe besteht aus neun Generationen, deren gesamtes Bewußtseins- und Erfahrungsreservoir ein großer Schamane besitzt und repräsentiert. Er ist auch ihrer aller neunfaches Produkt.

Was mögen sich diese Jakuten da an der unteren Ljena nunmehr von unserm jetzigen Jahr mit seinen drei Neunen versprechen (oder befürchten)?

945.

Bisweilen gelingt es Günter Grass in seinem *"Weiten Feld"*, mit Vorbild Fontane so undividierbar zu verschmelzen wie Schiller und Goethe in ihren *"Xenien"*, Goethe und Thomas Mann im Siebenten Kapitel der *"Lotte in Weimar"* – etwa wenn er sein fiktives Fontane-Reïnkarnat namens Fonty im 29. Kapitel des Vierten Buches (auf den Seiten 596f.) sagen (oder eben zitieren?) läßt:

"Die mit Literatur handeln, werden reich, die sie machen, hungern entweder oder schlagen sich durch. Aus diesem Geldelend resultiert dann das Schlimmere: der Tintensklave wird geboren. Die für 'Freiheit' arbeiten, stehen in Unfreiheit und sind oft trauriger dran als mittelalterliche Hörige."

Quellenvermutung hin oder her: das ist leider so zeitlos aktuell, daß es von jedem stammen kann.

946.

Genau so verschleiert ist der Autor des folgenden Satzes, der an Goethe nach dem Tode seiner Frau, seines Sohnes denken läßt:

"Während Walter Scott an 'Woodstock' schrieb, starb Lady Scott; er ging eine Stunde im Garten auf und ab und schrieb dann ein Kapitel. So muß es sein." (siehe Grass, *opus citatum*, Seite 644)

947.

Weinreb rechnet vor, daß man nicht nur seine eigene, sondern auch die Vergangenheit sämtlicher Vorväter, also aller Menschen in sich hat, die jemals lebten, und resümiert:

"Jeder Mensch ist also die ganze Welt. Er hat alles in sich. [...] Hier scheint die Vielheit aufgehoben zu werden." ("Leben im Diesseits und Jenseits", Seite 153)

Er beweist dann noch, daß alles Frühere, den Gesetzen der Schwerkraft entronnen, zugleich auch das Höhere sei.

"Da er von diesem Früheren abstammt, gehört jeder Mensch in erster Linie diesen 'höheren' Welten an."

Folglich:

"Wenn nun jeder Mensch, als Abkömmling des Früheren, aus höheren Welten in dieses Jetzt herabgestiegen ist, dann bedeutet das, daß seine Vergangenheit in erster Linie dort zu suchen ist ... " (opus citatum, Seiten 153f.)

Dem würde wohl auch kein jakutischer Schamane widersprechen.

Hamburg, 2. Juni 1999

948.
Noch drei letzte Exzerpte aus Weinrebs längst gelesenem, jetzt für *cosa nuova* aktuell rekapituliertem *"Leben im Diesseits und Jenseits"*:

I.
"Wie töricht ist doch der Gedanke, es könnte in der Welt belanglose Dinge geben!" (Seite 184).

II.
"In allem soll man den Himmel, soll man Gott und göttliche Fügung erkennen. Es soll nachhaltig ins Bewußtsein eingehen, daß nichts ohne Gottes Willen zustandekommen kann, sei es nun das sogenannte Gute oder das, was wir Böses nennen" (Seite 193).

III.
"Jeder der 'ich' sagt und sich selbst damit meint, vergreift sich an Gottes Gegenwart in dieser Welt. 'Ich schreibe' bedeutet: 'Gott schreibt', Gott schreibt durch mich." (Seite 199 – mit zwei Neunen!)

Hamburg, 3. Juni 1999

949.

Wie Held Achill in der *"Ilias"* den weinenden Pátroklos als kleine Tunte behandelt:

"Warum also geweint, Patrokleus? Gleich wie ein Mägdlein,
Klein und zart, das die Mutter verfolgt und: Nimm mich! sie anfleht,
An ihr Gewand sich schmiegend [...]:
So auch dir, Patroklos, entrinnt das tröpfelnde Tränchen ... "
(XVI, 7ff.)

Die so ermahnte Heulsuse ist, nicht zu vergessen, selbst ein namhafter Heros, ein Schläger und Schlächter, ein Rambo ... !

Freilich auch einer, *"der allen mit freundlicher Seele zuvorkam"* (XVII, 671) und *"den Himmlischen ähnlich an Weisheit"* (XVII, 477).

Derlei gibt es hienieden nicht gratis.

Das wird in Rechnung gestellt.

950.

Wie sehr dieser Homer es liebt, Spannungen zu erzeugen, indem er sie zerstört.

Immer wieder, sei es mittels göttlicher Beschlüsse *par avance*, gibt er spielverderberische Inhaltsangaben, die alles Folgende schon im Voraus verraten. Hiernach aber ist der Leser nicht mehr auf das Was konzentriert, sondern nur noch auf das Wie: das Wie des Geschehens, das Wie des Erzählens.

Nicht zuletzt deshalb, begreift er so, entlehnt sich Brecht den dramaturgischen Terminus seines Theaters bei den analogen Strukturen eben solcher Epen.

Hamburg, 5. Juni 1999

951.

Wie sehr sich mein Krankengymnast, der mental doch eher mehr als nur hälftig ein Syrer aus Aleppo ist, trotz vieler deutscher Jahrzehnte und entsprechender schulmedizinischer Kenntnisse sei es unterbewußt viel lieber auf Methoden des Kamel- und Teppichhandels verläßt: auf ein sensibel dosiertes und jeweils *ad hoc* zusammenimprovisiertes Gemisch aus Imponiergehabe, Einschüchterungen, Selbstbeweihräucherung, Suggestionen, dann Rührseligkeit und eloquentes Buhlen um Mitleid im Verein mit unübersehbar dominanter Sucht nach Mirakel und Zauber, sei es mit den *high-tech*-Apparaten moderner Irrationalität und Alternativmedizin wie Magnetfeldmatte, Farbbestrahlungen und allerlei unkontrollierbarem Elektronik- und Lasergerät. Allenthalben verkündet er auch unsichtbare Wundererfolge seiner Heilkunst und lobt sie mit ekstatischer Inbrunst.

Mit einem Wort: wider alles rationale Wissen setzen die instinktiven Tiefen seiner Psyche lieber auf die genuïnen Traditionen seiner archaïschen Kultur von Quacksalbern und Gesundbetern.

Mit einem andern Wort: er setzt auf Magie.

Nach anfänglicher Irritation begreife ich ihn und seine Machenschaften als das verblüffende Korrelat meiner derzeitigen Beschäftigung mit Schamanen und Schamanismus.

Er ist ein zeitgemäß bürgerlich verkleideter Schamane.

Dem entspricht nicht zuletzt die Suada über all seine eigenen Verletzungen, Krankheiten und Unfälle, die ihn bei sogenannten Naturvölkern noch als kompetenten Geisterbeschwörer und Heiler ausgewiesen hätten.

Ergänzt wird diese Verankerung in seiner Herkunft durch das intuïtive Kalkül, Patienten wie mich durch solche Strategien den Krallen der Krankenkasse zu entreißen und für die unlimitierten eigenen Ausbeutungsabsichten zuerst gefügig, dann auch faktisch zugänglich zu machen.

Nächstes Ziel ist, mich zu einem (selbstfinanzierten) Meridianstatus zu verführen, dessen unwiderlegbar okkulter Diagnose dann nach zahllosen ebenso okkulten (und sämtlich selbstfinanzierten) Therapieversuchen schließlich der Verkauf kostspieliger Apparaturen folgen würde. Erste Vorankündigungen wetterleuchten schon durch seine Umtriebe.

Das wäre dann freilich weniger Schamanismus als besagter Kamelmarkt.

952.

Wie sadomasochistische Weltkriegsbeschreibungen und Götterkritik der *"Ilias"* sich im Finale zu einer verblüffenden Frühform von Humanismus verbinden, der eine *Neue Zeit* zumindest empfiehlt, wenn nicht ankündigt oder sogar einleitet.

"Denn wir schaffen ja nichts mit unserer starrenden Schwermut" (XXIV, 524).

Achills verzeihend einlenkende Geste gegenüber dem toten Erzfeind Hektor, seine versöhnliche Ansprache an dessen trauernden Vater Príamos scheinen einer Haltung zu entspringen, die schon skizziert, was das Christentum dann erst viele Jahrhunderte später und verspätet zumindest konzipiert. Die *"Ilias"* baut ihm eine Brücke.

Freilich bittet Brückenbauer Achilleús den toten Pátroklos aus vergehender Ära für solche menschliche Milde um Verzeihung, gelobt aber Einbezug:

"Dir auch weih ich davon zum Geschenk den gebührenden Anteil" (XXIV, 595).

Was immer das meinen mag: es betont auch (schwule) Treue.

Ohnehin wird hier unverhofft die schmollende Tunte der ersten Werkhälfte zum geistigen, zum religiösen, zum politischen Revolutionär und Reformator.

Dessen Leistung ist das Werk von Schwulen.

Wer hat das jemals dieser *"Ilias"* zugetraut, zugestanden und angerechnet?

Ich vermute: in all den 2800 Jahren noch niemand.

Hamburg, 6. Juni 1999

953.

Was unterscheidet den einen Völkermord von einem andern?

Zum Beispiel dies:

im Kosovo wird er sowohl mit Bomben als auch mit generösen Hilfsaktionen der übrigen Welt beantwortet;

im nahen Algerien wird er von allen ignoriert und unbarmherzig sich selbst überlassen. In Ruanda neulich gleichfalls. In Tibet schon seit Jahrzehnten. In Kurdistan noch länger.

Warum?

Hamburg, 8. Juni 1999

954.
Ovid erklärt das Fallen der Blätter, ob nun von Kautschuk- oder andern Laubbäumen, mit Trauer um die Ermordung des Orpheus, dem er das noch nach Äonen persönlich mitteilt:

"Der Baum legt ab seine Blätter und trauert
Kahlen Hauptes um dich."
(*"Metamorphosen"*, Elftes Buch, Vers 46f.)

Richtig ist: diese Trauer kann nur endlos sein. Der Verlust von Orpheus und Orphischem ist nicht zu verschmerzen und höchstens mit der Austreibung aus dem Paradiese zu vergleichen.

955.
Quintessenz dieser ganz bezaubernden, klugen *"Metamorphosen"* des Ovidius Naso: Gestaltwandel als ehernes Lebensgesetz allenthalben.

Kontinuität wäre Erstarrung und ist das Gegenteil von Leben, also Tod.

Hamburg, 9. Juni 1999

956.
Wie meine ausufernden Recherchen nach Orpheus und seiner Legende unverhofft beim Liebespaar Achill und Pátroklos ankommen: im *"Sympósion"* des Platon.

Dort referiert der junge Phaîdros, wie sehr die Götter jegliche Opferung für einen Geliebten schätzen und belohnen. Das rühmliche Beispiel der Alkestis wird mit dem weniger rühmlichen des Orpheus kontrapunktiert, der als *"weichlicher Spielmann"* (oder musische Tunte) für die Geliebte im Hades nicht zu sterben bereit war, sondern nicht ganz seriöse Tricks zu erproben versuchte.

Sehr anders hingegen habe sich da Achilleús gegen ein mögliches eigenes Weiterleben entschieden und sei dem geliebten Pátroklos willig in den Tod gefolgt. Solche Liebe wurde denn auch mit postumem Aufenthalt auf der *Insel der Seligen* honoriert.

Orpheus aber habe die Eurydíke eben gar nicht geliebt.

So überraschender Zusammenfluß meiner beiden Themen und dieser Sagenkreise wird von Platon noch kommentiert, indem er dem Männerpaar eine Differenzierung ihrer sexuellen Rollen zuteilt. Gott oder Göttern wohlgefällig sei solche Opferung namentlich, wenn, wie in diesem Falle, der ("passive") Geliebte sich für den ("aktiven") Liebhaber opfere:

"Denn göttlicher ist der Liebhaber als der Liebling, weil in ihm der Gott ist."

Also sei Pátroklos der Göttlichere und Achilleús, schöner und bartlos jünger, die Tunte.

Freilich trifft solche Unterscheidung und Bewertung jener Phaîdros, der ausdrücklich als jung ausgewiesen wird. In späterem Lebensalter mag er das alles dann vielleicht anders sehen.

957.

Auf Madagaskar, wo diverse sehr populäre Totenkulte noch heute im Zentrum auch des sozialen Lebens stehen, gehören die rituell wiederholten Waschungen von Gebeinen längst verstorbener Könige zu gesellschaftlichen und emotionalen Höhepunkten des öffentlichen Lebens. Sie werden von einem Kataloge strikter Gebote und Verbote begleitet.

Hierin findet sich auch das strenge Verdikt aller Gegenstände aus Plastik. Niemand darf bei solchen Zeremonien derlei an sich oder bei sich haben. Die zumindest spirituelle Abträglichkeit dieses Materials scheint wenigstens auf Madagaskar durchschaut zu sein.

Als kürzlich bei solcher Festlichkeit ein verheerendes Feuer ausbrach und viel zerstörte, wurde das als Strafe für die Einführung moderner Toiletten und Duschen begriffen, (die ohne Plastikteile schwerlich vorstellbar sind und) die anschließend zugunsten tradierter und natürlicherer Usancen wieder abgeschafft wurden.

Auch das ist spätes 20. Jahrhundert: nicht nur Internet.

Vielleicht ist solches *retour à la nature* bereits das Fortschrittlichere, weil Lern- und Resultierfähigere.

Thai-Glossar

ao (= aào) – Bucht
arunn sawàt – guten Morgen (nur bei Tagesanbruch)
bah – verrückt
bahn – Haus, Anwesen, Dorf
bahng tîh – vielleicht, manchmal
bai – gehen
bai năi – wohin des Weges?, wohin gehst du?
bai tiao – umhergehen, herumstreifen
benn – sein (Existenz, Beruf, Nationalität)
bonn kuan – Gipfelgrundstück auf *Go Pih Pih* mit Aussicht (wörtlich: "Garten des Überblicks")
dähng (= sĭh dähng) – rot
dâi – dürfen, können
dih – gut
döhn – zu Fuß gehen
döhn lênn – spazierengehen
dschàai – bezahlen
dschann – Mond
dschao tîh pĭh bahn – buddhistisches Geisterhäuschen
farang – Weißhaut (aus Europa, *USA*, Australien)
gäh – alt (Personen)
gann – gemeinsam, zusammen
gatöj – Tunte
ginn – essen
ginn gann – gemeinsames Essen
glua – Angst, ängstlich, fürchten
gò (mit offenem O) – Insel
grehng dschai – hilfsbereit, rücksichtsvoll
Grung Teep – Bangkok
hàht – Strand
hâi – für, geben, schenken, zu (und mancher Dativ)
hinghoi – Glühwürmchen
Ihßáhn – Landschaft im nordöstlichen Thailand
jái – groß
jùh – (anwesend, vorhanden) sein, wohnen, bleiben, sich befinden
jung – Mücke

kanomm – Süßigkeit
kih klaht (südthailändisch) – Angst (haben)
klohng (mit offenem O) – Fluß
kŏhng (mit offenem O) – von (auch partitiv, auch zur Genitivbildung)
kòhp – danke
kòhp dschai – herzlichen Dank (aber nur von Älterem zu Jüngerem)
konn – Mensch
kunn – du, ihr, Sie
kŷnn – aufsteigen, empor
läo – schon; Vergangenheits-Konstrukt
lênn – spielen
loh (mit offenem O) – schön (nur für Männer)
loi kratong – Fest zum Ende der Regenzeit im November
long – hinunter(steigen)
maao – betrunken
mái – nicht, kein
mâi benn rai – macht nichts, nicht so schlimm
malähng – kleine Quallenart
mánaao – Zitrone
mápráao – Kokosnuß
naagah – große Fabelschlange, Drache
naai – Herr
náhm – Wasser
náhm mánaao – Zitronensaft, Zitronenlimonade
năi (= tĭh năi) – wo, wohin
nâng – sitzen
nâng lênn – herumsitzen
ngah – Elfenbein
nipp pahn – Nirwana
nóhng (mit offenem O) – jüngeres Geschwister
nókk – Vogel
oht tonn – Geduld, geduldig
pàhk – Mund
pàhk klohng – Flußmündung (und Name einer Hotelpension auf *Go Pih Pih*)
patung – Wickelrock, Sarong
pĭh – Geist, Gespenst
pih mài – Neujahr
pĭh sŷŷa – Schmetterling
pra – Mönch (buddhistisch)

pûh – Mensch, Person
rahdrih sawàt – gute Nacht
rawang – vorsichtig
reo – schnell
rinn – kleine Mückenart
römm – anfangen
Romadonn – islamischer Fastenmonat
sabaai – angenehm
sahlah – Schutzdach
saisinn – Talisman am Handgelenk
saruhn – Frisiersalon
sawàt dih – guten Tag
sawàt dih pih mài – Gutes Neues Jahr!
singhah – thailändisches Bier
sŷŷa – Hemd
taai – sterben
taang (südthailändisch) – Geld
tamm – Höhle
tàpp – Leber
tiang mai pai – Bambuspritsche, Sitzgelegenheit für viele
tîhnîh – hier
tscháang – Elefant
tschŷa – glauben
wâhng – frei, ledig, unbesetzt
wâi – zusammengelegte Handflächen als Gruß- und Dankesgeste
wàtt – Tempel

Personenregister

Die Zahlen beziehen sich nur auf die Numerierung der einzelnen Notiz: nicht auf die Seite;

Zahlen in Klammern besagen, daß eine Person ohne Nennung ihres Namens erwähnt wird.

Adenauer, Konrad – *deutscher Politiker: 63.*

Adorno, Theodor W. (= Wiesengrund, Theodor) – *deutscher Philosoph: 937.*

Alema, Massimo D' → D'Alema, Massimo

Alighieri , Dante – *italienischer Dichter: 70. – 101.*

Alkmaíon – *griechisch antiker Naturphilosoph und Mediziner: 106. – 114.*

Alsmann, Götz – *deutscher Fernsehmoderator und Musiker: 24.*

Anders, Peter – *deutscher Opernsänger: 42.*

Andreotti, Giulio – *italienischer Politiker: 131.*

Appelt, Ingo – *deutscher Fernsehkomiker: 17. – 24.*

Aristotéles – *griechischer Philosoph: 108. – (118.)*

Augstein, Rudolf – *deutscher Publizist: 935.*

Bach, Dirk – *deutscher Schauspieler: 17.*

Bach, Johann Sebastian – *deutscher Komponist: 17. – 48. – 80. – 618. – 920.*

Bass, George – *britischer Seefahrer: 552.*

Battle, Kathleen – *US-amerikanische Opernsängerin: 83.*

Bebel, August – *deutscher Politiker: 821.*

Beethoven, Ludwig van – *deutscher Komponist: 34.*

Bellini, Vincenzo – *italienischer Komponist: 30.*

Benn, Gottfried – *deutscher Schriftsteller: 911.*

Berger, Erna – *deutsche Opernsängerin: 42. – 83. – 254. – 622.*

Bergson, Henri – *französischer Philosoph: 46.*

Bernstein, Leonard – *US-amerikanischer Dirigent und Komponist: 1. – 30.*

Beyle, Marie-Henri → Stendhal

Bird, Jeff – *australisch-amerikanischer Dokumentarfilmer: 86. – 103. – 106. – 520. – 563.*

Bismarck, Otto Fürst von – *deutscher Politiker: 123. – 875.*

Blackmore, Susan – *britische Psychologin: 933.*

Blair, Tony – *britiischer Politiker: 131.*

Blech, Leo – *deutscher Dirigent: 63.*

Böhm, Karl – *österreichischer Dirigent: 63.*

Boning, Wigald – *deutscher Fernsehkomiker: 17. – 24.*

Brahms, Johannes – *deutscher Komponist: 74.*

Brandes, Georg (= Cohen, Morris) – *dänischer Literarhistoriker: 906.*

Brandt, Willy (= Frahm, Herbert) – *deutscher Politiker: 38. – 326.*

Brecht, Bert(olt) – *deutscher Schriftsteller: 362. – 950.*

Breker, Arno – *deutscher Bildhauer: 119.*

Breuer, Pascal – *deutscher Schauspieler: 36.*

Breuer, Siegfried – *österreichischer Schauspieler: 36.*

Breuer, Siegfried *junior* (= Breuer, Walter) – *deutscher Schauspieler: 36.*

Bruckner, Anton – *österreichischer Komponist: 74.*

Buddha (= Siddhatta Gotama) – *indischer Religionsstifter: 789. – 812.*

Büchner, Georg – *deutscher Schriftsteller: 17.*

Busch, Fritz – *deutscher Dirigent: 63.*

Callas, Maria (= Kalogeropoulos, Maria) – *griechisch-amerikanische Opernsängerin: 30.*

Carreras, José – *spanischer Opernsänger: 40.*

Carter, Jimmy – *US-amerikanischer Poltiker: 67.*

Cebotari, Maria (= Cebutaru, Maria) – *österreichische Opernsängerin: 42.*

Celibidache, Sergiu – *rumänischer Dirigent: 63. – 125.*

Chaucer, Geoffrey – *britischer Dichter: 531.*

Clinton, Bill – *US-amerikanischer Politiker: 2. – 25. – 33. – 35. – (66.) – (130.) – 131. – 504. – 554. – 776.*

Columbus, Christoph (= Colombo, Cristoforo) – *italienischer Seefahrer: 117.*

Cranach, Lukas der Ältere – *deutscher Maler: 12.*

Crapper, Thomas – *britischer Sanitärerfinder: 529.*

D'Alema, Massimo – *italienischer Politiker: 131.*

Dante → Alighieri, Dante

Da Ponte, Lorenzo – *italienischer Librettist: 89. – 90. – 91. – 92. – 100. – 101. – 103.*

Dawkins, Richard – *US-amerikanischer Biologe: 933.*

Dee, Georgette – *deutscher Chansonnier: 598.*

Deix, Manfred – *österreichischer Cartoonist: 510. – 549.*

Della Casa, Lisa – *schweizerische Opernsängerin: 58.*

Dennett, Daniel – *US-amerikanischer Philosoph: 933.*

Descartes, René – *französischer Philosoph: 905. – 937.*

DiCaprio, Leonardo – *US-amerikanischer Filmschauspieler: 318. – 670. – 816.*

Dietrich, Marlene (Marie Magdalene) – *deutsche Schauspielerin: 63.*

Disney, Walt – *US-amerikanischer Filmproduzent: 594. – 599.*

Dittrich, Olli – *deutscher Fernsehkomiker: 17.*

Domgraf-Fassbaender, Willi – *deutscher Opernsänger: 42.*

Domingo, Plácido – *spanischer Opernsänger: 40.*

Dvořák, Antonín – *tschechischer Komponist: 74.*

Dudenhöffer, Gerd – *saarländischer Fernsehkomiker:* 17. – 24.

Eckermann, Johann Peter – *deutscher Schriftsteller:* 108. – 118. – 661.

Eichborn, Vito von – *deutscher Verleger:* 245.

Einstein, Albert – *deutscher Physiker:* 888.

Elizabeth II. – *britische Königin:* 517. – (622.) – (916.)

Empedoklēs – *griechischer Philosoph:* 109. – 110. – 111. – 112.

Engelke, Anke – *deutsche Fernsehkomikerin:* 17.

Engels, Friedrich – *deutscher Philosoph:* 119.

Eurydíke – *legendäre Ehefrau des mythischen Orpheus:* 956.

Everding, August – *deutscher Regisseur:* 632.

Falconer, Melissa – *Scott Falconer's Frau:* 484.

Falconer, Scott – *australischer Wild Life Officer:* 484. – 491. – 492. – 493. – 503. – 539. – 745.

Fassbinder, Rainer Werner – *deutscher Filmregisseur:* 122.

Feussner, Alfred (= Fuffi) – *deutscher Schauspieler:* 30. – 57. – 102. – 103. – 558. – 915. – 934.

Flannery, Tim – *australischer Schriftsteller:* (503.) – 745.

Flaubert, Gustave – *französischer Schriftsteller:* 755.

Flörsheim, Karel Kalman – *niederländischer Schriftsteller:* 590. – 597.

Fontane, Theodor – *deutscher Schriftsteller:* 755. – 817. – 862. – 864. – 865. – 875. – 940. – 945.

Fontane, Emilie – *Theodor Fontanes Frau:* 864. – 940.

Freud, Sigmund – *österreichischer Psychiater:* 753.

Friedrich II. – *König von Preußen:* (875.)

Fuffi → Feussner, Alfred

Furtwängler, Wilhelm – *deutscher Dirigent:* 63.

Gebühr, Otto – *deutscher Schauspieler:* 875.

Genscher, Hans-Dietrich – *deutscher Politiker:* 38. – 297.

Gerhard, Tom – *deutscher Fernsehkomiker:* 17. – 24.

Gide, André – *französischer Schriftsteller:* 727.

Giehse, Therese – *deutsche Schauspielerin:* 68.

Gilbert, Gisela – *Robert Gilberts zweite Frau:* 54.

Gilbert, Robert – *deutscher Schriftsteller und Komponist:* 898.

Giordano, Ralph – *deutscher Schriftsteller:* 930.

Goebbels, Joseph – *deutscher NS-Politiker:* 123.

Goethe, Johann Wolfgang – *deutscher Schriftsteller:* 17. – 26. – 96. – (98.) – 198. – 118. – 128. – 143. – (144.) – 150. – 151. – 152. – 156. – 158. – 170. – 171. – 172. – 174. – 180. – 189. – (199.) – 205. – 206. – (207.) – 208. – 211. – 234. – (254.) – 257. – (265.) – (270.) – (274.) – (296.) – 303. – 309. – (322.) – (331.) – (343.) – 362.

– (395.) – 401. – 414. – (421.) – 452. – (455.) – (456.) – 457. – (471.) – 479. – 506. – 538. – 542. – 548. – 556. – (557.) – (560.) – 563. – (566.) – 600. – 601. – 611. – 625. – (633.) – 634. – 635. – 645. – (647.) – 652. – 661. – 676. – 685. – 687. – 696. – 727. – 754. – (840.) – 876. – (905.) – 906. – 910. – 926. – 945. – 946.

Goethe, Walther von – *deutscher Komponist:* 76.

Gogol, Nikolai Wassiljewitsch – *russischer Schriftsteller:* 211.

Gorbatschow, Michail Sergejewitsch – *sowjetischer Politiker:* 2. – 67.

Gould, Glenn – *kanadischer Pianist:* 30.

Grass, Günter – *deutscher Schriftsteller:* 755. – 817. – 821. – (822.) – 862. – 864. – 865. – 867. – 874. – 875. – 876. – 939. – 941. – 942. – 943. – 945.

Griem, Helmut – *deutscher Schauspieler:* 898.

Grimm, Gebrüder (Jacob und Wilhelm) – *deutsche Schriftsteller:* 747.

Gross, Johannes – *deutscher Journalist:* 31.

Gruberová, Edita – *slowakische Opernsängerin:* 83. – 84.

Haagen, Margarete – *deutsche Schauspielerin:* 930.

Händel, Georg Friedrich – *deutscher Komponist:* 17.

Handke, Peter – *österreichischer Schriftsteller:* 909.

Hartmann, Paul – *deutscher Schauspieler:* 123.

Haubenreißer, Karl – *deutscher Schauspieler:* 123.

Hauptmann, Gerhart – *deutscher Schriftsteller:* 762. – 864. – 874. – 875.

Hebbel, Friedrich – *deutscher Schriftsteller:* 17.

Heisenberg, Werner – *deutscher Physiker:* 566.

Henlein, Konrad – *sudetendeutscher NS-Politiker:* 104.

Heraklit(os) – *griechischer Philosoph:* 105.

Hermes, Daniela – *deutsche Verlagslektorin:* 874.

Hillel – *jüdischer Schriftgelehrter:* 936.

Hitler, Adolf – *österreichischer NS-Politiker:* 52. – 63. – 119. – 123. – 134. – 733. – 867. – 911. – 913. – 930.

Hölderlin, Friedrich – *deutscher Schriftsteller:* 234.

Hoenicke, Hans – *deutscher Schauspieler:* 926.

Hoffmann, Rüdiger – *westfälischer Fernsehkomiker:* 17.

Hofmannsthal, Hugo von – *österreichischer Schriftsteller:* 58.

Homer(os) – *griechischer Dichter:* 355. – 686. – 689. – 695. – 724. – (725.) – (726.) – 733. – 751. – 752. – 758. – 762. – (765.) – 766. – (767.) – 772. – 783. – (785.) – (786.) – 798. – (799.) – (810.) – (824.) – 825. – 827. – (828.) – 842. – (949.) – 950. – (952.)

Horres, Kurt – *deutscher Opernregisseur:* 1.

Hunstein, Don – *US-amerikanischer Fotograf:* 30.

Hussein, Saddam – *irakischer Politiker:* 774.

International, Dana (= Cohen, Yaron) – *israelischer Schlagersänger: 44.*

Ionesco, Eugène – *rumänischer Schriftsteller: 124.*

Jaschke, Marlene (= Wübbe, Jutta) – *deutsche Komikerin: 17.*

Jiang Zemin – *chinesischer Politiker: 33.*

Jospin, Lionel – *französischer Politiker: 131.*

Joyce, James – *irischer Schriftsteller: 234. – 727.*

Jünger, Ernst – *deutscher Schriftsteller: 10. – 12. – 15. – 21. – 29. – 47. – 128. – 228. – 679. – 754.*

Juppé, Alain – *französischer Politiker: 131.*

Käutner, Helmut – *deutscher Filmregisseur: 930.*

Kafka, Franz – *deutscher Schriftsteller: 234. – 727.*

Karajan, Herbert von – *österreichischer Dirigent: 63.*

Kayßler, Friedrich – *deutscher Schauspieler: 123.*

Kerényi, Karl – *ungarischer Religionswissenschaftler: 93. – 94. – 95. – 97. – 103. – 105. – 109. – 110.*

Kerkeling, Hape (Hans-Peter) – *deutscher Fernsehkomiker: 17.*

Kiepura, Jan – *polnischer Opernsänger: 63.*

Kissinger, Henry – *US-amerikanischer Politiker: 67.*

Kleiber, Erich – *österreichischer Dirigent: 63.*

Kleist, Heinrich von – *deutscher Schriftsteller: 7. – 234. – (697.)*

Klemperer, Otto – *deutscher Dirigent: 63.*

Klima, Viktor – *österreichischer Politiker: 131.*

Klocke, Piet – *deutscher Komiker: 17. – 24.*

Knappertsbusch, Hans – *deutscher Dirigent: 63.*

Körber, Kurt A. – *deutscher Industrieller und Kunstmäzen: 234.*

Körner, Hermine – *deutsche Schauspielerin: 283.*

Köster, Gaby – *Kölner Fernsehkomikerin: 17. – 24.*

Kohl, Helmut – *deutscher Politiker: 24. – 27. – 31. – 32. – 37. – 38. – 67. – 104. – 131. – 326. – 875. – 927. – 941.*

Kong futsi – *chinesischer Philosoph: 105.*

Krauß, Clemens – *österreichischer Dirigent: 63.*

Krips, Josef – *österreichischer Dirigent: 63.*

Krüger, Mike – *deutscher Komiker: 17.*

Lafontaine, Oskar – *deutscher Politiker: 879.*

Lao tse (Lǎozǐ) – *chinesischer Philosoph: 105.*

Lasker-Schüler, Else – *deutsche Schriftstellerin: 119.*

Lauckner, Rolf – *deutscher Schriftsteller: 123.*

Lenin, Wladimir Iljitsch (= Uljanow, Wladimir Iljitsch) – *sowjetischer Politiker: 937.*

Letterman, David – *US-amerikanischer Fernsehmoderator: 554.*

Liebeneiner, Wolfgang – *deutscher Filmregisseur:* 123.

Loriot (= Bülow, Viktor von) – *deutscher Komiker:* 17. – 24.

Ludwig, Walther – *deutscher Opernsänger:* 42.

Lück, Ingolf – *deutscher Fernsehkomiker:* 17.

Lukas – *syrischer (?) Evangelist:* 26.

Luther, Martin – *deutscher Theologe:* 18.

Mahler, Gustav – *österreichischer Komponist:* 80.

Mandela, Nelson Rolihlahla (= Madiba) – *südafrikanischer Politiker:* 654.

Mann, Frido – *deutscher Psychologe:* 81.

Mann, Thomas – *deutscher Schriftsteller:* 31. – 51. – 62. – 63. – 68. – 79. – 81. – 134. – 150. – 727. – 817. – 945.

Markus – *legendärer jüdischer Evangelist:* 26.

Martini (= Martin-y-Soler), Vincenzo – *italienischer Komponist:* 100.

Marx, Karl – *deutscher Philosoph:* 937.

Massary, Fritzi (= Masareck, Friederike) – *österreichische Operettensängerin:* 68.

Matthäus – *legendärer jüdischer Evangelist:* 26. – 936.

Maxwell, Elsa – *US-amerikanische Reporterin:* 30.

Medici – *florentinische Bankiersfamilie:* 575.

Messner, Reinhold – *österreichischer Alpinist:* 71.

Metternich, Josef – *deutscher Opernsänger:* 42.

Milošević, Slobodan – *serbischer Politiker:* 532. – 901. – 909

Minetti, Bernhard – *deutscher Schauspieler:* 122. – 175. – 697.

Mittermeier, Michael – *bayrischer Fernsehkomiker:* 17.

Mohammed (= Abul Kasim Muhammad Ibn Abdallah) – *arabischer Religionsgründer:* 813. – 924.

Molière (= Poquelin, Jean Baptiste) – *französischer Schriftsteller:* 175. – (697.)

Momper, Walter – *deutscher Politiker:* 38.

Mozart, Wolfgang Amadeus – *österreichischer Komponist:* 17. – 34. – 48. – 56. – 59. – 60. – 61. – 62. – (65.) – 75. – 80. – 83. – 89. – 90. – (92.) – 100. – 150. – 170. – 195. – (235.) – 618. – 621. – 622.

Müller, Heiner (Heinrich) – *deutscher Schriftsteller:* 862. – 863. – 865.

Muschg, Adolf – *schweizerischer Schriftsteller:* 653. – 680. – 685.

Musil, Robert – *österreichischer Schriftsteller:* 271. – 727.

Nabokow, Wladimir – *russischer Schriftsteller:* 134. – 135.

Nabokow, Sergej – *Wladimir Nabokows Bruder:* 135.

Nabokowa, Sophia – *Wladimir und Sergej Nabokows Cousine:* 135.

Nanntapikú, Papanjah – *thailändischer Theologe:* 838.

Napoléon I. (= Bonaparte, Napoleone) – *französischer Kaiser:* 49.

Newton, Caroline – *US-amerikanische Psychoanalytikerin:* 51.

Nontschew, Mirco – *deutscher Komiker und Musiker:* 17. – 24.

Orpheus – *mythischer thrakischer Sänger:* 906. – 954. – 956.

Ovidius Naso, Publius – *römischer Schriftsteller:* 204. – 905. – 954. – 955.

Pachelbel, Johann – *deutscher Komponist:* 618.

Parmenídes – *griechischer Philosoph:* 105.

Pastewka, Bastian – *deutscher Fernsehkomiker:* 17.

Patzak, Julius – *österreichischer Opernsänger:* 42.

Paulus – *römischer Apostel:* 18. – 932.

Pavarotti, Luciano – *italienischer Opernsänger:* (40.) – 50. – 57.

Peres, Schimon – *israelischer Politiker:* 67.

Peymann, Claus – *deutscher Regisseur:* 122.

Phaïdon – *attischer Freund des Sokrátes und Platons:* 956.

Picander (= Henrici, Christian Friedrich) – *sächsischer Poet:* 920.

Pinochet, Augusto – *chilenischer General:* 900.

Platon – *griechischer Philosoph:* 956.

Polomski, Stephan – *deutscher Fernsehregisseur und Autor:* 87. – 103.

Ponte, Lorenzo Da → Da Ponte, Lorenzo

Proust, Marcel – *französischer Schriftsteller:* 727.

Pythagóras – *griechischer Philosoph:* 105. – 106. – 108. – (113.) – 114. – 118.

Quadflieg, Christian – *deutscher Schauspieler:* 124.

Quadflieg, Roswitha – *deutsche Verlegerin:* 124.

Quadflieg, Will – *deutscher Schauspieler:* 124.

Qualtinger, Helmut – *österreichischer Schauspieler:* 697.

Rank, Otto – *deutscher Psychologe:* 77.

Rau, Johannes – *deutscher Politiker:* 326.

Reagan, Ronald – *US-amerikanischer Filmschauspieler und Politiker:* 131.

Reger, Max – *deutscher Komponist:* 74.

Richling, Mathias – *deutscher Kabarettist:* 17. – 32.

Rilke, Rainer Maria (René Maria) – *österreichischer Schriftsteller:* 905.

Rima, Marco – *schweizerischer Komiker:* 17.

Robespierre, Maximilien de – *französischer Politiker:* 911. – 923.

Rommel, Erwin – *deutscher General:* 52.

Rommel, Manfred – *deutscher Kommunalpolitiker:* 52.

Roosevelt, Franklin Delano – *US-amerikanischer Politiker:* 134.

Rossini, Gioacchino – *italienischer Komponist:* 48. – 49. – 50. – 56. – 57. – 59. – 60. – 61. – 65. – 74. – 75. – 80. – 102.

Rosvænge, Helge – *dänischer Opernsänger:* 42.

Sack, Erna (= Weber, Erna) – *deutsche Opernsängerin:* 42. – 83.

Salieri, Antonio – *italienischer Komponist:* 100.

Saul, John Ralston – *kanadischer Schriftsteller:* 498. – 499. – 500. – 501.

Scherchen, Hermann – *deutscher Dirigent:* 63.

Schiller, Friedrich – *deutscher Schriftsteller:* 17. – 26. – 69. – 175. – 280. – (753.) – 762. – 876. – (928.) – 945.

Schlusnus, Heinrich – *deutscher Opernsänger:* 254.

Schmidt, Arno – *deutscher Schriftsteller:* 727.

Schmidt, Harald – *deutscher Fernsehmoderator:* 17. – 24. – 554.

Schmidt, Helmut – *deutscher Politiker:* 67.

Schmidt, Josef – *rumänischer Opernsänger:* 42.

Schmidt, Tobias – *elsässischer Klavierbauer:* 925.

Schmitt-Walter, Karl – *deutscher Opernsänger:* 42.

Schnabel, Ernst – *deutscher Schriftsteller:* 930.

Schneider, Helge – *deutscher Fernsehkomiker und Musiker:* 17. – 24.

Schröder, Friedrich Ludwig – *deutscher Schauspieler:* 928.

Schröder, Gerhard – *deutscher Politiker:* 131. – 326.

Schultze, Norbert – *deutscher Komponist:* 913.

Schumann, Robert – *deutscher Komponist:* 74. – 76.

Schumann, Clara (= Wieck, Clara) – *deutsche Pianistin:* 76.

Schunke, Ludwig – *deutscher Musikstudent:* 76.

Schweins, Esther – *deutsche Schauspielerin:* 97.

Scott, Sir Walter – *britischer Schriftsteller:* 946.

Segantini, Giovanni – *schweizerischer Maler:* 69. – 70. – 71. – 72.

Sellars, Peter – *US-amerikanischer Regisseur:* 101.

Shakespeare, William – *britischer Schriftsteller:* (3.) – (189.) – (415.) – 598. – (695.) – (664.) – 928.

Sieburg, Friedrich – *deutscher Schriftsteller:* 911.

Sinnen, Hella von (= Kemper, Hella) – *deutsche Komikerin:* 17. – 24.

Soros, George – *ungarisch-amerikanischer Börsenmakler:* 516.

Speelmans, Hermann – *deutscher Schauspieler:* 930.

Staiger, Emil – *schweizerischer Literarhistoriker:* 910.

Stalin, Josef (= Dschugaschwili, Jossif Wissarionowitsch) – *sowjetischer Politiker:* 134.

Stanislawskij, Konstantin Sergejewitsch – *russischer Regisseur:* 83.

Stendhal (= Beyle, Marie-Henri) – *französischer Schriftsteller:* 47. – 49. – 56. – 57. – 61. – 62. – 64.

Sternheim, Carl – *deutscher Schriftsteller:* 175.

Stoiber, Edmund – *bayrischer Politiker:* 910.

Strauß, Franz Josef – *bayrischer Politiker:* 104.

Strauss, Richard – *deutscher Komponist:* 58.

Strawinskij, Igor – *russischer Komponist:* 80.

Strindberg, August – *schwedischer Schriftsteller:* 762.

Sumac, Yma – *peruanische Sängerin:* 83.

Sutherland, Joan – *australische Opernsängerin:* 586.

Tebaldi, Renata – *italienische Opernsängerin: 50. – 57.*

Thatcher, Dame Margret – *britische Politikerin: 131. – 900.*

Thielke, Hans-Hermann (= Hoffmann, Helmut) – *deutscher Fernsehkomiker:* 17.

Toepfer, Alfred C. – *deutscher Exporteur und Kunstmäzen:* 234.

Toscanini, Arturo – *italienischer Dirigent: 63. – 83.*

Verdi, Giuseppe – *italienischer Komponist: 17. – (65.) – (254.)*

Virchow, Rudolf – *deutscher Mediziner:* 123.

Vivaldi, Antonio – *italienischer Komponist:* 618.

Völz, Wolfgang – *deutscher Schauspieler:* 908.

Waalkes, Otto (= Otto) – *deutscher Komiker:* 17.

Wagner, Richard – *deutscher Komponist: 17. – 74. – 80. – 126.*

Wald, Stefan – *deutscher Kabarettist:* 17.

Walter, Bruno (= Schlesinger, Bruno Walter) – *deutscher Dirigent: 63. – 81. – 161.*

Webber, Andrew Lloyd – *britischer Komponist:* 126.

Weber, Carl Maria von – *deutscher Komponist:* 74.

Weill, Kurt – *deutscher Komponist: 80. – 898.*

Weinreb, Friedrich (= Weinreb, Efraim Fischl Jehoschua) – *galizisch niederländischer Mathematiker und Kabbalist: 13. – 684. – 702. – 707. – 715. – 732. – 737. – 929. – 931. – 934. – 936. – 937. – 938. – 947. – 948.*

Werner, Walter – *deutscher Schauspieler:* 123.

Wessel, Horst – *deutscher NS-Agitator:* 913.

Wieck, Clara → Schumann, Clara

Wiese, Benno von – *deutscher Germanist:* 910.

Wilder, Thornton – *US-amerikanischer Schriftsteller:* 5.

Wilhelm I. – *preußischer König:* 123.

Wilhelm II. – *deutscher Kaiser: 46. - (622.)*

Wilson, Edmund – *US-amerikanischer Publizist:* 134,

Wilson, Edward – *US-amerikanischer Zoologe und Soziobiologe:* 933.

Winckelmann, Johann Joachim – *deutscher Archäologe:* 47.

Wittrisch, Marcel – *deutscher Opernsänger:* 42.

Wolf, Hugo – *österreichischer Komponist:* 74.

Wunderlich, Fritz – *deutscher Opernsänger:* 42.

Yeates, Mary – *britische Mathematiklehrerin: 82. – 85.*

Zeller, Carl Friedrich – *deutscher Komponist:* 26.

Zwang, Thomas – *deutscher Buchbinder:* 124.

Die Deutsche Bibliothek verzeichnet diese Publikation
in der Deutschen Nationalbibliografie;
detaillierte bibliografische Daten
sind im Internet über <http://dnb.ddb.de> abrufbar.

Moritz Pirol **NACH OBEN OFFEN. REFLEXE**

Band 1: August 1952 bis Mai 1994   (ISBN 978-3-938647-03-5)

Band 2: Dezember 1994 bis Mai 1996 mit 47 Fotos (ISBN 978-3-938647-04-2)

Band 3: Mai 1996 bis Juni 1998   (ISBN 978-3-938647-05-9)

Band 5: Juni 1999 bis Februar 2001   (ISBN 978-3-938647-06-6)

Band 6: April 2001 bis Dezember 2005   (ISBN 978-3-938647-07-3)

Band 7: Dezember 2005 bis Februar 2011   (ISBN 978-3-938647-08-0)

MORITZ PIROL BEI <ORPHEUS & SÖHNE>

HAHNENSCHREIE
Neufassung 2008 – Zwei Bände
ISBN 978-3-938647-15-8 + 978-3-938647-16-5

LIEBESBRIEF AN FREMDEN KÖNIG
66 Männerporträts aus Thailand – 39 Fotos – Neufassung 2010
ISBN 978-3-938647-14-1

STERNGUCKER
ODER DAS IDYLL EINES OBDACHLOSEN
Prosanetze
auf den Spuren von Schelmenroman und Schillerlegende
Drei Bände – ISBN 978-3-938647-00-0 + ... 01-9 + ... 02-8

HALALÍ
Zwanzig Porträts – Zwanzig Fotos – Zwei Bände
ISBN 978-3-938647-17-2 + 978-3-938647-18-9